国家哲学社会科学规划项目（批准号:12BYY126）

著

名词化动态整合研究

A Dynamic-Integrational Approach to
Nominalizations

上海外语教育出版社
外教社 SHANGHAI FOREIGN LANGUAGE EDUCATION PRESS

图书在版编目(CIP)数据

名词化动态整合研究 / 刘国辉著. —上海:上海外语教育出版社,2021
国家哲学社会科学规划项目
ISBN 978-7-5446-6873-6

I. ①名… II. ①刘… III. ①名词—研究 IV. ①H042

中国版本图书馆 CIP 数据核字(2021)第 128847 号

出版发行:上海外语教育出版社
（上海外国语大学内） 邮编：200083
电　　话：021-65425300（总机）
电子邮箱：bookinfo@sflep.com.cn
网　　址：http://www.sflep.com
责任编辑：潘　敏

印　　刷：上海信老印刷厂
开　　本：635×965　1/16　印张 29　字数 444千字
版　　次：2021年10月第1版　2021年10月第1次印刷
书　　号：ISBN 978-7-5446-6873-6
定　　价：90.00 元

本版图书如有印装质量问题，可向本社调换
质量服务热线：4008-213-263　电子邮箱：editorial@sflep.com

序言

一

2020庚子鼠年新春伊始,在新冠肺炎疫情颇重的时候传来一则好消息:国辉教授将出版新作《名词化动态整合研究》。这确实是学界的一桩喜事,大大缓解了我春节期间的郁闷心情。他向我索序,我欣然应允。春节过后我收到他的这部大作,甚为高兴,这是他多年辛勤耕耘的难得佳品,也是学界在此领域的力作,值得我们学习,也值得向同仁推荐!

国辉教授从事认知语言学等领域的研究很多年,我们既是同行,也是结交多年的好友。他堪称一位"勤奋读书,认真思考,探索方向,笔耕不止"的知名学者,这些年来在认知语言学和英汉对比等方面成果颇丰,在学界有不错的影响。我还清楚地记得,他是在国内较早述介认知语言学中"图形-背景"理论的学者,2006年所撰写的《图形-背景空间概念及其在语言中的隐喻性表征》(《外语研究》2006年02期)影响较广,常被学界引用。

我还记得他几年前在一次全国性的学术研讨会上就提出了"认知语言学路在何方"的思考。他敏锐地发现,从近百年语言学发展的历史规律来看,一个新理论从萌芽、发展到暮年,周期也就是五六十年。认知语言学从 20 世纪七八十年代开始登上历史舞台以来,也已有近半个世纪的年头了,它面临这样的抉择:是沿其思路继续向下发展,还是建构新的学派取而代之,抑或是在二者之间取其中,提出既生于斯也高于斯的理论?这一问题的提出,充分说明他思想的敏锐性、研究的前瞻性。近年来在我国语言学界新出现的"体认语言学"正好印证了他的这一预见。

二

名词化现象是语言研究中不可或缺的一项重要内容。它不仅是一个微观层面的词汇表征,也是一个宏观层面的语篇现象,可发挥显性的衔接功能,还可在"名动互含"中研究两者之间如何连通,沈家煊、陆俭明两位先生曾对此有过较为深入的考察。

我们知道,"名词"和"动词"两大词类是表达世界万物的最基本形式,也反映了它们存在的最基本形态。亚里士多德曾以"时间"为标准区分了这两个词类:名词相对于时间不变,动词相对于时间有变化。著名认知语言学家兰盖克基于人类的感知能力,将名词视为"整体扫描"(summary scanning)的结果,将动词视为"序列扫描"(sequential scanning)的产物。但他们都未能深入探索两者是如何连通的、其间的过程如何、其方式和结果又如何。这些问题都可在"名词化"的研究中获得启发,有助于我们进一步加深理解英民族认识世界的方式,同时也是对认知语言学的一个发展。

从认知层面来说,名词化是一种"去范畴化"现象,即在一定条件下某词类丧失了原有范畴的部分典型特征,获得了名词范畴的典型特征。它不仅影响词法和句法的表征,还影响到语篇层面的整体布局与协调安排。更重要的是,它反映了英民族的一种思维方式:喜用名词来表示动作,用"整体扫描"来代替"序列扫描"。因此,名词化研究也就具有了探索英民族认知策略的重大意义。

据此,国辉教授认为对其加以深入研究具有深远的理论意义和重要的现实意义,通过语言层面的分析来发现认知层面的哲理,这正体现了认知语言学和体认语言学的理论价值。这种"以小见大"的研究方法十分重要,学界常说的"深入研究",实际上就是要"从小处入手,发现大问题";选好一个切入点,得出具有哲理性的结论,这完全符合哲学家的研究思路——"透过现象看本质",这也正是当今学界进行科研创新的关键之所在,真的值得我们深思!语言学界的博士帽名曰 Doctor of Philosophy,倘若缺少哲学理论层面的思考,不吸取它的研究方法,又何以能对得起头上的这一顶戴花翎!

三

根据认知语言学和体认语言学可知,语言不是与现实直接对应的,其间必须经历"为人参之"的环节,这就是我们近年来反复强调的"现实—认知—语言"体认核心原则,它较好地概括了人类认识世界的基本程序,同时也揭示了语言的起源。人类从"互动感知"现实世界入手,通过"认知加工"环节形成了语言,充分体现了马列主义的唯物论和后现代哲学中的人本观,以此便可深刻反思索绪尔的"语言先验论"和乔姆斯基的"语言天赋论",也可以此严厉批判这两位大师无视语言研究中"以人为本"之误导。可见,"人"在现实和语言之间发挥着关键作用——没有人,何来语言?这是再明白不过的事实,谁也无法否认。任何一个语言学理论必须面对这一大是大非的问题,企图绕过"人本"的语言学理论,注定要带上"胎里疾"。难怪潘文国教授要喊出"语言学是人学"的口号。

在"现实"与"语言"之间可有如下三种对应关系:一对一、一对多、多对一。第一种情况非常有限,因为人总归具有主观能动性,人与人在面对同一现实时不可能产生完全相同的认识。在人们的思维和语言中,完全客观地像照镜子一样"镜像式"直接反映现实的可能性少之又少,甚至是不可能的,更不要说在造句组篇中必然要掺入人本因素;即使在词汇层面,语言中"一词对一义"或"一义用一词"的现象也实在是太少了。语言中如此多的情态动词就是用来阻断"现实"与"语言"之间直接联系的。人在这两个要素之间主要发挥着"哈哈镜式"的折射作用,其结果就是语言与现实之间常出现第二和第三种情况。

"一形多义"和"多形一义"在任何一种语言中都可谓俯拾即是、屡见不鲜。英语的名词化现象就是一个很好的例证。英民族在组句行文时不可能将名词仅局限于表示事物,它也可用于其他若干场合,如它常用来表示动作。我曾在1996年出版的《英汉语言区别特征研究》一书中列述了英语和汉语之间的十大区别特征,其中第六点就是"名词化与动词化",认为英语喜用名词表达动作,汉语多用动词表示动作。这个特点就决定了英语中会出现大量的名词化现象,用它来实施"间接表征","物化"处理所涉对象(包括动作、性质等),以便保证语言的经济性和使用的方便性,可使上下文形成一个有机的整体,服务于特有的篇章语用功效——它体现的是英民族的认知方式。当然,名词化还有很多其他功能,通过阅读本书,读者便会有一个全面的认识。

四

　　本书视角独特,论点明确而清楚,论据丰富而翔实,表达流畅,布局合理,逻辑清楚,得出的结论具有较强的说服力,使得整部专著读来沉稳、厚实。全书共有十二个章节,分别从词、句、篇的整合角度进行了较为深入的动态分析,形成了一个较为系统的研究。同时,本书既有定性研究,也有定量描写;既涉英语,也涉汉语,还有其他语种;既有语言分析,也有大量图表说明——这种多角度、多手段的研究方式保证了研究的广深度和可靠性。最后,国辉教授还进行了认知层面的理据分析,很好地从词、句、篇三个维度来描写和论证名词化的分布、语义和功能。特别值得称道的是,国辉教授能探索其间的生成路径和语用效应。不管如何变化或演变,名词化现象所涉基本框架不会变:范畴划分、图形-背景、认知识解、经济整合、功显原则等,其理据与心理现实性、神经认知基础、过程哲学基本原理等密切相关。当然,"名词化"这一语法化现象和认知手段也有一定的限制性,不可信手拈来,随意运用,必须符合主客观现实的需要才行,这些在本书中都有探讨。相信读者读后必定会获得一种难得的满足感。本研究成果不仅对于理论语言学(如修辞学、句法学、形式语言学、功能语言学、认知语言学、体认语言学)有所贡献,对应用语言学,特别是语言教学等也会有较大的参考价值。

　　最后,我们期待国辉教授有更多佳作问世,也相信他会有更多作为。是为序!

王　寅

四川外国语大学语言哲学研究中心

前言

2003年笔者从复旦大学博士毕业之时,就在思考今后走向何方:是就博士论文选题继续走下去,还是另辟蹊径?博士论文所涉是有关语用学方面的课题,特别是文化礼貌语用方面的研究。读博三年(2000—2003)的全心研究成果最终体现为2007年高等教育出版社出版的《英汉请求策略理论与实证对比研究——礼貌语用学视野》(英文版)一书,它可以说是一个"点"。而笔者读博之前所出版的两部著作——《当代语言理论与实践探索》(1999年,西南交通大学出版社)和《历史比较语言学概论》(2000年,四川大学出版社)——与读博之后出版的《当代语言学理论与应用研究》(2010年,中国社会科学出版社)则可以是说"面"。"点"和"面"都有了,而且既有共时研究(探讨当前语言研究重点与热点),也有历时研究(寻求语言研究的历史定位与渊源),似乎没有什么缺陷或遗憾之事。随后如何寻求到一个可深入并持续研究的课题就是一个难题,为此笔者通过大量阅读和思考,最终定位在语言动态系统研究中的一个小课题——名词化现象。通过近十年时间的努力,笔者发表了这方面的系列学术论文,申报了两个省部级课题:一个是重庆市的,另一个是浙江省的。通过这些研究,我们发现名词化现象不仅仅是词汇问题,还涉及句法和语篇问题,是一个"牵一发而动全身"的全局性问题。为此,笔者决定从认知科学的动态整合角度再深入研究,通过申报国家社科项目来解决这个问题,得到了同行专家的认可和支持。

语言系统的真正研究始于两百多年前的历史比较语言学。语言研究者试图回答这样一些问题:人类自然语言系统究竟是一个开放的动态系统还是一个封闭的僵化系统?不同语言之间有何异同?语言系统内部有何特点,以何种方式运行?其运行态势如何,运行轨迹如何,运行效果如何?时至今日,我们都无法确知这些问题的答案,还需要更系统深入地加以研究。那么从何入手又如何入手呢?我们认为从能"以小见大"的问题,如名词化现象,入手较好,因为语言系统是一个非常非常之大的"大南瓜",必须选一个可操作的具体点作为抓手,我们的研究才可行和可靠。那么,该使用何种平台来研究名词化呢?恐怕需要语言各层面的整合运作才行,因为名词化表面上是词汇问题,实际上远超词汇层面,涉及整个语言系统。通过研究它,我们希望能管窥语言系统的本质和规律,供那些对词汇学、句法学、语篇学、修辞学,特别是语言系统本质或规律等感兴趣的读者参阅和思考。

特别感谢上海外语教育出版社将本课题成果纳入该社"国家哲学社会科学规划项目"!感谢出版社孙玉社长的关心和关注!感谢责任编辑潘敏为此付出的大量心血和劳动!感谢四川外国语大学王寅教授多年的关心和帮助!他在百忙之余,欣然为本书作序。感谢同行专家多年给予的关注和关心!感谢学校和学院所给予的大力支持和关爱!感谢所有与我合作的同行和同学!是他们的帮助和支持使得该研究工作得以顺利开展,最终能以目前的状态与读者见面。最后,非常感谢我的家人所给予的大力支持和理解!因为他们的奉献,我才能在教学之余把主要精力用于研究工作。

由于笔者语言功底、研究能力和资料所限,本课题研究一定存在不少问题或不足,敬请同行专家和读者多多批评、匡正,甚为感谢!

刘国辉

上海浦东南汇新城

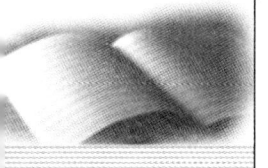

目 录

序言 ………………………………………………… i

前言 ………………………………………………… v

第一章 绪 论 ……………………………………… 1

    1.1 引言 ………………………………………… 1
    1.2 语言系统研究的现状 ……………………… 2
    1.3 语言系统研究的问题 ……………………… 8
    1.4 本研究的意义及定位 ……………………… 13
    1.5 本研究的假设及框架 ……………………… 15
    1.6 本研究的方法及创新 ……………………… 16
    1.7 小结 ………………………………………… 18

第二章 名词化研究的回顾与思考 …………………… 19

    2.1 引言 ………………………………………… 19

2.2 国外主流语言学派对名词化的研究 ……………………… 20
2.3 国内学者对名词化的研究 …………………………… 29
2.4 名词化的研究框架体系思考 ………………………… 33
2.5 小结 …………………………………………… 45

第三章 理论框架：CFCEF 动态整合观 ……………………… 47

3.1 引言 …………………………………………… 47
3.2 范畴认知 ……………………………………… 48
3.3 图形-背景 ……………………………………… 56
3.4 认知识解 ……………………………………… 63
3.5 经济-整合 ……………………………………… 74
3.6 功显原则 ……………………………………… 93
3.7 小结 …………………………………………… 96

第四章 名词化的定位 ……………………………………… 97

4.1 引言 …………………………………………… 97
4.2 名词化的概念 …………………………………… 97
4.3 名词化的表征 …………………………………… 99
4.4 名词化的类型 …………………………………… 102
4.5 名词化的性质 …………………………………… 114
4.6 名词化的语义 …………………………………… 116
4.7 名词化的功能 …………………………………… 117
4.8 小结 …………………………………………… 120

第五章 名词化的生成路径 ………………………………… 121

5.1 引言 …………………………………………… 121

5.2	零形名词化	121
5.3	有形名词化	129
5.4	名词性小句	189
5.5	名词化的限制条件	215
5.6	小结	225

第六章　名词化的生成后效应　　226

6.1	引言	226
6.2	名词化的检测	226
6.3	名词化的抽象概念	231
6.4	动词名词化的两性特征共存	237
6.5	名词化的间接言语行为效应	245
6.6	名词化的图形-背景效应	249
6.7	名词化的象似性与经济性	252
6.8	英汉互译中的名词化	259
6.9	小结	268

第七章　名词化的应用：量化考察　　269

7.1	引言	269
7.2	名词趋向	269
7.3	名词化的"功"与"过"	274
7.4	名词化的语篇量化考察	280
7.5	中国大学生优秀作文所涉名词化	299
7.6	小结	316

第八章　名词化与动词化的关联 317

  8.1　引言 317
  8.2　名词转动词 317
  8.3　名动互含 326
  8.4　名词化与动词化的整合机制 328
  8.5　名词化与动词化的比较 342
  8.6　小结 345

第九章　名词化的动态整合 347

  9.1　引言 347
  9.2　词汇层面的名词化 347
  9.3　句法层面的名词化 354
  9.4　语篇层面的名词化 375
  9.5　小结 384

第十章　名词化的类型学基础 386

  10.1　引言 386
  10.2　类型学表征 387
  10.3　类型学模式 392
  10.4　类型学模式的认知语义特征 393
  10.5　小结 394

第十一章　名词化转换的深层理据 ……………………… 395

　　11.1　引言 ………………………………………… 395
　　11.2　俗经验基础 ………………………………… 396
　　11.3　心理现实性 ………………………………… 396
　　11.4　认知神经基础 ……………………………… 398
　　11.5　哲学基础 …………………………………… 405
　　11.6　小结 ………………………………………… 409

第十二章　结语 ……………………………………… 410

　　12.1　总结 ………………………………………… 410
　　12.2　展望 ………………………………………… 413

参考文献 ……………………………………………… 415

附录 …………………………………………………… 444

　　图示清单 ………………………………………… 444
　　表格清单 ………………………………………… 446

第一章

绪 论

1.1 引 言

为何我们今天如此重视语言研究？不仅是因为当前的人工智能、信息技术需要，更主要的是人类自身发展之需。蔡曙山、邹崇理(2010：5)指出，认知科学，特别是认知人类学和进化心理学的研究表明，人与动物的根本差异在于进化方式不同——至少在人类特有的语言文字产生之后是如此。动物的进化是基因层面的进化，以数百年、上千万年为尺度；而人的进化则是以语言为基础的思想、文化和方法层面上的进化，以数十年、一代人至多几代人为尺度。凭借原始细胞和基因的进化，智人到160万年前才出现，这个过程耗费了几十亿年，此后的进化则非常缓慢。经过旧石器时代、中石器时代和新石器时代，大约在5 000年前，人类发明了文字。此后，人类的进步主要不是体现在基因进化层面上，而是体现在工具革新和文化进步层面上。也就是说，自文字发明以来，人类社会进步的速度明显加快，所需时间以几何级数递减！正是因为使用了语言文字，知识才成为可能，文化才得以传承，否则人类社会的进步就只能停留在基因和生物进化层面。也正如岳丽艳、吕国忱(2006)所言:世界是人意识之外的客观存在,但在人的语言之中却是被模仿和了解的人化世界;正是语言中凝聚着自然与精神、客观与主观、存在与思维的深刻矛盾,才积淀着人类思维和全部文化的历史成果。这要求我们从语言出发,去反省人类自身的发展以及与世界的关系。

1.2 语言系统研究的现状

本节拟从词、句、篇三个层面考察语言系统研究的现状,因为它们是语言建构过程中的基本结构单位和必要组成部分,可借以窥探语言系统全局。

1.2.1 词汇学

词汇学方面的著作所涉语种较多,除汉语、英语外,还有俄语、日语、德语、法语、阿拉伯语等。不过,其内容大同小异,涉及词源、结构形态、构词方式、词义、词义关系、词汇演变、词汇理据以及熟语等等。英语方面的成果相对多一些,下面略举一些重要成果:

(ⅰ)汪榕培(1997)的《英语词汇学教程》以现代语言学理论为指导,以英语词汇为研究对象,内容涉及构词法、词义及词义关系、词义的历史演变、成语及词典知识,并对现代词汇发展的趋势和所出现的现象做了分析和解释。

(ⅱ)陆国强(2004)的《现代英语词汇学》(新版)分为四大部分:第一部分主要探讨词汇的来源、形态、构成方式和语义理据等;第二部分着重研究词的语义特征、语义变化和语义分类;第三部分探讨词汇在句法层次上的应用和理解;第四部分则把词汇放在语篇层次上做超语段研究,是突破微观层面跨入宏观层面的一种尝试。

(ⅲ)林承璋、刘世平(2009)的《英语词汇学引论》(第 4 版)以英语词汇为研究对象,着重论述词汇的来源、发展、现状及研究方法,分析词的结构、类型、意义、理据、相互关系和语义变化方式,比较英国英语和美国英语的差异,并对英语习语的特点、分类、语义以及词的发展和使用做了详尽的阐述,同时提供大量例证。

(ⅳ)杨杰等(2009)的《俄语词汇学教程》涉及词义、多义词、同义词、反义词、近音词(形似词)、词汇的使用、词汇修辞分类、词典、谚语、俗语和名言、警句等,阐述了俄语词汇学和成语学的基本理论和现象,并翔实地介绍了近年来俄语词汇的新变化和词汇学研究领域的发展趋势。

(ⅴ)沈宇澄、周星(2012)的《现代日语词汇学》(修订本)介绍了日本语言学三大基础部分之一的词汇、语义学概论及体系、语义分析和记述方法,以及近义词的比较和中日词汇的对照研究。基于 1998 年版,这次修订进行了适当的增删,尤其加强了对词汇的特征、词义及构造等方面的分析说明。

(ⅵ)徐智儿(1997)的《德语词汇学》主要介绍德语词汇的基本理论和知识,阐明德语词汇的组成、演变和发展,探讨词义和语义,较详细地分析了熟语的特点及其分类。

(ⅶ)程依荣(2007)的《法语词汇学概论》涉及词汇的来源和发展变化、构词法、借词、词义及发展变化、词与词之间的关系、词的理据、词的语域差异和地域差异、词汇计量、熟语和词典等。

(ⅷ)林从纲(2007)的《新编韩国语词汇学》力求从理论与实践相结合的角度讲解词的数量、分类、构成、扩展、关系、变化和区别等问题,以帮助韩语学习者系统掌握韩语词汇,从中领悟到迅速记忆、理解和运用韩语词汇的诀窍。

(ⅸ)周文巨、陈杰(2010)的《阿拉伯语词汇学》涉及词汇的单位、构成及其学科研究意义、基本词汇和非基本词汇、词语的产生与演变途径、语义理论、语义关系和词典等。

(ⅹ)葛本仪(2004)的《现代汉语词汇学》(修订本)对汉语词汇学的几个基础性理论问题做出了系统而深刻的论述:它以"词"为核心,上接词汇,下通词素;以语言使用的最小单位为认识枢纽连接语音和语义,融入语法和修辞,并从静态与动态两个角度论述词汇的状态与演变。此书是对 20 世纪 50 年代开始的现代汉语词汇研究所做的一个总结性成果。

1.2.2 句法学

句法学方面的研究主要基于当代西方语言学,特别是基于 Chomsky

句法观的复制、变通或应用,这可从以下著作中得知:

(ⅰ)徐烈炯(2004)的《生成语法概论》是国内早期介绍生成语法的著作,主要涉及 Chomsky 句法理论研究方面的成果,包括其产生背景和基本理论原则的发展变化,如短语结构、转换问题、标准理论、扩展式理论和管约论等。

(ⅱ)宁春岩(2011)的《什么是生成语法》主要考察 Chomsky 在 20 世纪 50 年代初创建的生成语法,以问答形式简介了生成语法的方方面面,比如什么是语言的创造性、如何理解语言习得装置、什么是普遍语法关于人类可能语言的限制、什么是句法自治性,包括重要的理论、观点、研究方法和发展前景等。

(ⅲ)梅德明(2008)的《现代句法学》第一章和第二章从宏观和微观两个层面展现语言系统及语句成分,为后面各章的讨论作铺垫;第三章和第五章论述"组合"和"移位"两种句子成分基本表现形式的操作机制;第四章和第六章介绍现代生成句法学发展过程中两个阶段的标志性理论;第七章突破狭义句法的界限,探讨形式句法研究与形式语义研究之间的相互影响和促进作用;第八章则运用现代句法学的自然主义语言观,对语言习得机制的生理/心理支配原理进行诠释。

(ⅳ)温宾利(2002)的《当代句法学导论》系统地介绍了当代句法学研究的主流理论——原则与参数理论,全面地介绍了各个理论组件,如题元理论、X-阶标理论、格理论、约束理论、控制理论、管辖理论和界限理论等,并从语言事实出发,由表及里、循序渐进,不但介绍语言理论,还将研究方法融入其中,使读者仿若亲临其境,参与理论构建的过程。

(ⅴ)邓思颖(2010)的《形式汉语句法学》介绍了汉语形式句法学研究的重要性及相关研究,并沿用比较"传统"的模式,把形式句法学的基本原理融入课程中,让读者可以通过句法学理论分析汉语语法的特点。

(ⅵ)于鑫(2006)的《俄语生成句法学》介绍了俄罗斯句法学研究悠久的历史和体系传统。20 世纪中叶,维诺格拉多夫院士奠定了现代俄语句法学的基础。他明确指出:句法研究的对象是作为独立交际单位的句子;句子有三个基本特征——交际语调、述谓性和情态性,正是这三个基本特征使句子成为区别于词和词组的交际单位。

(ⅶ)Baltin & Collins(2001)的《当代句法理论通览》(*The Handbook*

of Contemporary Syntactic Theory)对当代句法学研究做了一个概括和总结,涉及派生与表征、移位、论元结构与短语结构、功能投射、界面与阐释和句法的外在评价等。

(ⅷ) Harris & Campbell(2007)的《历史句法的跨语言研究》(Historical Syntax in Cross-Linguistic Perspective)从跨语言角度对句法演变进行研究,并在充分吸收以往研究成果的基础上构建了一个完整的句法演变理论框架,其目的是准确地刻画句法演变的特征,寻找和概括句法演变的共性,对句法演变做出解释,以构建句法演变的理论模型。

(ⅸ) Radford(2009)的《最简句法:探究英语的结构》(Minimalist Syntax: Exploring the Structure of English)详尽地介绍了建立在 Chomsky 最简方案基础上的一些最新句法理论。作为句法学理论和英语句法教材,该书内容丰富,涉及语法、词汇、结构、移位、投射、运作阶段等。

(ⅹ) Lightfoot(2010)的《历时句法的研究原则》(Principles of Diachronic Syntax)是以生成语法来研究历时句法的奠基之作,在现代历时句法学这个新兴领域占有重要地位。该书立论宏大,建立了一套历时句法研究的不同于以往的全新方法论,并对具体的演变实例做出细密的分析,如英语的情态词、量化词与不定式等范畴变化,层级转换(NP 前置、WH 移位)和重新分析的起因等。

1.2.3 语篇学

"语篇学"有不同提法,如"篇章语言学、篇章语法、话语语言学"。不过,不同名称背后有其不同学术思想和研究取向。难怪聂仁发(2009)将迄今为止的汉语语篇研究分为文章学、语法学和话语分析三个时期:文章学时期的语篇研究侧重宏观结构,即语篇直接成分及其关系,以指导写作为目的;语法学时期的语篇研究侧重微观结构,揭示小句组合成篇章过程中的结构层次关系,以描写为主;话语分析时期的语篇研究则侧重各种篇章现象,引入认知、功能观点,解释性成分增多。该领域重要的代表人物及代表作有:

(ⅰ) 黄国文(1988)的《语篇分析概要》第一章为简介,涉及语篇概念、篇章语言学和早期的语篇研究等;第二章为语篇分析的基本内容,涉及衔接、连贯、句子、句组与语篇、句际关系的类型、语篇的结构和分析平面等;第三章为语篇与语篇分析,涉及语境与语篇分析、语篇的指向性和书面语篇的表现形式等;第四章为语篇与信息,涉及信息与语句排列、实义切分法、实义切分与语句排列;第五章为篇章的语法联结手段,涉及时间关联成分、地点关联成分、照应、替代、省略、时体形式和排比结构;第六章为篇章的词汇与逻辑联结手段,涉及词汇衔接和逻辑联系语;第七章为叙事结构,涉及叙事结构的特点和拉波夫的分析模式;第八章为会话分析;第九章则为语篇综合分析。

（ⅱ）姜望琪(2011)的《语篇语言学研究》全面研究并探讨语篇语言学的历史及现状,重点回顾西方 20 世纪语言学研究的发展历程,揭示语篇语言学之所以兴起并逐渐发展壮大的内在原因,内容包括从句子到语篇——语言学发展的必然趋势、现代语篇分析的萌芽、语篇语义学、俄罗斯语篇语言学、van Dijk 的话语研究——从篇章语法到批评话语分析、美国的语篇分析和汉语篇章研究等。

（ⅲ）胡曙中(2012)的《语篇语言学导论》(修订版)主要涉及语篇语言学三大学派(布拉格学派、系统功能语言学派和语篇语言学新学派)、语篇形式-意义的制约条件、语篇语义的表征方法、语篇的标准(句子与语篇)、语篇的认知语境、语篇的语义、语篇的信息结构、语篇的修辞性、语篇的类型、语篇的结构和语篇的元话语等。

（ⅳ）屈承熹(2006)的《汉语篇章语法》以篇章方法研究当代句法理论无法充分解释的汉语句法特征,包括体标记和句子状语,重点探讨体标记的篇章功能和情态副词在篇章中的地位。然后,讨论转入与句法关系较浅的领域,包括小句助词和情态,最后进入纯篇章的领域,讨论话题化、信息状况、前后景结构等概念,最终把语篇问题归入句法问题。

（ⅴ）吴启主(2001)的《汉语构件语篇学》涉及三个方面。一是句子在语篇中的功能。句子可单独成段用来突出某些意思,如提示、总括、连接和强调等。二是段、段群的组合关系与组合手段。组合关系有时间关系和逻辑关系,时间关系包括序列、先后和共时时间,逻辑关系包括顺接、逆接和转接。组合手段则分为词汇、语法和修辞手段。三是语篇的结构。根据语义结构,语篇被分成完全结构、不完全结构、扩展结构和变式结构等;根据语法关系,语篇可再分成平列式、承接式、分合式、断续式、倒装式和综合式等。

（ⅵ）唐青叶（2009）的《语篇语言学》讨论了语篇与语篇语言学、语篇语言学的研究范围、理论方法和语料选择，主要涉及语篇本体研究（语篇的话题与主题、语篇模式类型与语篇结构、信息结构与语篇信息包装、语篇美学）、语篇与认知（视角与意义的建构、话语标记语和关联认知、语篇的隐喻性）、语篇与社会（语篇与语类、语篇的批评性分析、多模态语篇分析和中国古代语篇语言学思想）。特别值得一提的是，该书最后讨论了中国古代语篇语言学思想，将《文心雕龙》的语篇思想与西方语篇语言学进行比较。

（ⅶ）吴贻翼等（2003）的《现代俄语语篇语法学》不仅系统地阐述了俄语语篇语法学中的一些基本理论问题，而且对俄罗斯语言学家不太涉及的问题（如比句子更大的语篇单位的实义切分、片段的界定和片段内的独立句等）进行了理论上的探索并提出了自己的看法。具体来说，该书涉及俄语语篇语言学的建立与发展，实义切分理论的创立与发展，句子与表述，词组、简单句和复合句的实义切分，超句子统一体的研究简史、概念、特征、结构、句际联系及其类型等。

（ⅷ）Martin（1992）的《英语语篇：系统和结构》（*English Text: System and Structure*）是在系统功能语言学经典理论基础上发展而来的一部导论性著作，其目的是为语篇分析提供一个综合性的分析框架。它以 Halliday 和 Hasan 的语篇衔接理论为出发点，通过探讨语篇语义系统及其结构来发展经典理论的语义层和语境层，同时对 Halliday 的语言理论进行了修正和发展。因此，它对经典系统功能模式既有继承，也有发展。

（ⅸ）Wood & Kroger（2000）的《实探语篇分析》（*Doing Discourse Analysis*）将语言看作人类社交活动中可通过口头话语和书面文本来实现相关功能的语言行为，以会话分析、批判性语篇分析、语言学以及社会心理学的话语认知法等为理论框架和研究方法，系统而全面地阐述了各种类型语篇的资料采集、分类整理、角度选择和模式套用，介绍了分析过程中各阶段策略和具体方法的选择与取舍、信度和效度的评估与认定标准及其科学依据，乃至分析报告的撰写和后续事项等。

1.3 语言系统研究的问题

1.3.1 问题的存在表现

如果从历史比较语言学研究算起,语言学研究已有二三百年的历史,取得了不俗的成绩,如语系、语类和基本语法范畴的确立等。但仍有不少问题有待解决,特别是研究方法上的问题。

从前文对词、句、篇的扫描中我们发现:① 词汇学层面主要围绕词汇本体研究,较少涉及句法,更不用说语篇层面;② 句法学主要基于Chomsky句法观的研究和探讨,关注句法形式结构,较少涉及词汇层,更少涉及语篇层;③ 语篇学主要以宏观语篇结构为对象,涉及一些句法问题,但鲜少涉及词汇层;④ 各层面受到的重视度不同,如英语词汇学曾被西方语言学忽略,而句法层则受到特别关注;⑤ 即便同一层面内部也存在争论,如汉语词汇学的"体系"之争;⑥ 各层面强调各自的独立性研究,如句法学的自主性问题。也就是说,从语言系统的动态整合(有机的系统协调)角度来研究的很少。那么,为何如此呢?主要是因为传统语言学把语言研究划分为不同领域,每一个领域都有一个特定的对象,如语音学以语音为研究对象,句法学以句子为研究对象。这种分工一方面为语言学研究带来了极大的便利,因为语言系统是抽象而复杂的,从更为具体的语言资源出发,可找到通向语言系统的捷径;另一方面,它也是语言学研究不断深化的需要,因而分工在很大程度上促进了语言学研究的发展(苗兴伟、董素蓉,2009)。然而,语言研究对语音、音系、形态、句法等语言描写层面上的语言事实各自进行分析,其解释力度非常有限(熊学亮,2004)。具体来说,语言结构单位在语音体系里有音位、音节、重读群、停顿群等,如图1所示。

语法体系中也有词素、词、词组、小句、句子、段落等,这些单位的出现方式是下一级单位"嵌套"在上一级之中,上一级单位又"嵌套"在更上一级之中。换言之,词素嵌套在词里,词嵌套在词组里,以此类推,形成一种等级体系(hierarchy)。这样,任何语言结构单位在这个等级体系里都不能从其前后结构中孤立出来,否则就无意义。例如,/bed/中有三个音位,

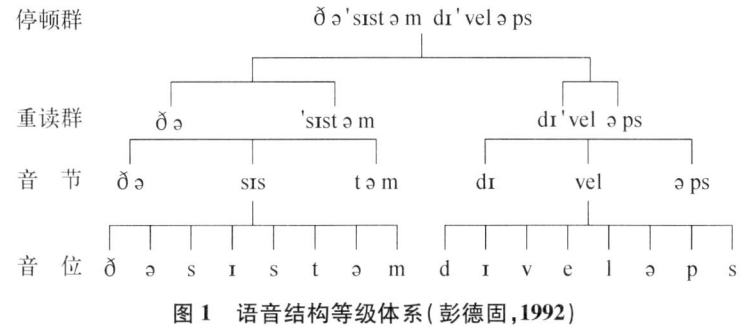

图 1　语音结构等级体系（彭德固，1992）

将其中任何一个孤立出来，如孤立出/e/，则完全没有了/bed/的意义。同理，如果将 by the boy 这个词组从 the window was broken by the boy 这样一个小句中孤立出来，也不知其所指。因此，像 all borrowed books must be returned 这个小句的语法等级结构可分析为图 2：

图 2　语法结构等级体系（彭德固，1992）

为此，Ramchand & Reiss（2007）对语言界面研究进行了总结，认为界面几乎存在于语言的各个层面之间，如语音-音位界面、音位-形态界面、句法-音位界面、句法-形态界面、句法-语义界面、句法-语用界面、语义-语用界面和句法-语篇界面等。这样，"词汇学只不过是语言分析的一个层面，其他层面包括音位学、形态学、句法学和语义学。虽可以孤立地研究某一层面，但必须指出：不提及其他层面就无法成功地研究任何一个层面。这些不同的分析层面以不同的方式相互起作用，我们在使用语言的时候，总是不由自主地同时涉及所有的层面"（汪榕培，2001）。不过，系统不是物质的简单集合，语言更"不是简单地排列各种单位的清单……语言是统一的整体，是个体系"，这个"语言体系是语言单位及其各个部分的内部组织。语言的每个单位都作为一个部分而进入其体系的整体之中。每个单位和其他单位及语言体系的其他部分都直接或间接地通过语言范畴而发生联系"(柯杜霍夫,1987:175)。在这个层级系统中,下一级单位总是进入上一级单位,进入的方式就是通过组合,而这种组合并不是任意的。不管我们是否意识到,存在于每个人心理中的社会"契约"总在自觉不自觉地制约着语言链上的组合,比如为何 a、b、s、t 这四个字母在英语中只能有两种排列方式——stab 和 bats,而不会出现别的,像 *sabt、*tasb 这样的组合?

1.3.2 问题的深层理据

语言系统研究的分割孤立状态原因不完全在于语言系统本身的复杂性,而在于原子结构主义时代的影响。因为在原子结构主义思想主导下,现实往往还原为逻辑成分或原子事实。在哲学领域中,逻辑原子论就是这种观点的典型,它认为逻辑分析的命题有两个:一个是更复杂的分子命题,另一个则是被分解了的原子命题。世界无非就是由逻辑分析所终止的原子命题对应的原子事实组成,而这些原子事实的多样性集合方式便形成了我们经验的分子事实。原子主义对于客观现实的理解可追溯到古希腊的德谟克里特,他认为原子是不可再分的微小粒子,整个实体就是由这种微小粒子相互堆积而成的,原子的作用是因与果之间的必然结合。这样的认识必然导致下面这些后果:

(ⅰ)知识的分化。什么是知识?从不同角度会有不同的答案,比如从过程形态角度可将知识看成一个不断发生又不断完善的过程,从行为形态角度可将知识看成灵动而感性的内在体验行为,从理论形态角度则可将知识看成人类认识世界的系统而体系化的理论成果(张传燧,2012)。而分化作为知识与学科发展的一种重要机制,既是人类知识演进的一种必然趋势,也是知识增长与学科发展的重要动力。正是在这一意义上,13世纪时出现了神学、罗马法、宗教法规、医学、数学、天文学、占星学、逻辑学、自然哲学、语法和修辞学等专门性学科。到了 15 世纪 90 年代出现了被历史学家称为"人文学科"的五大学科——语法、修辞、诗学、历史学和伦理哲学,它们不但在意大利的佛罗伦萨与传统的医、法等科目明确分离,而且获得了较高的地位和特定的含义(Chamberlin,1982)。17 世纪以来,先是天文学、力学、物理学、化学、生物学等具体自然科学逐渐从哲学中分化出来,建立起了各自独立的学科范式与研究目标,开始了人类知识体系在学科意义上的分化过程。到了19世纪前后,随着自然科学的迅速发展以及社会生产力发展水平的不断提高,社会结构发生深刻变革,社会现实问题日渐复杂,从而催生了人文与社会科学领域的许多学科,社会学、经济学、法学、政治学等纷纷从哲学中分化出来,确立了各自独立的学科地位(刘大椿、杨会丽,2011)。也就是说,从历史角度看当代知识体系就是学科知识分化的体系。

(ii)哲学自身的分化。哲学作为一门最古老的大一统学问,反映了人类对于自身所生存的这个世界的理性思考。因此,从一开始它就被当作"智慧之学",作为人类知识总汇的形态而出现,包含了原始科学在内的一切理论认识。不过从历史角度看,哲学在较长时间里按人文主义的取向发展,最早可追溯至14、15世纪发端于意大利、后传播至欧洲其他国家的哲学与文学运动,以及由此引发的人文主义思潮。现代哲学中人文主义范式的哲学研究主要有20世纪以胡塞尔为代表的现象主义、以柏格森为代表的生命哲学、以萨特为代表的存在主义等哲学思潮。这些不同哲学思潮的一个共同点就是强调人的价值与意义,突出人的尊严与地位,把人自身放在第一位,通过对人本性的深刻理解与反思,张扬人的自由、平等与博爱(刘大椿、杨会丽,2011)。换言之,人文主义是以人为中心、强调人的需要与满足的哲学思潮。然而,到20世纪末哲学进一步分化,早已不是一种可以涉及所有领域的总体知识体系。"大一统"的哲学已分化出众多与具体科学交叉的哲学学科,如政治哲学、经济哲学、社会哲学、科学哲学、历史哲学、逻辑哲学、数学哲学、宗教哲学、文化哲学、自然哲学、技术哲学、生态哲学和发展哲学等。

(iii)知识分化而孤立。随着知识不断分化或深化,人们获得新知来征服自然,形而上学的发展出现了三种不同形态:宇宙本体论、范畴本体论和意义本体论。它们一方面用孤立、静止、片面、表面的观点去看待事物,另一方面单凭直觉(超经验)来判断事物。比如"鸡"和"蛋"之争就是一个典型。"鸡"生"蛋"与"蛋"成"鸡"的交替出现是一种存在形式,在时间轴上"鸡"和"蛋"的形态一直在变化。如果把当今存在的"鸡"和"蛋"形态作为标准,则先进化为现代形态者为先。而"蛋"比"鸡"出现更早,即是说"鸡"在还未成为"鸡"之前就在下"蛋",所以先有"蛋",后有"鸡"。

如果以"鸡"和"蛋"的原始状态作为依据,那么"鸡"和"蛋"处于一种循环状态,按时间轴一直可追溯到原核细胞分裂的时段,甚至可追溯到生物产生的阶段,以及物质能量之源,这样就难以找到答案。科学从某种程度上看并不是"真理",仅仅是一种认识"真理"的工具,任何科学都是形而上学的形式。因此,相对论认为,所谓的存在形式只是自身的时空参照系所赋予的形式,对其所做的全真判断只是对这一参照系有效,对其他参照系而言,其结果是不适用的,即没有一个绝对优越的时空参照系。

（iv）学科分化而对立。工业革命以来,随着技术的不断进步以及造纸术、印刷术,特别是电子技术的发明,人类知识不断增多,呈现方式也越来越复杂化、多样化,如中西方学校课程分别由我国先秦的"六艺"课程、古希腊的"七艺"课程演变为元代程端礼与17世纪夸美纽斯的"百科全书式"课程(张传燧,2012)。随后,出现了斯诺(1987)所说的冲突现象,即人文文化与科学文化分别以人文知识分子和科学家为承载,彼此间有一条相互不理解的鸿沟,有时还存在着敌意和反感。由于人作为研究对象的复杂性,社会知识的科学化比自然科学研究更为困难,社会科学因此处于襁褓阶段,甚至还只是"近似"的科学。但人文学科对于人类社会和各种社会行为的理解,不仅允许人们自由地采取各自的(甚至是完全个人化的)角度去表达看法,允许他们以个人好恶来进行判断,而且在方法上宽容非"科学"化的直觉、推测、思辨,甚至鼓励非规范化的个性化感受、创造等等。同时,人文学科也同样会提供知识或被称为"常识"的东西,但它可能是非科学化的,或无法用科学来概括、度量、规范,但这不等于它无用或无意义(毛丹,1997)。

我们应如何处理或对待上述状况,是一个必须解决的方法论问题。正如赵彦春、黄建华(2001)所言,"专"未必不好,其实只有"专",科学探索才能朝纵深拓展,于毫末处探胜,但"专"应以"博"做铺垫。"专"意味着"对越来越少的东西知道得越来越多",但光"专"不"博"往往难以有真正的"专",因为被掏空了的"专":其一就势必使研究者失去价值评判的参照体系,也看不清相关事物之间的联系,失去从相互关联和相互依存状态中体察事物真相的可能,其结果可能是"对越来越少的东西知道得越来越偏";其二就无从与相关的领域进行物质、能量和信息交换,从而失去必要的抗熵能力而趋于死寂(赵彦春、黄建华,2001)。为此,范龙(2004)认为在学科综合化的进程中需要处理好三种关系：① 在学科导向上，要处理好"博"与"专"的关系，其目的是实现"基础"；② 在学科构成上，要处理好"多"与"精"的关系，其目的是实现"数量和质量"的统一；③ 在学科布局上，要处理好"合"与"分"的关系，其目的是实现"共性"与"个性"的统一。

1.4 本研究的意义及定位

众所周知，客观世界是一个动态整合的系统，其对应的主观世界也应是动态整合的。正如张正军(1991)所言，认识主体与认识客体之间存在着一种普遍而奇妙的对应、相似或一致关系：它们都具有发生性与建构性，其存在经历着一个以活动为基础的生成、确立与演变过程；它们的发生具有同步性，一个系统或这一系统特定结构层的出现往往以另一系统或该系统的一定结构层的出现相伴随；它们在内容上相互渗透，从一方身上可发现对方内容的信息表征；它们在一定范围内彼此重叠，此关系中为主体或客体的东西，彼关系中则体现为客体或主体的属性。主客体相互作用的具体过程刻画了主体作用于客体的选择、分离、重组、转化功能及客体作用于主体的选择与改造方式，展示了认识主客体同一生成的具体机理。人类正是通过对表现客体的不断建构和认识去接近指称客体。

我们的语言研究也不例外，不能孤立地看待或静态地处理语言系统中的任何个别现象。然而，现实是词汇、句法和篇章研究在某种程度上各自为政、相互隔离(类似于盲人摸象行为)，这给语言系统研究带来极端不利，因为我们不可能从词、句或篇中的任何一个层面去独立认知语言系统的实质与特性，必须关注系统的整体建构，比如语言表征是否准确、到位不仅取决于词的选择，更在于词与句之关系，因为词的词性、语义、语用和功能等需要在句法层面定位，而句法结构及表征方式的选择取决于语篇层面，它们之间是一种调适-优化组构关系。反之，从篇到句再到词则是一种压制-整合的协统关系，以适应系统自上而下的(top-down)生成方式。它们之间不能跨层面处理,即从词到篇或从篇到词,因为篇不是词的随意堆积,而是一个结构系统。这样,它们之间的连通就成了关键的关键。那么,如何连通?这就是本课题需要解决的问题,连通方式可能动态或静态,不过动态(调适-优化与整合-压制)更符合语言系统的适时需要。连通的路径可能多种多样,而整合则是其必然走向,因为单一层面或视角的孤立研究不能说明任何问题,如图3所示:

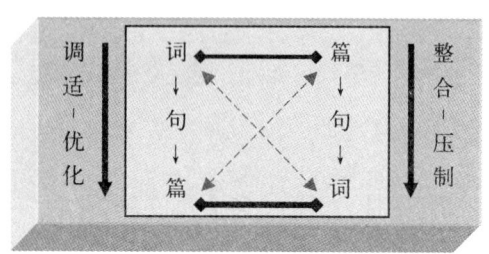

图3　词—句—篇的动态整合系统

名词化不仅涉及词汇,还涉及句法和篇章结构,是"牵一发而动全身"之事。通过研究它,我们可以管窥语言动态整合之本质。国外传统语言学对名词化几乎没有太多关注,Bloomfield时代的结构主义语言学认为名词化只是一个词法类别分布,以Chomsky为首的转换生成语言学认为名词化是与语义无关的句法结构问题,以Halliday为首的系统功能语言学则认为它是语法系统的功能转换和语法隐喻工具。国内绝大多数学者与国外大体保持一致,研究成果少而散,如朱德熙等(1961)《关于动词形容词"名物化"的问题》,朱德熙(1983)《自指和转指——汉语名词化标记"的、者、所、之"的语法功能和语义功能》,胡裕树、范晓(1994)《动词形容词的"名物化"和"名词化"》,朱永生(2006)《名词化、动词化与语法隐喻》。从内容上看,关于名词化的已有研究主要集中在形态结构和功能方面,都遵循原子结构主义研究范式,即都是孤立的、静止的,没有从名词化表征所涉的动态整合角度去考虑问题。

名词化不仅涉及音、形、义、体、功能等方面的动态变化,而且涉及词、句和篇之间的整合问题。为此,我们以它为视点来具体阐释语言系统中词、句、篇三个层面的动态整合运作。名词化是一种既具共性又具特殊性的语言现象,是一个看似简单实则复杂的表征,因为它跨越词、句、篇。作为非范畴化概念,名词化是指某特定词性(比如动词或形容词)在一定条件下一方面丧失了原有范畴的某些典型特征,另一方面又获得了新范畴的某些新特征。这些特征不仅影响句法表征,还影响语篇层面的整体布局与协调。全国大学英语四、六级考试中学生的英语写作水平不甚理想,一个重要原因就是词、句、篇三个层面的整合不到位。我们想通过这方面的研究来满足那些关注句法建构、句法修辞、语篇写作以及语言系统生态的师生。

1.5 本研究的假设及框架

科学研究常以假设的形式出现。假设能否成立,需要进行检验评价,而评价之据可以是多方面、多层次、多维度的。认知经验告诉我们,客观世界是动态整合的,作为与其相应的主观世界组成部分之一的语言系统也不例外。然而,这个系统的动态整合必须具备一定的基本前提、路径和原则,否则系统无法运作。对此,我们以认知科学的动态整合观为依据,以名词化为视点来具体验证。这主要是因为:语言系统不是一个孤立的静态体,而是一个有机整体,任何局部的变化或变异都会"牵一发而动全身"。名词化具有自身的特点:① 从语法角度看,它是词类的一种转换;② 从语法隐喻角度看,它是一种强有力的结构转换操作平台;③ 从语义角度看,它是一种指称义突显,是物化度的一种强化;④ 从语用功能角度看,它是语体正式度的一种提升;⑤ 从认知角度看,它是一种范畴化识解,一种图形-背景展示;⑥ 从文体角度看,它是一种书面语表征,是科技、法律等强客观性文体的常用表征;⑦ 从语篇布局看,它是语篇整合的一种显性连贯或衔接手段。但名词化表征并非任意的词类转换,它有自己的性质特征、生成机制、生成功效和限制条件等,还有自己的文化规约和哲学理据。

为了更好地研究本课题,我们将其分为十二个章节。第一章绪论涉及研究语言系统研究的现状、问题和本研究的定位、框架和创新等,是本研究的出发点与落脚点;第二章"名词化研究的回顾与思考"是对国内外名词化研究现状的梳理,是本研究的历时定位;第三章"理论框架:CFCEF

动态整合观"涉及范畴认知、图形-背景、认知识解、经济-整合和功显原则,以寻求本研究的理论框架;第四章"名词化的定位"涉及名词化的概念、表征、类型、性质、语义和功能等;第五章"名词化的生成路径"从零形名词化、有形名词化、名词性小句和名词化的限制条件等四个方面讨论了名词化的生成;第六章"名词化的生成后效应"涉及名词化的检测、语义变化、句法结构及翻译处理等;第七章"名词化的应用:量化考察"涉及名词化的功过评价和语篇处理;第八章"名词化与动词化的关联"涉及名词转动词、名动互含和整合机制等;第九章"名词化的动态整合"涉及词汇、句法和语篇三个层面的名词化;第十章"名词化的类型学基础"涉及名词化的表征、模式和认知语义;第十一章"名词化转换的深层理据"从俗经验、心理现实、认知神经和哲学角度分析;第十二章结语进行总结和展望。

1.6 本研究的方法及创新

西方哲学研究中一直贯穿着感性与理性、经验主义与唯理主义之争,这种对立观点以不同形式反映在语言研究的方法上:一种是通过可观察到的语言用法从外部对语言进行研究;另一种则把语言看作人天赋才能的一部分,看作人类理性的表现,从人类心智内部研究语言(Robins,1979:145)。也就是说,语言研究要么从外部进行,要么从内部进行,没有第三条道路可走。语言学研究究竟采用哪一种方法和路径通常取决于研究者不同的语言观、方法论以及所研究的对象、范围和目的(黄国文,2009)。不过,我们认为理想的操作最好是一种动态整合式,即根据需要进行优化组合,因为没有一种方法十全十美、完美无缺。实际上,近年来国际语言学界三大期刊相继推出了涌现主义(emergentism)专刊(2006年 *Applied Linguistics* 第4期)、动态系统理论(dynamic systems theory)专刊(2008年 *The Modern Language Journal* 第2期)和复杂适应系统(complex adaptive system)增刊(2009年 *Language Learning*)。虽然所使用的名称有所不同,但这几期文章都聚焦动态系统理论这一新理论流派,即如何动态、系统地研究语言(李兰霞,2011)。

内部与外部结合只是一种视角定位,准确地说不是一种最佳的研究方法。涉及具体问题的研究需要准确定位并具备可操作性。为此,我们运用定性(理论文献论证)与定量(利用语料调查和语料库实证)相结合、英汉对比处理(进一步具体验证)和理论与应用相结合的方式,分析并考察语言规律的普适性。不过,定量实证问题的处理必须科学而合理。比如,作为实证工具之一的语料库是一种有效的定量研究方法,它或多或少解决了 Chomsky 理论中语言"直觉"意识的缺陷,满足了"观察充分"和"描写充分"两个标准,减少了材料选择的主观性,提升了客观性和科学性。但从语料库的建构角度看,它也并非灵丹妙药,因为它建立在人为选料基础之上,不可避免地存在着与生俱来的问题,如代表性、规模性和真实性等。因此,我们认为"事实胜于雄辩"并非永远不变的真理,关键要看何种"事实"和以何种方式建构或使用"事实"。只有定量与定性相结合、有血有肉的事实(数据)才更具说服力、才更有用(刘国辉、陈香兰,2009)。为此,我们遵循如下研究路径:① 考察多种语言的名词化表征,从国内外主流语言学派了解其研究现状与问题;② 据认知科学理论提出有关名词化的假设;③ 从宏观层面进行假设的理论性论证;④ 从不同语料层面进行假设的实证性论证,以寻求名词化的类型学特征,即从生成路径和生成后效应详尽考察,对象包括句法层面和语篇层面名词化的分布与运用;⑤ 从动词化表征进行反证,以突显名词化表征的特性;⑥ 从语言内外因素,如语言本体、文化、认知心理和哲学等角度诠释名词化表征的制约因素和条件等;⑦ 从语言系统有机体角度展示名词化表征所体现的语言本质特性和规律,并就语言的动态整合趋势提出见解。通过这样一个逻辑结构安排,我们对语言系统的动态整合会有一个非常清晰的感性与理性认知。

本研究的主要创新体现在:① 选题新,基于当代认知科学的动态整合观考量,以往成果多为静态研究;② 框架新,动态考察名词化的系统流程,即多层面联动考察,涉及音、形、义、体及功能变化等,以往成果多为个别层面的孤立研究;③ 方法新,定性与定量结合,充分利用语料库和语料调查,理论与应用结合,英语与汉语相对照,且跨学科,涉及语言学、认知心理学、文化学和哲学等,以往的成果多为定性的、应用方面的个别语言研究,且多为语言本体研究。

1.7 小　　结

　　本章首先从宏观角度对语言系统研究的现状及问题进行了简要回顾,指出其问题所在,然后就本研究所涉的意义、定位、假设、框架、方法和创新进行了介绍。这样,本研究的背景及出发点,即研究语言的本质特性,就比较清楚了。到了21世纪,我们应对每天生活中与我们形影不离的语言现象有一个令人信服的理论解读,因为我们的语言学研究与其他学科,如数学、物理等自然学科相比,晚了很多,大致在18世纪末才正式出现。直到今天,我们还没完全达成这一目标。当然,原因是多方面的,既有社会发展问题,也有科技问题,还有认知、心理和文化等方面的问题,但更为重要的是方法论问题,因为近两个世纪的语言学研究大多关注某个点、某个面、语言内部或外部的独立考察,如19世纪的语言学研究基本上都是对语言材料的收集与归类,20世纪上半叶关注的是语言结构解剖,下半叶则从心智、社会文化等方面分别去找原因。我们需要在重新审视以前的研究方法的基础上,基于当代认知科学,以动态整合观为理论框架,以名词化现象为对象,以词、句、篇为操作平台,以揭示语言系统本质和规律为目标,做一点尝试性研究。

第二章 名词化研究的回顾与思考

2.1 引 言

名词化真正获得应有位置是 Lees(1960)的《英语名词化语法》(*The Grammar of English Nominalizations*)的出版。从某种程度看,Lees 是第一位努力将名词化与其相应句法系统地联系起来考察的学者。然而不幸的是,当时 Chomsky 主导的语言学影响了这一研究进程,Lees 也就未能深入研究名词化过程及其转换问题。好在 20 世纪 80 年代以来,这种局面得到了明显改善,名词化得以纳入语法隐喻范畴进行研究,具体参见 Halliday (1985)、Martin(1992)、Downing & Locke (1992)、Eggins (1994)、Lock (1996)、Thompson(1997)和 Valeika(1998, 2001)等。也就是说,自从 Lees《英语名词化语法》问世以来,名词化现象一直处在语言学研究的中心和边缘:"中心"是指很多语法理论都无法回避这个问题的处理,"边缘"则是指每种理论的处理都不到位,留下了不少遗憾。

2.2 国外主流语言学派对名词化的研究

2.2.1 传统语言学的名词化研究

名词化作为人类语言中既普遍又特殊的现象,不管是在西方语言(如英语、德语、法语),还是在东方语言(如汉语、日语、韩语)中都有相应的表征,只不过其表征量和表征方式不同而已,即名词化具有语言类型学性质,Koptjevskaja-Tamm(1993)等进行过相应研究。但其研究现状并不乐观,在国外真正有分量的研究成果并不多见。就英语名词化研究而言,Lees(1960)的《英语名词化语法》、Chomsky(1970)的《名词化评论》("Remarks on Nominalizations")和 Heyvaert(2003)的《英语名词化的认知-功能研究》(*A Cognitive-Functional Approach to Nominalization in English*)相对来说有较大影响。正像任何语言理论不可避免地涉及对动词和名词的阐述一样,很多语法理论模式也必然要对名词化做出自己的阐释(参见刘国辉、陆建茹,2004)。

西方传统语言学(大约从古希腊至18世纪期间)以语法研究成果最为突显、影响最大,特别引人关注。然而,最初的语法研究并没有形成一门独立的学科,而是同哲学和逻辑学交织在一起或从属于哲学研究。古希腊哲学家苏格拉底和柏拉图等人在探索人类本质时不得不对人类独有的语言能力发生兴趣,因为他们相信语言是人类内在特性的外部表现形式,希望通过研究语言来揭示生命之奥秘(周光亚,1985)。首先,古希腊哲学家柏拉图等人在词类方面提出了我们今天所谓的名词性成分和动词性成分。随后特拉克斯提出了名词和动词,认为从语义角度看,名词具有指称功能,表示具体实体,动词则具有表述功能,表征事件。他在《语法艺术》(*Technē Grammatikē*)中提出八大词类,后来为拉丁语法学家所用,直到中世纪。不过,第一批英语语法著作到17世纪中叶才得以问世,一方面是因为拉丁语势力在相当长时期内十分强大,另一方面也同当时英国学术界鄙视语言研究分不开,连大文豪莎士比亚也把名词和动词当成"任何基督教徒的耳朵都不愿意听到的讨厌字眼,更不用说一般人了"(周光亚,1985)。同时,受到古罗马哲学逻辑影响,概念研究受到重视,而概念由词来表示,所以语法也就主要研究词,并从概念出发进行词的分类。这样,传统语法学家对词进行分类时就缺乏正确而统一的方法,对不同词类所下的定义也就没有统一的标准:名词和动词按语义划分,代词、形容词、副词、介词和连接词根据它们在句中的功能来定义,感叹词则以表达感情的强烈程度为标准。Quirk et al. (1972)主编的《当代英语语法》(*A Grammar of Contemporary English*)作为英语传统语法的经典之作,在词类划分上仍基本沿用传统的八大词类划分法,同时采用形态、功能和语义三种标准;在句法方面,基本沿用传统的简单句和复合句体系;仍旧强调结构与语义的互相影响,并从补足、修饰、并列、从属等传统语义范畴出发建立语法体系。这样,英语词汇的分类问题一直是语法学者致力解决或完善的问题,可至今还没有一个体系能为大多数语法学者所公认。换言之,词类问题作为语法学的基础,历经古典时期、中世纪、近代、现代等几个主要发展阶段,在当代仍是语言学研究的热门课题之一(陈勇,2002)。

  按照传统语法,名词就是"某人、某地或某物的命名"(the name of a person, place or thing)。如果这样定义名词,那么有些动词或形容词也是一种命名,划分标准就显得不够有效,甚至区别不了词性。例如,blue 这个词可以说是一种颜色的命名,但它不是典型名词,而是形容词。又如,run 可以说是某种动作的命名,但它不是典型名词,而是动词。因此,这种定义模棱两可。至于跨类的名词化问题,传统语言学还没来得及涉及,更谈不上研究,因为它连最基本的词类划分标准及定位要求都还没达成一致。实际上,在句子中判别一个词是不是名词,不能只看它是否代表某一事物的名称,还要看它在句中所处的位置以及它的形态标记。下面(1)中的 gingbat 和 gambit 要么无意义,要么词义比较生僻,但懂英语的人都知道它们是名词,因为它们前面都有限定词,且 ginbat 后面带了单数谓语动词,说明它是名词单数。也就是说,它们在词汇层面就能确定其具体词性。但(2)中三个"出版"则必须由句法层面来定夺,依句定品,因为汉语中它们的读音、拼写没有什么不同;也就是说,没有显著标识来判定其词性差异。

  (1) The *gingat* is gambling with my *gambit*.
  (2) a. **出版**这样的书很难。
    b. 这本书的**出版**很难。
    c. 这样快**出版**肯定难。

难怪文炼、胡附(2000)认为,虽传统语法要求每个词归入特定的类,每一类词与结构成分有特定联系,但由于汉语缺少形态变化,我们不能明确定位;如果把词类划分扩大到与句法有关的语义和语用方面,问题可能解决得更好一些。

2.2.2 结构主义语言学的名词化研究

有必要提一下较早研究名词化的学者 Jespersen(1937)在这方面的研究,他在《分析句法》(*Analytic Syntax*)中就解释过英语中的名词化,将名词化称为"主谓实体词",分为两类:动词性和谓词性,前者如 arrival(到达),后者如 cleverness(聪明)。显然,这种分类相当于我们通常所说的动词名词化和形容词名词化。尽管他的研究不甚详尽,但给予了后来者相当的启示,因为他并非纯粹研究名词化的形式,而是广泛地从句法到语义、从形式到功能等各个层次进行考察。他还意识到在日常语言和科学语言的差异中名词化扮演了重要角色,这表明他已初步认识到语类的区别。但由于他的分析句法主要集中在句子层面,因而很难从语类乃至语篇的角度进一步研究。同时,他对名词化的分类也过于狭窄(范文芳、汪明杰,2003)。到了20世纪上半叶,以 Bloomfield 为代表的描写结构主义者深受行为主义的影响,把行为主义运用于语言研究。他们认为区分具体词类和语法范畴的标准不是语义,而是它们在语法结构中的填充类别。语法范畴和词类不表达任何信息,只有进入语言结构,即句法系统中,它们才有意义。因此,他们并未提出"名词化"概念,只是根据直接成分分析法进行词的分类。名词化可由派生基本词或从属向心结构,即修饰语加中心词构成,但都属于名词类。例如,treatment 和 gracefulness 按层次结构可分解为图4所示:

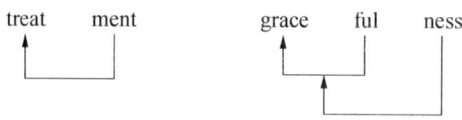

图4 名词化的从属向心结构

它们只被当作填充语法结构的同一词类——名词,它们在句子中的出现只是被当作一个语法成分来分析。又如:

(3) a. The bomb *exploded* in this city.

b. The *explosion* of the bomb occurred in this city.

这两句表达同一个意思,其中(3a)的 explode 做谓语,而(3b)的 explosion 则做主语。这两个词只是被看作不同的词类,分别为动词和名词,在句法结构中充当不同的语法项而已。

2.2.3 转换生成语言学的名词化研究

20 世纪 70 年代之前,生成语法学家们认为英语中所有的名词化短语都由动词派生而来。Chomsky(1970)发表《名词化评论》一文后,这种观点受到了挑战。Chomsky 论证了名词化不是从动词派生出来的,而是与句法层面有关。同时,他区分了英语的三种不同名词化形式——动名名词化(gerundive nominal)、派生名词化(derived nominal)和过渡名词化(transitional nominal),分别如下:

(4) a. John's *riding* his bicycle rapidly (surprised me).

b. Mary's *not being eager* to please (was unexpected).

c. Sue's *having solved* the problem (made life easy for us).

(5) a. John's *decision* to leave (surprised me).

b. Mary's *eagerness* to please (was unexpected).

c. Sue's *help* (was much appreciated).

(6) a. John's *refusing* of the offer

b. John's *proving* of the theorem

c. the *growing* of tomatoes

Chomsky 当时非常关注表层结构和深层结构,认为表层结构由深层结构经过转换规则生成。Chomsky(1968:17)指出,深层结构和表层结构是通过某些心智的操作联系在一起的,用现代术语表达,即是通过语法上的变形而联系在一起的。例如:

(7) a. *He finished the task splendidly* and the teacher was pleased. (深层结构)

b. *His splendid finishing of the task* pleased the teacher. (表层结构)

经过转换规则,深层结构转化为表层结构,"He finished the task splendidly."由此转变为名词化结构 His splendid finishing of the task。Chomsky(1968:107)认为"名词化必须反映深层结构的特性",并确信深层结构表达意义,表层结构表达语音,但他也肯定了表层结构对语义解释起一定的作用,表层结构意义通过深层结构反映出来。名词化的过程是心智变化的过程,它通过一系列心智操作由深层结构转化为表层结构,不仅表达了深层结构的意义,而且使结构更为精练。然而,Chomsky 只是把名词化的过程当作句法结构变化的结果,忽视了这种语言现象与语境的联系,所以他的名词化与语篇类型没有任何关联。实际上,转换生成学派是想用它来证明语法的自主性(autonomy)以及句法和语义的分离性(石毓智,2000a)。这样,Chomsky 的这种转换生成思想在解释名词化现象上必然会遇到难题,因为他发现名词化与动名词不同。他称前者为"派生名词",认为它具有名词词组的内部结构,可以加冠词和介词短语,如 the institution of the country(国家制度)。动名词可由句子转换而来,如 Mary's being easy to delight→"Mary is easy to delight."。名词化却不能由句子转换而来,如 *Mary's easiness to delight 便是不规范的。

20 世纪八九十年代以来,新的理论取代了深层结构和表层结构。一些研究者试图用这些新的理论来解释名词化过程中存在的问题,如 Bouchard(1995:313—345)在讨论英语语法时引入了语义结构的分析。他对心理动词名词化进行分析时指出,心理动词的名词化关键在于所有格的实现者意图,这一实现者必须是一个实体,并且只能充当事件实现者角色。这样,就可解释转换生成学者所不能解释的 *Mary's easiness to delight 不成立的原因:在"It's easy for others to delight Mary."的潜含语义中,心理动词 delight 的所有格实现者不是 Mary 本人。对于名词化的形成,Chomsky 后来也认为不能用转换生成思想来对待,即不能将名词化看成是由一套固定规则生成的。也就是说,从形态学角度看,名词化不像句法结构那样具有规则性,名词化表达及其对应的动词在形态学和语义学上的关系都极富个性。比如,laughter(笑声)一词中的-ter 大概是英语中唯一一个用于动词 laugh 后的名词化后缀,这样的所谓"规则"是根本没有生成能力的,因而也就不成其为规则。在语义方面,名词化也缺乏具有生成能力的规则,如 revolution 一词,其名词意义和动词 revolve 的意义之间也没有一一对应的关系,没有规则解释新的语义是如何形成的。可见,转换生成语言学认为名词化很难找到像句法层面那样带有普遍性的规则,因而寻求其共性是不可能的。

2.2.4　系统功能语言学的名词化研究

相比之下,系统功能语言学对名词化的研究较为系统而深入。Halliday(2000)指出,名词化会不可避免地带来语义功能、语法功能和语法类别三方面的变化。例如:

(8) a. *The driver drove the bus too fast down the hill*, so the brake failed.
  b. *The driver's overrapid downhill driving of the bus* caused brake failure.

其中(8a)的动词 drove 转化为(8b) driving 时,其语义功能由"过程"转化为了"实体",语法功能由"及物系统"转化为了"物质",语法类别由"动词"转为"名词"。too fast 转为 overrapid 后,其语义功能由"环境"转为"性质",语法功能由"方式"转化为"性质特征",语法类别由"副词"转化为"形容词"。这一过程被称为"物化漂移"(the drift toward thinginess)。Halliday 将此语义转化为实体的路径表征为:relater(关联点)→circumstance(环境)→process(过程)→quality(性质)→entity(实体)。名词化只能从左到右,而不是相反,否则违反名词化的生成原则。以Halliday 为代表的系统功能语言学从语境和交际功能角度出发,把名词化与隐喻联系起来,为重新认识名词化提供了新的研究途径。他认为名词化是一种语法隐喻工具,是用名词来体现本来要用动词或形容词所体现的"过程"或"特征"(Halliday,2000:342—352)。同时,名词化也常常是实现其他语法隐喻最有力的手段。隐喻式是所有成人语篇的特点,唯一不使用语法隐喻的语篇就是儿童话语、童谣和儿歌(Halliday,2000:342—352)。Halliday 把隐喻看作意义表达的变体,把人们接近事态发展变化的意义表征称为"一致式"(congruence),而把曲折表达事态变化的意义表征称为"非一致式"(non-congruence)或"隐喻式"(metaphorical expression)。例如:

(9) a. The witness *described the suspect in great detail*.
b. The witness *gave a detailed description of the suspect*.

其中(9a)为一致式,(9b)为隐喻式,因为 describe 这一物质过程转化为名词 description 体现。Halliday 所提到的语法隐喻不仅包括语法结构的变异,也包括一些词汇变异。他把语法隐喻分为概念隐喻和人际隐喻,并明确指出名词化是创造概念隐喻的最常见方式。名词化是通过把小句变为名词或名词词组,从而使表达过程的动词和表属性的形容词具有名词特性。下面看看名词化在三个不同层面上的功能体现:

(i) 小句内部功能。一方面,名词化的"事物"可成为小句的"参与者或环境成分的一部分";另一方面,名词化经常与其他语法隐喻结合成名词化词组,在小句中承担成分。例如:

(10) As long as the rules of the totems were strictly obeyed, *the reproduction of the group and its food supply* would be assured.

the reproduction of the group and its food supply 在小句中充当"参与者"。在小句内部,名词化还常常和其他语法隐喻结合在一起,用于组织"评价"和体现"逻辑关系"。例如:

(11) The *mastery* of fire had fundamental and far-reaching *repercussions*.

(ii) 语类功能。名词化结构能代替小句从而使单位小句的信息密度增大,从而表达更多的信息内容。因此,Halliday 认为名词化是语法中产生词汇高密度的主要原因。名词化浓缩信息、表达简洁的特点往往能满足人们的一些特殊交际需求,实现特定的交际功能。名词化常出现在比较正式的语类中,但如果交际对象发生变化,它的使用频率就会随之变化。例如,名词化结构较少用于小说或其他文学语类中,却常出现于科技、法律和新闻中,这是因为名词化的使用常常会反映出语类的诸多特点。有学者对不同学科内容的文本中名词化的使用情况进行了分析,发现科学语篇中名词化常和"定义"及"概念复指"联系在一起,在历史文本中名词化往往用来实现各种事件的逻辑关系在句子内部的内在化,而在法律语言中名词化通常用来压缩冗长的法律条文,使之成为意义更加明确、概括更加全面的陈述。

（ⅲ）语篇功能。Halliday 的元语言功能分为概念功能、人际功能和语篇功能。在概念功能和人际功能中存在概念隐喻和人际隐喻，那么语篇功能中似乎也有理由存在语篇隐喻。语篇隐喻是通过展开一个语篇的主位结构和信息结构来组织语篇的工具。在 Halliday 论及隐喻性主位（metaphorical theme）和隐喻性新信息（metaphorical news）两种语篇隐喻中，名词化都是必不可少的手段。名词化在科技文体中的确大量存在，主要是因为这种结构既可减少句子或小句的出现，又能包容大量的信息，反映科技活动的严肃性和客观性。下面以科技文体为例，来说明名词化的语篇功能。

（12）a. *Selective hydrogenation* will be used to convert butadiene to butanes, where there is adequate downstream C_4 in upgrading capability.

b. Continued investment in new naphtha-based ethylene capacity in Asia and the potential for the U.S. to crack heavier feedstock may result in investment in more localized C_4 processing capacity and a *regionalization* of C_4 markets.

c. Chemical systems stress that *integration* and assessing value-added option are the key to C_4 upgrading.

d. However, there is still emphasis on adding value to C_4s throughout the chain by judicious *integration* of C_4 processes and also enhanced cracker-refinery integration.

上面这些文字表述中词汇密度相当高，有大量名词或名词词组，如 integration、assessing、regionalization 等。这些名词或出现在每一个句子的新信息中，或作为对前一句的归纳，或成为下一句的主位。例如，(12a) 的名词化 selective hydrogenation 通过压缩多种语义，成为新信息的重要部分。(12b) 的新信息 a regionalization of C_4 markets 的一致式原先为一个小句：(The result of … is that) the C_4 market will be regionalized。因此，可以说名词化不仅在语篇信息结构中举足轻重，而且它也和其他语法或词汇连接手段一样，对语篇的连贯和流畅起着不可或缺的重要作用。

2.2.5 认知语言学的名词化研究

认知语言学中派别林立,以著名认知语言学家 Langacker 为例,他就名词化问题进行了专题探讨,主要涉及三个方面:① 名词化转换过程中的意义变化问题;② 迂回表达(periphrasis)问题;③ 模式化问题,即可预测性(predictability)(1991a:22—50)。实际上,这三个问题都是名词化要解决的根本问题。Langacker 想通过这几个问题的处理,寻求名词化最基本的规律,以便从根本上让人们掌握这一常见语言现象。下面我们对这三方面略加介绍。

首先,名词化由于其突显面不同,会出现不同类型、不同意义内涵的名词化结果。有的突显动词词干射体(即它的内含主语),如 complainer(抱怨者)和 blender(掺和者);有的突显动词词干地标(即内含宾语),如 draftee(应征入伍者)和 advisee(受劝告者);有的突显工具,如 rocker(摇椅)和 walker(扶手车);有的突显结果,如 painting(画)、bruise(肿块)和 mark(标记);有的突显背景/方位,如 diner(餐车)、lounge(休息室)等。在不同语境下,行为事件名词化各个方面的突显也不同,可能分别突显事件的方式、持续性、性质,甚至事实性。例如:

(13) a. Harvey's *taunting* of the bear was merciless. (方式)
  b. Harvey's *taunting* of the bear lasted three hours. (持续性)
  c. Harvey's *taunting* of the bear was ill-advised. (性质)
  d. Harvey's *taunting* of the bear came as a big surprise. (事实性)

其次,名词化过程自然会涉及语言的迂回表达问题,其中语法标记's、of 和 by 不仅仅是语法结构的标记,还涉及语义变化,如 of 可表明射体与地标之间的内在关系:(13a) 射体是地标的固有组成部分,类似的表达还有 the tip of my tongue、the back of my hand、a drop of water 等;(13b) 地标确定射体的物质构成,类似的表达还有 several kinds of coffee、a moment of panic、a man of bad taste 等;(13c) 地标作为关系存在的实体,类似的表达还有 a friend of Mary、the mother of the astronaut、the president of the university 等。表面上,the father of the bride(新娘的父亲)

和 the signing of the contract(合同的签署)结构相同,实际上它们的意义并不一样,前者突显一个静态关系的参与者,而后者则突显构成状态域的一个过程。the shooting of the hunters 作为一个歧义句,它既可突显动词词干的射体,也可突显动词词干的地标,关键取决于以哪一个为地标。如果把 of 换为 by,就只有一种解读:猎人是施事而不是受事。此外,of 强调领属关系,而 by 则强调宾语的主动作用。

最后,Langacker 就名词化的规律性或模式化问题提出了自己的看法,认为名词化不是杂乱无章的,的确存在模式。名词化具有如下规律:① 模式的能产性不同,如-er 比-ee 在名词化过程中能产性强;② 许多名词化表达的语义特征难以预测,如 elevator 不是"升起来的东西",而是"电梯或升降机";③ 名词化具有双重功能——描述已有的表达,允许新的表达;④ 名词化的形态与语义并非一一对应,可能会出现一个形态模式表达多种语义关系,如-er 可表动作的施事、工具和方位等(如 complainer、rocker 和 diner),反过来,一种语义关系也可用多种形态手段来表达,如-er 和零形式都可表达过程射体(如 a flatterer"奉承者"和 a flirt"调情者")。另外,符号单位还可用三个参数来描写:固化度(entrenchment)、特定性(specificity)和符号复合体(symbolic complexity)。每个结构的固化度是不一样的,如"V+-er"图式就比"V+-ee"图式的固化度高,而且在构造新词时也易被激活。

2.3 国内学者对名词化的研究

国内学者对名词化也给予了一定程度的关注和研究。单从时间上看,国内研究与国际研究基本同步,因为在 Lees(1960)的《英语名词化语法》之后,朱德熙等(1961)就发表了汉语中关于动词、形容词"名物化"的问题。国内从事名词化研究的学者主要分为两个群体:一个是汉语界,一个是外语界,以英语为主。汉语界研究成果相对较少,既没有系统而深入的研究,也没有较大影响的学术专著出现,只零星有一些文章,比如朱德熙(1983)《自指和转指——汉语名词化标记"的、者、所、之"的语法功能和语义功能》,胡裕树、范晓(1994)的《动词形容词的"名物化"和"名词化"》,张伯江(1994)的《词类活用的功能解释》,熊仲儒(2001)的《零成分与汉语"名物化"问题》,王冬梅(2003)的《动名转换的不对称现象及成因》以及石定栩(2003)的《动词的"指称"功能和"陈述"功能》。

有关汉语"名词化"或"名物化"的争论素来不少,可大致分为四个主要时期:① 20世纪50—60年代,这是第一次大争论,认为主宾位置上受定语修饰的动词和形容词的性质发生了变化,可当名词用,变成了名词、名词化,而名物化、事物化就是名词(朱德熙等,1961);② 20世纪80年代,从向心结构和表述功能角度讨论名词化或名物化现象(施关淦,1981,1988;李宇明,1986);③ 20世纪90年代,认为主宾位置上的动词和形容词的性质发生了变化,谓语性减弱,名词性增强(杨成凯,1991;张伯江,1993;张伯江、方梅,1996/2001;胡裕树、范晓,1994);④ 近几年来,出现了一些反叛现象,认为主宾位置上的动词和形容词的性质没有发生变化,只是临时性的功用变化而已(熊仲儒,2001;郭锐,2002)。可能是因为汉语缺乏语法形态标记,这类研究大多归在词法兼类或活用部分处理。这样的研究只能起到一种隔靴搔痒作用,不能真正解决实际问题。

从数量上看,外语界成果相对较多,如范文芳(1999)的《名词化隐喻的语篇衔接功能》,程工(1999)的《名物化与向心结构理论新探》,徐盛桓(2001)的《名动转用的语义基础》,张权(2001)的《英语动词名词化的认知结构分析》,刘宇红(2001)的《Congruence浅议》,刘国辉、汪兴富(2005)的《名化、级差转移、原型范畴及名化研究框架体系的思考》和朱永生(2006)的《名词化、动词化与语法隐喻》等。

如果从历时角度看,不管是汉语界还是外语界,这些成果多出现在20世纪90年代中期以来的20多年时间里,且多从认知、语用、语义、功能、语体等方面进行探讨。具体来说,从生成语言学视角探讨名词化的论著相当少,这可能与国内学者对该学派理论观点或研究方法所表现出来的冷淡有关,因为它涉及很多抽象的数理逻辑符号处理。另外,人们认为该理论的实用性不强,这也是一个重要因素。到目前为止,相关的文章只有几篇,如程工(1999)的《名物化与向心结构理论新探》和熊仲儒(2001)的《零成分与汉语"名物化"问题》等。从语用学视角对名词化进行探讨的研究也非常少,主要原因在于语用学不太关注语法问题,而更多关注语言在语境中的实际应用策略。相关代表作有程晓堂(2003)的《名词化与语用预设》、刘丹青(2005)《语法调查与研究中的从属小句问题》和文旭、刘润清(2006)《汉语关系小句的认知语用观》等。不过,从系统功能语言学视角对名词化进行探讨的研究较多,这主要与国内从事这方面的研究人数有关,这种研究方法、学术观以及实用性较受中国人欢迎。代表作有范文芳(1999)的《名词化隐喻的语篇衔接功能》、王晋军(2003)的《名词化在语篇类型中的体现》、朱永生(2006)的《名词化、动词化与语法隐喻》、周频(2008)的《对语法隐喻与科学及真理相对论相关论题的反思》、徐玉臣(2009)的《名词化的生成机制、类型及功能的新视界》和林正军、杨忠(2010)的《语法隐喻的语义关系与转级向度研究》等。

由于名词化与语篇表征密切相关,从语篇视角探讨名词化的成果也不少,如王璐(2005)的《书面语中的名词化》,王建(2005)的《法律英语中的名物化结构及其汉译探析》,刘国辉、余渭深(2007)的《英语名词化的"功过"论辩及其在语篇运用中的量化考察》,王立非、陈功(2008)的《大学生英语写作中的名物化现象研究》等。认知语言学目前是国内的一个重要研究范式,原因在于其理论背景是功能主义大框架,非常受中国学者的青睐,其研究成果也颇为丰富,如石毓智(2000a)的《语法的认知语义基础》从语法的认知语义角度对动词、形容词名词化进行了探讨。该研究视角的成果还有徐盛桓(2001)的《名动转用的语义基础》,张权(2001)的《英语动词名词化的认知结构分析》,刘国辉(2004b)的《名词与动词的认知问题以及转换效用》,刘国辉、汪兴富(2005)的《名化、级差转移、原型范畴及名化研究框架体系的思考》,张高远(2006)的《认知语法理论关照下的 V-ing 三构式》,高航(2007)的《概念物化与名词化》,张高远、王克非(2008)的《X-ER 派生词的构造类型、语义扩展及其指称功能实现的理据》,刘正光(2008)的《非范畴化与汉语诗歌中的名词短语并置》,高航、严辰松(2008)的《概念物化的心理现实性与认知语法中名词范畴的界定》,高航(2009)的《名词化的概念组织层面:从认知语法的视角》,高航(2010)的《汉语单音节动词的名词化机制:基于认知语法的考察》和缪海涛(2010)的《英语名词化限制的认知功能研究》等。

近年来,令人高兴的是一些博士们在这方面做了一些努力,并取得了一些重要成果,反映在其博士论文中,如王冬梅(2001)的《现代汉语动名互转的认知研究》、钟书能(2005)的《中国英语学习者英语名词化习得的认知语言学实证研究》、木再帕尔(2007)的《论维吾尔语的名词化短语》、高航(2008a)的《现代汉语名动互转的认知语法考察》、张高远(2008)的《英汉名词化对比研究》、曲英梅(2009)的《基于语料库的英汉动名化对比研究》、王静(2012)的《英语名化的语法转喻研究》、刘岩(2013)的《现代汉语运动事件表达模式研究》和王靖潭(2018)的《意义发生视角的中国英语学习者学位论文英文摘要中的名词化研究》等。

通过对国内研究的扫描可知,近年来国内学者开始重视名词化这种语言现象的研究,但是否语言所有层面都涉及"名词化"或"名物化"现象呢?朱德熙(1997)在其《现代汉语语法研究》中对动词形容词"名物化"问题就提出了反对意见,认为不可接受,其理由是:① 同类词在不同的位置上出现时,其意义可以不同;② 主宾语位置上的谓词不一定表示事物,表示事物的不一定是名词;③ 当用 A 来指称 B 时,A 与 B 不一定是同类的东西。也就是说,在确定一个语言结构里组成成分的性质时,不仅要考虑成分本身的性质和跟它发生关系的其他成分的性质,还要看整个结构的性质。他进而认为"名物化"这种提法不仅在理论上站不住脚,在语法教学上也无意义。我们认为朱德熙的看法有一定合理性,但问题也不小,对于有词类标记的西方语言似乎行不通,因为在英语中多数由动词(加词缀)转换而来的名词的确担负着名词的一些重要功能,如主宾语和语义指称功能,只不过其功能没有典型名词那样充分和完美。关于这一点,张伯江(1994)的《语类活用的功能解释》和袁毓林(1995)的《词类范畴的家族相似性》有较为详尽的讨论和说明,比较有说服力。

到目前为止,国内外学者对名词化的理解远非一致,但都是逐步深入而系统化的。他们对名词化的理解有几点是基本一致的。第一,名词化必定要涉及词类转换(不管有形或无形),而这种转换必须具备几个条件:同义(大致相同的语义基础),实词表义相同,必要时非实词成分可增删;改变实义词的排列次序,句子表达的侧重或视角各有不同(傅雨贤,1997:152)。第二,名词化后的结构从表征方面看经济省力。第三,名词化为语篇布局提供方便。第四,并非任何动词或形容词在任何条件下都可名词化。最后,名词化运用要有度,因为名词化表征多为抽象名词,易引起误解。

2.4 名词化的研究框架体系思考

通过对以上国内外名词化研究现状的考察,我们认为有必要思考其研究框架体系该如何建构,以使研究更加合理或科学,更具说服力。Heyvaert(2003)的《英语名词化的认知-功能研究》引起我们的密切关注,因为它从 Halliday 的系统功能语言观和 Langacker(2004:13—192)的认知语言学原型范畴观相结合的角度观察名词化这一特殊语言现象。从某种程度上看,该研究抓住了名词化的实质与根本,因为名词化之结果不是典型的名词,而是带了一些名词特征的名词性成分。下面分别从三个方面考察:① Heyvaert 的名词化研究基本内容;② 名词化的三个核心问题;③ 名词化研究的框架体系(详见刘国辉、汪兴富,2005)。

2.4.1 Heyvaert 的名词化研究基本内容

Heyvaert(2003)所著的《英语名词化的认知-功能研究》分三大部分,共十章。第一部分共四章:第一章,简介;第二章,理论假设;第三章,名词化问题;第四章,名词性结构和小句的功能组构。第二部分是动词转化的-er 名词化结构,共分三章:第一章,动词转化-er 词缀描述定位;第二章,中动结构;第三章,动词转化-er 名词化结构的多功能分析。第三部分是事实性名词化结构,分为三章:第一章,事实性名词化结构的描述定位;第二章,事实性名词化结构作为名词性结构的功能分析;第三章,结语。另有附录:非施事性-er 名词化结构。此书内容概括起来有两个方面:理论假设与理论应用,后者包括动词转化-er 名词化结构的多功能分析和事实性名词化结构的功能分析。

该研究主要涉及认知语言学(以 Langacker 的理论为主)和系统功能语言学(以 Halliday 的理论为主)中的一些基本概念或思想,如名词化结构的原型图式化(schematization)与扩展(extension),寻求该结构的固化度或自动词化度。它提出名词化结构主要通过四个指标来考察——类型定位(type-specification)、量化(quantification)、具体化(instantiation)和背景化(grounding),强调语言的运用基础、语言系统的层次性和网络结构、词汇语法与语义之间的自然符号关系和非任意性关系,认为名词化过程中的句子不仅涉及级差转移(rank shift),如 that 名词性小句,同时还涉及横组合关系的变换。在强调 Halliday 语言研究的多功能系统(概念功能、人际功能和语篇功能)时,作者认为只有通过结构功能的转换和认知的整合解析才能真正揭示名词化的实质。最后,该书指出名词化结构的建构过程应遵循下面这些步骤:① 确定名词化结构派生和组构层面;② 确定语言结构的再分类是否涉及级差转移;③ 确定名词化单位所采取的准确名词性策略;④ 综合考虑名词化结构的内部词汇语法特征与外部功能,以确定特定名词化系统的独特语义内涵。

2.4.2 名词化的三个核心问题

正常情况下任何一个研究都首先要考虑研究对象,然后要知道研究对象的本质特征,最后还需要了解研究对象的结果状态。就名词化而言,我们要了解的第一个问题是它是在词汇层面、句法层面还是语篇层面操作,第二个问题是需要了解这一现象是否涉及语言结构的改变,第三个问题是如果涉及语言结构的改变,其后果如何。因此,名词化实际上涉及三个核心问题:研究层面、级差转移问题和原型范畴。

首先,名词化的研究层面。名词化,人们可能不加思索就能回答,是指其他词类通过派生手法变为名词的过程,因为不少词典都这样界定,如克里斯特尔(2000:240)、Trauth & Kazzazi(2000:327—328)。但名词化并非仅仅是词汇层面的词类转换,还涉及句子层面的结构变化,甚至有关语篇层面的谋篇布局,因此有必要区分广义和狭义的名词化结构。广义名词化结构不仅限于词汇层面(如派生词缀),还包括句法层面转换而来的名词化结构,Heyvaert(2003)的研究就属于此类研究,包含了派生词缀(如-tion、-ity、-ness)、-ing 动名词结构(如 teaching、learning)、that 小句结构(如"That he did not come made me angry.")和 the fact that 小句结构(如"I got to know the fact that you really have no pocket money.")。狭义名词化结构则主要指其他词类通过派生手法变为名词所产生的结构。

"名词化"顾名思义,就是指其他词类转换为名词的过程或结果,但这个提法显得不太科学,因为这些转换而来的词和表达并非典型名词,因而不具备名词的典型特征。那为何又不用"名物化"?该提法同样也不太妥当,因为典型名词的所指是具体的、可感知的三维空间物体,而通过名词化手段所产生的非典型名词大多是抽象的东西或概念,并非"典型名词"。为了避免这些不必要的误解,有人主张将二者合一,用"名化"来代替"名词化"和"名物化"两个概念。也就是说,他们认为这样既可包含名词化结构表征上的一些特征,也可处理语义指称问题,不管是具体的还是抽象的。从习用性考虑,我们仍沿用"名词化"这个提法。我们将英语典型的名词特征与非典型的名词化表征进行比较("+"表示具有该属性,"-"表示不具有该属性,"±"表示该属性的不确定性),如表1所示:

表1 英语典型名词与非典型名词化比较

名词性类型	范畴类别								
	形态结构			前置修饰	语法功能			语义指称类别	
	离散	单复数	量化	形容词修饰	主宾语	定语	谓语	具体指称	抽象指称
具体的典型名词	+	+	+	+	+	+	±	+	-
派生性名词	±	±	±	+	+	+	±	±	+
-ing 名词	-	±	±	+	+	+	+	±	±
that 小句结构	-	-	-	-	+	±	-	-	+
the fact that 小句结构	-	-	-	-	+	-	-	-	+

从表1可以比较清楚地了解到英语名词化的一些特征,比如几乎所有名词性结构或表达都能充当主语或宾语,表达抽象意义,但在离散性、量化和具体指称等方面差异较大。

其次,级差转移问题。名词化过程中的词类转换,不管是否有词形变化(如名词 hand→动词 hand,动词 destroy→名词 destruction),都会涉及词级变化或转移,Jespersen(1959)在其《英语语法精要》(*Essentials of English Grammar*)中首先使用了这个概念。他认为英语实词(名词、动词、形容词和副词)之间可用递次的"三品级关系"(王力先生称"三品说")来加以描述:第一级为名词,最重要;第二级为形容词(实际还有动词),次之;第三级为副词,又次之。就是说,副词修饰形容词(实际还有动词),形容词修饰名词。这一过程中的词类变化可表征为图5:

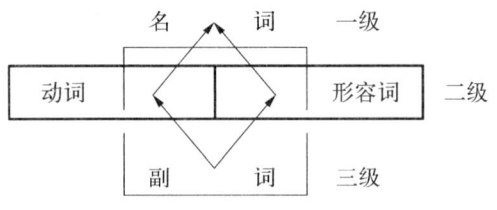

图 5 词类级差提升过程

该过程一般是词级上移,品级升高,而不是降低。这一点从句子层面的转换就能充分反映出来,如"Tom reads very carefully."就可转换为:

(14) a. Tom *reads* with great care.

b. Tom is very careful in *reading*.

c. Tom is a very careful *reader*.

d. Tom's careful *reading*

e. the fact that Tom *reads* with great care

名词、动词、形容词和副词这种级差排列的心理现实基础是什么?打个比喻也许能说明问题。当我们看田径赛时,往往会出现这样一个焦点关注序列:首先映入我们眼帘的是运动场上的人影(相当于名词),随后我们才能确认人影的状态是运动的还是静止的(相当于动词),最后才会关注这些人的运动方式如何(相当于形容词或副词)。当然,这些动作完全可能瞬间完成。可能有人会认为不是这样,即认为关注序列与此相反。我们要问,如果采取相反的序列,动作和方式依附在什么地方或物体上?如果没有地方或物体,动作和方式是如何产生的?也就是说,"事物"概念具有独立性,它可以不依附"关系"概念而存在,而"关系"则不同,它是"事物"之间的"关系",依赖于"事物"而存在,没有独立于"事物"之外的"关系"。这充分说明语言中的这种级差关系反映了我们的认知理据基础(王艾寻、司富珍,2002:116—120)。

最后,原型范畴。语言中的原型范畴从某种程度来说是一种理想状态,在现实的语言现象中难以寻找。因此提到原型范畴,在汉语中我们首先可能涉及"兼类"或"活用"。汉语词类由于缺乏明显的词形形态标记,因而在词类判别上往往会出现模糊性,这种"活用"是语言常规的偶尔偏离,不是常态(李佐丰,2003:215—222)。这一点在汉语词典的词性标注上也反映出来,比如①《现代汉语八百词》(吕叔湘主编)、②《新编古今汉语大词典》(胡裕树主编)、③《现代汉语学习词典》(孙全洲主编)和④《古今汉语词典》(李润生主编)在汉语词性的标注上就有较大差异。同是一个"请"字,①②③把它当作动词,而④则把它当作副词(如把"请勿吸烟"中的"请"当作副词)(张斌,1998:247—251)。那么,这种关系的比例究竟有多大,需要数据来说明。根据郭锐(2002:284)的调查统计分析,现代汉语词类与句子成分之间的对应关系百分比,以书面语中做主语的情况为例,名词占79%,动词为9.2%,形容词则为0.2%,动词和形容词相加共9.4%。在口语中动词和形容词做主语的情况加起来才5%。也就是说:不管是口语还是书面语,动词和形容词做名词的比例大致在5%—10%之间;而且这些转换而来的名词与典型的名词是有一定距离的,即名词化存在一个名化度的问题,如"您的到来让我高兴"中的"到来"与"树上有一只麻雀"中的"麻雀"虽都是名词,但有较大区别,不能完全等同。

根据张伯江(1998)的研究,三个维度在决定名词原型性方面有着重要的指导作用,它们分别是生命度、离散度和指称性。Taylor(1995/2001:173—221)在讨论语法范畴的原型性时,参考Ross、Langacker等人的研究成果,将名词的原型特征归纳为:离散的、有形的和占有三维空间的实体>非空间领域的实体>集体实体>抽象实体。也就是说,名化度的优选序列有下面三种:

(ⅰ)高生命度名词>低生命度名词。Comrie(1989)对名词的生命度高低做了一个具体的排序:言者/听者>第三人称代词>指人专有名词>指人普通名词>其他有生名词>无生名词。

(ⅱ)具体名词>抽象名词。

(ⅲ)有指名词>无指名词。

因此,名词与动词之间就必然存在一个中间地带,这个地带就形成了一个连续统,张伯江(1998)将其排列为:名词→非谓形容词→形容词→不及物动词→及物动词。关于这一点,Chomsky等生成语言学者做过类似的表述,将四大词类表征为特征复合体:名词为[+N,-V],动词为[-N,+V],形容词为[+N,+V],而将介词表征为[-N,-V]。石毓智(2000a:80)根据[±离散性]和[±时间性],对名化度也做过认知分析。

他将三类实词区别为:离散性,即名词、动词[+],形容词[-];时间性,即名词、形容词[-],动词[+]。由此可见,这三大词类是不相容的,因为名词一般是三维的,动词是一维的,而形容词是零维的。英语中可用 goodness、badness、lateness 等名词化形式,但不能说 *betterness、*bestness、*worseness、*worstness,因为它们将形容词特征(零维)与名词特征(三维)结合在一起了。离散性不强的静态动词(可看作零维)同样难以名词化,如(McCawley, 1988:396):

(15) a. The flower is at the garden.

b. *the flower's *being* at the garden

(16) a. He looks better.

b. *his *looking* better

(17) a. He remains in the house.

b. *his *remaining* in the house

2.4.3 名词化研究的框架体系

上面对名词化的三个基本问题进行了初步探讨,现在就名词化研究的基本框架体系做一点思考。就如人无完人一样,任何研究都有改进和提高的余地,Heyvaert 的研究同样不例外。我们针对他在研究中的主要不足或未涉部分进行完善或补充,以使名词化的研究有一个较为系统的框架供人们学习或研究参考。该体系主要涉及七个方面,它们分别是:① 名-动关系;② 转换过程及手段;③ 指称功能;④ 限制性条件;⑤ 语篇文体定量分析;⑥ 普遍性问题;⑦ 大脑神经的影响。之所以要选择这几个方面,主要是因为我们研究名词化时需要层层考虑五个问题。第一,名词化是如何产生的,而名-动关系又是其首先要考虑的问题。第二,如果名-动关系是其主要问题,那么它们之间是如何转换的,转换的手段如何,是否可以不受限制地任意转换,转换的后果又如何?第三,如果限制性条件成立,有没有具体的统计数据支持?第四,如果研究结果成立,是否仅限于某一种语言?有没有普遍性?最后,即便其他一切条件正常,如果大脑神经受到损伤,会不会影响名词化的运用?

让我们具体来看名词化研究框架体系的七个方面。首先,名-动关系。在世界上的许多语言里都存在名词和动词,而且在印欧语系里,名词和动词往往在形态或语义上有根本区别,如 dissemble(掩饰)—dissembler(掩饰者)、expostulate(劝诫)—expostulation(劝诫)。但在另一些语言中二者是兼类的,或者没有区别,如闪族语和芬兰-乌戈尔语系。英语里也有些来自盎格鲁-撒克逊语的单音节动词可直接做名词用,无须词尾变化(周斌武、张国梁,1996/1998:168—169)。既然名词化要涉及名词和动词,那究竟是名词决定动词还是动词决定名词?我们认为应以动词为中心,因为名词化是动词、形容词或其他词类和结构转换为名词性成分的一个过程。因此,动词的及物性或非及物性就显得非常重要;也就是说,动词的价位数多少(一价、二价和三价)会直接影响其转换实施(陈昌来,2002:77—241)。比如,一价趋向动词就很难名词化,可以说"我们去北京",而不能说"*我们的去北京"。又如,可以说"他们来,我高兴",不能说"*他们的来,我高兴"。另外,需要注意的是,并非所有名词化都从相应的动词转换而来,如(18)的 *aggress←aggression 就是人们虚构出来的动词形式(Dik et al., 1977:399—418):

(18) progress   ←   progression
      transgress   ←   transgression
     *aggress   ←   aggression

其次,转换过程及手段。名词化转换的隐性历时过程恐怕相当难以考证,历史语言学也许能对此有所贡献。我们在此主要考察显性的表征方式,大致来说有四个主要方面:

(ⅰ)语音,包括变音和不变音两种。英语中变音主要表现为:

(A)动词一般重音在第二个音节上,名词则转换为第一个音节重读。例如(张道真,1982:11—13):

(19)   动词   名词
     contrast /kənˈtrɑːst/ 对比   /ˈkɒntrɑːst/ 对比
     produce /prəˈdjuːs/ 生产   /ˈprɒdjuːs/ 农产品
     increase /ɪnˈkriːs/ 增加   /ˈɪnkriːs/ 增加

(B)读音不同,英语中的动词转换为名词就有所差异,如 use /juːz/→/juːs/、house /haʊz/→/haʊs/、excuse /ɪksˈkjuːz/→/ɪksˈkjuːs/等。

不变音则指单词不需要任何变化,直接转换为另一词类,如英语中动词转为名词的 look、push、smoke、ride、find 等。汉语的词类转换基本上属于这一类型。

(ⅱ)拼写,在英语中动词变为名词,拼写也会出现一些改变,如 bathe→bath、speak→speech、feed→food、bleed→blood 等。

(ⅲ)词汇,主要是利用词缀,尤其是加后缀派生为名词。英语中这方面的例子太多了,汉语中则相对很少,这可以看作语言有无形态标记的主要区别所在。

(ⅳ)句法,主要是指词在句位中的分布。名词一般放在主语和宾语位置上,在没有或缺乏形态标记的语言中,依句定品显得相当重要(但不是唯一标准)。英语主要靠第三类——词汇手段实现名词化,而汉语则主要靠第四类——句法手段来实现转换过程。比如,汉语中"出版"究竟是名词还是动词,仅凭孤立的单个词,谁也说不清;但如果把它放进句子中,就不会有歧解:

(20)这本书的**出版**是好事。(名词)

(21)不能**出版**这类书籍。 (动词)

第三,指称功能。众所周知,名词具有指称功能,它既可指称现实世界客观存在的东西,也可指称想象的东西。而名词化或准名词化的词在一定程度上同样具有这种功能,因为它们是通过语言词汇结构的有形或无形转换而来。Croft(1991)从类型学角度出发,考察了世界语言现象在词类上的共性问题,结果发现词类与语义、语用功能有关联性:

词类		语义类		语用功能
名词	→	事物	→	指称
形容词	→	性质	→	修饰
动词	→	动作	→	陈述

一般来说,按汉语的习惯,"的"被看作名词的标记,"出版"就必然属于名词。但如果是这样,下面的现象就不好解释了:

(22)这本书的不/及时**出版**会有重大影响。

因为只有动词才能接纳副词修饰,这里的"不/及时"修饰"出版",说明"出版"仍属动词。这样"准动词"(quasi-verb)"出版"同时具有指称和陈述功能。因此熊仲儒(2001)认为动词名词化或名物化后,仍归动词类。例如:

(23) 这本书的**出版**

另外,名词化指称的对象并非完全一样,有可能是事件(event),也有可能是事实(fact)。"事件"或"事实"不管是在语言学还是在哲学中都是两个不同的概念,不能混为一谈。"事件"一般较为具体,涉及时间或空间等,而"事实"则相对较为抽象,不涉及时空问题。例如:

(24) *Fred's performance* took three hours.
   可以理解为:Fred's actual performance took three hours. (事件)

(25) *Fred's performance* surprised me because I didn't think he could be persuaded to play in public.
   可以理解为:The fact that Fred performed surprised me because I didn't think he could be persuaded to play in public. (事实)

同时,并非所有语言的名词化现象都只有指称功能,也可能有其他功能,如亚洲一些语言中的名词化就具有相对化、语篇背景、社会语用和态度功能等(参见 Yap et al., 2010)。

第四,限制性条件。并非任何动词、形容词或其他词类在任何情况下都可名词化。根据石毓智(2000a)的研究,动词或形容词一旦通过某种语法手段被定量化,或因为自身的语义特征已具有定量意义,就不能再名词化。只有在没有赋量之前,它们才有可能名词化。其原因是定量化的词语已被赋予本词类的数量特征,而每个词类的数量特征都不一样,相互之间存在着不相容性,所以不能转化为其他词类。这也可从"人类认知的自然路径"(Langacker, 1993b)中得到解释,即已量化概念的认知过程包括两步:第一步是概念类型的确立,第二步是概念量的估量。当人们的认知达到第二步时,就意味着该概念已经在一个特定的认知空间得到诠释,这样就阻碍了它在别的空间被诠释的可能性。这一点在语言上表征为定量化的词语不能进行词类转换,即一个概念在没有定量化之前,通常具有在各个空间被诠释的可能性。因此,动词名词化时,必须消除其

中的时间性特征,这一点在英语中表现为时态语法标记与动名词标记不相容。例如:

(26) He drinks a cup of coffee.

→ *his drinksing (drinking) a cup of tea

(27) He drank a cup of coffee.

→ *his dranking (drinking) a cup of tea

另外,名词化不能接受助动词、否定词和副词的修饰。比如(Dik et al., 1977: 399—418):

(28) a. *the enemy's (*will/has) destruction* of the regiment
　　 b. *the enemy's (*not) destruction* of the regiment
　　 c. *the enemy's (*certainly) destruction (*cruelly)* of the regiment

上面这些名词化结构由于带了助动词、否定词、副词,是不妥的,因为这些特征都是动词的特征,而不是名词的特征,把动词的属性用在名词上自然是不可接受的。也就是说,当动词转化为名词时,其动词属性(尤其是时态特征)必须消除,以避免和名词的数量特征相冲突。形容词转换为名词时,也必须去掉表程度的形态标记。例如:

(29) He is very smart.

→ *his very smartness (his smartness)

(30) You are worse.

→ *your worseness (your badness)

不同语言之间,其限制条件和要求可能不一样,英语和汉语在名词化结构的量化和单复数上就有一定的差别。汉语中动词或副词的语法标记语不能与名词相配。例如:

(31) a. *他是一个**很**同志。
　　 b. *他是一个**了**同志。
　　 c. *他是一个**经常**同志。

如果某个名词已经形容词化了,就可以带副词标记语,如"他很克林顿""他很雷锋"。除了词类特征之间的排他性或非兼容性之外,名词化还有其他不少限制或规约必须遵守,涉及结构、语义、语用、语体、认知习惯等等。例如 destroy、grow 和 break 三个动词因不同的内在语义要求,其名词化结构表征就不一样:

(32) a. that John *destroyed* the city
    b. the city's *destruction*
    c. John's *destroying* the city
    d. John's *destruction* of the city
    e. *that the city *destroyed*

(33) a. that John *grows* tomatoes
    b. that tomatoes *grow*
    c. the tomatoes's *growth*
    d. John's *growing* tomatoes
    e. *John's *growth* of tomatoes

(34) a. that John *breaks* the glass
    b. that the glass *breaks*
    c. the *break* in the glass
    d. *the glass's *break*
    e. *the *break* of the glass
    f. *John's *break* of the glass

这主要是因为动词的词义提出了不同的要求:destroy 一般表示状态变化,且其变化原因是外在因素;grow 也表状态变化,但是内因所致;break 同样是状态变化,不过它只表征变化的结果。另一个原因是名词化导致词类的边缘化,即由动词或形容词变来的名词并不完全具备名词的基本特征——单数与复数、可数与不可数之分,而且由动词或形容词转换而来的名词多为抽象名词,如名词词缀-age、-ance、-ery、-ment、-tion、-ure 加在动词后和-ance、-ity、-ness、-th 加在形容词后构成的名词。但如果指某类东西,它们前面可加上 a/an。例如:

(35) Tom received *a very strict education*.

(36) *A good knowledge* of English is essential.

第五,语篇文体类型的定量分析。定性分析虽重要,必不可少,但如果缺乏定量分析,研究又似乎没有客观的科学依据,难以让人信服。以英语名词化为例,有多少像-tion、-ment、-ity、-ness 这样能产性强的名词性派生后缀,其频率和文体的相关性等都需要统计分析或语料库支持。因此,建立动态语料库就必不可少,因为它可让我们了解语言运用的现状,以使我们的研究可及时反映语言应用的现实问题。不过,建立动态语料库时,有几个方面必须考虑:流通度、频度、使用度和通用度。根据张普(2004)的研究,流通度指一种语言现象在社会传播中的流行通用度,通用度越高,就越容易让人接受。频度就是指语词的出现频率,即某一个词的出现次数与总的词次之比。使用度依据该词的词次以及它在不同语料类和不同文本中的分布三个方面来计算。使用度是在频度基础之上计算出来的,但比频度更合理,如"提纲"和"哨棒"频度一样,为 13 次,但在使用度上就不一样:前者分布在三类八篇文章中,而后者则分布在一类一篇中。通用度则是语言在不同领域里常用性的综合指标。只有通过这些定量分析,我们方可比较准确地了解不同文体或语体中名词化的使用频率与语篇正式度的关系,为不同文体运用名词化提供更为直接而重要的参考依据。王晋军(2003)对 20 篇不同文体的语篇统计分析结果如表 2 所示:

表 2　语篇文体类型与名词化使用率(王晋军,2003)

语篇类型	科 技	法 律	新 闻	小 说	童话和寓言
小句总数	197	79	236	250	418
名词化总数	143	66	95	68	3
名词化比率	72.6%	83.5%	40.3%	27.2%	0.7%

不管该统计分析具体的手段、数量、范围如何,表 2 至少可以让我们比较清楚地看到不同文体中名词化应用的差异是相当大的:法律最高,达 83.5%;其次是科技,为 72.6%;新闻居中,为 40.3%;童话和寓言最少,为 0.7%。法律和科技文体最多,也许是因为它们追求准确、权威和信息量的缘故。根据相关调查,不同文体中名词化出现的频率的确不同(Biber et al.,2000a:322—323)。例如,-tion、-ity、-ism、-ness 名词化形式在会话、小说、新闻和学术文体中的出现率就有所差别:-tion 和-ity,学术>新闻>小说>会话;-ism,学术>新闻>小说/会话;-ness,小说>学术/新闻>会话。可以看出这些名词化手段学术性文体用得最多,会话用得最少,小说和

新闻居中。同一文体中,不同名词化手段的使用率也不同,如学术论文发现存在这样一个序列:-tion>-ity>-er>-ness>-ism>-ment>-ant>-ship>-age。

第六,普遍性问题。为了寻求名词化的普遍规律,我们有必要进行跨语言对比研究,因为比较或对比是语言研究中一种非常有效的方法,它可能让我们找到真正的普遍有效法则或规律性。例如,英语和汉语两种语言各自究竟是动词还是名词占优势,关于这个问题目前就存在三种不同观点:① 汉语动词为主,英语名词为主;② 汉语名词为主,英语动词为主;③ 名词、动词和关系句三分天下(转引自潘文国,1997/2002:375—381)。正如潘文国所言:汉语由于重名词,结果形成了非形态语;由于动词不受形态等约束,使用时方便、灵活,结果反而形成了动词优势。

最后,大脑神经的影响。前面我们所讨论的都是正常人的语言运用情况,但如果一个人的大脑受到某种程度的损伤,他在词类上的运用是否会受影响呢? 根据崔刚(2002:103)的实验分析,失语症患者(包括布洛卡 BA 和传导性 CA)与正常人在词类使用上的确存在一些差异。总体来说,CA 比 BA 在语言能力上受损要小一点,接近正常人。不过,如果大脑的左半球受到损伤(BA),名词的使用率就会大大降低,比正常人少3.9%。在动词的使用上两种情况差不多,都比正常人少4%—4.2%。

2.5 小　　结

通过以上考察,我们对名词化的国内外研究现状、框架体系有了一个基本认知:名词化实际上就是一种修辞转换手法,词级的移动不仅标志着词语的句法功能移动,同时还引起句义重心的转移,句子在含义和文体等方面会有一些微妙的差异(庞人骐,1985/1986:11—41)。它是一种识解的选择或改变,是语言交际者主观意图的一种认知突显,同时也是一种重要的语法隐喻手段。随着语言学研究认知时代的到来,认知研究已经渗入了语言研究的各个领域,如认知语法、认知语义学、认知语用学和认知文体学(刘国辉,2004a),名词化研究也不例外。

名词化是一个非常复杂、重要的语言现象,它的研究必然涉及多维度、多层面或多视角。我们只有从词、句、篇层面进行动态整合处理,才能更深入地认知与理解名词化,从而揭示它的本质特性与规律,进而从这"冰山一角"洞悉语言系统。

第三章

理论框架：CFCEF 动态整合观

3.1 引　言

　　既然名词化是多元、多维、多层面、多角度的,研究它的理论框架自然不可能是单一的,就好比面对一个多维目标,我们要采用的也是立体作战,每个打击面需要的武器和采用的战术都要因时因地制宜,不可一概而论。名词化表面上是词汇问题,但它实际还涉及句法、语篇,也涉及这些表征之后的心理动因和生理机制。更具体地说,名词化现象首先是词性的跨类处理,随后在短语和句法层面必然存在焦点突显,需要识解定位选择,但这种选择或定位总会受人类的经济行为影响,呈现出结构和语义方面的某种整合,不过这种整合最终需通过显性的功能表征体现出来,让读者或听者明白。鉴于此,我们的研究采用的是一种多元理论框架,它包括范畴认知（category cognition）、图形-背景（figure-ground）、认知识解（cognitive construal）、经济-整合（economical-integration）和功显（functional transparency）原则,是这五种理论的有机组合,取每种理论的英语名的首字母,即是我们所谓的"CFCEF 动态整合观"。

3.2 范畴认知

3.2.1 范畴化

人类何以认知这个千姿百态、变化无穷且又不乏混沌的客观世界呢?恐怕不同人有不同的回答。有的会认为用人的感官来认知这个世界,然而这样获得的认知只是一种非常初级的感性认识。那又如何确定不同质物体之间的关系以及同质物体内部的关系呢? 这就需要上升为理性认知,只有这样才能透过现象看本质。那么,这个理性认知的方式是什么呢? 正是我们所要讨论的范畴化,是它将事物联系起来,同时又区别开来。

首先,我们的思维以语义概念(如温度、长度、高度、重量、时间、空间、颜色、距离等)为基础,它是我们语言应用的出发点,也是落脚点。思维的基础不是名词、动词、形容词或副词等词类范畴,不是主语、谓语、宾语或主句、小句、复杂句等句法范畴,也不是主题句、支撑句或议论文、说明文或记叙文这样的语篇概念。因为没有进学校受过训练的人很难找到这些东西;即便进过学校,没学习相关专业,他们也很难了解这些术语为何物。而概念是以我们的认知经验为基础的,拥有最基本的现实基础,很容易被人理解和运用。同时,这些概念不会随时改变或消失,具有相对的恒定性和显示度,是人类的认知共性。那么,概念是如何建构的? 主要通过范畴化,而范畴化作为人类认知客观世界的重要方法,长期以来被语言学界所忽视,比如 Bloomfield 就认为语义结构超越人类的现有知识水平,于是将语义置于语言研究范围之外。Chomsky 在早期的生成语法学研究中也排斥语义问题,只关注形式结构问题。这一状况直到20世纪70年代中期以后才有所改变,因为语义场理论和语义特征分析取得了令人瞩目的成果,如 Lakoff (1987)、Taylor(1989) 、Croft & Cruse (2004)等。那么,何谓范畴化呢? Dirven & Verspoor(1998:108)认为,范畴化是从不同事物中发现相同范畴样本的能力。王寅(2007：96—97)认为：范畴化是一种基于体验，以主客体互动为出发点，对外界事体(事物、事件和现象等)进行主观概括和类属划分的心智过程；它赋予世界一定结构，是从无序到有序的理性活动，是人们认知世界的重要手段。正是由于人们倾向于将相同或相似的事体进行概括和归类，视为同类事体，体现了经济原则，便于认知加工，即进行范畴化，概念范畴才最终形成。因此，范畴从某种程度看是人类感性认知升华的结果，而范畴化则是人类认知世界所需概念的形成工具，是无序状态变为有序状态的动态过程，是人类认识进一步发展的基础和源动力。其功用相当于我们今天所使用的阿拉伯数字，非常基础又非常重要，随时随地都离不开。同时，"我们不可能'超出'现有范畴之外拥有一种没有范畴化的、没有概念化的纯经验，神经系统不能得到那种经验"(Lakoff & Johnson, 1999：19)。

更为重要的是，认知科学研究发现范畴化是我们生理结构不可逃避的，因为我们是有神经的存在物，我们的大脑有一千亿个神经元、一百万亿个突触联结。信息通常通过相对较少的神经联结组从一个神经元集群传达到另一个集群。在此过程中分布在第一个神经元集群上的激活模式过于庞大，不能以一一对应的方式在联结组上再现。这样，相对稀少的联结组在将输入模式映射到输出群时，就必然要对输入模式进行归类，即一个神经元集群得到不同的输入却提供相同的输出就是范畴化，这种范畴化过程是由神经系统自动进行的。比如，人眼有一亿个感光细胞，但只有一百万条神经纤维同大脑联结，这样每个输入都必须被简化一百倍。也就是说，每根纤维中的信息都构成一百个细胞的信息范畴化。这种神经范畴化贯穿整个大脑，直至我们意识到的最高层范畴。然而，只有一小部分范畴是通过有意识的范畴化活动形成的，多数范畴是自动、无意识形成的。我们虽常常遇到新范畴，但不能通过有意识的重新范畴化活动大规模地改变我们的范畴系统。我们没有，也不能有意识地完全控制我们的范畴化方式；即使我们认为在有意地形成新范畴，但无意识范畴会进入可能的有意识范畴选择。更重要的是，我们的身体和大脑不仅决定我们要做范畴化，而且决定我们有何种范畴、它们的结构如何。我们形成的范畴是我们经验的一部分，这些结构把我们经验的各个方面区分成可鉴别的种类。因此，范畴化并非纯理智的活动，也不完全是在经验事实之后发生的(朱志方,2002)。

范畴化过程中有一个重要概念需特别提到,这就是"域"(domain)。域可以看作认知中所设的一个概念实体,原则上它建构了复杂层面或结构中系统而连贯的知识结构。域可能是一个概念、一个语义框架或其他表征空间、概念的复合体。其主要功能在于提供一个相对稳定的知识语境,以备其他概念单位的正确理解。比如,hot(热的)cold(冷的)lukewarm(微温的)这一组概念的描述必须参照温度域才能理解。也就是说,"域"概念是一个域矩阵(domain matrix)。巴塞罗那大学的 Joseph Hilferty(2011)在其《认知语言学:介绍性提要》("Cognitive Linguistics: An Introductory Sketch")一文中谈到 KNEE 概念,认为直觉上这个词如果不涉及 LEG 概念,从某种程度上看是无法正确理解的,因为答案在于 knee 作为身体的一部分,必然激活更大整体下的相邻知识结构。因此,LEG 概念就扮演了 KNEE 的认知域,因为它是 knee 的上位结构。然而,像 KNEE 这样的通俗概念也有一个复杂的认知域定位,如图 6 所示:

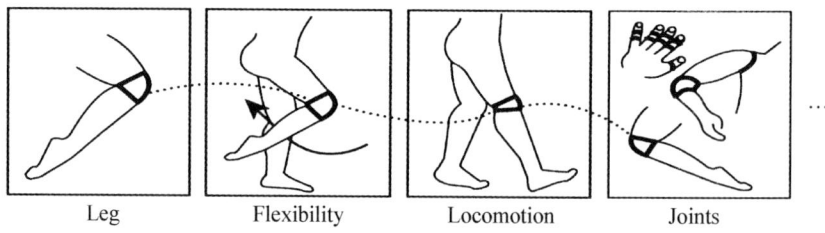

图 6　KNEE 概念域矩阵(Hilferty, 2011)

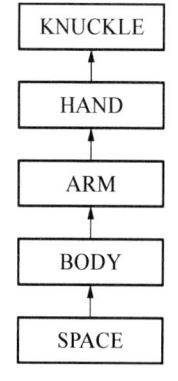

图 7　KNUCKLE 域依存梯度(Evans, 2007: 101)

KNEE 概念的正确理解所需之域应包括灵活性(flexibility,性质域)、移动性(locomotion,功能域)、连接性(joints,分层域)。这样必然导致语义知识的百科性。语义内容如果是离散的、自成一体的实体,就没有任何意义可言。这里"域"复合体有一个"依存梯度"(hierarchy)问题,即低层次域必然由高层次域所预设。例如,词汇项 knuckle 的理解必然参照 HAND 域,HAND 域的理解要参照 ARM 域,ARM 域的理解参照 BODY 域,而 BODY 域的理解则需要参照三维空间,如图 7 所示。

其实,语言系统中也存在三种不同的依存关系:形式依存、句法依存和语义依存。形式依存主要指通过语法形态和词序的变化所表现出来的元素之间的依存关系,它是二维的句法依存结构的线性体现;句法依存是指结构依存关系,而语义依存则是指两个成分之间存在的谓词论元关系(刘海涛,2009:99)。这些关系随处可见,因为客观现实是错综复杂的,各种事件之间总会相互联系、相互影响,如"John gave Mary a handbag at Christmas."可变为(张今、姜玲,2005:9):

(37) a. It was *John* that gave Mary a handbag at Christmas.

b. It was *Mary* that John gave a handbag at Christmas.

c. It was *a handbag* that John gave Mary at Christmas.

d. It was *at Christmas* that John gave Mary a handbag.

在保留原有框架的同时,可根据特定语境的适时需要,将要强调的重点信息放在突显的位置,以使其成为焦点,比如(37)中的 John、Mary、a handbag 和 at Christmas 就是这样。

3.2.2 非范畴化

以上所涉范畴化结果并非一步到位,而是需要一个过程,不管这个过程长短如何。即便某个范畴概念已经形成,随着人类认知的深入和发展,认知系统和概念系统也会不断产生新内容,若此时此刻语言中还没有现成的方式来表征这些新内容,人们就得想办法来弥补这一空缺。该空缺不仅是语言问题,更多是认知问题,因为先有人类的认知概念系统,然后才可能在语言中找到一定的表征方式。Heine et al. (1991:27)为此提出了五种应对策略:① 发明新标记符号;② 从其他语言或方言中借鉴;③ 创造类似拟声词的象征性表征方式;④ 从现有词汇和语法形式中构成或衍生新表征方式;⑤ 扩展原有表征方式的用途以表达新概念,如通过类比、转喻和隐喻等。这五种策略中第一种和第三种几乎不用,一般多采用第二、第四和第五种,也就是在已有语言表征方式中想办法,因为人类生来具有惰性,越经济越好,这已是被无数事实证明了的一个事理。然而,借用现有的范畴来解决急需之用,其范畴定位还没来得及确定,必然会出现一种非范畴化状态。

根据刘正光、刘润清(2006)的研究,非范畴化经过多次反复使用后,会逐渐从中间不稳定状态过渡到一个稳定状态,其作用在于打破原有的平衡状态,实现新的突破,建立新的关系。那么,非范畴化与范畴化是一种什么关系呢?刘正光、刘润清(2006)认为,非范畴化与范畴化是一个硬币的两面,二者共同构成一个有机体、一个完整的过程。如果范畴化是从个别到一般,那么非范畴化则刚好相反,是从一般到个别。因此,它们是一对形影不离的"兄弟"。非范畴化不是范畴化的反动,而是其完善与发展。为此,我们似乎可以确定范畴化是一个永无止境的动态过程:空范畴化→非范畴化→范畴化→非范畴化→范畴化→……在语言研究层面,非范畴化是指在一定条件下范畴成员逐渐失去某些范畴特征的过程,即它一方面丧失了原有范畴的某些典型特征,另一方面又获得了新范畴的某些特征。在语义上,抽象与泛化是非范畴化的前提;在句法形态上,范畴的某些典型分布特征(句法/语义特征)消失且范畴之间的对立中性化;在语篇和信息组织上,功能发生转移;在范畴属性上,范畴发生转移(如由高范畴成员变为低范畴成员)。例(刘正光、刘润清,2006):

(38) a. He *gave* out all his money to charity affairs.
　　 b. *Given that you can submit the report in time*, it might be still difficult for you to get the bid.

(38a) gave 是典型的动词,具有时态、体态、人称与数等特征,而(38b) given 则丧失了动词的很多特征,功能和范畴都发生了转移。

总之,非范畴化的最主要目的之一就是试图阐释"非理想的"语言现象,它是对范畴化理论的完善,使范畴化理论更具解释力和说服力。

3.2.3　原型范畴

从亚里士多德到维特根斯坦之前的两千多年是传统经典范畴论的天下,该理论的核心内容强调特征二分法,范畴边界明确,各成员地位相等,无核心与边缘之分。这在自然科学领域(如数学、物理和化学)中的确产生过一些积极影响,但在语言学这个人文社会科学中所扮演的角色则相当有限,主要体现在语义特征分析中。以柏拉图唯理主义为基础的语义场理论强调二元划分,排斥中间状态,认为语义范畴是非连续性的,范畴的边缘是清晰的,某一物体对象属于或不属于一个范畴是确定的,不存在程度问题。然而,现实并非如此,于是维特根斯坦(Wittgenstein,1953)在其《哲学研究》(*Philosophical Investigations*)的"语言游戏说"中就提出了有关范畴的著名"家族相似性"(family resemblances)理论。该理论的要义是:任何一个家族成员的容貌都有一些相似之处,但彼此的相似情况和程度并不完全一致。打个比方:儿子的容貌特征有些方面像父母,另一些可能像祖父或外祖父等;而女儿的一些容貌特征可能像父母,另一些则可能像姑姑、祖母或外祖母等。因此,一家人的容貌特征虽彼此有异,但总有相似之处,即他们之间具有一定程度的家族相似性。但一个家族成员不会具有该家族的全部容貌特征,也不会有两个成员具有完全相同的特征。所有家族成员都会有些这样或那样的相同点,只不过有些成员多一些,有些成员少一些。将范畴比作家族、范畴成员视同家族成员,认为彼此之间只是相似而不是相同,这种观点旨在摆脱传统客观主义哲学的束缚,另辟蹊径。维氏认为人们不可能完全客观地认识外部世界,隶属于同一范畴的成员之间也不存在共享的所有特征,充分必要条件也不能很好地说明问题。因此,范畴是一个连续统,其中语义范畴性质具有这样一些基本特点:① 语义范畴不能以一套必要且充分的特征来界定;② 语义范畴呈现出放射性链状结构;③ 语义范畴成员之间有隶属程度差异;④ 语义范畴边缘模糊。其实,人类正是根据事物间的相似属性进行概括和归类,也正是根据属性之间的共性,将不同范畴区别开来。

　　有了家族相似性概念后,人们自然会问有没有最具典型性的原型范畴。我们知道对现代范畴论做出系统研究且贡献最大的当推 Rosch(1972,1973,1975,1978),她通过系列实验,将范畴纳入认知研究范围,确定范畴成员之间的隶属度——正是她首创了原型范畴论。通过实验,Rosch 认为"原型"(prototype)是进行范畴化的重要方式,是范畴中最具代表性、最典型的成员,是最佳样本成员,可视为范畴中的无标记成员,是其他成员的认知参照点(cognitive reference point)。换言之,原型作为一个相对抽象的心理表征,汇聚了范畴实体的最基本特性或特征。这样,原型为范畴成员提供结构和建构基础,从而形成范畴的典型效应(typicality effect)。原型结构通过提供范畴的突显特性来关注范畴成员的范畴化冗余度,可以通过"示例样板评估"(goodness-of-example rating)来调查,比如 BIRD 范畴,其样板在于 robin(知更鸟)和 sparrow(麻雀),而 penguin(企鹅)和 ostrich(鸵鸟)则远离这个中心范畴。因此,基于原型的现代范畴论认为,范畴不一定要用一组充分必要特征/条件来定义,在区别一个范畴时没有一个属性是必要的。实体范畴化建立在好的、清楚的样本基础之上,然后将其他实例根据它们跟这些好的、清楚的样本在某些/一组属性上的相似性而归入该范畴。这些好的、清楚的样本就是典型/原型,它们是非典型事例范畴化的参照点。比如,Taylor(1995/2001:202—206)认为最常见的领属关系具有如下典型语义特征:

(ⅰ)领属者是一个具体的人,非人的动物不能拥有物。

(ⅱ)领属物是特定而具体的物,并非抽象的物。

(ⅲ)领属者与领属物是独占关系,即每个物只有一个领属者。

(ⅳ)领属者有权使用领属物,他人在征得领属者同意后可使用领属物。

(ⅴ)领属者的权利通过交易实现,如购买、捐赠和继承等,且这种权利直到另一个交易使其转移到他人为止。

(ⅵ)领属者全权保管和处理领属物。

(ⅶ)为了有效实施领属者对领属物的权利和义务,需要近距空间。

(ⅷ)领属关系是一种长期行为,不能以分秒计算,而以年月来度量。

Lakoff(1987)进一步发展了原型范畴论,提出用"理想化认知模式"(idealized cognitive model,ICM)来解释原型范畴中的典型效应。ICM 是一个相对稳定的心理表征,类似于框架(frame)概念,因为它们两者都针对相对复杂的知识结构。然而,ICM 在内容上要复杂得多,因为它要从大量的经验中抽象而来,而不管经验的具体细节,因而呈现"理想化"状态。比如,词汇概念 BACHELOR 通常参照"结婚 ICM"来解读,后者包括这样一些图式信息:婚龄,结婚仪式,与结婚相关的社会、法律、道德和责任,结婚前后社会地位的变化,等等。这些都是"辐射性范畴"(radial category),以此证明 ICM 是分析原型范畴内部结构和原型效应的有力工具。王寅(2005:140—144)认为,ICM 是特定文化中的说话人对某领域的经验、知识所做出的抽象而完整的理想化理解,是建立在许多认知模型(cognitive model,CM)之上的一种复杂的、整合的完形结构,是一种具有格式塔性质的复杂认知模型。在王寅(2005:140—144)看来,ICM 具有以下主要特性:① 体验性(人类与外界互动的结果);② 完形性(在各组成部分基础之上形成的整体性）；③ 内在性（心智中认识事物的方式）；④ 开放性（随着人类认识的发展而增加）；⑤ 选择性（从开放中不断做出典型选择）；⑥ 关联性（内部成分相互关联）；⑦ 普遍性（影响我们对世界的认知和理解）。那么，这种理想化认知模式是如何建立起来的？Lakoff（1987：68，113）提出了四条建构原则：

（ⅰ）命题结构原则：详细解释 CM 中所涉的概念、特性及概念间关系，不需用任何想象手段。

（ⅱ）意象图式原则：在现实世界体验基础之上形成的前概念意象是形成概念、CM 和思维（特别是抽象思维）的基础。

（ⅲ）隐喻映射原则：一个命题模型或意象图式可从一个认知域映射到另一个认知域相应的结构上，从而扩大认知范围。

（ⅳ）转喻映射原则：反映了一种以偏概全的蕴涵关系，运用同一认知域中较易感知的部分来理解整体或整体中的另一部分，常以典型成员来理解整个范畴。

前两个原则解释了 ICM 的结构和基础，后两个原则说明了 ICM 在前两个原则基础之上的扩展机制。以"母亲"和"父亲"为例，Lakoff（1987：68，113）认为"母亲"的 ICM 应包括：① 生殖模型——生育孩子；② 遗传模型——提供一半基因；③ 养育模型——承担养育责任；④ 婚姻模型——做父亲的妻子；⑤ 谱系模型——孩子最直接的女性长辈。Taylor（1989：86）用"认知域"（cognitive domain，CD）代替 Lakoff 的 CM，对"父亲"也做了一个典型认知界定：① 遗传域——提供遗传基因的男性；② 责任域——养活孩子和孩子的母亲；③ 权威域——具有权威性，负责教育孩子；④ 谱系域——孩子最直接的男性长辈；⑤ 婚姻域——做母亲的丈夫。如果完全符合上述"母亲"和"父亲"概念范畴的，就是最典型的原型，但现实生活并非都呈现出这种原型状态，还有很多非典型情况，可能只突显其中的一个或几个 CM/CD。例如（王寅，2005：146）：

(39) a. 他长得一点也**不像他妈**。　　　　（突显遗传模型）
　　 b. 她**哪像个当妈的**？　　　　　　　（突显抚育模型）
　　 c. 他是**既当爹来又当妈**。　　　　　（突显责任和抚养模型）
　　 d. 你**这个当爹**的该好好管管孩子了。（突显权威和责任模型）

那么,经典范畴论与原型范畴论究竟有何差异?根据王寅(2005:124)的研究,它们之间并非完全对立,可以互补,但它们之间的确有一些差异,需特别注意,如表3所示:

表3 经典范畴论与原型范畴论比较(王寅,2005:124,略有修正)

序号	经典范畴论	原型范畴论
1	特征具有客观性,范畴可由客观的充分必要条件来联合定义	不可能完全制定出充分必要条件的标准,属性具有互动性
2	特征具有分析性	属性具有综合性
3	特征具有二分性	属性具有多值性
4	范畴边界是明确的,范畴具有闭合性	范畴边界是不明确的,范畴具有开放性
5	范畴内所有成员地位相等	范畴成员之间地位不相等,家族相似性,原型样本与隶属性
6	特征是最基本元素,不可分解	属性不是最基本元素,部分特征还可再分解
7	特征具有普遍性	属性具有差异性,因人而异,不同语言有不同的句法特征和语义特征
8	特征具有抽象性	属性不是抽象的,与物质世界有直接关系,可以是实体,是有形的、功能的、互动的
9	特征具有先天性、天赋性	属性是后天习得的,建构论

这样,我们对客观世界的概念认知大概经历了这样一个过程:空范畴化(混沌无序状)→非范畴化(中间不稳定状态)→范畴化(家族相似性)→原型范畴(典型代表)→理想化认知模式(格式塔心理完形)。为何会存在这样一个过程?原因主要在于:① 客观世界在进入人的视野前不可避免存在混沌无序状,是人的认知努力使其表面上"有序";② 人的惰性使然,人希望任何东西使用起来更具条理性和规范性、更经济省力;③ 一旦事物井井有条,看起来会更美,让人心悦。

3.3 图形-背景

3.3.1 图形-背景理论建立的基础

首先,立体空间问题。在正式处理图形-背景空间之前,我们有必要了解立体空间问题,因为图形-背景空间从某种程度上说,也是一种立体空间关系。三维立体空间一般可以通过这些方法来建立:透视法、重叠法、阴影法和虚实法(张巍媛,1998)。透视法的基本手法是"近大远小",通过一个假设的直立透视平面去观察事物。重叠法是在二维空间平面前后叠加基础之上形成的三维空间,视觉会把缺损的部分看作被遮住了。阴影法是通过明暗对比所形成的阴影在邻近物体上投影而成的三维空间。虚实法则是最重要的,当我们观察周围的景物时,由于空气中的微粒子造成光的散乱吸收,使远处物体传递的光损失多于近处的物体,所以远处的物体或背光的物体形态模糊,表现出来的只是轮廓线,而且表面起伏难以被知觉,明暗的对比减弱,颜色的饱和度降低,整个呈现一种模糊虚弱状态。而近处的物体和直接被光照射的物体,由于光的失散少,物象清晰,因此在平面上制造深度感,形成视觉远近距离和光照强弱的虚实印象。另外,人的左右大脑在处理语言的能力上也是不同的,左脑主要负责语言,右脑则主要负责非语言的空间感知等。左脑的听觉能力很强,在词语能力方面左右脑之比为 1.88∶1;而右脑的视觉立体空间感较强,左右脑空间能力之比为 1∶1.28(桂诗春,2000:69—70)。西方哲学、艺术和语言注重自然时空的利用,而且特别偏重空间的自然真实性;中国哲学、艺术和语言则注重心理时空,而且特别偏重时间,即使是空间,也常被表现为流动空间(申小龙,2001:167—168)。

其次,图形-背景是一种视觉三维空间概念。空间不是物体得以排列的环境,而是物体的位置得以成为可能的方式,任何一个选定的坐标轴只有通过与另一个方位标的关系才能确认空间(梅洛-庞蒂,2003:281—315)。但有人认为,除了借我们所发觉的客观事物秩序或排列来认知它之外,空间并无客观的实在(巴涅特,1989:10)。不管如何理解,心理学上最重要的一个课题就是研究空间关系,而每一个元素都具有某种空间值,即位置特征。空间值主要由光、声音、压力与动觉结合而成,目前关于空间知觉方面存在两种对立的观点:自然观和发生观。前者认为空间概念是人在刚刚出生的时候具有的一种直接感觉印象特征,而后者则认为空间知觉是从各种本身不包含空间特征的要素混合而来。如果完全依赖动作感觉,我们就认同发生观;如果认为位置特征依赖动作冲动的中枢联系,我们就接近自然观(闵斯特伯格,1998:131—138)。张仁俊等(1986)

测试了儿童(2—6岁)对空间词汇的掌握情况,发现儿童在四岁时能基本掌握"里、上、下"三个方位词;五岁时除上述三个词外,还能掌握"前、后、中、外"四个方位词;对于"左、右"的掌握就比较困难,直到六岁还有一部分儿童不能正确理解这两个方位词(转引自陈英和,1996/1997:209)。一般来说,主体对于空间位置的表征主要有三种方式:① 自我中心表征(ego-centric representation),即用主体自身与目标物之间的位置关系来标明目标物的具体位置;② 地标表征(landmark-based representation),即用环境中的其他物体与目标物之间的关系来标明目标物的具体位置;③ 去自我中心表征(allocentric representation),即利用一些抽象的形式(如地图等)来描述目标物的位置。这三种空间位置的表征形式往往是相互联系的,且每一种方式都有所侧重。从认知发展的角度来看,儿童掌握这几种方式的先后顺序不同,大致排列为:自我中心表征>地标表征>去自我中心表征。这主要是由于去自我中心表征涉及抽象手段,所以掌握最迟(转引自陈英和,1996/1997:206—209)。

最后,图形-背景建立的生理与心理基础。对于空间问题,我们的知觉世界是有主次之分的,即知觉中的客体被分为优势和次优势,图形-背景现象就是这种最基本的知觉现象。如果在一片同质的视野中存在不同质的区域,那么这个异质区域就可以从同质的区域中独立出来,并知觉为具有某种共性的物体;也就是说,同质的部分相集中,与周围不同质的部分相分离,这种现象叫"同化对比",它是图形成立的最基本条件(张明,2004:50—51)。1915年,心理学家Rubin探讨了图形-背景现象,即大脑把注意力集中在一个有意义的图案上而忽略了周围其他的图案。当我们注意某个物体时,一般很难或者很少同时注意到它的背景,这就是所谓的"图形-背景分离现象"(figure-ground segregation)。继Rubin之后,有很多心理学家从事这方面的研究,提出了如下一些图形组构规则:① 邻近规则,即其他条件相同时,空间上相近的容易组成图形;② 相似规则,即视野中相似的成分易组成图形;③ 封闭规则,即视野中封闭的成分易组成图形;④ 良好连接规则,即视野中比较平滑且具有良好连接的成分易组成图形。也就是说,图形的构建不是任意的,一般要求对象在空间视觉上容易放在一起,且易构成一个有机整体。对人的视觉来说,物体在视网膜上的成像是一种自然现象,并无对与错之分,只是人主观地认为某一部分视觉现象是"错误"的。比如"上"与"下"这两个概念,当我们站在地面上,你和我都是头朝上、脚朝下,这是绝对正确的,本无争议。但是当我们远退到可以观看地球整体之处时,就会发现地球另一方的人与我们的方向相反,他们是否错了?可是当你去和他们站在一起时,又会感觉到他们没错,问题出在哪里?出在"上"与"下"的定位标准。当我们把地心作为"下"的标准,把大气层作为"上"的标准时,无论地球何处的人都没错。崔丽娟(2002:123—126)也强调知觉对象与知觉背景是相对而言的,此时的知觉对象可能成为彼时的知觉背景,在一个人眼里被选择为知觉对象的刺激可能在另一个人那里成了知觉背景,这就要看知觉者个人的需要、兴趣、爱好、知识、经验以及刺激物对个人的重要性等主观因素。按格式塔心理学中图形-背景理论的基本界定,图形-背景具有一些各自的特征(Talmy,2000)。一般来说,体积大、面积宽、复杂、时间久远、不突显且具有独立性的物体、事件或思想观点等都可视为背景;反之,则视为图形。图形-背景是一种相互依存的动态关系,这种关系可能是直接的,也可能是间接的。

3.3.2 图形-背景空间的物理特征

根据上面的分析讨论和我们的直觉观察,图形-背景空间的物理特性可总结为两个主要方面:一是共现特征(图形-背景两个同时出现),二是单显特征(图形-背景两个不同时出现)。

图形-背景的共现特征包括如下几点:

(ⅰ)图形-背景的重叠性。图形和背景如果完全重叠,就很难辨认它们之间的差异。一般而言,图形和背景的重叠是部分或局部性的,只有这样我们才有可能识别它们。另外,图形在体积和面积方面一般比背景小。

(ⅱ)图形-背景的离散性。图形和背景一般具有可分离性,是相互独立的实体。正是由于这个缘故,图形才具有可控性和移动性,人们可按需要进行处理。例如,在某个特定环境中,可把突显的东西放在一个特定位置加以关注。

(ⅲ)图形-背景的任意性。图形-背景任意性与Saussure的语言符号任意性不完全等同,这里的任意性是指:① 作为图形或背景的实体不固定;② 图形和背景是互动的,即一个环境中的图形在另一个环境中可能作为背景;③ 图形的构建只要符合 3.3.1 中的基本规则就可以;④ 图形和背景的数量没限制。

(ⅳ) 图形-背景的递归性。图形和背景之间在某种情况下可以重复多次使用,在此层面是图形的,在彼层面就有可能是背景,如此循环交替,直到我们认可的状态为止,如桌子→教室→教学楼→校园→城市→地区→中国→……

(ⅴ) 图形-背景的层次性。图形和背景总体来说是比较清楚的,较容易识别。Talmy(2000)明确提出了它们之间的差异特性是一个层次性问题。

(ⅵ) 图形-背景的模糊性。图形和背景之间有时界线不明,导致人们在它们的辨认上出现分歧或做出不同的选择。

在现实生活中有时我们的确不知道背景在哪里,是什么形状。有时图形也会出现隐蔽性,比如在人群中找人通常较为困难,原因就在于图形消失在背景中,无法辨认出来。

3.3.3 图形-背景理论在语言中的应用模式

每一种语言都可以找到相应的空间表述方式,如英语和汉语就可用动词或介词表达空间位置或空间关系,英语中的动词 enter、transfer、move 和介词 at、in、on、inside、outside 便是如此。汉语中的动词"来、去、进、出"和介词"上、下、在……里、在……外面、在……前面"等也有同样功效,详见齐沪扬(1998/1999)。由于传统语言学只将句子成分分为主语、谓语和宾语三大部分,未对它们之间的变化和相互关系做出深层次的说明,因而在解释语言现象的变异时显得无力。为此,认知语言学通过图形-背景理论来对此进行解释:用主语对应图形,用宾语对应背景,用谓语来体现两者之间的关系。应该说这是有一定说服力的。图形与背景实际上就是一种比较、一种取舍,是寻求相对差异。我们在 Talmy(2000)研究的基础之上进行一些修正和完善,提出一些辩证应用模式:

(ⅰ) 无图形、无背景:这种情况基本不存在,在此不予考虑。

(ⅱ) 单个图形或单个背景:只有图形,如"车来了""太阳出来了";只有背景,如"雪白的大地""漆黑的夜空"。

（ⅲ）图形与背景面积比较：图形和背景重叠，如"月亮把星星给遮住了"；图形大于背景，如"我的背影慢慢地挡住了操场"；图形小于背景，如"他从人群中出来"。

（ⅳ）图形与背景接触：图形与背景直接接触，如"猫在桌子上"；图形与背景脱离接触，如"飞机起飞了"。

（ⅴ）图形与背景互动：有时候可能先出现图形，也可能先出现背景，关键取决于视角的选择。例如（Talmy，2000：334—335）：

（40）a. *The gasoline*（F）slowly drained from *the fuel tank*（G）.

　　　b. *The fuel tank*（G）slowly drained of *gasoline*（F）.

（41）a. I loaded *hay*（F）onto *the truck*（G）.

　　　b. I loaded *the truck*（G）with *hay*（F）.

但有时候图形与背景是不可随便转换的，如：

（42）a. *The TV antenna*（F）was above *the house*（G）.

　　　b. *The house*（F）was below *the TV antenna*（G）.

（43）a. 我（F）长得像我父亲（G）。

　　　b. *我父亲（F）长得像我（G）。

（ⅵ）图形-背景的数量

（A）单个图形-背景：语言中的动词有可能把图形或背景包含进去。英语中的 pit、skin、shave、tag 就包含了图形，如 pit the cherry、tag the suitcase；shelve、box、quarry 就包含了背景，如"I shelved the books.""They quarried the marble."。

（B）双个图形-背景：我们以 Talmy（2000：336）的一个例子来说明这一现象：

（44）*The lion*（F）chased *the gazelle*（G/F）through *the forest*（G）.

如果以 the gazelle 为背景，the lion 就是图形；如果 the gazelle 和 the lion 以同样的速度跑，the gazelle 也是图形，只有 the forest 才是背景。在此 the gazelle 扮演两种不同角色，一个是"图形"，另一个是"背景"。关键在于我们是否同时把 the gazelle 和 the lion 都看作动态的或静态的，或把 the gazelle 和 the forest 同时看作是静态的。

（C）多个图形-背景：在现实生活中，这种情况肯定是存在的，如舞台上几个演员同时表演时，就会出现这种状况。又如，言语交际时多个话题或并列主语同时出现，占据交际的中心，也是这种情况。

（vii）图形-背景连续统：① 图形-背景离散状态，大多数情况是这样，语言中这种例子也很多，如例（40）和（41）；② 图形-背景非离散状态，即有时候我们分不清谁是图形，谁是背景。例如（Talmy，2000：336）：

（45）*I sheathed my sword.*

在例（45）中，谁也说不清我是把剑放入了剑鞘，还是把剑鞘套在了剑上，或者两者同时发生。汉语中这方面的例子也不少，如"鸡吃了"既可指"鸡吃了（东西）"，也可指"人吃了鸡"。

根据 Talmy（2000：325—329）的研究，复杂句中的图形-背景关系大致可从五大原则来分类，它们分别是时序原则、因果原则、包容原则、依存原则和替代原则。下面分而述之：

（i）时序原则（sequence principle）：就两个事件而言，先发生的为背景，后发生的为图形，如"She departed after his arrival."中 she departed 是图形，his arrival 是背景。

（ii）因果原则（cause-result principle）：在因果关系中，一般把"因"作为背景，"果"作为图形，如"We stayed home because he had arrived."中 we stayed home 是图形，he had arrived 是背景。

（iii）包容原则（inclusion principle）：具有时间包容性的大事件一般为背景，放在从句中，被包容的事件放在主句中作为图形，如"He had two affairs during his marriage."中 he had two affairs 是图形，his marriage 是背景。

（iv）依存原则（contingency principle）：从句中决定另一个事件的事件作为背景，主句中依附于从句事件的事件作为图形，如"He dreamt while he slept."中 he dreamt 是图形，he slept 是背景。

（v）替代原则（substitution principle）：从句中可预期但没发生的事件作为背景，主句中无法预期但发生了的事件作为图形，如"He's playing rather than working."中 he's playing 是图形，working 是背景。

3.4 认知识解

3.4.1 识解的概念

一旦人们确定了所要了解的某类事物,其认知表征总会选择一定的角度或层面进行,不可能全部进入视野,一是因为世界之大、之博、之广,无所不及,二是因为我们的经历、能力或认知水平有限,三是因为科技发展水平有限。因此,我们的认知状况始终是当时环境或条件之下的一种选择或定位,是一种相对认知、相对真理,不可绝对化。语言学有一个传统观点,认为:语言的作用就是把外部世界成分映射到语言形式上,据此情境可分解为许多成分,而每个成分都可与语言的某个成分对应;这样,从外部世界向语言的映射就是直接的(文旭,2007)。然而,对同一客观事物,人可用不同的心理识解(construal)方式来进行意象性心理构建,从而形成不同的语言表征。以经验现实主义为理论基础的认知语言学研究的三个路向——经验观、突显观和注意观——奠定了识解的认知基础(Ungerer & Schmid,1996/2001)。经验观建立在心理学对范畴化过程及类典型效应的揭示上,突显观通过区分图形和背景来分析句子信息的心理映射状况,而注意观则揭示语言过程中的认知依据和角度。

"识解"就是指说话人或听话人对一个客观事物加以认识而产生的概念,指我们用不同方式来构建和描绘同一种情境的显而易见的能力(Langacker,2008:43)。由于识解运算离不开视角选择,Schmid(1999:124—125)认为:视角首先是说话人识解事件或抽象关系的方法,包括认知和感情;其次,视角化是说话人对认知内容的评价,涉及事件描述的角度、观察者与事件的关系;最后,视角选择是对图形和背景定位。在此,参照点(reference point)作为识解的重要支撑必不可少,主要涉及人们如何利用一个实体来诱发或达到另一个相近或相关的实体。如"You know that girl who works part time in the Dean's office? Well, her room-mate is having an affair with a much older married man from out of town."中,that girl who works in the Dean's office 就是一个参照点,可以达到或联系到另一个实体,即她的室友。

识解关注语言使用者如何选择语言编码中的概念表征"包"（package），从而影响听话人思维中的话语概念表征结果，这就是一种特定焦点调整，即以特定的语言表征来组构情境，这样说话人就为情境设定了唯一识解，比如主动构式和被动构式就分别关注动作的施事和受事。而角位作为焦点调整的三个参数之一，涉及情境观察方式，包括参与者的相对突显。例如：

(46) *Max* ate *all the tomato soup*.

(47) *All the tomato soup* was eaten by *Max*.

(46)的焦点参与者和射体是 Max，因为他是行为的施事，而第二参与者和地标是 soup，因为它只是受事。(47)情境刚好相反，受事现在成了焦点参与者和射体，施事成了第二参与者和地标。这样，以上两例的根本区别由角位的转换所致，即通过改变参与者的相对突显关系来实现。Langacker (2013)认为我们有能力对一个概念的特定成分进行聚焦，如图 8 所示：

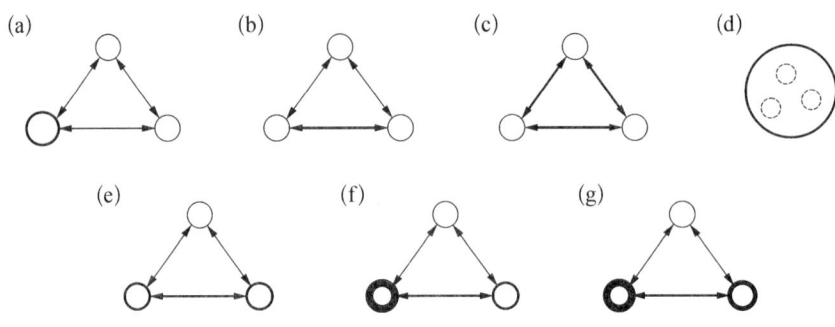

图 8　实体关系识解（Langacker，2013）

我们可以关注一个单一实体(a)，一种成分关系(b)，复杂关系(c)或更高层的组构实体(d)。(a)和(d)虽存在不同组构，但都聚焦一个单一实体，我们要么关注实体，要么关注关系。如果考虑关系，则需关注连通操作，因为关系有赖于它所连通的实体情况，即可能要求实体作为证实的基础，这样连通的实体实际上就是关系的组成部分。当关系成为焦点时，它连通的实体更会得到突显，如(e)所示。其突显度会因角色和中心地位而异，通常在关系中有一个成分成为主要焦点，如(f)，经常还有次焦点，如(g)。也就是说，当其中一个实体被看作向另一个实体移动时，前者可能成主要焦点，后者成次要焦点。因此，识解之本质是动态的，它会因人、物、时空和交际需要而异,不是一次到位的。如此也就不难理解 Croft & Cruse(2004:97—98)所倡导的"语义动态识解"(dynamic construal of meaning)观:词语和句子本无意义,意义是人们建构的,是人们利用语词的特点作为部分提示,利用常识、语境信息及对听话人知识的猜测而建构的。

3.4.2 识解的类型

首先,识解有主观和客观之分。主观识解(subjective construal)关注背景的隐性依赖关系,因此话语语境所含的参与者、时间等都不明示,即说话人和听话人通常利用主观上的识解或后台处理(off-stage processing)实现识解。客观识解(objective construal)则对背景明示有依赖关系,因此话语语境所涉参与者、时间等都需明示。如果背景关注越多,识解的客观度就越大。因此,李金凤(2008)认为:观察者是对情境做主观识解的概念化主体,当其充分意识到观察客体的存在而忘记自身存在时,他对这一情境中实体的识解是客观的;然而,当他未意识到或未完全意识到知觉客体的存在,把它作为主体的一部分进行构建时,他的识解主观性则会增强。

其次,词义和句义的动态识解存在区别。张洪芹(2011)认为:词义识解是概念化者使然,离开概念化者的识解,在线识解就不能发生,意义也就不可能生成,意义只能发生在主客体互动和互构中;在词义识解过程中,主客体之间体现主体客观化和客体主观化的双向过程,语言结构和认知结构发生同化,主体与客体始终处于不间断的双向建构状态并最终达到平衡与一致,如图9所示:

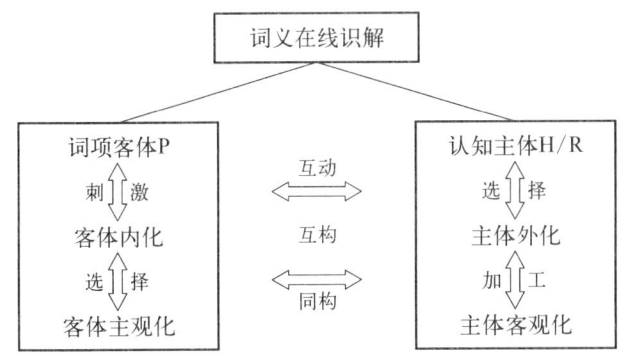

图9 词义在线识解(张洪芹,2011)

也就是说,在线识解是主客体相互作用的纽带。同时,词义在线识解既体现着同源性,又体现着同时性:同源性指主体是一个拥有内化客体的主体,这个内化了的客体又成为主体再次内化的经验与依据,主体的认知图式与当前的外部刺激(或可感知信息)是认知语境的内外源泉;同时性指主体作用于客体的选择、加工、整合功能,客体作用于主体的刺激与选择,在主体作用于客体的同时,客体也作用于主体(张正军,1991)。因此,词义动态识解认为词项没有固定不变的意义,其意义是概念化者在实际运用中通过不同的识解过程而形成的(Cruse,2004:262)。以介词 over 为例,从横组合角度看,它可与其他很多词形成词组,如 all over、over and over again、the world over 等,有较确定的意义;但有时对 over 语境义的解读是其宾语提示的,如 over forty types("大于"义)、over the floor("覆盖"义)和 talk over plan("详尽"义)(张建理,2009)。从句法层面看,识解可能会更具动态性,如(杨信彰,2003):

(48) In the 1960s Yugoslavia was the Brazil of Europe.

对于这句话,每个人的解读可能不同。不过,任何人都可能根据以下的框架知识做出自己熟悉或认可的解读:

(49) a. Yugoslavia is a country in Europe.

  b. Brazil is a country in South America.

  c. In the 1960s Brazil had one of the best soccer teams in the world.

  d. The Brazilian team has a characteristic style of play.

  e. This style is associated to some extent with South American teams in general but is displayed best by Brazil.

人们的认知框架可以是无限的,对于该语句的解读也可以是无限的。要做出各种解释,话语参与者首先需要具有关于巴西和南斯拉夫、欧洲和南美洲的地理知识,还必须知道什么是国家、什么是大陆等等。正是由于有关这些项目的框架知识会因人而异,"In the 1960s Yugoslavia was the Brazil of Europe."这句话的框架义也就没有明确的界限。但人类语言有限制性,正如 Chafe(1980:16)所指出的那样,人们在运用视觉感知信息、从记忆中回忆信息和用言语表达信息时运用的机制是相似的,它们都会按照一种简单的运行机制进行,这种机制决定人们将焦点聚集到什么上面、聚焦多长时间、按什么顺序聚焦。

最后,语篇识解。语篇是意义连贯的整体,语篇识解过程就是认知主体对语篇进行整体性论证的过程。在此过程中,主体先基于先行语篇激活的常规关系建构模型,并基于常规关系生成关于后续语篇信息的某种预期,然后对后续语篇进行认知加工。如果后续语篇能满足这一预期,则被纳入先前的心理模型,否则主体会对先前的模型进行修改或者重新建模(廖巧云,2008),这就相当于"花园幽径句"中的第二次解码(刘国辉、石锡书,2005)。也就是说,面对一个具体情境,若采用不同的识解方式,投射到语言上就会产生不同的语言表征选择。请看下面三组不同语篇对美国科罗拉多州的介绍(Frydenberg & Boardman,1990:23—24):

(50) a. Colorado is an interesting state. It has 104,247 square miles and almost three million people. Since 1920, the percentage of rural dwellers has sharply decreased, going from 51.8% in 1920 to 19.4% in 1980. Colorado is called the Centennial State because it joined the Union in 1876, one hundred years after the U.S. declared its independence. Colorado's main industries today are mining, manufacturing, agriculture, and tourism. As most residents would say, Colorado is a great state.

　　b. Colorado is an interesting state. It is perhaps best known as the Rocky Mountain State. Indeed, these mountains seem to dominate most views in Colorado. Denver and Colorado Springs are the state's two largest cities. Both have unique identities. Not far outside Denver is Red Rocks. This is a beautiful natural amphitheater where some of Denver's most memorable concerts have been staged. In the southwest corner of the state is Mesa Verde, where there are ancient Indian cliff dwellings. All in all, Colorado is a great state.

　　c. Colorado is an interesting state. On our vacation there last summer, we went hiking in the Rocky Mountains. These mountains stretch from north to south through the entire state.

We also visited my cousin who lives in Denver. The U. S. Mint was the most fascinating place in that city for me. Later on, we saw some old Indian dwellings in Mesa Verde. These houses were actually built in cliffs! Colorado is definitely a great state for a vacation.

关于科罗拉多州,人们的认知中通常首先会想到(c),然后会是(b),而(a)一般是出乎人们原有认知的。看了这三篇文章后,人们恐怕不得不调整以前的思维定式,重新认识科罗拉多州。

3.4.3 识解的操作

Halliday & Matthiessen(1999)认为语言具有两大互补功能:一方面,语言识解人类的经验,语言的功能就是识解;另一方面,语言实施社会过程,实现社会交往,语法使这两种意义模式融为一体。语言的识解功能强调经验范畴以及范畴之间的关系不是自然给予我们人类的,也不是被动地映射到语言中的,而是由语言主动地构建的,以词汇语法作为其驱动力。这就意味着除了语言给予它规则,经验本身没有规则可言。不过,识解有自己的操作维度。根据 Langacker(1987b)的研究,识解包括选择(selection)、详略度(level of specificity)、视角(perspective)、突显(prominence)、主客观性(subjectivity/objectivity)、心理扫描(mental scanning)、实体/相互联系(entity/interconnection)和侧面(profiling)等维度。而 Croft & Cruse(2004:46)则将识解维度分为四大类(每一类包含一些小类):

(ⅰ)注意/凸出,包括选择(包括转喻)、等级调节(抽象化)、图式化、结果扫描/序列扫描和勾勒。

(ⅱ)判断/比较,包括图形-背景、隐喻和范畴化。

(ⅲ)处所/视角,包括视点(视点和方所)、指示、共同背景和移情,还包括主观化/客观化。

(ⅳ)组织/完形,包括实体/相互联系、结构图式化(有界、分布等)和语力(动力、阻力等)。

不管如何解读,识解的目标就是一种突显,而突显的方式可能多种多样。正如 Langacker(1987b)所言,任何表征的语义都与认知域相关,认知域可以是一个基本的知觉域概念,也可以是一个复杂的知识系统。任何一个认知单位一旦成为认知另一个更具体认知单位的参照或背景时,就成为这个具体认知单位的认知域。任何一个表征都在相关认知域之上形成一个意象(image),而意象的形成由于受到识解操作方式,如侧重/基体、详略度、相对突显、观察点、扫描方式等影响而变化。识解操作中侧重/基体对意象的形成最为重要,"基体"是一个表征的语义结构所预设的认知结构,而"侧重"则是基体中被突显的部分。因此,同一个基体上的不同侧重就必然导致语义差异。比如,被水环绕的一片陆地在英语中就有不同的表征,如 island、the water near the island、shoreline 等。在同一基体(被水环绕的陆地)上,island 侧重陆地部分,the water near the shore 侧重水的部分,而 shoreline 则侧重水和陆地之间的界线。其实,每一个词汇概念都有自己唯一的侧面突显,这种突显涉及语义论元和语法构式范围,即一个词汇概念习惯性的共现问题和激活心理知识的联想问题。这样,两类信息构成词汇概念的侧面突显:语义选择倾向(即语义论元的词汇搭配)和形式或语法选择倾向(即词汇概念出现的形态模式)。例如:

(51) a. The clock is *on the table*.

b. The clock is *lying on the table*.

c. The clock is *resting on the table*.

d. The table is *supporting the clock*.

从空间关系看,(51)中四种不同表征都描述了"钟在桌子上"这样一个客观情境,然而对该情境的不同认知方式则会形成不同的意象,其中最客观的描写是(51a),其余三句都分别选择了该情境的不同侧面加以突显:(51b)用 lie 突显桌子的水平状态,(51c)用 rest 强调钟与桌子之间方位的静态性,而(51d)的 support 则表达桌子对钟的支撑功能。巴塞罗那大学的 Joseph Hilferty(2011)在《认知语言学:介绍性提要》一文中也谈到识解问题。又如:

(52) a. The glass is *half full*.

b. The glass is *half empty*.

Tuggy(1980)认为,尽管没有绝对的情境来证实某东西处于半满状态是真的,也没办法证实某东西处于半空状态是假的,但(52)中两句从语义来看肯定是不同的。换言之,真值条件分析可能做出错误的判定,因为两句的同等真值不一定导致完全同义。为了明白这一点,需要从三个不同角度来识解,如图10所示:

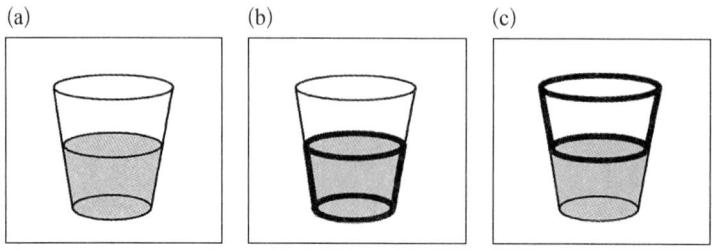

图 10　half full 与 half empty 的不同识解(Tuggy, 1980)

其中(a)表征真值条件,将两句的意义进行合并,所有方面也给予同等地位。而(b)(c)则从其中一方面进行处理,将前面(52)中两句分别进行主观识解:(52b)强调杯子中的内容,而(52c)则突显未装满部分。根据语义意象,任何将这两句意义分解为同等语义值的处理都是有问题的。也就是说,没有办法解释当水倒入杯子时的状态,即 half full 和 half empty 的分布。然而,我们可以说(53),而无法说(54):

(53) She stopped pouring the water *out of* the pitcher when the glass was *half full*.

(54) *She stopped pouring the water *out of* the pitcher when the glass was *half empty*.

从认知角度看,原因是明显的,因为形容词 full 和 empty 针对装满和倒空行为。具体来说,full 和 empty 分别表征装满和倒空行为的终点状态,当杯子被认为在装填时,(53)的 half full 是绝对可接受的,而(54)的 half empty 则是不可接受的,因为当某东西在被装填时,half empty 不可能是最终状态。但是,如果我们谈论将壶中的水倒掉一半时,可用 half empty,而不可用 half full。因此,(55)不可接受,(56)则可接受:

(55) *She stopped pouring the water *into* the glass when the pitcher was *half full*.

(56) She stopped pouring the water *into* the glass when the pitcher was *half empty*.

由此可知,侧面作为语言所表征的实体或关系,是突显基底这个更大单位的一个次结构。认知语法中的侧面突显关系从语言上编码了一个特定情境中两个或更多参与者之间的关系。Langacker(2013)认为语法范畴作为语言表达在本质上是符号性的,也有赖于突显,即语义结构内在焦点,同时范畴还关注符号相互关系的存在。比如,从动词或其他词类派生而来的名词化不产生新内容,关键在于其内容突显的转移变化,如图 11 所示:

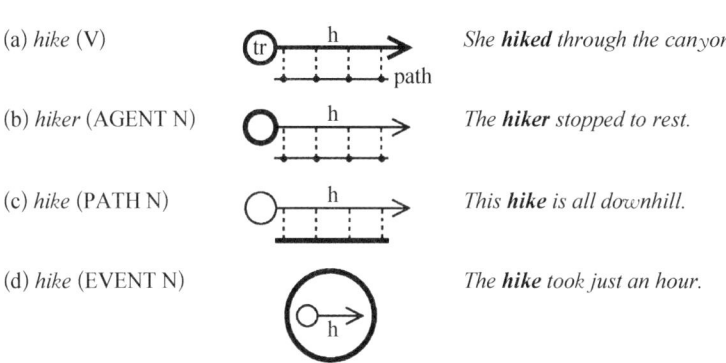

图 11　名词化的不同突显组构(Langacker, 2013)

图 11 中,动词 hike 突显射体走过很长一段路这个过程,即(a),加后缀-er 派生而来的名词 hiker 则突显施事——动作的射体,即(b)。突显可转移(没有形式变化)到射体所经历的空间路径,即(c)。作为名词,hike 可指整个事件,即一个抽象的事物,即(d)。那么,像(d)这样的大圆圈意味着什么呢?在认知语法分析中,这种抽象的事物总是源于高层概念组构后所形成的单一实体,其构成成分之间往往存在某种关系,如时间连续统。不过,通过连通操作,具体的时间信息被消解,即小 t 变为了大 T。同时,这些抽象处理的实体一般需要通过隐喻、合成或图式化来完成,如图 12 所示。

识解不仅存在于词汇义、语法义,还

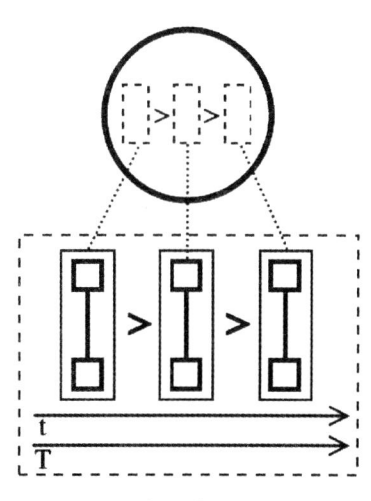

图 12　抽象实体的时间消解
(Langacker, 2013)

存在于隐喻义。张建理(2008)认为,隐喻也存在动态识解,其过程可大致这样描述:推理过程开始于把语言表达式倒推至其指称的概念,进而倒推至其内的局域、已有的语境,并最后倒推至施喻者的语义和意图。他还认为,靶域和源域表征概念本体是含有一定种类特质的知识集,在隐喻识解中解喻者将两集进行比照,并最终搜索到源域中施喻者设定的某些特质,于是它们被激活并映射到靶域上去形成隐喻。这样,映射到靶域上去的特质得到突显,而源域中的其他特质则被隐没。例如:

(57) The surgeon is a butcher.

解喻者在(57)中发现靶域 surgeon 和源域 butcher 有几个特质是公认有相似性的,如"有职业、穿工作服、懂解剖、使用工具"等。但并置并没使这种相似性得以突显,而两域间的不同特质却因并置而得到突显。源域中的"以屠宰牲畜为业、残忍、动作力度大"等特质和靶域中的"以治病救人为业、关爱、动作细巧"形成冲突,不兼容。这种冲突被解喻者认为是施喻者有意安排的两域间关联。因此,上述源域中的相关特质映射到靶域上去。这种删除和替代最终产生一种特殊的隐喻识解:那个外科医生没有称职的医术,是个鲁莽的庸医。

3.4.4 影响识解的因素

正如 Croft(2007)所言,一旦说话人把事件和个体进行特定化处理,他必须将其进行结构化处理,以让听者或读者对原来情境有一个整体回述。其中所涉小句结构引起了较大关注,因为小句建构信息的方式很复杂,主要原因是小句建构有多种重叠方式,比如词性(名词、动词和形容词)、命题行为功能(指称、谓述和修饰)、谓述-论元对比、主题-评论、主题-焦点结构、主题-信息结构、主从小句(特别是补语小句、关系小句)等,而这些方式之间又不那么协调。也就是说,不能简单地将谓述-论元对比等同于句法的名词-动词差异,或将谓述等同于行为,也不可将名词或论元等同于宾语(人或物),或将形容词等同于特性。因为行为和性质都可作为名词(如 explosion 和 length),且它们在小句中都可作为论元(如"The explosion reverberated through the valley.")。反过来,物和特性都可作为谓述,物和行为都可作为修饰语(如 a doglike creature、industrial policy、a sleeping fox)。除此之外,整个小句也可作为论元或修饰语。最基本的问题是我们不能将事件的语义参与者角色,如施事、工具、受事等与其相应的语法功能对等。这种错位说明说话人可以识解任何命题行为功能中的词汇语义类别,即说话人可以提取任何实体进行个体化处理。现实的本质就是世界上的实体在时间持续上、稳定性上和相互关系上都有差异,这就必然导致某些实体更可能用作交际的命题行为(Croft, 1991:123):那些更持久、更稳定而相对独立的物体适合作为指称;那些涉及暂时、时间变化,同时又涉及相互关系的行为较适合作为谓述;而那些既持久稳定又涉及关系的特性很适合作为修饰之用。当然,这些实体都是语言中命题行为功能的典型语义类别,它们会随时变异,比如当指称某行为时,有些语言使用限定性小句,而有些语言则可能使用名词化手段。典型事件往往通过语法的典型主语、宾语和语态构式来表征,但有时我们的语言总是倾向于把整个人而不是部分作为小句的出发点,如(Langacker, 1987b:271):

(58) a. He switched on the light (with his right hand).
 很少说:His right hand switched on the light.
 b. She held the ticket with her teeth.
 很少说:Her teeth held the ticket.
 c. He patted the dog on its head.
 很少说:His hand patted the dog's head.
 d. He saw the alien (with his own eyes).
 很少说:His own eyes saw the alien.

作为认知主体的识解者在受制于现存认知语境的同时,还会受多种因素瞬息万变的制约。在一定时空维度的社会语境因素作用下,认知语境的个体差异制约隐喻识解的视角及认知维度。例如,(59)作为父亲对儿子说的话,其识解视角各不相同,视角范围也呈逐句递减趋势(赵霞,2008):

(59) You're going nowhere that way.
 a. The addressee is not going to achieve his expected goals if he persists in his behaviour.

b. The addressee is not making any progress in life.
c. The addressee may make progress if he changes his way of doing things.
d. The addressee is acting in an erroneous way.
e. The addressee may not have clear goals.

考虑到受话人的认知语境,如果父亲很恼怒儿子缺乏成就,识解视角会选择(59a),此时发话人要受话人通过改变他的做事方式来获得成功,因而是一种警告。(59b)表达父亲对儿子行为结果的一种失望情绪。也可能父亲虽不担心儿子的做法,但知道妻子很为儿子烦恼,在这种认知语境下发话人要受话人为了他母亲的缘故采取不同的行为方式,识解的视角则落在行为方式上,如(59c)和(59d),而(59e)的视角则落在目标是否正确上。由此可知,认知语境的动态性决定了哪些潜在的背景可能被激活,从而制约识解主体的视角选择。不过,Lee(2001:1)认为影响识解的因素主要有三个:视角(perspective)、前景化(foregrounding)和框架化(framing)。这三个因素相互作用,影响现实世界映射到语言的词汇语法过程。

3.5 经济-整合

3.5.1 经济原则

功能主义者满足于指出语言使用与语法之间的对应,因为他们认为"语法将说话人做得最多的进行最好编码"(grammars code best what speakers do most)(Du Bois,1985:363)。Haspelmath(2007)就此进行了探讨,认为:① 所有普遍的词汇句法不对称性都可从频率不对称中得到解读,即它们都有经济动因,因为模式的编码频率越高,所用材料越少;② 从历时角度看,词汇句法的这些经济模式会随着不同语音的简化压缩、语法化或禁止迂回表征和类比而变化。也就是说,高频出现的词项通常比那些低频词项可预测。因此,即便发音不清楚,听话人也能解码,说话人也就不那么细心,这样语音变化就更快。

经济编码大多数情况不是由于不同的语音简化,而可能是一个新的、更复杂的结构扩张所致。而这种新结构通常通过增加特殊的词素使已有语义更显性,即当说话人想要特别关注相关语义时,会以一种特别清晰的方式来表达自己,这样新词就出现了。开始时这些结构限用于某些高度特殊的场合,随后会日益扩散到新语境中去。但扩散也可能受阻,原因是:① 绝大多数高频的语义组合都深深固化于说话人的心理语法(mental grammar),因此不易被新的表征所取代;② 冗余源自听话人期待(hearers' expectation),当一种表达与另一种意义相连时总是冗余性的,这时说话人知道听话人能预测他们所要表达的意义,因此可能会使用经济化手段,而不是使用新的、更显性的表达模式。

从经济编码角度看,一个表达式是否经济,要看它与其他结构或表达(如词汇、音节和音段)相比是否更短或要求更少的语音处理(如较少的超音段突显)。这种经济编码如果与经常表达的语义相连,那么它就有功能动因。然而,如果涉及更多语音处理,那么它只有更少的语义处理。这些都与其使用频率有关,具体来说:

(ⅰ)高频:零/稀有,显性。在很多情况下经济编码经常通过零与非零成分对比来体现。例如:

(60)　　　　高频表征　　　　　　　　稀有表征
　　(A) a. 单数:book-Ø　　　　　　b. 复数:book-s
　　(B) a. 第三人称:　　　　　　　 b. 第二人称:
　　　　　西班牙语 canta-Ø "sings"　　canta-s "you sing"
　　(C) a. 现在时:I Ø sing　　　　　b. 将来时:I will sing

显性的非零成分可以是词缀,如(A)—(C),也可以是自由词汇,如(C)。

(ⅱ)高频:较短/稀有,较长。经济编码也可能通过长短表征来体现,短的为词缀,而长的多为自由词。例如:

(61)　　　　高频表征　　　　　　　　稀有表征
　　(A) a. 泰米尔语的非生命方位格 -il　b. 生命方位格 -iṭam
　　(B) a. 拉丁语与格单数 -ō/-ae/-ī　　b. 与格复数 -īs/-īs/-ibus
　　(C) a. 俄语的中位反身代词 -sja　　b. 一般反身代词 sebja

(ⅲ)高频:直接/稀有,迂回。经常出现高频表征的意义更直接,而稀有表征的意义较迂回。例如:

(62)　　　　高频表征　　　　　　　稀有表征
　　（A）a. Gabriel's friend　　　b. a friend of Gabriel's
　　（B）a. I gave her it.　　　　b. I gave it to Aisha.
　　（C）a. Ich will spielen　　　b. Ich will, dass du spielst
　　　　　（I want to play）.　　　（I want you to play）.

同时,存在"互补期待联想"(complementary expected associations):当两个语法或语义特征在一个表达中共现时,经常会出现词汇句法不对称问题,因为其中一个特征值总是与另一个特征值连通,如动词形式中的人称与语气共现时,第二人称值总是与祈使语气值连通,即第二人称(比第三人称)与祈使语气的匹配更常出现,反过来第三人称值总与陈述语气相连,它们更经常匹配。这种频率不对称与编码不对称具体表现如下:

（ⅰ）人称与语气

（A）频率不对称证据。Greenberg（1966:47）用三种不同语言的语篇描述表明,陈述语气目前为止使用最多。然而,所有语言中祈使语气用第二人称最多,因为它在向施为者发布命令时比其他人称更有效。

（B）系统编码不对称证据。Bybee（1985:53）研究发现,表陈述时54%的语言中使用零人称代替第三人称,14%的语言使用零人称代替第一人称,而只有一种语言(格鲁吉亚语)使用零人称代替第二人称。就祈使语气而言,Xrakovskij（2001）认为第二人称祈使语气倾向于人称的零标记,而第三人称祈使语气则倾向于人称的显性标记。

（ⅱ）角色与生命

（A）频率不对称证据。Comrie（1989:128）认为,及物构式中施事绝大多数都具有高度生命性和确定性,而受事生命性和确定性则较低。

（B）系统编码不对称证据。对生命体使用更多材料进行标记性描述的倾向受到广泛关注(Lazard, 2001),而对非生命体采用特殊方式标记的倾向则受到较少讨论和关注(参见 Dixon, 1994:83—97)。

（ⅲ）及物性与致使类型

（A）频率不对称证据。Wright（2001:127—128）列举了英语中28

种状态变化动词的频率,发现不同动词之间存在重大差异。表事件的动词,如 corrode、ferment、dry、freeze、melt 等,及物性比例相对较低。也就是说,它们具有"自主性"。而表事件的动词,如 break、open、bake 等,则表现出相对较高的及物性,它们具有"代价性"。

(B)系统编码不对称证据。Haspelmath(1993)通过对 21 种语言的研究表明,代价性事件倾向于及物/反致使编码选择,而自主性事件则倾向于致使/不及物编码选择。特定语言内这些倾向要么统一致使化,要么统一反致使化。

其实,Zipf 定律早已关注到这一点。它认为足够大的语篇语料库中不同词的使用频率会遵循一个强有力的定律,那就是如果按在语篇中出现的频率看,排在首位的词,频率会是第二位词的两倍、第三位词的三倍,以此类推。也就是说,如果用 f_i 表示词频,$\forall_i$ 表示特定语料库,r_i 表示词频序列,k 表示常数,那么该定律可表征为:

$$\forall i: f_i = k \cdot r_i^{-1}$$

以书面语料库 SUSANNE 为例,词频最高的词 the 出现了 9 573 次,这几乎是排在第二位的 of 的两倍,因为后者出现了 4 682 次。排在第十位的 was 出现了 1 233 次,而第一百位的 years 则出现了 115 次,往后以此类推。该语料库所有词的词频与其出现的词频排序如图 13 所示(其中直线对应 Zipf 定律的预测):

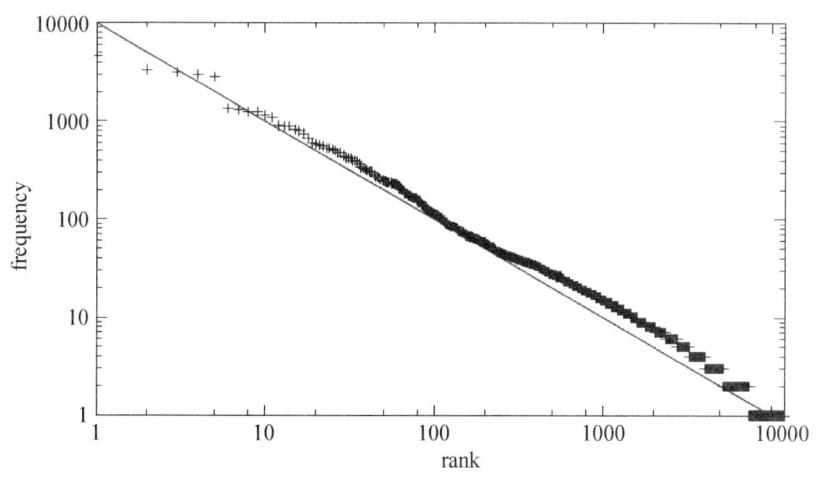

图 13　SUSANNE 语料库的 Zipf 定律表征(Haspelmath,2007)

这样,词频与词出现的频率排序成正比关系:频率越高,排序越靠前,反之亦然。也就是说,不可能出现频率低而靠前的情况,因为使用率高的词自然是人们的首选。且词频与词长相关,因为绝大多数高频词都是很短的。其实,现实语言材料中的情形比 Zipf 经典定律的词汇频率分布更为丰富多彩,如图 14 所示:

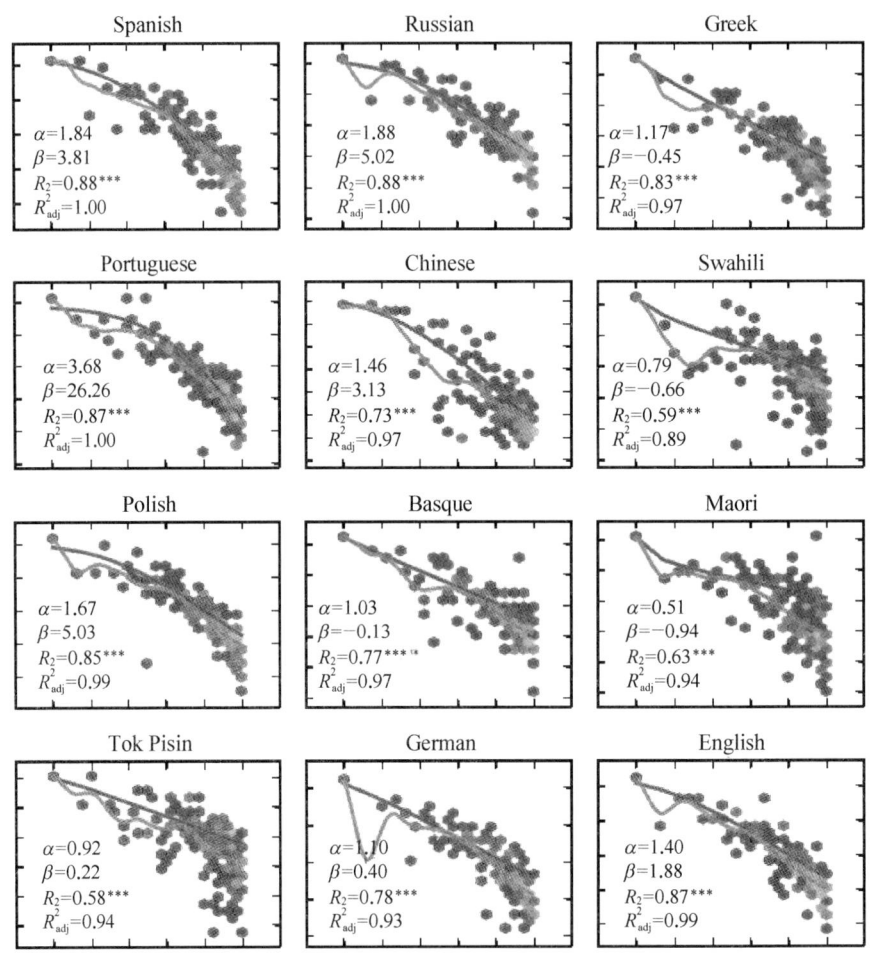

图 14 不同语言中的 Zipf 定律表征比较(Piantadosi, 2014)

Zipf(1949)建议用一个统一原则来解读这些特征,这个原则就是"经济省力原则"(principle of least effort)。该原则从多个层面将说话人和听话人进行对比:语音层面,说话人想发音努力最少,因此鼓励简音和缩音,而听话人则想理解努力最少,因此希望明示、清晰;词汇层面,说话人倾向于选最常见之词,因为这些词与频率成正相关,而听话人则需要努力处理词汇的实际意义,因为词的歧义度越高,听话人需付出的努力越多;句法层面,句法结构限制越多,理解越困难。实际上,这个原则不是语言知识或结构的一部分,而是一种有关语言使用的原则。

同时,语言处理的效率与语言结构的复杂度也有一定的关联。按理来说,语法结构越简单,其解码越省力,也就越高效;反之,解码就越费力、低效。Keenan & Comrie(1977)的可及性梯度(accessibility hierarchy)就是这种相关性的例证。他们认为:跨语言相对的隐含梯度,即主语>直接宾语>间接宾语/格宾语>领属格(SU>DO>IO/OBL>GEN),与语言的相对化程度和相对化倾向有关;且带有选择性的倾向性语序总是那些语言中带有固化语序且语法化强的表征,与倾向度密切相配(Hawkins,2001)。同样的关系小句,当前面的先行词与后面同指,做主语时最易理解,在其他位置上则难度加大。例如(Hawkins,1999):

(63) a. the professor$_i$ [that O$_i$ wrote the letter]   SU
      b. the professor$_i$ [that the student knows O$_i$]   DO
      c. the professor$_i$ [that the student showed the book to O$_i$]   IO/OBL
      d. the professor$_i$ [that the student knows his$_i$ son]   GEN

为此,Hawkins(2003)提出一个应用-语法对应假设(performance-grammar correspondence hypothesis),认为语法有与使用操作倾向成比例的习惯化句法结构,这可从使用频率和处理难易度上得到证实。具体而言,该假设认为:

(ⅰ)就应用中的同一结构类型而言,如果结构 A 比结构 A′优选,那么 A 就其优选度而言自然更具语法化能力;结构 A 和结构 A′如果同等优选,那么它们在语法上具有相同的能产性。

(ⅱ)如果应用中同一类型的结构呈现 A>B>C>D 这样一个优选序列,那么就会出现一个对应的语法习惯梯度(其中可能存在空档和语言使用频度下降)。

(ⅲ)如果 P 和 P′两个优选处于对立或局部对立状态,那么将会有语法习惯化的变异存在,这与它们的特定语言类型倾向度有关。

正是带着这种假设，Hawkins 从三个原则方面进行了验证，它们是：① 最小化语域(minimize domain)；② 最小化形式(minimize form)；③ 最大化在线处理(maximize online processing)。

以最小化形式为例，Hawkins 认为语言处理者倾向于把每个语言形式 F(音素、词素、词或短语单位)的形式复杂度降到最低，同时把带独特习惯化特征的形式量降到最低，从而扩大形式 F 对{P}特征的容量。这样，最小化就可轻易地将给定特征 P 用到扩容后的简化形式 F 上，压缩或简化形式，如缩写/代词与全称名词短语(TV 与 television，he/she 与 the professor)、复合词(paper plate 代替 plate made of paper，paper factory 代替 factory that makes paper，paper clip 代替 clip for use on paper)等等，就有优势了。语法中高频的封闭类语法范畴就比它们相应的低频词类更简化，如助动词与实义动词相比，就经常简化或压缩。而代词与全称名词短语相比，形式上也要短。注意最小化形式处理的内涵：① 每个 F 形式的复杂度随其使用频率和指派特征 P 到简化 F 上的处理难度相应减少；② F：P 在语言中的匹配量随 F：P 的语法化或词汇化而定，而这又与使用频率和语言操作中倾向性表征相关。实际上，形式最小化需要补偿机制来：① 强调以频率与处理难度来调节形式的简化；② 关注频率和倾向性表征对语法化行为和词汇化倾向的调节。Greenberg(1966)和 Croft(1990)的标记性梯度(markedness hierarchy)概念已涉及这个问题，认为语法单位使用时存在这样一个频率序列：主格(nominative)>宾格(accusative)>与格(dative)>其他格标；单数(singular)>复数(plural)>双数(dual)>试用数/几个数(paucal)；男女性(masculine/feminine)>中性(neuter)；原级(positive)>比较级(comparative)>最高级(superlative)。形式标记度反映了使用度(usage)：当一个形式越频繁地被用来证实实际操作中某些特征时，它就越容易语法化，其表层标记也就越简化。单个实体就比复数或双数使用频率高得多，主格比宾语、与格用得多，这些频率就最终反映在语法的习惯性使用倾向上。因此，Stadler(2012)认为，优化组构(compositionality)是人类语言区别于动物语言的一个核心特征，正是这种语言组构能力成为过去几十年来语言学研究主流的核心问题。而且组构过程不可避免会涉及语言不同层次或单位之间的合并，通过层层叠加合并，最终组构成一个单位或一个单元，这样使用起来易操作，也省力。

以上这些语言使用都涉及频率,即频率是其核心,因为说话人所遇到的特定词汇或结构的相对频率会影响语言系统的性质,越频繁出现的语言单位就越可能在语言系统中固化下来。据此,绝大多数固化的语言单位都倾向于根据其使用模式来建构语言系统,从而牺牲较低频率和较少固化的词汇或结构。固化(entrenchment)作为个体语言使用者心中的一种认知模式或常规语言单位而建构起来。因此,沈家煊(2006)认为,"许多语法形式最初都是语用现象,经反复使用、广为流传便逐渐'凝固'下来,最终演变为约定俗成的语法规则"。这样,频率是经济原则的一个重要标记和体现,因为一般来说语法形式频率越高则越经济,越低则越不经济。同时,我们也不能否认冗余的存在。钱冠连(1986)认为,经过适当处理,冗余信息还会有很大的用途。不过,人们对冗余信息的态度是矛盾的:从交际的求简角度出发,要把容忍度降为零;从交际的求成功出发,要把容忍度升到某种程度。也就是说,求经济与求成功是一对既统一又对立的矛盾,这种现象始终存在,且将永远存在。

3.5.2 整合压制

若独立看,语法范畴个性十足(特别是名词、动词、形容词和副词这样的实词),但它们是孤立的、静止的。若放在语言系统中考察,语法范畴就像一个生物有机体(19世纪历史比较语言学早已给出这个类比定位),其动态整合可以说无处不在:从结构看,分词、句、篇三个层面;从形义看,分语法、语义和语用三个平面;从显示度看,分显性和隐性两个层面;从结果看,分瞬间、暂时和永恒三种状态。然而,从前面我们对词、句、篇研究现状的扫描来看,不难发现从语言系统的动态整合角度来研究语法范畴者不多,且多出现在功能语言学和话语分析等研究领域。语言系统整合是一种复杂的多维操作,涉及概念整合、语法整合、整合方式等多个方面。下面分而论之。

3.5.2.1 概念整合

我们所了解的这个世界不是直接的客观世界,而是被大脑所认知的间接的主观世界,然而,这两个世界是不等同的,后者存在相当程度的主观性,因为认知行为主要通过概念和概念表征实现,而概念本身涉及动态整合。比如Langacker(2013)认为,若我们用"概念"(conception)表经历,用"实体"(entity)表经历或理解的任何事物,那么可以说每个经历都会涉及一个或更多实体,而实体概念的表现在于其活动模式,如图15所示:

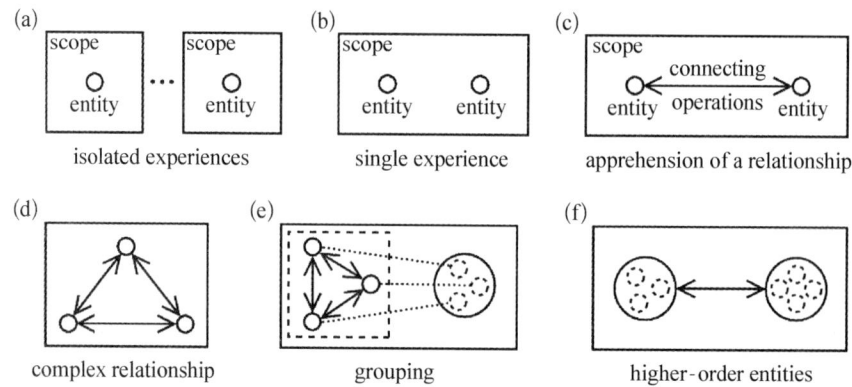

图 15　实体的不同组构表征(Langacker, 2013)

概念可从最简单的孤立经历(a)(如声音或一束光)到复杂的关系事件(d)(如婚礼安排或听讲座)。在某个特定的时空条件下,我们的意识范围有限,当多个实体同时出现在同一个范围之时,其概念只能是一个单一的复杂经历,如(b),否则它们是分离的、不相关的。这好比复杂声音的感知,音符之间需要连通,即某种"连通操作"(connecting operation),而这种操作构成一种关系,这种关系本身就是一种实体体现,如(c)。但我们所感知的实体可能存在不同程度的复杂性,如(d)。一个包含多层成分的复杂关系,其中一个结构成为另一个结构(即较高层)涌现的基础,即单个实体概念成为结构的低层,通过连通操作,其关系涌现在更高层,这就涉及"组构"(grouping)认知能力,所连通的系列实体被认为是达到更高层目的的一个单一实体,如(e)。而这单一实体通过进一步连通操作,可再与其他实体相连,如(f)。组构正是通过这种有效压缩多个不同实体为单一实体的方式来使认知处理更容易、更快捷。比如,名词总是突显事物,而事物总是基于其构成单位性质或"唯一性"(oneness)被抽象处理,即被当成单一实体。正是基于此,概念作为单一实体总是源于其组构操作(grouping operation)——一种心理建构。rock 这种物理实体就是一种组构体,其构成成分虽无法分辨,但实际上它是由不同连续统所组构。我们在概念化处理时,总是在心理上通过连通操作将这些不同的"物块"

(substance patch)组构成单一实体形式,如图16(a)所示(其中的椭圆形表任意物块,虚线边界表不确定性):

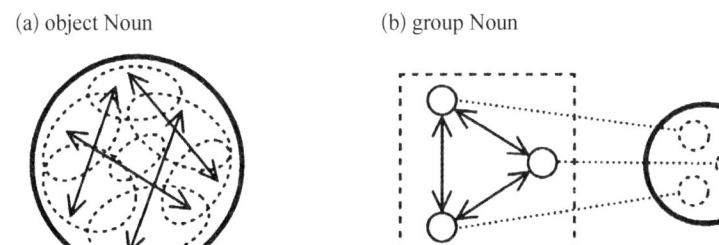

图16　物质名词的组构操作(Langacker,2013)

又如,water 作为一种无味的透明液体,其特性不可能通过观察一个单一分子来了解。只有达到一定量的水,我们才能喝或使用它来灭火等,量小了就不能达到这些目的或实现相应的功能。这类物质名词很多,如blood、wine、meat、flour、butter、wood、steel、glass、air、sand、clay、leather、cloth、plastic、paper 等。还有一类名词,它们总是占据一定的空间,但没有固定量和形态,不会因为量的增加、减少或存在方式而改变。以这种方式组构的名词有 team、stack、set、class、choir、orchestra、alphabet、forest、flock、crowd、bunch、array、collection、chord、list、roster、constellation、galaxy、tribe、assembly 等。这类名词前如果带不定冠词 a,我们可以意识到其构成成分的存在。然而,对于"群体名词"(group noun)来说,我们需要意识到双层概念组构,如图16(b)所示:概念首先是单个典型实体,然后通过连通操作,形成一个单一实体,即一个统一体。也就是说,这类名词是通过构成成分连通,作为一个统一体担当某种功能,而不是其中的某个成分去担当功能,其连通操作主要在于空间连续统和一致性处理。

3.5.2.2　语法整合

认知概念最终能进入语法系统表征的很少,即便有幸进入,同样得经历整合处理。因为从概念而来的词本身有十足的个性:

(ⅰ)词性的多元性。比如英语 round 一词集名词、动词、形容词、副词和介词于一身,不入句之前,没人能断定其词性。

(ⅱ)词性的游离性。缺乏屈折变化的汉语就是如此,依句入品也许是该情形的一种很好的注解。

(ⅲ)词性与功能错位,出现交叉对应现象。黄伯荣、廖序东(1991/2002:56)对此的解读如图17所示(粗线表示该类词的主要功能,细线表示次要功能,虚线表示局部功能):

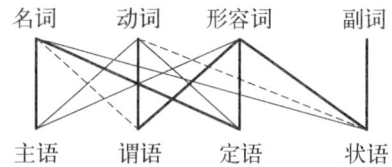

图17 汉语词性与功能的对应(黄伯荣、廖序东,1991/2002:56)

当名词表现其最基本的典型三维空间义时,其功能是稳定的。但当它丧失明显的空间义或具有了一定的时间义时,就可能发生功能游移,从名词变为了其他词类,如形容词、动词等。

(ⅳ)词性与内涵错位。Jackendoff(1994:68—69)认为,词性并不能真正表示某种内涵一致的意义,因为命名物体的任何词都可能是名词,但并非每个名词都命名一个具体物体。比如,earthquake、concert 表活动、行动,redness 表性质,location 表方位。因此,名词的语法概念无法根据它所命名的实体来界定,即特定实体不必与特定词类一一对应。这样,任何语言系统的建构都不可避免地涉及这些"词性",即词内在的语法、语义属性和外在的认知、功能属性。否则,该词无法在语言系统中立足或发挥应用的功效;即便进入了系统,也会立即被淘汰,因为它没有任何属性编码或载荷,不能被系统认可或接受(Lehmann,2013)。但注意,带着词性进入语言系统并不能保证该词能立足,还必须满足一些条件,如同类词很难整合融入系统,它们往往相互排斥,难以成句。例如:

(64) a. *In out off at from into over of

b. *Tree mountain river sky air freedom

c. *Build see play shut attack open think

d. *Totally firstly frankly friendly aggressively

汉语中也不例外。例如:

(65) a. *和与跟同并

b. *水气树杯灯油雪风

c. *看玩跑笑吃吹睡跳
d. *充分完整圆满全面高效

非同类词是否一定可以呢？否，比如*In tree build how totally、*off river see why firstly。这样，可接受的非同类词组构一定是语法和语义整合压制之结果，比如"With the help of Professor Wang, I passed the exam easily."中，help 和 exam 在英语中既可做动词，也可做名词，两种词性都可选择，但在此它们只能做名词，主要是因为：help 既有定冠词 the 和介词 with 的整合压制，还有后面领属介词 of 的连通整合，这样它作为动词的可能性或基础不复存在了；而 exam 既有定冠词 the 与其整合压制，还有前面动词 passed 与其整合压制，这样的双重压制，使其不可能去做动词。如果没有这样的整合压制，该句恐怕难以成为合法的、可接受的英语小句，而可能出现"*Help Professor Wang, I passed easily exam."之类的非法表达。若从认知语义角度看，该句的主旨是"在某某的帮助下，某某完成何种任务"，前面是前提条件，后面则是任务的完成情况，其整合之义容易理解。但若将其颠倒，说成"*I passed the exam easily, with the help of Professor Wang.",恐怕让人费解。难怪 Lehmann(2013)认为语言系统作为一个符号系统，是两种独立力量相互整合或互动之结果：① 结构（形式限制），即逻辑规则、信息和物理特性决定符号选择、组构和传递的方式；② 功能（认知与交际），即概念化所涉的周围客观世界有很多方面相同或相似，交际也不例外。正因为这样，语法实体都有纯形式的一面，受符号系统的限制；同时，这种形式不是空的，而是带有认知和交际内容。具体来说，每个词性都反映一个概念类型，即词性所有的成员共享某些语义特征，或从原型角度看每个词性都有一个焦点，其周围有固定成员。因此，Saussure（参见卡勒，1989：63）认为语言是一个系统，其中的成分完全由它们在系统中的相互关系来确定，且每个层次的成分不但构成对比，还与其他成分组构，形成更高层次的单位。也就是说，某个局部的变化总会给其他部分带来影响或改变，不管这种影响或改变是积极的或消极的。

3.5.2.3 整合方式

整合不是随意的盲动行为，涉及优选、识解、互补和功显。前两者是主体认知参与的突显，是一种施事；后两者则是文本客体整合的突显，是受事载体。它们作为整合过程中相互依存的统一体,不能只有前两者而没后两者或只有后两者而没前两者。

（ⅰ）优选。Steels(2005)认为需要两个阶段,其中第一阶段是命名阶段,有三个过程:① 创新(invention),即需要一个新名时,说话人能够提出来并能将其与他所需要关注的对象联系起来;② 采纳(adoption),即当听话人遇到这个新词时,他能够在关注和互动后将其与所指对象联系起来;③ 优选(alignment),即当新名得到认可并运用成功时,应强化这种行为。

第二阶段是通过命名来建构范畴,个别物体命名之后需要对一类物体进行不同定位,即建构区别性范畴,以建构此类物体库。这同样需要三个过程:① 创新,即当说话人需要一个新范畴时,他能够提出来并增添到已有范畴库中;② 采纳,即听话人需要一个新范畴,因为现有语言范畴无法解决;③ 优选,即跟踪并选择语言中的成功范畴。实际上,最后能成功进入优选范畴的是极少数。这样,语言范畴与非语言范畴呈现不对称性,前者有限,后者无限。也就是说,能用语言表征出来的范畴远低于现实世界所存在的范畴数量和种类。

（ⅱ）识解。请参见"3.4 认知识解"部分的详尽讨论。

（ⅲ）互补。语言系统各个层面、维度或视点都存在一定的不足或局限,它们之间需要一种动态补充和完善,以满足语言表征的不同需求。若词汇层面表征不清楚,那一定需要句法层面协助;若句法层面还不能解决问题,语篇层面就得发挥其应有的特殊功能。正如 Frajzyngier & Shay (2003)所言,系统互动需要某个给定功能域的编码手段存在互补功能:若功能(F_1)通过一种手段(M_1)进行编码,那么在同一个结构的同一个功能域中不能再通过另一个手段(M_2)来编码;若一个功能域中几个编码手段都有功能,那么这些手段之间呈互补分布,即每个手段编码不同的次域。比如,英语副词短语中就存在词汇和句法手段互补现象:时间名词都是先天的时间副词,其前一般不必用介词,如"Last time I went to work was Monday night.";但若结构想把副词(时间名词)放在焦点位置,那就要在前面放置介词,如"On Monday (not some other day), I worked all morning."。若每个功能属于不同功能域,那么单一编码手段可能有多个功能,比如在命题域中英语 that 的语音形式可用作指示名词,而在指称域中它用作限定词,在情态域中它用作模态补语成分。也就是说,that 在语言中有多个功能,但在每一个功能域中只能担当一个功能。又比如某些语言中修饰语的功能可能还没有词汇化,这样的语言就没有形容词或副词,为此不得不期待句法结构的功能来编码名词和动词的修饰问题。若编码手段不足以适应变化不定、纷繁复杂的外部世界和内部世界,语言则会失去应有的表征功能。语言系统必须按照表征之需进行一定程度的变通处理,即以变对变,做到掌万物于手之中。

(ⅳ)功显。Frajzyngier & Shay(2003)认为语言的线性编码是一个整体,因为线性编码意味着功能的编码是在参照点基础上通过成分的位置来处理,即它是两个成分关系编码的最简单手段,只涉及它们相互间的位置问题。为了使其成为有效编码手段,必须有一个参照点,而这个参照点也必须是听话人能获取的。一旦参照点确定下来,线性序列就可用作编码手段。若没有这个参照点,那么构式中编码功能的成分角色就会处于一种不透明状态。从理论层面看,利用位置作为编码手段的可能性是无限的,因为所有的位置和组构都可用来编码特定的功能。若以动词为参照点,可利用动词左边和右边进行线性编码,那么可以获得的位置如图 18 所示(V=动词,REF=参照点):

$$\underline{\quad}\ \underline{\quad}\ \underline{\quad}\ \underline{\quad}\ \underline{\quad}\ \underline{\overset{V}{\quad}}\ \underline{\quad}\ \underline{\quad}\ \underline{\quad}\ \underline{\quad}\ \underline{\quad}$$
$$-5\ \ -4\ \ -3\ \ -2\ \ -1\ \ \ \text{REF}\ \ \ 1\ \ \ 2\ \ \ 3\ \ \ 4\ \ \ 5$$

图 18 以动词为参照点的线性编码(Frajzyngier & Shay,2003)

理论上,单靠线性序列就可编码名词和动词间无限的关系,比如序列中的"-1 位"可以是施事,"-2 位"是受事,"-3 位"是受益,"-4 位"是方位,"-5 位"是工具,"1 位"则是组合,"2 位"是转折,等等。然而,要想单靠位置在动词的左右编码一个以上成分是不可行的。为了单纯地使线性序列成为"-3 位"论元可行的编码手段,"-2 位"和"-1 位"上的成分不得不在小句中出现。若把这两个成分省去,会让听话人无法确认哪个位置上实际已处理,从而导致功能角色不明。然而,若"-1 位"上的论元不得不省去,那么"-2 位"上的论元可能会被误解为"-1 位"论元。这就是 Frajzyngier & Shay(2003)所说的语言结构和语言使用的基本原则——功显原则,其动因在于听话人需要理解话语,而语言结构则为说话人提供了满足这种需要的手段。功显原则涉及两个组成部分:① 每个话语在语篇中都必须有一个显性功能;② 话语中每个成分都必须有一个显性功能。"显性"在此与听话人确认语法手段所编码的功能域成分角色有关,与听话人理解这些成分角色的真实世界无关。也就是说,语篇中的每个话语针对其前后关系必须显性,同一语篇主题的继续在词汇形态和句法上是无标记的,而任何改变都会在句法、词法或其他方面进行编码。

3.5.2.4 整合的影响

整合对语言系统的影响主要体现在两个层面:

(ⅰ)词与句整合。词汇层面是无法表征和传递复杂信息的,那么如何将语法范畴联系起来是关键,此时需要句法出面来解决问题。Steels(2005)认为假如没有句法,red ball under small box 就可能是 under ball box red small 或 small box ball red under。若仅基于词义解读,该表达表明有一个球、一个红色的东西、一个盒子及两个物体的空间关系等,可翻译为下面的谓词-演算(predicate-calculus)(其中问号表变量): red(?x),ball(?y),under(?a, ?b),small(?c),box(?d)。没有句法参与的情况下,说话人不能向他人表明 red 和 ball 是同一物体(即?x 和 ?y 绑在同一物体上),也不能向他人表明 small 和 box 两者都是关于另外的物体(即?c=?d),更不能向他人表明是球在桌子下面而不是盒子在球下面(即?x=?a 和 ?b=?c)。又如 Jennifer likes that boy 小句的建构(牛保义,2011:114—116):先有动词 like 和 boy 的整合,然后有 like boy 与 Jennifer 整合。前者动词 like 突显一个图式性界标,boy 突显一个实体,对动词 like 突显的界标做出具体阐释,二者整合为合成结构[LIKE BOY]。后者 like boy 合在一起突显一个图式性的射体,名词 Jennifer 突显一个实体,对 like boy 突显的射体做出具体阐释,二者整合为合成结构[JENNIFER LIKE BOY]。第二种方式是动词 like 与 Jennifer 和 boy 的整合:like 同时突显两个图式性的次结构"界标"和"射体",名词 Jennifer 突显的实体对 like 突显的射体做出了具体阐释,名词 boy 突显的实体对 like 突显的界标做出具体阐释,三者整合为合成结构[JENNIFER LIKE BOY]。还有一种整合方式:先有动词 like 和名词 Jennifer 的整合,然后 Jennifer like 合在一起与 boy 整合;前者动词 like 突显一个图式性射体,名词 Jennifer 突显一个实体,对动词 like 突显的射体做出具体阐释,二者整合为合成结构[JENNIFER LIKE]。

这样,句义建构在句式组构成分义整合基础之上,而每个短语义自身又建构在其构成成分义整合基础之上,直到词及以下层面。这样处理的后果有二:一方面,通过句法所传递的额外信息使说话人不仅能够避免误解,还可减少语义解读过程中的运算复杂度;另一方面,进入句法层面的语法范畴不再像独处时那样具有十足的个性特色,只能是整合压制之后的个性突显。因此,Lehmann(2002)认为:从语法范畴的纵横关系看,它们体现为一个整合体;从纵向的聚合关系看,两个实体往往占据或出现在相同的组合位,或在不同语境下它们统一在一个更抽象的层面上,占据抽象层面上的相同组合位。而横向的组构则要求组合轴上的信息单位所属范畴要互补,即语符链必须可切分为组构更大单位的具体范畴,因为组合关系是词性之间的一种"依存"语法关系,其中一个成员会影响或决定最终结构的范畴,如表4所示:

表4 语法范畴的组构依存关系(Lehmann,2002)

范畴	组合关系	例 释		
		X	Y	复杂范畴
[X Y]x	Y修饰X	名词性成分、普通名词、动词短语、动词	形容词、形容词短语、副词、副词短语	形容词短语、副词短语
[X Y]x'	X管控Y	动词、关系名词、关系形容词、介词	名词短语、专有名词	动词短语、名词性成分、形容词短语、副词短语

从表4可以看出:① 当某词性的成员占据修饰和管控(govern)的X位时,它们可以被修饰,但不能被管控,或者可以管控,但不能修饰其他成分,这就是动词;② 只可在管控中作为Y(依存)的词性,就是名词短语;③ 修饰时某词性的成员可占据Y位,但不能被任何其他成分修饰或管控,这就是修饰语。为此,汉语里"张三、昨天、在、华联商厦、买、了、一、件、新、衣服"十个词按照汉语的语法规律可组构成下面的句式(范晓,2007):

(66) a. 张三昨天在华联商厦买了一件新衣服。
　　　b. 昨天张三在华联商厦买了一件新衣服。
　　　c. 昨天在华联商厦张三买了一件新衣服。

d. 在华联商厦张三昨天买了一件新衣服。

这些例子说明这些词组成句式时,它们的相互结合、排列次序、成分存现等不是无规律地随意堆积或任意空缺,而是有一定规律的。也就是说,这些范畴是在保证该命题内容不变这个前提下的优选对象,其组构或整合表征必须能识解作者的交际意图,在结构上体现互补且功能上能突显,否则不可接受。例如:

(67) a. *买了张三在华联商厦一件新衣服昨天。

b. *在华联商厦张三买了昨天新衣服一件。

c. *张三买一件新衣服了昨天华联商厦在。

若某类词使用过多,会影响到整个小句的结构、语义、语用和文体特性。比如名词化现象,有人认为好,有人认为不好。认为不好的理由是:① 名词多为静态,没有动词来得生动、形象;② 带名词化的长句没有短句那么生动、那么容易理解;③ 语篇句子若只用带名词的基本句型会显得单调,而动词结构则显得多变而灵活(Wells, 1988:60—68)。例如:

(68) a. John *is* in love with Mary because of her inheritance of money.
(1个动词/ 12个单词)

b. John *loves* Mary because of her inheritance of money.
(1个动词/ 9个单词)

c. John *loves* Mary because she *inherited* money.
(2个动词/ 7个单词)

此外,语法范畴的整合还受不同语境制约,如北宋大诗人王安石的名句"春风又绿江南岸,明月何时照我还?"中的"绿"用得非常之妙,成为该句之"魂"所在,不仅点了景、明了义,还涉及词性的整合突显。也就是说,"绿"通过与"春风"和"江南岸"的双重整合压制,既把中国江南春天的春色展示得一览无余,同时做动词的妙用与突显使前面的意境得到了保证。若换成其他颜色词或词性,所传递的信息可能完全不同或消失。

(ⅱ)词与篇整合。语篇层面更是如此,以元曲作家马致远的《天净沙·秋思》为例:"枯藤老树昏鸦,小桥流水人家,古道西风瘦马。夕阳西下,断肠人在天涯。"作者在此仅用28个字就勾画出一幅羁旅荒郊图,即通过"枯、老、昏、古、西、瘦"六个字把平淡无奇的客观景物巧妙地连缀起来,将无限愁思自然地寓于图景之中。这些概念形成的意象组构成秋思的凄凉之境,其中头两句"枯藤老树昏鸦,小桥流水人家"营造出一种冷落暗淡的气氛,同时烘托出一种清新幽静的画面。而"古道西风瘦马"描绘出一种秋风萧瑟、苍凉凄苦的意境,为僻静的村野图增加一层荒凉感,"夕阳西下"又使这幅昏暗的画面加深了悲凉的气氛。最后一句"断肠人在天涯"则成点睛之笔,使深秋村野图的画面上出现了一位漂泊天涯的游子,在残阳夕照的荒凉古道上,牵着一匹瘦马,迎着凄苦的秋风,信步漫游,愁肠绞断,却不知自己归宿在何方:这恰当地表现了主题——漂泊天涯的旅人的愁思。若将其中一些语法范畴表征进行变换或重组,其意境效果会完全不同,甚至相反。比如,将其改为"青藤小树晨鸦,小桥流水我家,小道东风壮马"或"无藤无树死鸦,独桥臭水人家,弯道北风老马"或"老树枯藤昏鸦,人家小桥流水,古道瘦马西风。断肠人在天涯,夕阳西下"。

正是这些范畴概念的变换使其原来的意境要么整体消失,要么整体改变。陈其荣(2004:52,139)认为:这种整体性是指系统的各个要素按一定方式构成有机整体,这样的系统是诸要素的有机整合而非各要素的简单机械相加,且系统的性质、功能和规律不同于各个组成要素的性质、功能和规律,即系统具有各组成要素所没有的新性质、新功能和新规律;另一方面,处于系统整体中的组成要素的整体性质、功能和规律也异于它们在孤立时的性质、功能和规律。若某类语篇中的特定语法范畴频次达到一定程度,整个文体的特性就可能因此而改变。比如名词化表征就是如此:若它的频量高于常规水平(口语性文体一般比书面性文体少),就可能使整个文体偏书面化、偏正式化;反之,名词化表征少,文体口语性可能较强。图19中的词缀抽象度从左到右越来越强,-ness多表征具体特征或性质,而-ion则多表征抽象的事项或行为。学术文体由于抽象概念较多,自然最为抽象,此类表征肯定最多;口语多涉具体事物或事情,因此此类表征最少。

同时,语法范畴的整合模式若在一个相当长的时间内得到认可、重复并扩散,会最终导致整个语言系统的演变。因为这些变化跟语法范畴,特别是跟词性密切相关。一般来说,同等情况或条件下,实词(如名词、动词、形容词和副词)比虚词(如冠词、连词、介词和助词)携带更多信息、更

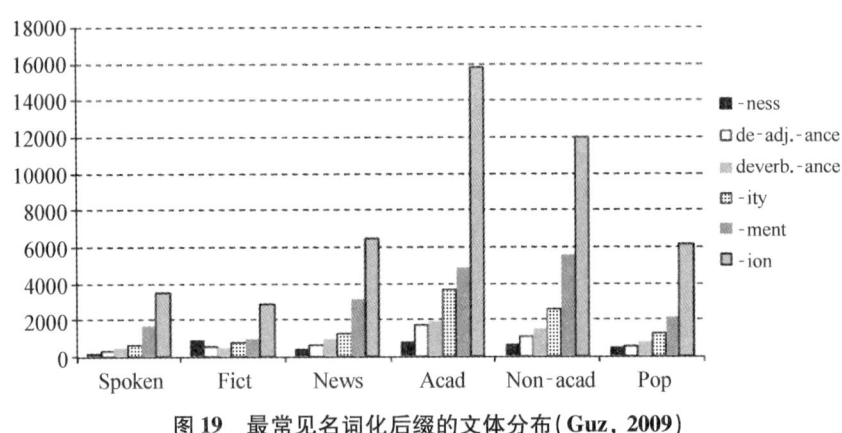

图 19 最常见名词化后缀的文体分布（Guz, 2009）

实在。如果实词发生转化，如名词化，就可能显得抽象难懂。根据 González-Álvarez & Perez-Guerra（1998）对 15—20 世纪英语演变的量化统计分析，从抽象度看，整个 15 世纪除科学外的其他领域都基本相似，处于相对抽象状态，17 世纪时则略微返回到较抽象维度上。科学则展示出与其他领域不同的轨迹，从 16 世纪开始稳定而持续地向高频使用抽象手法前行，18 世纪往后尤其如此，而 18 世纪后的教育、小说、个人信函和戏剧则出现了明显的非抽象化状态，如图 20 所示：

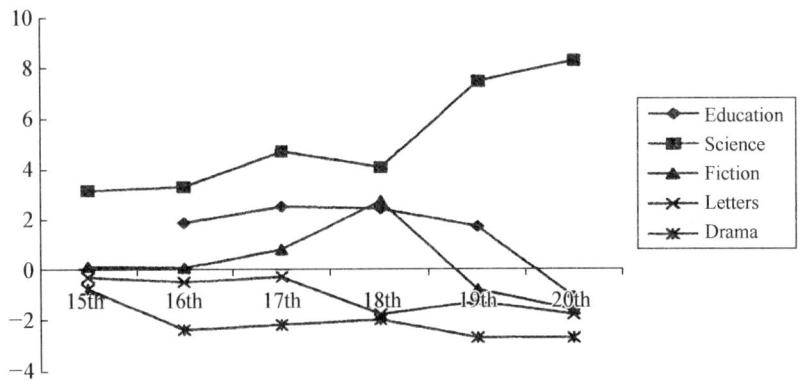

图 20 五个世纪以来不同文体的抽象维度演变
（González-Álvarez & Perez-Guerra, 1998）

通过上述讨论，我们认为基于概念整合的语法范畴同样存在动态整合，这在小句和语篇中得到充分的展示和体现，多表现为异类范畴相吸、同类范畴相斥。这种整合既有主体认知的参与,也有文本系统自身表征的需求。但并非所有异类范畴都可随意整合,整合必须符合人类认知和特定文体、语境规约,具体运作时涉及优选、识解、互补和功显等处理方式,这样可以避免某类语法范畴的过多变换或重复,否则会导致整个文本的结构、语义、语用或文体的变异。也就是说,语言系统中的语法范畴像一个有机整体,每个部分的细微变化或变异都会在一定程度上影响全局,牵一发而动全身。此处的整合概念不等同于功能语言学中的语义连贯和形态衔接,它主要关注整个结构系统和内容的动态处理方式,而非个别契合与协调。

3.6 功显原则

Frajzyngier(2004)在其《语言结构和语言变化中的功能显性原则》("Principle of Functional Transparency in Language Structure and Language Change")一文中认为,除非采用语言的形式编码(如语法上的主语、宾语、定语和状语等,语义上的指称性与非指称性等),否则没有功能域存在。换言之,语言是创建意义的初始手段,意义之基源不在于语言之外,而存在于语言之内。从某种程度看,语言是通过形式手段来编码,其结果是不同语言层面通过它们的语法结构和词汇编码不同的意义。人类认知能力、认知经验和文化等方面的相似性使得相关和不相关的语言可能编码具有相似或相同的功能。不同语言形式具有相同的功能不是一件简单事,语言中的相同或相似在于语法系统内部结构,包括语篇形式。同时,所有语言都拥有一个共同特征——遵循功显原则。个体语言的语法构形是进化之结果,而进化则是语言的一种不断适应过程。功显原则在语言结构和语言演变中起着重要的驱动作用,因为每个话语在语篇中都有其显性角色,而其中所有构成成分也有其显性角色。"显性"在此是指语言中的功能域编码,而不是听话人需要理解的现实世界中构成成分的角色。如果不这样,构成成分之角色无法确认,话语就会出现不合法(ungrammatical)状况。例如:

(69) a. *Mary drove Boston her car.
   b. *Mary Boston her car drove.
   c. *Mary her car Boston drove.
   d. *Mary her car drove Boston.

一旦这些成分获得了自身恰当的角色,句子就合法(grammatical)。例如:

(70) Mary drove her car to Boston.

也就是说,功显原则为句法结构的不断演变提供了强大的动因理据,因为话语中任何成分的添加都需要编码手段来使其功能显性化。尤其是当语言缺失编码手段时,不管是语音变化还是其他因素所致,都需要补偿手段来维持某个确定成分的功能,以免其功能消失。语言中的编码手段大体来说基本相同,如词汇、线性序列、附加编码(前后附加)、功能词连接、词类屈折和语音等,这些手段的互动使听话人能够推断出话语中每个成分的功能所在。通过线性序列编码的基本要求是选择参照点,潜在参照点要么是话语的开头,要么是结尾或另外的词类。话语的开头和结尾都可作为参照点,但必须用词汇形态或语音手段做出特别标记,否则在话语过程中不可能确定其开头和结尾。就大多数线性序列编码而言,词汇范畴充当参照点。为了使线性序列成为编码手段,必须满足两个条件。第一,话语中必须只能有一个给定词汇范畴的实体。因此,在使用线性序列有名词和动词区分的语言中,是动词而不是名词作参照点,因为一个小句只包含了一个动词,但有多个名词。第二,作为参照点的词汇范畴必须有一个或多个易确认的特征,以使其与其他类范畴区别开来,这些特征包括语音结构、词汇形态结构或范畴的外在标记。比如,斯拉夫语中的动词会编码时态、体、人称和语气,而名词则不编码这些。闪族语中的动词与名词有着完全不同的语音结构,乍得语中的动词可能只以辅音开头而名词则可能以辅音或元音开头(Frajzyngier & Shay, 2002)。完全可能出现某种语言没有作为潜在参照点的词类的情况,此时线性序列单独不可能成为一种可行的编码手段。如果某个词类能作为参照点,那么通过线性序列进行语法关系编码的理论可能性是相当大的。图21所示就是10个成分的编码位置表征(V为动词,REF为参照点):

$$\overline{-5}\ \overline{-4}\ \overline{-3}\ \overline{-2}\ \overline{-1}\ \overset{V}{REF}\ \overline{1}\ \overline{2}\ \overline{3}\ \overline{4}\ \overline{5}$$

图21 以动词为参照点的线性编码（Frajzyngier，2004）

动词 V 左边或右边任何成分角色的定位都是可能的，当且仅当：① 每个动词有一个固定的共现成分量；② 话语中所有成分都必须出现。条件①排除了语言获得新动词的可能性，而条件②则认为如果有一个成分丢失，那么就无法确认其他成分。因此，线性序列尽管提供了理论可能性，但无疑只有两个位置会成为编码手段：动词 V 参照点之前位和之后位，即：

$$\overline{-1}\ \text{VERB}\ \overline{1}$$

如果动词碰巧出现在话语开头或结尾，其理论可能性仍很大。例如：

a. $\overline{-4}\ \overline{-3}\ \overline{-2}\ \overline{-1}\ \text{VERB}$

b. $\text{VERB}\ \overline{1}\ \overline{2}\ \overline{3}\ \overline{4}$

同样的理论限制会出现在左右分支语言中，唯一可行的编码位置是动词之前或之后。

a. $\overline{-1}\ \text{VERB}$

b. $\text{VERB}\ \overline{1}$

功显原则的另一个重要支撑源于一个编码手段的退化会得到另一种手段的补偿，以完成退化手段没完成的全部或部分功能（Frajzyngier，2004），比如众所周知的语言变化补偿例：古英语中动词有一个复杂的主语——人称、数编码和名词屈折编码，随着语音的变化，这两种编码手段都大大弱化，线性序列语法化到只能区别主语和宾语的程度。再如保加利亚语，它不像大多数其他斯拉夫语，没有格的屈折编码，其线性序列已经语法化到只编码主语和宾语的程度。另一个补偿例是法语和其他罗曼斯语中冠词的发展变化，因为它们的始源——拉丁语有名词的屈折编码，不仅标示格而且包括性别。这两种范畴在语言中扮演不同功能：格有许多功能，涉及谓词与名词短语之间的关系，还有名词短语之间的关系，而性别则是参照系统的一个基本手段。随着词尾元音和辅音的弱化,格系统受到影响,名词的性别编码也不例外。性别编码弱化使参照系统面临一个严重问题——名词的性别不再有标记,因此性别编码最后得让位,跨语篇指称编码出现。

3.7 小　　结

以上这些理论框架(范畴认知、图形-背景、认知识解、经济-整合和功显原则)既涉及结构,也涉及语义,还涉及语用和心理认知等,它们可以共同较好地诠释名词化过程和结果。换言之,没有一个理论能独立担当名词化的理论基础,这主要是名词化现象自身的多维性和复杂性所致。

这些框架都是名词化动态整合过程中必然会经历或需遵守的,它们是一个有机整体,缺一不可。不过,不同层面的突显度有所不同,否则其整合结果不仅不被语言系统认可,还可能连我们的认知经验也难以接纳,当然更不能让我们理解。

第四章

名词化的定位

4.1 引　　言

　　名词化现象是人类语言中一种"普遍"而"特殊"的现象，"普遍"是指它几乎存在于所有自然语言之中，"特殊"是指这种现象不仅涉及词、句和篇，还涉及整个语言系统的动态整合问题。然而，纵观语言学研究史，名词化现象真正受到重视源于 20 世纪 60 年代 Lees 对此的研究，特别是 Chomsky 在 70 年代对名词化的评论。这方面的研究虽取得了不少成果，但仍有很多问题有待进一步深入而系统地探讨。为此，本研究首先明确名词化的概念、表征、类型、性质、语义和功能等，因为它们是进一步考察的基础。

4.2　名词化的概念

　　学者们对名词化的研究，从某种程度上来说可以追溯到古希腊时期的柏拉图和亚里士多德。虽然他们没有明确提出名词化概念,但他们将词类分为了两大部分——名词性成分和动词性成分,并对它们之间的转换进行过讨论(刘国辉,2000:5)。根据《现代语言学词典》(克里斯特尔,2000:240)的界定,名词化是指从其他某个词类形成名词的过程,或从一个底层小句得出一个名词短语的派生过程。Trauth & Kazzazi(2000:327—328)也认为名词化是指名词从其他词类的派生,如从动词和形容词派生(前者如 feeling、swearing、twiddling one's thumbs,后者如 redness、the inconceivable、the good、one's contemporaries),也可从名词派生(如 womanhood)。似乎所有词类都可名词化,如连词(如 ifs、buts、ands)、副词(如 the here、now)和词的一部分(如-ism)。从句法层面看,名词化是人类语言最常见的特征之一,它是有关句子和名词短语的一种句法过程(Jacobs et al.,1968:225),是一个和句子的谓语系统地对应并拥有一个相应动词形态的名词性短语。还有学者认为,应该把词类转化与名词化区分开,因为词类转化属于词法范畴,不能算作名词化,名词化应属于句法范畴(Quirk et al.,1985:128)。由上可知,名词化同时涉及词类和句法问题。正如 Hartmann & Stork(1981:231)所言,名词化包含两个层面:一是用添加适当的派生词缀把其他词类的词转换成名词的过程或结果,二是用名词短语代替动词结构、形容词结构或从句的过程或结果。Matthews(2000:244)也认为名词化是名词或行使名词短语功能的句法单位从其他任何单位衍生而来的过程。可见,名词化本身是一个过程,这一过程不管是派生还是零转换、是词汇还是句法层面,其结果都是出现或产生名词性成分。

注意名词化之词并不等于一般的普通名词,比如 the frequent collection of mushrooms by students 中的 collection 与 book 就不同。Grimshaw(1990)称前者这样的显性动词转化而来的名词化为"复杂事件名词"(complex event nominal)。作为名词,它可受限定词和形容词修饰,具有名词的形态结构,其主要角色是引领一个论元而不是谓词。同时,作为一个显性名词化形式,它对其动词 collect 的语义没有任何增添,之所以成为名词是其分布和词汇形态所致,而非其词汇语义。与此相反,book 这样的简单名词有其词汇语义,这个语义不是建构在动词或另一个词类范畴之上。作为零派生名词,book 表达了一个特定文化产品概念,可通过典型活动(阅读)、外观和物质材料准确地界定。从这个意义上看,book 比

collection 更具名词特性。如果单凭词汇语义,我们无法将名词化之词与名词区别开,因为它们都涉及系列事物,且可能在不同的范围内有不同的存在方式。通常我们说名词指事物,动词指行动,但实际上这过于简化。从名词概念角度看,直觉告诉我们一些名词比另一些名词更具名词性。因为动词会涉及事件和状态的时间段,一个事件或状态不可能一直处于某种状态,即动词的意义基于事件结构的时间维度来建构(Ramchand,2008)。因此,由动词派生而来的名词具有明显的时间含义,而名词的意义则没有内在的时间维度,且大多数指向实体,一直处于某种状态。比如 argument 和 wedding 这样的描述性事件就经历了时间变化(Simons,1987:134):

(71) a. The *argument* was calm at first, then it became heated.
  b. The *wedding* moved from the church to the bride's parents' house.

(72) a. the iron became heated (all of it) ≠ the *argument* became heated (all of it)
  b. the *wedding* moved from A to B ≠ they married first in A then in B

(72a)中不等号右边部分不会指向事件时间的所有部分(可能指向其他部分,如参与人数),(72b)中不等号右边的表述也并非左边表述的恰当解释,因为 marry 是一个目的性很强的动词,句子隐含事件已完成,不太可能先在 A 处,然后到 B 处。如果把 argument 和 wedding 的所指改为缺乏时间构建的事件,那就会与它们自身的词汇义相冲突。

4.3　名词化的表征

名词化概念虽有各种不同理解或认知,但从本质上看它就是构成名词或相当于名词功用的语言现象,其表征多为抽象概念,特别是动词名词化表征过程、行为或状态时,其方式可能是语音、词汇或句法层面的,也可能是语义或语用方面的。不同语言的名词化表征方式不同,西方语言由于形态表征较丰富,多采用词汇方式。根据 Biber et al.(2000a:318—325)的语料库研究,英语名词化的词汇表征主要体现在四个方面:

(ⅰ)动　词+后缀:agree　　→　agreement
　　　　　　　　　calculate　→　calculation
(ⅱ)名　词+后缀:star　　　→　stardom
　　　　　　　　　kitchen　　→　kitchenette
(ⅲ)形容词+后缀:abnormal　→　abnormality
　　　　　　　　　effective　→　effectiveness
(ⅳ)形容词/动词+零后缀:You could see the *whites* of his eyes.
　　　　　　　　　　　　We can go for a *walk* later.

四个名词化后缀使用得最多,它们是-tion、-ity、-ism 和-ness,这些后缀按其使用频率可排列为:-tion>-ity>-ism>-ness。就学术文体而言,主要使用的名词化后缀表征依次为:-tion>-ity>-er>-ness>-ism>-ment>-ant>-ship>-age>-ery(Biber et al.,2000a:318—325)。这些表征都有自己的特定功效,如-ism 多用于思想观念或思潮方面,-ty 多用于抽象事物,-ness 虽用于抽象事物,但多指品质方面。与英语相比,德语同样存在名词化,在词汇层面特别丰富多彩,几乎所有德语实义动词都可:① 转化为中性名词,如 verfahren(经历)→das Verfahren、gießen(浇灌)→das Gießen;② 转化为阴性名词,如 arbeiten(工作)→die Arbeit、abfahren(出发)→die Abfuhr;③ 词干加后缀-ung 转化为阴性名词,如 anwenden(利用)→die Anwendung、lösen(解决)→die Lösung;④ 词干加后缀-e 转化为阴性名词,如 fragen(提问)→die Frage、helfen(帮助)→die Hilfe。法语也不例外。法语中几乎每个实义动词都有一个相应的名词,这些名词不仅意义与动词相近,表示行为、行为状态或行为结果,且在语法结构上也保持着动词的特征,习惯上把这部分名词称为"动名词"。例如:

-ad:prolllener→pronlenade(散步)　　-age:balayer→balayage(清扫)
-aison:pendre→pendaison(绞死)　　-enee:exister→existenee(存在)
-ment:changer→changement(变化)　　-ure:graver→gravure(雕刻)

汉语名词化也有自己特殊的表征方式,根据朱茂汉(1984)的研究,现代汉语名词后缀比较发达,大体可分为两大类:第一类是历史悠久的,如"-子、-儿"和"-头"(如孩子、姑子、妹子、孙子、驴子、雀子、帽子、衫子,孩儿、孙儿、婆儿、狗儿、猫儿、窗儿,馒头、锄头、舌头、骨头、日头、念头),这三个名词后缀在东汉以前就已经萌芽,到魏晋南北朝时期已正式形成,而在唐宋时期则高度发达和普遍化了;第二类则是较为新近的,如"-者、-家、-手、-性、-度、-式、-率"等。此外,汉语名词化还有词汇与句法层面之分,如"-子、-儿、-头、-性、-派、-家、-师"和"-手"等后缀在词汇层面操作,而"-的"等则在句法层面操作。例如:

表数量:"二尺长的"(正合适)

表性质:(我要)"红的",(不要)"白的"

表关系:"月收入超过标准二倍的"(要交所得税)

表地点:"在操场上的"(都不要动)

表时间:"去年产的"(我不要)

表姿态:"躺着的"(全站起来)

表状态(具有):"穿白上衣的"(有十多个)

不过,名词化词缀也存在一些能产性差异,Aronoff(1978)和Aronoff & Anshen(1981)测试了人们对能产性和非能产性后缀的直觉反应,以调查清楚像-ness这样的后缀是否更具能产性,是否比非能产性的-ity后缀更容易用来建构新词。Aronoff(1978)将被试分为三个组,了解他们对三种不同刺激是否有反应:① 词汇(words),包含Xivity结构的真实词汇;② 可能词汇(possible words),包含Xivity和Xiveness这样的Xive-结构词;③ 非词汇(nonwords),包含Xivity和Xiveness这样的Xive-结构词。结果发现:被试的潜在词汇(potential words)反应表明,Xiveness形式比Xivity形式更容易被当作词或可能词汇,且倾向于作为能产性词汇。Aronoff & Anshen(1981)则用Xible-结构词代替Xive-结构词进行调查,结果发现:所有条件下被试都倾向于选Xibility而非Xibleness作为可能词汇。为何会这样?其中一个解释可能是音韵问题,因为Xibleness以三个非重读音节结尾,与Xibility这种存在不同重音模式的词相比,不那么上口,影响了被试的选择。Anshen & Aronoff(1988)推进了前面的研究,这次不再是词汇选择,而是给予被试特定的说明,比如"尽可能列举你所知道的带后缀-ness 的词",结果发现带词缀-ness 的词要多少造多少,而带词缀-ity 的词则非常有限。换言之,被试在用-ness 造词时比用-ity 更可能包括临时新词(nonce word)在内。如果词缀能产性会起一定的作用,那么能产条件下的反应时间就应明显不同,而非能产条件下被试的反应时间就没有多大变化。调查结果发现,所有条件下被试的反应时间都相似,即能产(productive)、非能产(unproductive)条件下的时间反应都没有多大差异,如表5所示:

表 5　被试对词汇后缀项的不同反应时间(Sauciuc, 2010)

	词缀比较	被试 t 测试	词项 t 测试
能产	related-ness vs unrelated-ness	0.015	0.195
	related-ship vs unrelated-ship	0.111	0.680
	related-able vs unrelated-able	0.136	0.705
	related-er vs unrelated-er	0.000	0.032
非能产	related-ity vs unrelated-ity	0.168	0.369
	related-ment vs unrelated-ment	0.021	0.289
	related-ous vs unrelated-ous	0.000	0.149
	related-ance vs unrelated-ance	0.140	0.356

这种差异主要在于精确启动上,然而能产和非能产条件下都没有这样的启动,只有非形态词汇(nonmorphological)条件下存在精确启动,这说明能产性在词汇解构中不能起多大作用,形态不能作为词汇表征启动的唯一理据。

4.4　名词化的类型

名词化作为一种跨范畴操作,是从非名词到名词的派生过程(Comrie & Thompson, 1985: 349)。正是基于此,Garner(2012)从词汇(零形、词缀、名词格数及限定标记)、句法(动转名的限制和句法功能)、语义(动作的参与者、非物理特性和语境)、语用(对比焦点、时体、情态和言者态度)和历时(不同功能的名词化早期演变、新功能及新义)表征对60种亚洲语言中的名词化表征进行过分类处理。我们在此主要从以下几个基本层面对名词化进行分类:① 从语音方面看,分变音与不变音;② 从形态上看,分有形与无形派生;③ 从结构层面看,分词法和句法;④ 从位置组构看,分左右分支结构;⑤ 从语义上看,分论元指向变化、动词类型差异等;⑥ 从小句层面看,分事实与事件。

4.4.1 语音方面

从语音方面看,名词化主要分变音和不变音两种。变音又分两种。一是改变重音位置,在英语中主要是指动词一般重音在第二个音节上,而相应的名词重音则落在第一个音节上。例如(张道真,1982:11—13):

(73)　　　　动词　　　　　　　　　　名词
　　　　contrast /kənˈtræst/ 对比　　　/ˈkɒntræst/ 对比
　　　　produce /prəˈdjuːs/ 生产　　　 /ˈprɒdjuːs/ 产品
　　　　increase /ɪnˈkriːs/ 增加　　　　/ˈɪnkriːs/ 增加

二是读音不同,英语中的动词转换为名词就有所不同,如 use /juːz/(动词)→/juːs/(名词)、house /haʊz/(动词)→/haʊs/(名词)、excuse /ɪksˈkjuːz/(动词)→/ɪksˈkjuːs/(名词)。汉语是声调语言,声调可用来区分不同的词汇义和语法义,一般是通过去声和其他调类的对比来实施词性的区别。这在中古汉语中叫"破读",现在已经不是能产性的语法手段了。不过,现代汉语中还有保留,如"好"做形容词读作"hǎo",做动词读作"hào";"钉"做名词读作"dīng",做动词读作"dìng";"种"做名词读作"zhǒng",做动词读作"zhòng"(石毓智,2001a:116—117)。

不变音指转类前后读音完全相同(主要是单音节词),如 go /gəʊ/, make /meɪk/, walk /wɔːk/;即不需要任何变化,一词类直接转换为另一词类,这在有的语言学书中叫作"零转换"或"零派生"。汉语中的词类转换基本上属于这一类型,如"玩、跳、跑、笑"等。

4.4.2 形态方面

从形态上看,世界上的语言名词化过程几乎都存在派生现象。英语、德语和法语较多,而汉语则几乎没有,主要通过句法层面来体现,这是因为汉语缺乏形态变化,如双音节词"研究、调查、考察、分析"只能在句中才能确认其具体词性,独立看既可能是动词,也可能是名词。例如:

(74) a. **研究**这个问题需要时间。　　（动词）
　　 b. 认真**研究**是非常必要的。　　（名词）
　　 c. 谁敢**调查**这个案件。　　　　（动词）
　　 d. 我们认可他们的**调查**。　　　（名词）

这也许从一个侧面证明了任鹰(2008)的观点。她认为与印欧语不同的是,汉语中的指称化、物化甚至名词化都不可能直接映现为语言成分的形态变化,因为汉语是以概念的直接组合为构造手段的"话语驱动型"语言,它直接从语义模式(即概念类型转化)角度,而不是从形式角度探寻结构成分的性质和功能变化的特点。但汉语中也有一定的所谓"形态标记",可从有无标记转指和论元角色角度处理(姚振武,1996):

(ⅰ)无标记转指和有标记转指。现代汉语中动词转用作名词可不带任何形式标记,如"教授、领导、编辑、管家、编剧、摆设、藏书、贷款、同事、同学、同谋、补贴、救助"等。同时,也存在有标记转指,所加的标记主要有名词后缀,如"编→编者,劳动→劳动者,学→学员,办事→办事员,骗→骗子,作→作家,承包→承包人,读→读物,参照→参照物"等。这些词缀的活跃度不同,"-头、-子"等不太活跃,很少有新的出现,而"-人、-者、-物"等较活跃,动词加上它们转指名词比较自由。

(ⅱ)论元角色类型。在"施事—动作—受事"这种典型的语义关系范围内,动词及动宾结构可以名词化并指称各种与它们有关系的成分。例如:动词转指施事的有"教授、领导、编辑、管家、编剧"等,转指受事的有"摆设、藏书、贷款"等,转指工具的有"补贴、救助、开关、绑腿"等;动作转指工具,有标记的如"-子"——"掸子、掀子、垫子、别子、掾子、起子、塞子"等,无标记的如动宾式——"刹车、标点、分界、接线、补白、摆渡"等,并列式——"装裹、掩蔽、掩护、装饰、包装、装订、装备、陪衬"等。动词还可转指地点,如"拐弯、封口"等;转指时间,如"空闲、开始、开头"等。为此,王冬梅(2001)总结认为:

(ⅰ)动词转指施事和受事最多,其次是工具,转指时间、地点、方式的非常少。能够比较自由地加在动词后面转指名词的词缀"-者、-人、-物"或者转指施事,或者转指受事,转指其他论元的时候极少,这就使得实际语言中转指施事和受事的比例还要高得多。

(ⅱ)动词转指施事时可加标记的种类多于转指受事和其他论元时,不加标记时转指受事的多于转指施事的。

(ⅲ)从动词短语的结构看,在无标记的动词转指对象和结果这两个小类中,动宾式占很大优势。

(ⅳ)无标记转指施事大多表示职位和职业,如表职业的"编导、编辑、编审、编译、翻译、保管、校对、传达、看护、看守、收发、采购、随从、侍卫、护卫、护从、出纳、裁判、侦探、稽查、掌舵、教练、导游、导演、领水、领航"等;表职位的"主编、总管、主考、教授、指挥、参谋、参议、参赞、领班、领队、领舞、领唱、领奏"等。

(ⅴ)动宾式转指施事时,做宾语的名词性成分可以是具体的,如"掌舵、领航、开山",也可以是较抽象的,如"管事、监工、包工"等,还有非常抽象的名物化动词,如"导演、督办、帮闲"等。其中作为宾语的名词性成分越具体,动宾式越不易转指施事。反之,作为宾语的名词性成分越抽象,动宾式越易转指施事。

(ⅵ)"动词+词缀"转指名词时,动词可以是单音节的,如"编者、作者"等,也可以是双音节的,如"教练员、办事员"等。"双音节动词+词缀"转指名词时,很多词缀都可省略,变成双音节词直接转指名词,如"裁判员→裁判、领航员→领航、司号员→司号、司令员→司令、协理员→协理、指导员→指导、指挥员→指挥、导游员→导游"。而"单音节动词+词缀"转指名词时,词缀不能省略,说明单音节动词和词缀的结合比双音节动词和词缀的结合紧密,即转指名词时"单音节动词+词缀"的词汇化程度比"双音节名词+词缀"高。

以上说明汉语的名词化并不比英语简单多少,同样存在不同程度的名词化类型,只不过是表征方式不同而已。

4.4.3 结构层面

从结构层面看,名词化存在词法和句法两大类别。也就是说,名词化不可避免要与这两个层面打交道。如果词法层面能解决,就不必考虑句法层面;如果词法层面不能解决,则必须求诸句法层面。当然,有时两个层面可能同时涉及,需要相互支撑,因为即便像英语中常用的后缀-er 是否就是名词的明确标识,也很难说。例如,(75a)中-er 构成名词,但(75b)则并非如此:

(75) a. work→worker　　　　teach→teacher
　　　　contain→container　　hold→holder
　　 b. exist→*exister　　　　disappear→*disappearer
　　　　happen→*happener　　last→*laster

通过屈折变化,英语中动词可变为名词,如 bathe→bath、speak→speech、feed→food、bleed→blood。不过,英语词汇层面的名词化主要是利用词缀,尤其是后缀派生,如 derive→derivation 和 real→realization 中的名词性后缀-ation。汉语中此类例子则相对很少,主要用"-子、-者、-家、-头"等后缀,如"学子、出版者、作家、看头"。20世纪70年代前,生成语法学家们都认为英语中所有的名词化短语都由动词派生而来。可当 Chomsky(1970)发表著名的《名词化评论》之后,这种观点受到了挑战。Chomsky 论证了名词化短语不是从动词派生出来的,而是与句法有关;同时他还区分了英语中的三种名词化形式,首先把(76)这种形式称为动名名词化:

(76) a. John's *riding* his bicycle rapidly surprised me.
　　 b. Mary's *not being eager* to please was unexpected.
　　 c. Sue's *having solved* the problem made life easy for us.

然后,他把(77)这种形式视为派生名词化:

(77) a. John's *decision* to leave surprised me.
　　 b. Mary's *eagerness* to please was unexpected.
　　 c. Sue's *help* was much appreciated.

同时,他还提到一种混合类,即介于前两者之间的名词化。例如:

(78) a. John's *refusing* of the offer

　　b. John's *proving* of the theorem

　　c. the *growing* of tomatoes

此外,名词化过程中需要注意的是,有时一个动词或形容词有多个对应的名词,如英语中的 move(运动/移动)有 moving、move、movement、motion 等多种名词形式。dispose(处置)也有三种名词形式:disposing、disposal 和 disposition。句子也可通过多种形式变成名词化短语,如"Tom dances."可变为:

(79) Tom's dancing *the Waltz*　　　　(加宾语)

　　Tom's *having danced*　　　　　　(加时态)

　　Tom's *being able to* dance　　　　 (加情态)

　　Tom's dancing *well*　　　　　　　(加副词)

这些不同的名词化类型总体可分为两种:一种是不完全(incomplete)名词化,还保留着动词的属性,可携带副词、时态等,如 Tom's having danced;另一类则是完全(complete)名词化,不携带副词、时态等,如 Tom's death,death 之前可加形容词进行修饰,如 Tom's painful death,但不能说 Tom's death painfully。名词化不管在词汇层面还是在句法层面,选择何种形式完全取决于语言结构整体布局和交际意图之需。不过,英语中还有其他名词化表征,即 what 小句、that 小句、for-to 小句、to 不定式和动名词。例如:

(80) a. *What you did yesterday* is perfectly right.

　　b. *That I went to the beach* was surprising to Bill.

　　c. *For John to go to the beach* is difficult.

　　d. *To go to the beach* is enjoyable.

　　e. *Going to the beach* is not so enjoyable.

德语动词的名词化主要有三种表征。例如(Bierwisch,2009):

(81) a. *die Besteigung* des Gipfels(the ascension of the peak)(派生名词化)

b. *das Besteigen* des Gipfels（the ascending of the peak）(不定式名词化)

c. *das den Gipfel Besteigen*（the ascending the peak）(动词性名词化)

但它们分别具有如下不同的句法语义特征：

a′. [DP [D die] [NP [N BesteigV-ungN] [DP des Gipfels]]]

b′. [DP [D das] [NP [N BesteigV-enN] [DP des Gipfels]]]

c′. [DP [D das] [VP [DP den Gipfel] [V BesteigV-enV]]]

动词不定式前只要有相应的限定成分，则可直接做名词。例如（Bierwisch，2009）：

(82) a. das *Berechnen* der Werte（the calculation of the values）

b. Peters *Lachen*（Peter's laughing）

c. sein langsames *Einschlafen*（his slowly falling asleep）

d. das *Kommen* so vieler Leute（the coming of so many people）

同时，名词化与名词之间可通过二格表领属关系，相当于英语的介词of。例如（Bierwisch，2009）：

(83) a. die *Untersuchung* der Studenten（the examination of the students）

b. die *Zerstörung* der Kirche（the destruction of the church）

c. die *Beobachtung* der Fahrgäste（the observation of the passengers）

d. der *Verfall* des Hauses（the decay of the house）

e. die *Ankunft* der Mannschaft（the arrival of the team）

不过，在没有或缺乏形态标记的语言中，依句定类显得相当重要（但不是唯一标准），汉语大概就是这一类典型。1898年《马氏文通》以来的汉语词类大讨论以及近来的名词化或名物化争论也充分说明了这一点（郭锐，2002）。比如，"出版"在汉语中是名词还是动词，孤立地仅看单个词，很难说清，但如果把它放进句子中，就不会有歧解。例如：

(84) 这本书的**出版**是好事。　　　（名词）

(85) 不能**出版**这类书籍。　　　（动词）

形容词转名词也需要句子定位,如(86)中的"老、小",(87)中的"年轻":

(86) 有**老**有**小**。　　　（名词）

(87) 我们需要**年轻**。　　　（名词）

Kornfilt & Whitman(2011)认为,根据某些内在句法现象可将名词化区分为 CP 名词化、TP 名词化、ᵥP 名词化和 VP 名词化,其中 CP 和 TP 涉及名词功能中心词 D 对动词投射的直接选择,第三类ᵥP 名词化要求ᵥP 之上的名词中心词能够主导像形容词这样的名词性修饰语,而 VP 名词化则是轻动词的名词性对应物,它可能影响句法结构的 θ 理论属性。除了最高论元(即投射最远的论元)的 CP 名词化,其他类型都允许动词投射的最高论元出现在领属结构中,因为按最简方案的核查,领属格可以得到 D 的许可,且动词投射的终点模式处于 CP 之下,外在论元可通过更高的中心词得到格的认可。

4.4.4　位置组构

从位置组构看,名词化可分左右分支结构(left-right branching)。陆国强(1999:29)认为:左分支结构是通过小品词加动词(小品词位于动词左面),由原来动词短语成分经过位置互换而成;右分支结构则是指原来动词词组中动词和小品词的顺序不变,但合成一个词。例如:

(88) 左分支结构

　　　lay out→outlay　　　　　start up→upstart
　　　spill over→overspill　　　break out→outbreak
　　　flow over→overflow　　　rush on→onrush
　　　put in→input　　　　　　put through→throughput

(89) 右分支结构

　　　break up→breakup　　　break away→breakaway
　　　break down→breakdown　break in→break-in
　　　fall out→fallout　　　　　fall back→fallback

fall off→falloff　　　　　hold up→holdup

4.4.5 语义方面

从语义上看,存在论元指向变化与动词类型差异。Moltmann(2007)认为英语名词化主要有五种类型,它们是:① 论元指向完全相同的名词化,如事件名词化的 walk 和 laughter 属于此列;② 物化指向的名词化,如 wisdom、happiness、generosity、effectiveness 等由形容词转换而来的名词化仍指向事物的形容词特性,甚至 the thought that S、the claim that S 等名词化(即 that 小句之命题义)也指向事物的形容词特性;③ 引入新对象的名词化,所引对象不是与原有表征相同的东西,即所指源于原有表征,内部构件相同,但有所独立;④ 无任何所指的名词化;⑤ 转义名词化,如(90a)(91a)(92a),一般为通指。

(90) a. John described Mary's *beauty*.

　　b. *John described Mary's *being beautiful*.

(91) a. John admired Mary's *beauty*.

　　b. *John admired Mary's *being beautiful*.

(92) a. John examined/investigated/took a closer look at Mary's *illness*.

　　b. *John examined/investigated/took a closer look at Mary's *being ill*.

为何上述表征中的(90b)(91b)(92b)不可接受? 主要是因为-ing 名词化形式作为特指,其所描述的状态不是一个相对明确的东西,即从心理上说是难以把握之物。同时,暂时状态很难找到程度之差,要进行描写肯定不易。因此(93b)(94b)(95b)同样较难接受:

(93) a. John's *tiredness* was extreme.

　　b. *John's *being tired* was extreme.

(94) a. John's *anger* was mild.

　　b. *John's *being angry* was mild.

(95) a. John's *handsomeness* is greater than Bill's.

　　b. *John's *being handsome* was greater than Bill's.

也正是由于John's tiredness、John's anger、John's handsomeness 等在具体语境中有所指,而 John's being tired、John's being angry、John's being handsome 等即便在具体语境中也难以找到其具体所指,这就是为何前者可带限定词,而后者不可的主要原因。动词如果根据语义类型来分,可分为状态类(state)、活动类(activity)、获得类(achievement)和完成类(accomplishment)(Vendler,1967a):

(ⅰ)状态类:可持续一段时间的非行为事件,但不能有进行体,如"Mary knows the answer."。

(ⅱ)活动类:一次性事件,不一定存在终点,如"Mary danced for an hour."。

(ⅲ)获得类:个别时间发生的事件,不能持续,没有进行体,如"The window broke."。

(ⅳ)完成类:从逻辑上看有终点的事件,如"Mary built three houses in a year."。

Vendler(1967a,1967b,1968)通过讨论各种语境下的名词化使用问题,最终提出了"完全名词化"(perfect nominal)和"非完全名词化"(imperfect nominal)两大类。例如:

(96) a. *The collapse* of the Germans was *gradual*.　　(事件)
　　 b. *The collapse* of the Germans is *unlikely*.　　(事实)

(96b)比(96a)更具名词性特征,其关键在于 unlikely 比 gradual 更关注行为结果,而非时间过程,即(96a)关注事件,而(96b)则更关注事实。因此,赵静、张德禄(2009)认为实体意义的具体内容往往与动作发生的时间有密切关系,根据过程意义的时间性,可把隐喻式实体意义概括为三种类型:动作本身、动作过程和动作结果。动作结果包括动作的即时结果和状态结果(动作完成后的一种持续状态),如图22所示:

图22　动作实体意义类型(赵静、张德禄,2009)

与过程意义不同,这三种实体意义本身均无具体内涵,它们是根据语境从特定的时态角度对动作进行实体性理论抽象之结果,其作用是使某一时态的动作具有实体的范畴意义及句法功能。换言之,实体意义就是对某一动作时态特征的反映和强调。

(97) a. *Production* of the new aircraft *will start* next year.

(动作本身)

b. ... *will produce* the new aircraft

(98) a. Mass *production* of sanitary food *improves* people's health.

(动作结果)

b. ... *has produced* sanitary food

(99) a. Defects in design cannot be put right during *production*.

(动作过程)

b. ... *is producing* ...

也就是说,各实体意义的主要区别不在于"时"和"态",而在于"体",因此实体意义是集中对某一动作的"体"的反映和强调。如果强调过程意义的"一般体",即强调动作本身,"整个动作"就会被抽象为实体,该实体的内容为"动作本身",如(97)will produce 转化为 production,使后者具有"生产动作"这一实体内容。如果强调过程意义的"完成体",即强调动作结果,"已结束动作"就会被抽象为实体,该实体的内容为"动作结果",如(98)has produced 转化为 production,使后者具有"产出结果"这一实体内容。在具体语境下如果强调过程意义的"进行体",即强调动作的动态过程,那么"动态动作"就会被抽象为实体,该实体的内容为"动作过程",如(99)is producing 转化为 production,使后者具有"生产过程"这一实体内容。

4.4.6 小句层面

我们进一步考察句法层面的情况。请看(Jackendoff, 1983):

(100) a. I bought this yesterday. (事实)

b. That had better not happen again around her. (事件)

(101) a. What did you buy? — A fish. (事实)

b. What happened next? — Billy fell out the window. （事件）

按 Jackendoff 的观点,情境可作为个体处理,(100b)表明情境可通过语用回指来指称,(101b)则表明情境可能是 wh-问句的目标。然而,that 小句和 for-to 小句在语义上是有所不同的。例如(Bach,1977):

（102） a. *That people love their children* would be crazy.

b. *For people to love their children* would be crazy.

（103） a. *That you are here* is imperative.

b. *For you to be here* is imperative.

（104） a. *That people love their children* is common.

b. *For people to love their children* is common.

Ohnishi（https://core.ac.uk/download/pdf/144458101.pdf）认为其理由是：that 小句在此表明特定情境,而 for-to 小句则表示某种情境;特定情境可真可假,而某种情境则不能有真假之别。又如:

（105） a. ?*For John to kill his fish* was wrong.

b. ?*For John to go there* bothered me.

c. *That John went there* bothered me.

（106） a. *For John to kill his fish* would be wrong.

b. *For John to go there* would bother me.

c. **That John went there* would bother me.

（105）表征的事实要求其主语是事实,因此 for-to 小句的接受度低。而(106)则要求假设情境做其主语,因为主语在 would 语义范围之内。既然 that 小句与 for-to 小句的语义区别在于前者重事实,而后者不在乎这一点,那么事实就不能与 imperative 这类词搭配,因为事实不可能通过命令方式来处理。例如:

（107） a. **That you are here* is imperative.

b. *For you to be here* is imperative.

同时,事实必须与时态相连,否则不可接受。例如:

（108） a. *That Mary invited John to the party* is true.

b. *That Mary invite John to the party* is true.

即便像 for-to 小句这样的非事实性表征,只要其谓语表征涉及事实真假判定,带时态的表征比没带时态的更易让人接受,如(?? 表示其接受难度比 ? 加大):

(109) a. ??*For John to kill the girl* bothered me.
b. ?*For John to have killed the girl* bothered me.

此外,名词化现象还涉及语篇,如 Fowler(1991:80)有过这样的分类:① 语篇内名词化,即当一个语篇使用名词和动词来描述过程时,利用名词作为进一步描述的对象,这样名词被用作过程指称的一种方式;② 语篇间名词化,即当一个语篇利用句子中的名词和动词来描述事件时,另一个语篇则通过名词化来重复转述同样的事件。同时,如果一个语篇中出现过多或过少的名词化表征,就可能导致整个语篇的体裁出现明显转化。比如,很多研究就证明口语语篇中一般少用名词化表征,而书面语中则多用名词化表征,尤其是法律和科技书面语中所涉的名词化表征又特别突显,参见后面第七章的研究。

因分类标准和视角不同,名词化的类型也会有所不同。同时,语言不同,名词化也会不同。因此,我们很难说名词化现象究竟有多少类型或种类。

4.5 名词化的性质

有相当部分名词化的出现或产生都涉及转换,而转换的性质、基础和语义问题又如何呢?下面具体讨论(详见刘国辉,2005)。

4.5.1 转换的词类性质

丹麦著名语言学家 Jespersen 1924 年出版的《语法哲学》(*The Philosophy of Grammar*)是一部具有划时代意义的语法著作。在这部著作中他充分论证了他的"三品说",认为一个表示人或事物的词组中总有一个词是最重要的,而其他词则直接或间接从属于它。因此,词的品级(rank)可以根据词与词之间限定与被限定的相互关系来确定。例如,extremely hot weather 中,weather 是主要的,叫"首品"(primary),hot 限定 weather,叫"次品"(secondary),extremely 限定 hot,叫作"三品"(tertiary)(叶斯柏森,1988:f3)。这三品之间是什么关系呢? Jespersen(1959)在他的《英语语法精要》里进行了阐释,认为它们之间是一种"级差转换"(rank-shift)关系,其转换过程是以派生词的词类转换或句法功能的转换为根据。他认为英语实词(名词、动词、形容词和副词)在句子中的相互关系可用递次修饰的"三品级"关系来加以描述:名词最重要,为第一级;动词和形容词次之,为第二级;副词又次之,为第三级(庞人骐,1985/1986:34—36)。换言之,动词和形容词同属一个层级,都跟名词最接近,这也许是因为名词所需要的动作离不开动词来描述,而名词的性质则需要形容词来界定。副词与形容词、动词最靠近,这可能是因为形容词所表示的度需要副词来限定,而动词所体现的时、体、态范畴需要副词的限制,这就为它们之间的转换提供了可能性和语法基础。副词转名词相对较少,因为它们之间相距最远。

4.5.2 转换的词类基础

词类相异和相似是转换的基本条件:如果没有相异,不用转换,这是前提;如果没有相似,无法转换,这是基础。以名词和动词的区分为例,有三种主要状况:

(ⅰ)有明显差异,在印欧语系的形态学方面,两者的区别是明显的,属不同范畴。

(ⅱ)兼类,在很多语言里两者往往是相互交叉或重叠的,汉语中这种现象就很多,如"出版、栽培、统治"。英语中也有部分这种现象,不过大部分是来源于盎格鲁-撒克逊语(Anglo‐Saxon)的单音节动词。

(ⅲ)没有区别,在闪族语中,名词和动词之间在形态上无明显区别。在芬兰-乌戈尔语系里,名词与动词有很多共同之点,几乎无法区别。

另外,在阿拉伯语中并不缺少名词变格和动词变位的形态成分,可是"格"和"位"之间的关系并非局限在名词和动词对应的形态成分上(周斌武、张国梁,1996/1998:168—169),这说明名词和动词之间的确存在一些差异,但也存在很多连通的地方。

4.5.3 转换的语义基础

世界上现在大致有七千多种语言,其中最常用的有几十种。我们认为任何一种语言的句法结构一般不会超出以下三种可能的组合类型(S=主语,V=谓语,O=宾语):① SVO、SOV、OSV、VOS、VSO、OSV;② SV、VS、VO、OV;③ SS、OO、VV、SO、OS、SSS、OOO。不管世界上的语言如何千变万化,一般它们不会超越以上①和②结构类型,而类型③很难在现实语言中找到对应体。这从一个侧面说明人类在用语言描述客观世界时无法离开三个关键部分:描述者(S)、描述对象(O)和描述行为(V)。这三者之间存在组构关系,即时间先后关系、空间位置关系和命题逻辑关系。这三种组构关系是依附在 S、O、V 三者基础之上的,没有这三者,也不可能存在后面的关系,因此它们相互依存,谁也离不开谁。

4.6 名词化的语义

朱德熙(1983)指出动作陈述和物化指称可以转化,"当我们在 VP 后头加上'的'的时候,原来表示陈述的 VP 就转化为表示指称的'VP 的'了"。虽然加"的"不一定是指称说法,但我们认同表述功能转换的观点。例如:

(110) **吃的、玩的**和**看的**都很好。　　　　　(陈述→指称)
(111) **出版的**比**没出版的**更有价值。　　　　(陈述→指称)

这种表述功能转化的现象在语言中普遍存在,不仅汉语有,其他语言也有,比如英语中就有:

(112) *The young* need to be cared by *the old*. (修饰→指称)
(113) Your question is beyond *my reach*. 　　(陈述→指称)

德语中的实义动词似乎都可名词化,名词化后都要与冠词连用,不但

第一个字母要大写,且具有性、数、格等语法范畴,可充当主语和宾语。例如(郑开琪、林维汉,1984:27):

(114) *Das Sprechen* is eine Kunst.　　　(陈述→指称)
(115) *Die Kranke* bat um Hilfe.　　　(修饰→指称)

法语的名词化与德语有一定的相似性,只不过它名词化的名词不需要大写。例如:

(116) *La construction* de ce navire a duré deux ans.　(陈述→指称)
(117) *Cette construction* est en ciment armé.　　(陈述→指称)

此外,阿尔泰语系的不少语言中,动词或形容词也可指称化(即转指),如维吾尔语、东乡语、裕固语、保安语、赫哲语等。羌语、门巴语、瑶语、毕苏语等的形容词以及越南语的动词也可指称化(郭锐,2002:101)。

4.7 名词化的功能

名词化的功能具有多元化(涉及语音、语义、语法、语用、语体等)、多层次(涉及词、句、篇等)、多维度(涉及哲学、文化、心理、美学等)等特点,因而存在一个庞大的名词化功能网络系统。就语义角色而言,从词汇层面看,同一个英语名词化后缀表征-er 会体现出不同的语义角色关系。例如(张高远,2008:128—129):

(118) a. 施事:baker(面包师), seller(售货员), singer(歌手)
　　　b. 受事:steamer(汽船), broiler(烤肉), reader(读物)
　　　c. 工具:stapler(订书机), dishwasher(洗碗机), clothes drier(干衣机)
　　　d. 处所:diner(餐车), sleeper(卧车)
　　　e. 动作/事件:fundraiser(筹款活动), sundowner(日落酒)

同一名词化表征也往往体现出不同的语义功能,使用得当会获得特

殊效果。请看(邱述德,1998:602):

(119) a. *the stealing* of the thieves
b. *the stealing* of the women
c. *the stealing* of the children
d. *the stealing* of the infants
e. *the stealing* of the dogs
f. *the stealing* of the cats
g. *the stealing* of the hyenas
h. *the stealing* of the armadillos
i. *the stealing* of the amoebas
j. *the stealing* of the antibodies

从(119a)到(119j),每个结构都有两种不同的解读:介词 of 的补足成分可理解为 stealing 的施事或受事。

从句法层面看,就语法功能而言,名词化可做主语、宾语、补语等。例如:

(120) a. The *abolishment* of such system is quite necessary. (主语)
b. What you said yesterday indicates virtual *importance*.(宾语)
c. Our class made him our *detective*. (补语)
d. 奖学金的**设立**影响重大。 (主语)
e. 谁愿来做这个**调查**。 (宾语)
f. 我们看好他这个**编辑**。 (补语)

最后,语篇层面的功能。批评话语分析(critical discourse analysis, CDA)主要探索话语和社会文化形态之间隐藏的权势关系,分析话语中暗含的意识形态,揭露话语中存在的不平等、不公正、歧视和偏见等(Van Dijk, 1993)。为此,Billig(2008)对批评话语分析中的名词化功效进行了研究,认为名词化与被动化在意识形态功能方面起着重要作用,体现在四个方面:① 删除施事;② 物化过程;③ 物化概念做施事;④ 维持不平等权力关系。具体来说,删除施事是指说话人或作者利用这种手段转换陈述方式,将有行为施事的陈述转换为无施事的陈述,从而减少相应信息的传递。一般来说,将一个描述行为施事的句子转换为强调行为本身的名词化形式很容易,但反过来则不易,如"Police attack protestors."易转换为"An attack on protestors occurred."。然而,句法转换规则知识不能让说话人从后者去建构前者,因为名词化确保后者比前者的信息更少。Fowler（1991：80）认为运用名词化手段,过程和性质都可担当物性角色,非人性、无生命的事物或特征能够像资本那样聚集和清算。物化过程正是指通过把动词变为名词,说话人或作者借助这个名词化传递实体信息,因为它们具有一种"真实"的存在。物化概念做施事是指说话人或作者利用抽象的物化概念作为过程的施事,比如经济学者和记者利用名词化手段谈市场之力的独断和禁令、要求等,从而避免涉及具体的施事人或机构,回避了责任和风险。维持不平等权力关系是指科技作者利用名词化手段创造了不少新术语,而这种新术语成为知识的一种单向控制（Fowler et al.,1979：33）。也就是说,他们成为科技知识的掌控者,他人只能成为被动者。以上几个方面无形地与意识形态联系起来,成为意识形态的工具。正如 Fowler et al.（1979）在其《语言与社会控制》（*Language and Social Control*）的论辩中所言,"我们认为名词化天生具有一种潜在的神秘性,允许隐藏的习惯"。如果将动词转换为名词,那么原动词所涉过程是如何进行的、什么时间进行的以及由谁来执行均无从得知。与此相应,名词化形式成了主动句的主语,成为事情的施事。这是一种物化语言,即由事物和抽象实体这种非人来实施行为。

为此,Fairclough（1992：182）认为名词化将过程和活动都转换为状态和物体,使具体事物成为抽象物体。这样,名词化成为施为者,将过程转化为对象。施事已删除,但又以语言概念形式返回,再担当所谓的"施事"。Lemke（1995）在其《语篇政治、话语和社会动态》（*Textual Politics, Discourse and Social Dynamics*）中以批判的眼光认为：科技报告中的抽象语言从语言学角度看是故意删除施事,而将过程作为施事或行为的参与者;其他类型的过程也倾向于表征为参与者,这样有生命的施事,特别是人倾向于消失,其结果是名词化隐藏和歪曲了事实本身。当然,语言的使用在于人,而人有选择的权力。如果这个观点正确,那么我们不必将过程名词化或被动化,因为还可能有其他选择。也就是说,通过努力,我们可以试图避免学术写作中的标准习惯。如果这样做,就必须将额外的信息全部填充出来,仔细考虑它们所表达或体现的社会关系。其实,特定时空下的语言表征都是人们有意或无意地主观选择与定位的结果，也是每个人在社会框架中的地位和角色体现。为了特定需要，人们有可能走向极端化，但正常情况下绝大多数人都会选择一种相对适中、被普遍认可的表征或处理方式。

4.8 小　　结

以上对名词化表征进行了一个基本定位或框定，涉及音、形、义、体、功能等方面。通过这些讨论，我们可以看到名词化是一个多维而立体的系统，不只是词类问题，而是会上下连通，形成一个有机体。接着，我们需要思考其动态建构过程和整合后的效果，随后的第五章和第六章将对此具体探讨。

需要注意的是，名词化现象只是语言系统的一个窗口、一个视点、一个平台，而不是语言系统本身。因而，研究它只是我们观测系统的一个有效路径。

第五章

名词化的生成路径

5.1 引言

某种语言现象的出现,一方面总会有各种不同的表征形式或生存方式,另一方面它的出现也不是任意的,会受到各种不同限制。在此,我们从四个层面讨论名词化的生成路径:零形名词化、有形名词化、名词性小句和名词化的限制条件。希望借此可以较好地观察名词化的生成过程。

5.2 零形名词化

5.2.1 零形名词化的特点

零形名词化无须借助任何词缀的添加就能实现词类的转换,比如英语中一些动转名或形转名不需要加任何词缀,如 a catch、a walk、a look、the poor、the rich、the incredible 等。不过,它们需要与冠词连用。汉语中这种零形现象更多,如

"导演、研究、调查、观察"等,但没有冠词之类的添加。

英语在发展中由于大部分的词尾屈折变化消失,自然就衍生出一种新的构词法——转类(conversion)。该术语据称来自 Sweet(1898),大致在 13 世纪初得以广泛应用(Biese,1941)。这种转类不是突然间完成的,需要一个过程。从历时角度看,转类主要受以下几个因素的影响:① 古英语中存在大量名词与动词共享词根,如 caru(名词)/carian(动词)→care,当中古英语的屈折消减时,这些形式全部一起脱落(Cannon,1985);② 外来词的借用频率加大,比如 1300 年前从法语中借用的名词和动词 comfort、doubt、dance、poison,在 1300 年之后参与了转类行为(Marchand,1969:365);③ 名词转动词的派生资源相对缺乏,没有一个形态手段可与转类相抗衡(Marchand,1969:364)。

与其他构词法不同的是,转类的出现引起了不少争论,直到今天仍是如此。这可从不同学者对其称谓看出来,比如 zero derivation(零派生)、functional shift(功能转移)、functional change(功能变换)等。属于某词类的词在没有添加任何词缀的情况下变为另一类词的过程就是"转类",也称为"再分类"(reclassification)。经过这样转类的词主要有名词、动词和形容词,从历史上看它们早已存在,如从动词转变来的名词 a bounce、a meet、a retread、a swim 等,从名词转变来的动词 to fingerprint、to highlight、to holiday、to necklace 等。还有封闭词类的转类,如介词、连词、词缀转为名词,如 the ins and outs、the whys and wherefores、so you've got an ology、isms and wasms 等(Chalker & Weiner,2001:95—96)。如果从句法角度看,转类指某句法类的词汇单位转变为另一次要句法类的过程,比如 cook 在"I am cooking dinner."中是一个及物动词,而在"Dinner is cooking."中则变成了一个不及物动词,而这不及物性源自及物性(Mathews,2000:76)。根据张韵斐(1987:91—92)对《韦氏第三版新国际英语词典》(*Webster's Third New International Dictionary*,1961)的统计分析,新词中名词占 73.6%,形容词占 17%,而动词则只占 8.6%。这样,动词无法表达的只好借用名词来处理,名词就自然转为动词,比如 radio(名词)→to radio(a message)、Xerox(名词)→to xerox(a book)、x-ray(名词)→to x-ray(sb's chest)和 videotape(名词)→to videotape(the conference)。转类的确是英语的重要构词手段,其构词约占当代英语词汇总量的 10.5%,

是英语新词汇的主要来源之一,不时为英语的发展注入新的活力。

根据司显柱(2014)基于大型语料库 BNC(British National Corpus)的研究结果,笔者归纳得出(请见表6):名词、动词和形容词之间的转类总量大致为934个,其中动词转名词最为突出,总量达387个,超过40%;而动词转形容词或形容词转动词则最少,10个左右。它们之间的转类量可依次排列为:动转名>名转动>形转名>名转形>动转形>形转动。纵向看,小说转类最多,达192个;报纸最少,为94个。其转类量可依次排列为:小说>其他>杂志/非学术>学术>口语>报纸。

表6 英语名动形转类与体裁分布(司显柱,2014)

类别	体裁						
	口语	小说	杂志	报纸	非学术	学术	其他
名转动	20	65	44	26	38	28	53
动转名	55	80	58	33	46	36	79
名转形	6	2	4	3	9	4	5
形转名	14	42	26	30	33	30	37
动转形	1	1	1	1	3	4	4
形转动	1	2	0	1	4	1	2
总计	99	192	133	94	133	103	180

其实,转类是一个很普遍的语言现象,比如德语中几乎所有词类的词都可转变为名词,如动词转名词"Wer mit dem Leben spielt, kommt nie zurecht."(玩弄人生的人是不得安生的),副词转名词"Hier gab es kein Weiter."(这里继续下去不可能),介词转名词"Er ist allem Warnungen zum Trotz hier geblieben."(他不顾一切警告留在这里),连词转名词"Die Sache hat ihr Aber."(事物总是有它不利的一面)。反过来,名词也可转为其他词类,如名词转为动词 das Frühstück(早餐,名词)→frühstücken(用早餐,动词),转为形容词 Angst(害怕,名词)→angst(害怕的,形容词),转为副词 der Sonntag(星期天,名词)→sonntags(星期天,副词)(徐智儿,1997:84—87)。

汉语中的动转名从历时角度看,也存在三种情况:① 共时平面上的不少名词由动词发展而来,动词词性消失殆尽,成为典型的名词;② 有一些词既具典型动词用法,又具典型名词用法;③ 有的动词名词性很强(刘顺,2003b)。第一类词有"教练、设施、经理、信用、司机、动乱、挫折、总统、总理"等;第二类词(大多为兼类词)有"标志、补贴、报道、编辑、贡献、证明、要求、主管、注释、总结"等,约占汉语全部动词的5%;第三类词有"调查、研究、合作、观察、教育、帮助、支持、安排、照顾、考虑"等,这些词可直接修饰名词或被名词修饰,有些可接受数量词修饰,可做"有"的宾语。这样,上面的第一类词名词化度最高,第二类次之,处于名词化进程中,第三类最低。从功能角度看,第一种属功能变异,第二种属功能分化,第三种属功能增殖。但任何语言中不可能所有动词都可通过零形转换变为名词或分化出名词功能,能零形转换的动词必然有一些自身特点。以汉语为例,其能够名词化的词具有以下特点:

（ⅰ）从音节上看,一般多为双音节,个别为单音节,但很少三个或三个以上音节。

（ⅱ）从词类上看,一般多为动词,其次是形容词,其他词类很少。

（ⅲ）从表征层面看,一般在词汇层面隐含(较难判定其词类归属),在句法层面突显(句位可明确界定其词类归属)。

（ⅳ）从句法功能看,一般多做主语、宾语和表语。

（ⅴ）从语义上看,一般多由自主性动词转化而来,即为有意识的创造行为。

（ⅵ）从转换效果看,一般具有转指和转喻功效。

在现代汉语中转类多为双音节动词,因为它更具名词性,而单音节转类多具动词性。如图23所示:

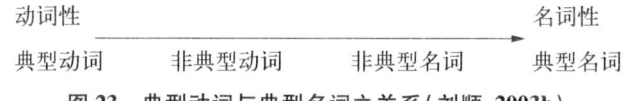

图23　典型动词与典型名词之关系(刘顺,2003b)

双音节动词大多为自主性动词,约占92%。它们转化来的名词所表示的事物一般不是自发产生的,而是人们主动创造出来的,其相应的动作也应是"有意识"的"有心"行为,而不是"无意识"的"无心"行为。由于汉语缺乏语法形态表征,主要靠词序和虚词来构成语法框架、突显语法意义,这为词类活用提供了一个很大的弹性空间。根据司显柱(2013)研究

统计,转类频率体裁分布如表7所示:

表7 现代汉语转类的类型及频次分布(司显柱,2013)

次序	名-动 (717)	动-名 (2 430)	名-形 (278)	形-名 (4 345)	动-形 (627)	形-动 (273)
1	报刊(344)	报刊(936)	报刊(102)	报刊(2 265)	报刊(74)	报刊(154)
2	应用(191)	应用(824)	文学(97)	应用(726)	应用(54)	应用(49)
3	翻译(98)	翻译(273)	翻译(50)	文学(668)	文学(43)	文学(48)
4	文学(74)	文学(257)	应用(19)	翻译(474)	翻译(31)	翻译(15)
5	影视(8)	史传(62)	影视(8)	影视(36)	影视(12)	影视(5)
6	口语(2)	影视(42)	网文、戏剧(1)	史传(26)	史传(5)	戏剧、史传(1)
7	史传(1)	戏剧(31)	史传、口语(0)	网文(2)	网文(3)	网文、口语(0)
8	戏剧、网文(0)	口语(3)		口语(1)	口语(1)	
9		网文(2)		戏剧(0)	戏剧(0)	

从表7可看出,各种转类词在不同文体中的分布具有以下特点:① 转类词在报刊中的分布频率最高;② 除了名-形组第二高分布在文学中之外,其他组第二高都分布在应用文中;③ 分布频率排在第三位的,名-动、动-名、名-形三组为翻译,形-名、动-形、形-动三组为文学;④ 分布频率排在第四位的,名-动、动-名两组为文学,名-形组为应用文,形-名、动-形、形-动三组都为翻译;⑤ 分布频率排在第五位的,除了动-名为史传体裁外,其他都是电影电视;⑥ 从第六位开始,各组转类词不再有明显的分布规律。

5.2.2 零形名词化的类型

根据Quirk et al.(1985:1560)的研究,英语中零形名词化主要有以下七类:① 状态(State),如 desire(渴望)、dismay(沮丧)、doubt(怀疑)、love(喜爱)、smell(嗅觉)、taste(味觉)、want(需要);② 事件/活动(Event/Activity),如 attempt(试图)、fall(下降)、hit(打击)、laugh(笑)、release(释放)、search(搜寻)、swim(游泳)、shut-down(停止运转)、walkout(罢工)、blow-out(爆裂);③ 行为对象(Object of V),如 answer(回答)、bet(打赌)、find(发现物)、hand-out(分发);④ 行为主语(Subject of V),如 bore(令人讨厌的人)、cheat(骗子)、coach(教练)、show-off(爱炫耀的人)、stand-in(替身);⑤ 行为工具(Instrument of V),如 cover(盖子)、paper(纸巾)、wrap(披肩)、wrench(扳手);⑥ 行为方式(Manner of V),如 walk(走)、throw(扔)、lie(躺);⑦ 行为方位(Place of V),如 divide(分水岭)、retreat(休息所)、rise(高地)、turn(转弯)、lay-by(路边停车处)、drive-in(路边餐厅)。陆国强(1999:27—31)和汪榕培、卢晓娟(1997/1998:59—60)也提出了类似的观点,认为英语中的零形动转名主要体现在以下五个方面:

(ⅰ)有些动转名表示特定语境下的行为或行动,如 a laugh(笑)、a visit(参观)、a walk(散步)、a push(推动)、a look(瞧)、a groan(呻吟)、a fall(掉落)等,且常与 make、have、give、take 等轻动词(light verb)构成短语,其意义中心转向名词,动词意义则相对减弱。

(ⅱ)有些动转名表示一种行为结果,如 a find(发现物,尤指有价值者)、good takes(好镜头)等。

(ⅲ)有些动转名表示行为主体,如 a coach(教练)、a crack shot(神枪手)、a cheat(骗子)和 a good kick(足球好手)等。

(ⅳ)有些动转名表示工具,如 a cover(封面、盖子)、a cure(疗法)、a wrap(包裹物)和 a catch(扣件)等。

(ⅴ)有些动转名表示地点,如 a turn(转弯处)、a divide(分界线)、a retreat(避难处)和 a pass(关口)等。

汉语缺乏形态标记,因此零形名词化占了绝大多数动转名现象,但主要是双音节动词,对此我们进行过专题讨论(参见刘国辉,2007)。

5.2.3 零形名词化的认知语义

众所周知,传统语言学认为语言符号的意义与客观事实相对应,与人的想象和思维过程无关,因而词类的定义自然就以客观的真值条件为依据,如名词定义为表示事物的词,动词定义为表示动作的词。这样,传统语言学对于动词如何转换为名词就无能为力了。然而,认知语言学则认为词类转化是人的转喻认知结果,因为在一个认知域中当意象的不同侧面被突显时,其意象与对应的语义就会发生变化,词类就会发生转换,而转喻的本质就在于利用相邻性,用突显、易感知、易记忆的部分代替整体。根据刘顺(2003b)的研究,动名转类的语义关系大致分为两大类:第一类,名词义与同形动词义相连;第二类,名词义是同形动词的"名物化"或"指称化"义。第一类主要有三种情况:① 名词义是同形动词的施事义,如"领导、编辑、指挥、导演、翻译"等;② 名词义是同形动词的结果义,如"报道、设计、命令、检讨、提议"等;③ 名词义是同形动词的工具或方式义,如"装饰、依据、补助、赞助、支出"等。第二类主要是把表动作、行为和变化的词当作"事物"看待,这些表"述谓"义的动词就变为表"指称"义的词,如"调查、改革、回答、表演、测试、交流、批评、学习、起义、联系"等。同时,动词名词化有"自指"与"转指"之分(朱德熙,1983),其中"自指"是指"名词化造成的名词性成分与原来的谓词性成分所指相同",而"转指"则指"名词化造成的名词性成分与原来的谓词性成分所指不同"。

根据王冬梅(2004)的研究,转指分"有标记"与"无标记"两种。前者包括施事与受事两类:① 加后缀转指施事,如"-者"(读者、学者)、"-员"(教导员、译员)、"-人"(代言人、当事人)、"-生"(学生、考生)、"-手"(打手、助手)、"-家"(观察家、作家)、"-师"(导师、讲师)、"-的"(当家的、掌柜的)等;② 加后缀转指受事,如"-品"(处理品、消费品)、"-物"(读物、食物)、"-子"(担子、饮子)、"-员"(雇员、特派员)等。无标记转指也包含施事转指和受事转指两类。无标记施事转指又包括三种:动宾式(如"帮工、领队、导演、领唱")、并列式(如"教授、代表、看护、指挥")和偏正式(如"主编、统领、同行、总管"),它们大多表职位和职业。无标记受事转指包括四种:动宾式(如"汇款、投资、罚款、包机")、并列式(如"收入、开支、议论、传说")、偏正式(如"零用、专差")和主谓式(如"天赋")。总体来说,动词转指施事和受事最多,其次是工具,时间、地点、方式最少,如表8所示:

表8 动转名的转指类型(王冬梅,2004)

类　　型	数　　量	百　分　比
受事	256	46.4%
施事	225	40.8%

续表

类　　型	数　　量	百　分　比
工具	61	11.1%
时间	4	0.7%
方式	4	0.7%
地点	2	0.4%
总计	552	100.1%

我们认为动作与人/物联系最紧密、最易激活,与时空联系相对少得多,激活较难或慢,原因主要在于"施事—动作—受事"是人类认知外部世界最典型的事件认知框架,施事和受事是语法中最具代表性的论元(Dowty,1991;陈平,1994)。认知框架是一个心理完形(gestalt),又称"理想化认知模式"。常见的事件认知框架有(王冬梅,2004):

(ⅰ)施事—动作—受事,如"我打猫"。

(ⅱ)施事—动作—结果,如"他画了一幅画"。

(ⅲ)施事—动作—与事—受事,如"他送我一本书"。

(ⅳ)施事—工具—动作—受事,如"我用锁锁门"。

(ⅴ)当事—行为/经历,如"宝宝哭了""他失败了"。

沈家煊(1999)曾指出,句法上的转指就是认知上的转喻,而转喻则是一种认知过程,在同一个认知框架内,以一个概念为参照点建立与另一个概念(目标概念)的心理联系。目标概念是本体,作为参照点的概念是喻体。这样,词类的转化本质上就是"概念转喻"。

5.2.4　零形名词化的理据

零形名词化的理据主要有以下五个方面:

(ⅰ)语言表征之需。在没给新生事物命名之前,语言系统往往会借用动作、行为来称代这些事物,如汉语中的"翻译、导演、报告、通报"等,且大多转指动词的施事和结果,因为通过动作、行为人们会自然联想到执行这些动作或行为的人和结果,所以动词转指施事和结果容易理解。

(ⅱ)生理惰性之需。人类行为的惰性原则要求语言经济省力、节省能耗,用熟悉的语言表达代替那些不熟悉的表达式;即在不影响交际效果的情况下,以有限的表征手段来应对无限的表达之需。

（ⅲ）社会变化之需。社会经济快速发展,语言的变化相对迟缓,词汇反应虽相较于语法结构变迁略快,但还是难以与时代同步,于是语言中出现一些"造词""临时活用"或"转类"现象。

（ⅳ）语境修辞之需。修辞是一种艺术境界,名词化在特定语境中会产生特定的交际效果,在小说、戏剧、散文、日常会话交际中对突显和描写人物个性等有相当功效。

（ⅴ）审美情趣之需。名词化所表征的抽象语义内涵是其他语言手段难以实现的,因而在表达信息高度浓缩的内容时,不失为一种优选对象。同时,这种表征方式给我们留下了很多自由想象的空间。

5.3 有形名词化

5.3.1 语音与名词化

5.3.1.1 英语语音与名词化

与前面的零形名词化不同,语音的变化在一定程度上影响到词性变化。英语中语音变化与名词化关联体现在以下几个方面:

（ⅰ）音节完全相同,仅重音不同。一般来说,动词重音位于第二个音节,名词重音则在第一个音节。例如:

(121) abstract　　/æbˈstrækt/　　v. 摘录,提取
　　　　　　　　/ˈæbstrækt/　　n. 摘要,提取物
　　　decrease　　/dɪˈkriːs/　　 v. 减少,减小
　　　　　　　　/ˈdiːkriːs/　　 n. 减少,减小
　　　increase　　/ɪnˈkriːs/　　 v. 增加,增大
　　　　　　　　/ˈɪŋkriːs/　　 n. 增加,增大
　　　import　　 /ɪmˈpɔːt/　　 v. 进口,输入
　　　　　　　　/ˈɪmpɔːt/　　 n. 进口,输入
　　　transport　/trænsˈpɔːt/　v. 运输

| | | /ˈtrænspɔːt/ | n. 运输 |

（ⅱ）音节及重音基本相同，只是个别元音字母读音不同。例如：

(122)	bow	/baʊ/	v. 鞠躬
		/bəʊ/	n. 弓
	duplicate	/ˈdjuːplɪkeɪt/	v. 复写
		/ˈdjuːplɪkət/	n. 复制品
	estimate	/ˈestɪmeɪt/	v. 估计，估价
		/ˈestɪmət/	n. 估计，估价
	lead	/liːd/	v. 领导
		/led/	n. 铅
	tear	/tɛə/	v. 撕开
		/tɪə/	n. 眼泪
	wind	/waɪnd/	v. 缠，绕
		/wɪnd/	n. 风

（ⅲ）音节及重音基本相同，只是个别辅音字母读音不同。例如：

(123)	close	/kləʊz/	v. 关，闭
		/kləʊs/	n. 结束，终止
	use	/juːz/	v. 使用
		/juːs/	n. 用途
	excuse	/ɪksˈkjuːz/	v. 原谅
		/ɪksˈkjuːs/	n. 借口

（ⅳ）音节相同，重音不同，重读与非重读元音字母读音也不同。例如：

(124)	contract	/kənˈtrækt/	v. 收缩
		/ˈkɒntrækt/	n. 合同
	convert	/kənˈvɜːt/	v. 改变
		/ˈkɒnvɜːt/	n. 改变
	permit	/pəˈmɪt/	v. 允许，许可

	/ˈpɜːmɪt/	n. 许可证,执照
produce	/prəˈdjuːs/	v. 生产
	/ˈprɒdjuːs/	n. 产品
progress	/prəˈgres/	v. 前进
	/ˈprəʊgres/	n. 进步
record	/rɪˈkɔːd/	v. 记录
	/ˈrekɔːd/	n. 记录

（V）读音、重音完全相同,不区分词性。例如:

(125) comment	/ˈkɒment/	v./n. 评论
envy	/ˈenvɪ/	v./n. 羡慕
exercise	/ˈeksəsaɪz/	v./n. 练习
interest	/ˈɪntrəst/	v./n. 兴趣
promise	/ˈprɒmɪs/	v./n. 许诺
purchase	/ˈpɜːtʃəs/	v./n. 购买
rescue	/ˈreskjuː/	v./n. 解救

此外,还有很多单音节词也如此,如人体器官词 face(脸,面对)、hand(手,传递)、arm(手臂,武装)、breast(胸部,面对)、ear(耳朵,听见)、foot(脚,步行)、finger(手指,用手指触摸)、eye(眼睛,注视)、toe(脚趾,用脚趾尖走)等。还有些单音节动词也属此类,如 bend(使弯曲,弯道)、cry(叫喊,叫声)、cut(切割,伤口)、find(找到,发现物)、touch(提到,触觉)等。

5.3.1.2 汉语语音与名词化

与英语相比,汉语则主要通过词的语音变调来改变词性和词义,因为汉语有"四声"之别,即平、上、去、入。这种声调对语义的区分作用常称为"四声别义"或"以声别义";也就是说,同一个词由于声调不同,词汇义和语法义也不同。本调是用来表达本义的,本义有了发展变化,就需要用另一个调来表达,即用变调来表达变义。在时间顺序上,因为先有本义,后有变义,声调也必然是先有本调后有变调。四声别义以平声变去声最多,上声变去声次之,入声变去声又次之。四声别义要求变调与本调差别明显,主要靠去声和其他声调对立(王力,2001)。去声是降调,它跟平声、上声距离都远,这样平声、上声都变为去声。从汉代到明清时代,汉语史上产生了大量的音变构词现象。例如(孙玉文,2007:373—375):

(126) 旋:旋转(平声)　　旋:临时做(去声)
　　　 装:装载(平声)　　装:行装(去声)
　　　 聚:聚集(上声)　　聚:村落(去声)
　　　 阻:阻碍(上声)　　阻:马阻蹄(去声)

动词转化为名词,其声调变化有三种情况(贾昌朝,1934):

(ⅰ) 平声转去声。例如:

(127) 量—酌也,龙张切。　　(平)
　　　　 酌之有大小,龙向切。(去)
　　　 行—履也,户庚切。　　(平)
　　　　 履迹也,下孟切。　　(去)

(ⅱ) 上声转去声。例如:

(128) 数—计也,色主切。　　(上)
　　　　 计目也,尸故切。　　(去)
　　　 采—取也,仓宰切。　　(上)
　　　　 所以取食,仓代切。　(去)

(ⅲ) 入声转为去声。例如:

(129) 结—打结,古屑切。　　(入)
　　　　 发髻,古诣切。　　　(去)
　　　 契—用刀刻,苦结切。　(入)
　　　　 符契,苦计切。　　　(去)

其实,变音大部分是由其他词类变为名词,这在汉语方言中也有所反映。邵慧君(1995)通过研究韶关话,发现变音字绝大多数都是名词或名词语素。例如:

(130)　　　　本音　　　变音
　　　则　　　副词　　　名词(原则)
　　　结　　　动词　　　名词

练	动词	名词
扫	动词	名词
领	动词	名词
远	形容词	名词（地名：清远）
引	动词	名词
泡	动词	名词

邵慧君(1995)还发现,变音字以意义较具体的名词或名词语素为多,且一般多是日常生活中常用的普通名词:有关植物的名词,如"葱、荞、茄、蔗、树、豆、稗、辣、柏、竹、谷、粟、菊、叶、瓢、桑、麦、栗、梨、桃、桔、柿、枣、柑、橙、榴"等;有关动物的名词,如"鱼、蛤(蛤蟆)、鹿、蝶、兔、鸭、獭、雀、鸽、燕、豹、虫、鹊、鹅、蝇、猴"等;有关生活器具的名词,如"刀、钉、锥、锤、褪、绳、篙、门、窗、稽、柱、棋、瓶、炉、篮、盆、银、钱、臼、盖、凳、柄、炭、棍、盅、刨、刃、桌、钵、砚、笔、墨、帖、瑟、笛、铎、镯、镂、匣、尺、席、船、枢、箱、盒"等;有关服饰的名词,如"玉、革、帽、屐、履、鞋、轿、扇、帕、缎、绢、裙、衫、帛"等;有关建筑的名词,如"宅、阁、室、店、栈、寓、巷、路"等;有关亲属称谓的名词,如"姐、婆、奶、姨、爷、舅、母、爸、妙、伯、侄、叔、妾"等;与身体部位相关的名词,如"拇、睛、肚、卵、腌、蹄、胛、翼、羽、尾、辫、髻、鬓、瘫、痫、疤、泪"等;有关星宿、干支的名词,如"日、月、夕、甲、乙、戊、癸、西"等。

从上面的英汉语音变化与名词化关系可知,这种变化具有可感性,不是摸不着的虚拟物。

5.3.2 词缀与名词化

5.3.2.1 常见的英语名词化后缀

词缀是词性的一个重要标识,像英语这样的屈折性语言尤其如此。即便像汉语这种缺乏形态标记的语言,也有一种所谓的词性"形态"标记,对词性变化产生影响。根据 Zeiger(1978)所编的《英语百科》(*Encyclopedia of English*)统计,英语共有词缀 288 个,前缀 107 个,后缀 181 个。Leech(1981)通过统计第二次世界大战后出现的英语新词发现,派生词和复合词所占比例差不多,30%—40%的新词是通过派生法生成的,还有 30%左右通过复合构词法生成,而名词化则多属于派生范畴之列。从语义看,英语中常见的名词后缀有以下五类:

(ⅰ) 表示人的名词后缀

(131) -ain：如 chieftain（酋长）、villain（恶棍，歹徒）、captain（船长）、chaplain（小教堂牧师）、chamberlain（宫廷内侍）等。

-aire：如 millionaire（百万富翁）、commissionaire（看门人）、doctrinaire（教条主义者）、occupationaire（军事占领人员）等。

-an：如 Spartan（斯巴达人/勇士）、partisan（游击队）、African（非洲人）、American（美国人）、Asian（亚洲人）等。

-ant：如 applicant（申请人）、assistant（助手）、occupant（占有者）、defendant（被告）、dependant（依赖他人者）、servant（雇员）等。

-ar：如 scholar（学者）、liar（说谎者）等。

-ard：如 laggard（落后者）、sluggard（偷懒者）、coward（懦夫）、drunkard（醉鬼）、dullard（笨蛋）、wizard（奇才）等。

-arian：如 humanitarian（人道主义者）、utilitarian（功利主义者）、vegetarian（素食者）等。

-ary：如 secretary（秘书）、missionary（传教士）等。

-ast：如 enthusiast（狂热者）、scholiast（注释者）、gymnast（体操员）、encomiast（赞美者）等。

-aster：如 poetaster（蹩脚诗人）、medicaster（庸医）、criticaster（低水平的批评家）、philosophaster（肤浅的哲学家）等。

-ate：如 delegate（代表）、candidate（候选人）、graduate（研究生）、celibate（独身主义者）、doctorate（博士）、electorate（全体选民）等。

-ator：如 dictator（独裁者）、educator（教育家）、speculator（投机者）等。

-crat：如 democrat（民主党人）、bureaucrat（官僚主义者）等。

-ee：如 examinee（应试者）、refugee（难民）、employee（被雇佣者）、addressee（收件人）、appointee（被任命人）、retiree（退休者）、devotee（献身者）等。

-eer：如 engineer（工程师）、volunteer（志愿者）、profiteer（投机

者)、pioneer(先行者)、weaponeer(武器专家)、fictioneer(小说家)、mountaineer(登山者)等。

-enne：如 comedienne(喜剧女演员)、tragedienne(悲剧女演员)等。

-ent：如 president(总统,校长)、student(学生)、patient(病人)、resident(居民)等。

-er：如 leader(领导者)、reader(读者)、fighter(斗士)、dispenser(药剂师)、sampler(品尝家)、Londoner(伦敦人)、islander(岛民)、inlander(内地人)、southerner(南方人)、banker(银行家)、observer(观察者)等。

-ese：如 Japanese(日本人)、Chinese(中国人)、Portuguese(葡萄牙人)、Vietnamese(越南人)等。

-ess：如 goddess(女神)、hostess(女主人,女老板)、actress(女演员)、manageress(女经理)、authoress(女作家)、mayoress(女市长)等。

-ian：如 logician(逻辑学家)、mathematician(数学家)、Christian(基督徒)、physician(内科医生)、musician(音乐家)、magician(魔术师)、technician(技工)、historian(历史学者)、grammarian(语法学者)等。

-ie：如 dearie(小宝贝)、auntie(阿姨)、lassie(小姑娘)等。

-ier：如 clothier(衣商)、brazier(黄铜匠)、falsifier(伪证人)等。

-ine：如 libertine(放荡者)、heroine(女英雄)等。

-ior：如 senior(长者)、inferior(下级)、superior(上级)等。

-ist：如 dentist(牙医)、biologist(生物学家)、geologist(地质学家)、feminist(女权主义者)、botanist(植物学家)、chemist(化学家)、violinist(小提琴家)、physicist(物理学家)、technicist(技师)、artist(艺术家)等。

-it：如 pundit(权威人士)、hermit(隐士)、recruit(新兵)、bandit(匪徒)等。

-ite：如 socialite(社会名流)、favorite(喜爱之人)、bedlamite(精神病人)、Tokyoite(东京市民)等。

-itor：如 expositor(解说员)、competitor(竞争者)、servitor(男仆)、compositor(排字工)等。

-ive：如 native(本地人)、captive(俘虏)、detective(侦探)等。

-logist：如 volcanologist(火山专家)、climatologist(气候学家)、Pekingologist(中国通)等。

-nik：如 citynik(迷恋城市者)、filmnik(电影迷)、peacenik(反战者)、cinenik(电影迷)等。

-or：如 suitor(原告)、janitor(守门人)、doctor(医生,博士)、operator(操作员)等。

-ot：如 bigot(顽固者)、idiot(白痴)、patriot(爱国者)、pilot(飞行员)、compatriot(同胞)等。

-ress：如 mistress(情妇,主妇)、actress(女演员)、waitress(女服务员)、interpretress(女译员)、editress(女编辑)等。

-ster：如 youngster(年轻人)、gamester(赌徒)、songster(歌手)、chorister(合唱者)、gangster(匪徒)等。

-yer：如 sawyer(锯木工)、lawyer(律师)、bowyer(弓手)等。

(ⅱ) 表示事物的名词后缀

(132) -acle：如 manacle(手铐)、tentacle(触角)等。

-er：如 heater(加热器)、amplifier(扩大器)、absorber(吸收器)、computer(计算机)、washer(洗涤器)、cooker(炊具)等。

-ile：如 missile(导弹)、domicile(住宅)、mobile(手机)等。

-ing：如 hairdressing(理发)、banking(银行业)、printing(印刷术)、bedding(床上用品)等。

-ion：如 mansion(大厦)、accordion(手风琴)、cushion(垫子)等。

-ise：如 merchandise(商品)、exercise(练习)、treatise(论文)等。

-ment：如 embankment(路堤)、nutriment(营养品)、fragment(碎片)、instrument(乐器)、equipment(设备)、

attachment(附件)等。

-oon：如 balloon(气球)、cartoon(动画片)、spittoon(痰盂)等。

（ⅲ）既可表示人也可表示物的名词后缀

(133) -ade：如 crusade(十字军)、brigade(旅)、cascade(小瀑布)等。

-aire：如 millionaire(百万富翁)、questionnaire(问卷、调查表)等。

-al：如 criminal(罪犯)、aboriginal(土著人)、rival(对手)、mural(壁画)、manual(手册)等。

-ant：如 accountant(会计师)、informant(信息提供者)、participant(参与者)、stimulant(刺激物)、deodorant(除臭剂)等。

-ary：如 adversary(对手)、functionary(职员)、dignitary(高贵者)、glossary(词汇表)、dictionary(字典，词典)等。

-el：如 chisel(凿子)、colonel(上校)等。

-en：如 maiden(少女)、chicken(小鸡)、kitchen(厨房)等。

-er：如 certifier(证明人)、falsifier(伪造者)、amplifier(放大器)、liquefier(液化器)等。

-ic：如 sceptic(怀疑论者)、mechanic(技工)、critic(评论家)、logic(逻辑)、music(音乐)、topic(论题)等。

-ier：如 clothier(织布工)、hotelier(旅馆老板)、missilier(导弹专家)、glacier(冰川)、frontier(边境)等。

-ine：如 concubine(妾)、libertine(放荡之人)、heroine(女英雄)、doctrine(教义)、routine(常规)、rapine(抢劫)等。

-ite：如 anchorite(隐士)、granite(花岗石)等。

-ive：如 captive(俘虏)、explosive(炸药)等。

-o：如 bravo(歹徒)、typo(排字工)、politico(政客)、studio(工作室)、volcano(火山)、dynamo(发电机)等。

-on：如 patron(赞助人)、matron(主妇)、southron(南方人)、baton(指挥棒)、carton(纸板)、wagon(货车)等。

-or：如 educator(教育者)、protector(保护者)、accelerator(加速

器)、actor(演员)、collector(收集者)、conservator(保护者)、pacificator(平定者)等。

-oon：如 tycoon(大款,巨富)、spoon(匙)等。

-ress：如 waitress(女服务员)、mattress(床垫)等。

(iv) 表示动作过程、结果或状态的名词后缀

(134) -age：如 storage(储藏)、marriage(婚姻)、shortage(短缺)等。

-al：如 approval(批准)、denial(否认)、refusal(拒绝)、rehearsal(彩排)、arrival(到达)、survival(幸存)、dismissal(解雇)等。

-ance：如 resistance(抵抗)、assistance(援助)、guidance(指导)等。

-ation：如 convocation(召集,集会)、combination(结合,组合)、exploitation(剥削)、transportation(运输)、invitation(邀请)、preparation(准备)、imagination(想象)等。

-ature：如 signature(签字)、legislature(立法)等。

-ence：如 diligence(勤奋)、difference(区别)、dependence(依赖)、innocence(天真)、emergence(出现)、confidence(信任)等。

-ery：如 robbery(抢劫)、bribery(贿赂)等。

-fication：如 amplification(扩大)、classification(分类)、simplification(简化)、beautification(美化)等。

-ice：如 malice(恶意,怨恨)、avarice(贪婪)、splice(接合)、justice(正义)、service(服务)等。

-ing：如 building(建筑)、writing(写作)、learning(学习)等。

-ion：如 aversion(厌恶)、concision(简明,简洁)、correction(订正)、progression(前进)、perfection(完善)、possession(占有)、selection(选择)等。

-ition：如 proposition(建议)、opposition(反抗)、addition(增加)、recognition(认出)、repetition(重复)、competition

（竞争）、inanition（活力不足）等。

-iture：如 expenditure（支出，经费）、divestiture（转让）等。

-ization：如 modernization（现代化）、industrialization（工业化）、mechanization（机械化）、centralization（集中化）等。

-ment：如 development（发展）、enactment（颁布）、advertisement（广告）、government（管理）、punishment（惩罚）、settlement（解决）、treatment（处理）、punishment（惩罚）、argument（争论）等。

-sion：如 decision（决定）、extension（延伸）、conclusion（结论）、comprehension（理解）等。

-sure：如 closure（停业，倒闭）、exposure（暴露）、disclosure（透露）等。

-tion：如 description（描写）、education（教育）、solution（解决）、partition（分开，分割）、destruction（毁灭）、convention（集会）、reduction（减少）等。

-ture：如 fracture（破裂，断裂）、mixture（混合）、picture（图画）等。

-ure：如 pressure（压力）、failure（失败）、procedure（手续）等。

（V）表示性质或状态的名词后缀

（135）-ability：如 usability（可用性）、variability（变异性）、readability（可读性）、changeability（可变性）、adaptability（可适应性）等。

-acle：如 obstacle（障碍）、miracle（奇迹）、spectacle（壮观景象）等。

-acity：如 tenacity（韧性）、veracity（诚实）、capacity（容量）、audacity（大胆）、edacity（贪吃）、vivacity（活泼）等。

-acy：如 fallacy（谬误）、intimacy（亲密）、determinacy（确定性）、literacy（识字）、supremacy（至高无上）、privacy（隐私）等。

-ad：如 nomad（流浪）、doodad（名称不详者）、myriad（无数）等。

-age：如 dotage（年老昏聩）、pilgrimage（朝圣之旅）、patronage（资助）、courage（勇气）、marriage（婚姻）等。

-ality：如 technicality（技术性）、conditionality（条件性）、exceptionality（特殊性）、logicality（逻辑性）、nationality（国籍）等。

-ance：如 endurance（忍耐）、importance（重要性）、disturbance（干扰）、vigilance（警戒）等。

-ancy：如 vacancy（空缺）、pregnancy（怀孕）、compliancy（服从）、constancy（恒定）、brilliancy（光辉）、luxuriancy（华丽）等。

-aneity：如 spontaneity（自发性）、simultaneity（同时性）等。

-cracy：如 bureaucracy（官僚主义）、democracy（民主）等。

-craft：如 woodcraft（木材工艺）、handicraft（手工艺）、statecraft（治国才能）等。

-cy：如 accuracy（正确性）、diplomacy（交际手腕）、bankruptcy（破产）、idiocy（白痴行为）、normalcy（正常状态）、infancy（幼年期）等。

-dom：如 bachelordom（男子）、freedom（自由）、serfdom（农奴身份）、monkdom（和尚身份）、wisdom（智慧）等。

-el：如 parcel（小包裹）、runnel（小河）、roundel（圆形标识）等。

-en：如 chicken（小鸡）、maiden（少女）等。

-ence：如 negligence（疏忽）、dependence（依赖）等。

-ency：如 emergency（紧急状态）、solvency（清偿能力）、frequency（频率）、urgency（紧急）、persistency（坚持）等。

-er：如 stammer（口吃，结巴）、stutter（口吃，结巴）等。

-et：如 floweret（小花）、packet（小包）、dragonet（小龙）、eaglet（幼鹰）、medalet（小奖章）等。

-ette：如 novelette（中篇小说）、roomette（小房间）、cigarette（香

烟)、kitchenette(小厨房)、essayette(短文)、storiette(小故事)等。

-ety：如 satiety(满足)、naivety(天真)、anxiety(忧虑)、propriety(恰当)、variety(变化)等。

-faction：如 putrefaction(腐烂)、satisfaction(满意)等。

-ful：如 handful(少量)、mouthful(满口)、glassful(一杯之量)等。

-hood：如 brotherhood(兄弟情谊)、motherhood(母亲身份)、falsehood(谬误)、manhood(成年)、likelihood(可能性)、childhood(童年期)等。

-ibility：如 sensibility(敏感性)、compatibility(兼容性)、conductibility(传导性)、extensibility(可延伸性)、corruptibility(易腐败性)等。

-ice：如 justice(正义)、avarice(贪婪)、malice(恶意)、cowardice(胆怯)等。

-ie：如 doggie(小狗)、lassie(小姑娘)、piggie(小猪)、birdie(小鸟)等。

-iency：如 deficiency(缺陷)、efficiency(效率)等。

-ility：如 fertility(肥沃)、fragility(易碎性)、agility(敏捷性)等。

-ine：如 discipline(纪律)、famine(饥荒)等。

-ism：如 sexism(性别歧视)、fanaticism(狂热)、realism(现实主义)、adventurism(冒险主义)、escapism(逃避主义)、plagiarism(剽窃)、barbarism(野蛮)、opportunism(机会主义)、idealism(唯心主义)、capitalism(资本主义)、criticism(批评)、colloquialism(口语体)等。

-it：如 credit(信誉)、deficit(赤字)等。

-itude：如 lassitude(疲倦)、latitude(纬度)、magnitude(数量)等。

-ity：如 probity(正直)、sanity(理智)、complexity(复杂性)、purity(纯度)等。

-ivity：如 relativity（相对性）、creativity（创造性）、activity（活动）、productivity（能产性）等。

-kin：如 manikin（侏儒）、lambkin（羔羊）、princekin（小君主）等。

-let：如 leaflet（小叶）、booklet（小册子）、streamlet（小溪）、houselet（小房子）、townlet（小镇）、starlet（小星星）等。

-ling：如 gosling（小鹅）、seedling（幼苗）、princeling（小公子）、catling（小猫）等。

-ness：如 kindness（仁慈）、bitterness（苦难）、emptiness（空虚）、friendliness（友好）、goodness（善良）、tiredness（疲倦）等。

-osity：如 verbosity（冗长）、generosity（慷慨）、grandiosity（宏大）、curiosity（好奇）等。

-ry：如 bravery（勇敢）、bribery（贿赂）、rivalry（对抗）、poetry（诗歌）、peasantry（农民）、citizenry（市民）、artistry（工艺）、banditry（匪盗行为）、outlawry（逍遥法外）等。

-ship：如 horsemanship（马术）、salesmanship（推销）、relationship（关系）、friendship（友谊）、citizenship（居民权）、professorship（教授职位）、membership（成员资格）、doctorship（博士学位）等。

-th：如 warmth（温暖）、death（死亡）、depth（深度）、growth（生长）、strength（力量）、truth（真理）、wealth（财富）等。

-ty：如 specialty（专长）、novelty（新颖）、loyalty（忠诚）、certainty（肯定）、safety（安全）、bounty（慷慨）、cruelty（残酷）等。

-ule：如 barbule（小羽枝）、cellule（小细胞）、globule（小球）等。

-y：如 jealousy（嫉妒）、kitty（小猫）、doggy（小狗）、discovery（发现）、mastery（精通）等。

根据 Biber et al.（2000a：322—324）的语料库统计分析，就小说、会话、新闻和学术文体中的四个名词化后缀形式-tion、-ity、-ism、-ness 而言，如果按出现总频次来排列，可以这样描述：会话<小说<新闻<学术，名词

化用得最多的则是学术。具体来说,名词化形式-tion、-ity 在学术中用得最多,会话中最少。这也可能跟其含义有关,因为它们主要表征抽象的事物。-ism 主要用于学术,指思潮或运动。而-ness 则主要用在小说中,也是这四种文体中用得最多的。这主要是由于这类名词化多源于小说中描述人物心态、性格特征的形容词。在学术中,主要名词化表征式按使用量的多少,可这样排列：-tion>-ity>-er>-ness>-ism>-ment>-ant>-ship>-age>-ery,即-tion 名词化形式用得最多,-ery 名词化形式则用得最少。根据名词化表征的总量和词汇创新情况来看,-tion 能产性最强,如 concentration、association、bilateralisation、politicization、parameterization 等。我们又以这四个词缀为例,根据当代美国英语语料库(COCA，https://www.english-corpora.org/coca/)的统计,这四个名词性后缀的使用频次模式分别是：

-tion：小说>杂志>学术>新闻报刊>会话

-ity：小说>杂志>学术>新闻报刊>会话

-ism：杂志>学术>会话>新闻报刊>小说

-ness：新闻报刊>小说>杂志>学术>会话

这与 Biber et al. (2000a：322—324)的统计大体相当。

5.3.2.2　常见的汉语名词化后缀

汉语中是否有词缀以及有多少仍存争议,研究汉语词汇的学者很多否认或质疑汉语有词缀,如黎锦熙(1924/1992)、郭绍虞(1934/1985)、王力(1936)、吕叔湘(1941)和陆志伟(1951/1971)等。不过,赵元任(2001)在《汉语口语语法》中列举了 63 个词缀,其中前缀 29 个,后缀 34 个。任学良(1981)在其《汉语造词法》中讨论了 17 个前缀,48 个后缀,加 3 个中缀,共计 68 个。不管汉语界如何处理这个问题,有一点可以肯定,那就是汉语中所谓的词缀与英语相比,少得多,只有英语的 1/4 左右,这与汉语缺乏形态标记完全一致。下面以名词化后缀为例：

(136)　-巴：如"尾巴、嘴巴、下巴、泥巴、哑巴、强巴、盐巴、结巴、猪尾巴、干巴巴、皱巴巴、眼巴巴、可怜巴巴"等。

-辈：如"长辈、晚辈、先辈、同辈、父辈、祖辈、小辈、平辈、上辈、下辈、异辈、孙辈、子辈、幼辈"等。

-部：如"全部、内部、外部、南部、北部、支部、面部、腹部、底部、总部、根部、本部、师部、编辑部、组织部、人事部、教育部、农业农村部"等。

-册：如"手册、画册、史册、名册、邮册、分册、图册、相册、典册、账册、粮册、花名册、纪念册、宣传册、登记册"等。

-场：如"市场、战场、现场、农场、会场、广场、工场、机场、剧场、牧场、商场、林场、浴场、草场、操场、考场、球场、刑场、收场、到场"等。

-丁：如"壮丁、人丁、补丁、家丁、男丁、成丁、武丁、巴丁、顺丁、女丁、旗丁、团丁、生丁"等。

-度：如"程度、速度、温度、高度、角度、强度、密度、限度、长度、宽度、深度、湿度、厚度、精度、难度、适度、广度、硬度、浓度、灵敏度"等。

-儿：如"女儿、幼儿、胎儿、事儿、样儿、法儿、花儿、角儿、道儿、味儿、喜儿、招儿、男儿、姐儿、伴儿、宠儿、孙儿、信儿、惠儿、准儿"等。

-分子：如"知识分子、右派分子、反动分子、反革命分子、积极分子、坏分子、骨干分子、投机分子、活动分子、恐怖分子、异己分子"等。

-观：如"主观、客观、悲观、乐观、外观、景观、自然观、科学观、宇宙观、价值观、世界观、审美观"等。

-家：如"大家、作家、科学家、资本家、画家、全家、哲学家、儒家、思想家、革命家、理论家、企业家"等。

-件：如"事件、文件、案件、零件、部件、软件、元件、信件、物件、构件、稿件、器件、证件、硬件、配件、要件、附件、邮件"等。

-匠：如"铁匠、工匠、木匠、皮匠、鞋匠、花匠、金匠、漆匠、名匠、巧匠、巨匠、理发匠、泥水匠、钟表匠"等。

-类：如"种类、分类、大类、门类、同类、谷类、败类、棋类、鞋类、草类、禽类、品类、部类、鱼类、灵长类"等。

-论：如"理论、讨论、结论、议论、评论、争论、谈论、推论、概论、悖论、文论、定论、立论、政论、认识论、方法论、系统论、二元论、原子论"等。

-率：如"效率、功率、频率、速率、利率、比率、汇率、心率、利润率、发病率、死亡率、出生率、分辨率、积累率、升学率"等。

-面：如"上面、下面、前面、后面、表面、里面、画面、平面、对面、侧面、正面、反面、背面、界面、封面、河面、湖面、路面、版面"等。

-派：如"学派、流派、左派、右派、党派、教派、宗派、画派、反动派、保守派、造反派、维新派、洋务派、民主派、守旧派"等。

-品：如"产品、作品、商品、食品、用品、物品、样品、成品、小品、废品、展品、果品、农产品、消费品、工艺品、纺织品、副食品、必需品"等。

-气：如"空气、大气、天气、勇气、力气、口气、神气、风气、语气、和气、志气、正气、运气、冷气、热气、蒸气、氧气"等。

-情：如"事情、人情、感情、热情、心情、爱情、同情、表情、抒情、激情、病情、行情、案情、友情、交情、实情、恩情、详情、风情、险情"等。

-人：如"个人、敌人、别人、男人、老人、病人、主人、客人、夫人、私人、商人、成人、军人、诗人、古人、亲人、好人、坏人、前人、新人、友人、美人、艺人、外人"等。

-师：如"教师、老师、工程师、大师、律师、导师、巫师、牧师、厨师、摄影师、讲师、技师、建筑师、名师、水师、画师"等。

-士：如"博士、女士、护士、烈士、绅士、道士、勇士、教士、武士、将士、卫士、骑士、院士、壮士、传教士、大力士、民主人士、有识之士"等。

-式：如"方式、正式、仪式、方程式、格式、款式、图式、分子式"等。

-手：如"选手、助手、对手、水手、分手、能手、帮手、猎手、高手、射手、老手、好手、骑手、舵手、强手、副手"等。

-术：如"技术、艺术、学术、美术、手术、战术、算术、武术、魔术、巫术、法术、医术、拳术、道术、幻术、权术、骗术、儒术"等。

-素：如"因素、元素、要素、激素、毒素、色素、尿素、吃素、燃素、维生素、叶绿素、青霉素、黑色素、干扰素"等。

-体：如"身体、物体、集体、个体、主体、整体、全体、液体、固体、团体、群体、天体、客体、机体、实体、肉体、立体、母体、变体、单体、球体、肢体、裸体"等。

-头：如"老头、心头、舌头、念头、带头、山头、开头、年头、口头、前头、劲头、关头、看头、派头、上头"等。

-王：如"国王、大王、女王、帝王、龙王、魔王、霸王、君王、天王、拳王、吴王、先王、猴王、蜂王、秦王、法王、郡王、摄政王、阎罗王"等。

-物：如"人物、事物、动物、植物、生物、食物、产物、药物、作物、实物、货物、文物、刊物、礼物、景物、怪物、废物、谷物、衣物、财物"等。

-心：如"中心、核心、重心、手心"等。

-型：如"类型、典型、模型、造型、定型、微型、原型、发型、重型、血型、脸型、异型、开放型、密集型、外向型、封闭型"等。

-性：如"积极性、个性、创造性、可能性、理性、属性、重要性、弹性、规律性、优越性、必然性、稳定性、决定性、独立性、普遍性、代表性、科学性、复杂性、客观性、灵活性、真实性、多样性、选择性、偶然性"等。

-学：如"科学、文学、大学、小学、同学、力学、光学、哲学、法学、史学、遗传学、经济学、语言学"等。

-业：如"工业、农业、商业、职业、行业、产业、副业、学业、实业、手工业、轻工业、服务业、制造业"等。

-炎：如"肝炎、胃炎、鼻炎、脑炎、皮炎、关节炎、肾炎、阴道炎、咽炎、支气管炎、心肌炎、肺炎"等。

-艺：如"文艺、工艺、技艺、手艺、园艺、武艺、农艺、棋艺、舞艺、才艺、书艺、演艺、绝艺"等。

-园：如"公园、花园、果园、田园、校园、乐园、家园、菜园、庄园、茶园、庭园、游园、幼儿园、动物园、植物园、葡萄园"等。

-员：如"演员、运动员、指导员、委员、教员、学员、伤员、团员、司令员、职员、议员、会员、通讯员"等。

-者：如"劳动者、记者、作者、学者、读者、工作者、消费者、领导者、统治者、生产者、患者、死者、侵略者、经营者"等。

-质：如"物质、性质、素质、品质、实质、气质、优质、杂质、体质、介质、水质、土质、特质、异质、同质、劣质、血质、音质"等。

-主义：如"社会主义、资本主义、帝国主义、现实主义、唯心主义、浪漫主义、修正主义、爱国主义、平均主义、实用主义、人道主义、集体主义、机会主义、形式主义、个人主义、教条主义、无政府主义、主观主义"等。

-子：如"胡子、小子、法子、担子、胖子、骗子、稿子"等。

对汉语语料库——语料库在线（http://www.aihanyu.org/cncorpus）的考察发现，"-巴、-辈、-册、-丁、-分子、-件、-匠、-类、-士、-们、-率、-派、-术、-素、-型、-王、-炎、-艺、-园"等名词性后缀在急剧减少，主要体现在两个方面：一是使用频率降低，二是使用变体减少。就目前来说，使用频率较高且变体较多（即整个语料库中使用频次达到100，且使用变体达到20个以上）的名词后缀依次为：-子>-人>-性>-头>-度>-学>-家>-面>-化>-物>-业>-心>-员>-部>-者。其中使用率最高的是"-子"，而"-者"相对来说不太符合我们的预期，其使用率并非最高，只不过在前15。

总体来说，英汉两种语言的名词化后缀差异主要表现在：

（i）词性组构不同。英语名词化词缀多附加在动词、形容词上，而汉语名词化词缀很大程度上是附加在名词和形容词上，动词很少加词缀。

（ii）数量上不同。英语名词化词缀多，汉语少。

（iii）构建方式不同。英语名词化词缀是附着式，不能独立，但汉语词缀相对独立，可与词根分开。

（iv）标准不同。英语真词缀多，而汉语则类词缀多。

（v）语义上不同。英语名词化词缀语义相对较实，而汉语则较虚。

（vi）系统性不同。英语名词化词缀成体系，汉语则零散。但英汉两种语言的名词化词缀在语法、语用和文体功能上大致等同，即它们在某种程度上看功能相似。

（vii）从构成来源看，英语中的词缀往往来自不同语言，如拉丁语、法语以及英语自身等;汉语的词缀词素一般源于本族语,且多为实词虚化,如"-者"就是。

5.3.2.3 英语-er 与汉语"-者"

5.3.2.3.1 共性与个性特征

不同语言的名词化后缀既有相同点,也有不同点,比如英语和汉语,前者存在一定程度的屈折,而后者则缺乏屈折。下面具体考察英语后缀-er 与汉语中所谓的后缀"-者"。从共性角度看,英语-er 与汉语"-者"主要有以下几个方面相同:① 从发音上看,它们都发弱音或轻音;② 从构词方式看,它们都放在词根(不管是自由的还是非自由的)的后面;③ 从词性组合上看,它们一般多加在动词、名词或形容词之后,其他词类很少添加;④ 从构词词性上看,它们都具有一种所谓"实体性"的名词性表征;⑤ 从组构虚实上看,它们一般多采取"实义词素+虚义词素"构式,很难找"虚义词素+虚义词素"这种构式,如-erer、-erism、-ioner 和"者员,家家,子师"等;⑥ 从语义上看,它们自身都是虚化成分,一般都依附在实义词素后面;⑦ 从构词语义上看,它们都具有某种指称性,即能找到其所指;⑧ 从语用上看,它们所构成的词多用于正式语境或严肃正规的文体/语体中。

它们之间的个性也不可回避。首先,从构词能力上看,英语词缀词素-er 远胜于汉语"-者"。其次,英语的-er 并不能简单译为汉语的"-者",可译为不同汉语后缀,请看(张维友,2007a):

(137) teacher 教员
　　　 singer 歌手
　　　 writer 作家
　　　 reader 读者
　　　 fighter 战士
　　　 examiner 考官
　　　 smoker 烟鬼
　　　 trouble-maker 捣乱分子

同一个汉语后缀"-者"也可译为不同的英语后缀。例如(陈治安,1991):

(138) 读者 reader

译**者**	translat*or*
逃亡**者**	escap*ee*
诈骗**者**	rackete*er*
马克思主义**者**	Marx*ist*

5.3.2.3.2 英语名词性后缀-er

英语中表人称的名词化后缀很多,如-er、-or、-eer、-ier、-ee、-ster、-ent、-ian、-ist、-ard、-ary、-ain、-ish 等,其中又以-er 和-or 最为典型,它们都可表示动作的执行者或发出者,加在动词或名词后面。英语后缀-er 源于古英语,可加在几乎所有英语本族语动词后,如 writer、worker、maker、goer 等。而后缀-or 则源于拉丁语,一般多加在拉丁语词根后,如 educator(教育家)、auditor(旁听生)、dictator(独裁者)、receptor(接收器)、detector(检测器)、corrector(校正器)等,其构词能力远不如-er(钟平,1990)。

英语名词性后缀-er 的语义虽是虚的,但多变。其主要语义类型有:① 施事,如 writer(作家,作者)、driver(司机,驾驶员)、thinker(思想家,思想者)、walker(步行者,散步者);② 工具,如 opener(启子)、printer(打印机)、pager(寻呼机);③ 经历者,如 hearer(听者,旁听人);④ 刺激物,如 pleaser(令人愉悦者)、thriller(惊险小说);⑤ 施事,如 keeper(看守人)、looker(检查员)、loaner(债权人)(Lieber,2004:17)。然而,根据 Heyvaert(2003)《英语名词化的认知-功能研究》,英语名词性后缀-er 的认知语义实际上非常复杂:

(ⅰ)-er 的中心语义

英语名词性后缀-er 最通用的功能就是指"从事某专业或职业的人",或"从事某行为或活动的人",其目的在于界定此人的主要职业。正是因为我们的界定涉及人类行为和活动的理想模式,所以有必要将-er 后缀纳入一个概念意义层,而非语法层上的及物性模式。因此,需要一个"典型及物情景"(prototypical transitive scenario)来解读这样的后缀:要有一个场景(含地点、时间),至少有两个非对称的互动性不同参与者,其中一个是有意识的主动者,另一个是直接受该行为或活动影响的被动者(Panther & Thornburg,2001)。该概念模式在不同维度上呈现出梯度差异,正如 Taylor(1995/2001:53)所指出的那样,原型概念的灵活性在于它能容纳不熟悉的新成员作为其边缘成员,而不至于改变整个范畴系统。及物情景在很多方面是灵活的：参与者数量可变、可容纳其他参与者，如 driver（司机）就涉及动态的场景，有一个潜在的施事和一个受事。与此相反，owner（所有者，物主）则处于一个相对非动态的场景，施事度和受事度都较低，而 dreamer（梦想家，做梦的人）的施事度更低，且只有一个参与者。

（ⅱ）-er 表人类

（A）从职业上看行为参与者

a. 职业行为或职业活动的参与者，如 teacher（教员）、farmer（农夫）、baker（面包师）、waiter（服务员）、driver（司机）、writer（作家）、reporter（记者）、seller（售货者）、boxer（拳击手）和 housekeeper（主妇）等。这类词总能引发人们想起那些典型的人类活动及其所涉的施事与受事。以 teacher 为例，它总能让我们想起其他参与者：学生、课程、教学情境和教学材料等。换言之，teach 是一个参照点，转喻思维会让人们想到与此相关的组成部分。

b. 职业转喻的参与者，如 tinner（罐头商）、whaler（捕鲸者）、furrier（毛皮商）、philosopher（哲学家）、astronomer（天文学家）、lawyer（律师）、submariner（潜水员）、banker（银行家）、footballer（足球运动员）、miller（磨坊主）之类的受事、方位、工具和时间等，会让人们想到相关的领域。

（B）从特征上看活动参与者

a. 施事度较高的施事参与者，如 runner（赛跑的人）、skater（滑雪的人）、surfer（冲浪者）、talker（健谈者）、early riser（早起者）、day-dreamer（做白日梦者）、wrong-doer（为恶者）、swimmer（游泳者）、complainer（抱怨者）等。

b. 施事度较低的施事参与者，如 thinker（思想者）、believer（信奉者）、owner（拥有者）、idler（懒惰者）、loser（失败者）、sleeper（睡眠者）等。

c. 施事方式特征转喻，如 loner（孤独者）、do-it-yourselfer（亲自动手者）等。

d. 施事典型行为时空转喻，如 nooner（午餐期间的活动）、all-nighter（通宵活动）、year-rounder（常年工）、highschooler（高中生）等。

（C）行为、意识定位参与者转喻表征，如 right/left-hander（右/左撇子）、same-sexer（同性恋者）、third-wayer（走第三条道路者）、pro-choicer

(支持人工流产者)、anti-choicer(反对人工流产者)、no-hoper(注定失败者)等。

（D）永恒关系特征参与者转喻表征

a. 如 darksider(末世骑士)、baby-boomer(生育高峰期出生的人)等。

b. 如 villager(村民)、widower(鳏夫)、foreigner(外国人)、new-comer(新来者)、Londoner(伦敦人)、teenager(青少年)等。

c. 如 good-looker(漂亮之人)、six-footer(身高六英尺之人)等。

（E）非习惯性行为永恒特征参与者转喻表征

a. 非习惯性行为参与者转喻,如 murderer(杀人犯)、killer(杀手)等。

b. 非习惯性成就参与者转喻,如 Academy Award winner(学术奖得主)、World Cupper(世界杯获得者)等。

（F）语境性强的时间特征参与者转喻表征

a. 如 vanisher(消失者)、stopper(障碍物)、jumper(跳跃动物)等。

b. 如 voter(选民)、sightseer(游客)、receiver(接受者)、recommender(推荐人)、experiencer(经历者)等。

至此已经涉及名词性后缀-er 在不同参数影响下的中心概念义变化：施事性(agentivity)、习惯性(habitualness)、突显性(salience)和语境独立性(contextual independence)，这些独立参数一般不会产生共变。

（ⅲ）-er 表拟人施事

（A）生物体：动植物之类的非人类物体或多或少可识解为一定程度的施事

a. 如 pointer(指示犬)、setter(塞特犬)、mudder(善于在泥地上跑的马)、grasshopper(蚱蜢)等。

b. 如 creeper(匍匐植物)、bloomer(开花植物)、fly-catcher(捕蝇草)等。

（B）非生命体,如 skyscraper(摩天大楼)、gas-guzzler(油老虎,耗油量大的汽车)等。

（ⅳ）-er 表非人事物

前面对-er 所涉人类或拟人类实体的典型行为模式从概念意义上进行了考察,现在以工具和方位为例,看看它所涉的非人行为者在施事概念上的差异。

（A）工具类：在行为图式中工具在概念上接近施事，可以表征具体施事者，如 can opener（开罐器）、dishwasher（洗碗机）、hairdryer（吹风机）、bumper（缓冲器）、duster（掸子，除尘器）、divider（分隔物）、cleaner（清洁剂）等。

（B）准工具类：有很多特定行为的施事手段，如 stroller（手推车）、loafer（拖鞋）、sleeper（卧铺列车）、sneaker（运动鞋）、wader（长筒防水靴）、sweater（毛线衣，发汗剂）、boater（平顶硬草帽）等，这些东西本身不能成为工具，但像施事行为工具。

（V）-er 表事件

施事、受事和工具等经常从概念义上被看作理想行为图式中的成分。然而，英语名词性后缀-er 不仅表物（人物、动物、植物和客观对象），还可表事件。这种从物到事件的扩展是一种实体化处理，常通过"事件是对象"（EVENTS ARE OBJECTS）隐喻获得。比如：

（A）施事-致使事件：这种映射结果就是事件自身像施为者那样起施事或致使作用。例如：

a. chiller（惊险小说）、thriller（使人毛骨悚然的东西）、backbreaker（艰苦的工作）、drencher（倾盆大雨）、scorcher（尖酸刻薄的话语）、stunner（致人昏迷的一击）。

b. groaner（海员的呼救口哨）、howler（滑稽可笑的错误）、laugher（好笑的一边倒比赛）、eye-opener（令人瞠目的事物）、screamer（令人惊叹的事）。

c. cliffhanger（悬念）、weeper（表示哀思的佩戴物）。

（B）工具-事件：事件性名词性成分具有工具功能，即它们为特定目的而设，如 mixer（搅拌器）、updater（更新器）、opener（起子）、starter（启动装置）、brain-teaser（智力游戏题）等。

（C）受事-事件："事件是对象"隐喻把对象受事当作源域，如 keeper（看守者）、forgetter（健忘者）等。

（D）转喻性事件：名词性指称事件由时间、方位、受事和方式等命名事件所组构而成的转喻性用法，如 no-brainer（无须用脑的事）、sundowner（日落酒）、all-nighter（通宵活动）、bender（饮酒作乐）等。

然而，很多以-er 结尾的名词从结构形态分析并非派生，而是由词干和非自由名词性后缀构成。从完形角度看,从可分派生到不可分的表征,我们会看到一个-er连续统,如表9所示(越向左,任意性越强;越向右,理据性越强):

表9 名词性后缀-er连续统(Heyvaert,2003)

cook(厨师)	plumber(水暖工,堵漏人员)	baker(面包师,便携式烘炉)
smith(铁匠)	collier(运煤船,矿工)	tinner(锡矿工,罐头商)
wrench(扳钳)	hammer(榔头)	sprinkler(洒水车,洒水器)
pants(裤子)	trousers(长裤)	pedalpusher(自行车运动员)
brisket(胸肉)	wiener(维也纳香肠)	broiler(烤架)

这样,-er完形体系可大致归纳为:① 表示对象、人和职业,如brazier(铜匠)、plumber(水暖工)、soldier(士兵)等;② 表示社会关系,如mother(母亲)、sister(女子)、master(主人)等;③ 表示具备某类特征的人,如miser(吝啬鬼)、corker(不寻常者)、humdinger(出色的人或事物)等;④ 表示动物,如spider(蜘蛛)、oyster(牡蛎)、beaver(海狸)等;⑤ 表示工具,如hammer(榔头)、trigger(触发器)、rudder(舵)等;⑥ 表示准工具,如jumper(套头衫)、blazer(单件式薄西服)、drawers(厨柜)、trousers(长裤)、pullover(套头毛衣)、garter(吊袜带)等;⑦ 表示食物-受事,如wiener(维也纳香肠)、hamburger(汉堡包)、whopper(皇堡,"汉堡王"的招牌汉堡)、fodder(马料)、frankfurter(法兰克福香肠)等;⑧ 表示事件,如blooper(大挫折)、blunder(低级错误)等。由此可以预见,-er形式在概念上越远离中心义,它越不可能出现,如表10所示:

表10 不可能出现的-er名词性表征及例外(Heyvaert,2003)

无意识施事	致使移位	例 外
? exister	? goer	churchgoer(定期做礼拜的人)
? disappearer	? comer	new/latecomer(新来者/迟到者)
? dier	? riser	early riser(早起者)
? happener	? faller	faller horse(降马之人)
? occurrer	? bloomer	late bloomer(晚开花的植物)
? laster	? grower	low grower(长得矮小的植物)

其中左栏从概念上远离施事中心义,因此不大可能出现,但绝不能说完全不可能,如"致使移位"栏加上前置修饰就可接受,因为这些修饰成分进行了一定程度的目标、终点或细节内涵描述。换言之,当它们在概念义上更具及物性、语义上更靠近中心义时,其可接受度就会增加。不可接受的表征方式主要在于其概念义太泛化,如 goer 或 comer 等无法用于交际,而 churchgoer 和 newcomer 等内容较为具体,所指明确,则可用于交际。不过,在特定语境中若 goer、comer 作为 non-goer、non-comer 的对立面,则是可以出现的。

5.3.2.3.3 汉语名词性后缀"-者"

汉语中表示人称的后缀不少,如"-者、-家、-员、-师、-士"等,其中"-者"是一个很具代表性的词缀。它主要表示有"某种信仰或从事某种特定工作的人",一般与多音节词组合较自由,如"无产者、唯物论者"。它还是文言词,不能与口语随意组合,如不能说"说者、唱者"。同时,注意"-者、-家、-员"三者不能混淆,因为"-家"多表示做某种学问或有成就的人,"-员"表示集体中的一个成员或担任某种职务的人,所以作家≠作者、船家≠船员、研究者≠研究员、革命者≠革命家。但与英语中复杂的名词性后缀-er 相比,汉语名词性后缀"-者"似乎简单得多。汉语名词性后缀"-者"主要做名词标记,做其他词类标记的时候很少,如做代词标记("后者、前者、三者、二者、两者")和连词标记("或者、再者")。做名词标记时,它主要加在动词、形容词、名词和数量词词根后面,其中"劳动者、记者、作者"使用率最高,如表 11 所示:

表 11 汉语名词性后缀"-者"的使用频率
(参见 http://www.aihanyu.org/cncorpus)

序　次	词	出现频次	出现频率(‰)
1	劳动者	1 261	0.13
2	记　者	1 128	0.12
3	作　者	1 100	0.12
4	读　者	922	0.10
5	工作者	604	0.06
6	学　者	597	0.06

续 表

序 次	词	出现频次	出现频率(‰)
7	消费者	596	0.06
8	领导者	468	0.05
9	生产者	371	0.04
10	统治者	346	0.04

整体来说,"-者"的字频总频率为1.53‰,文学艺术类频率为0.85‰,政治经济类频率为0.85‰,自然科学类频率为1.50‰,综合类频率为2.00‰。冯敏萱等(2006)通过对1 200万字语料的统计得出,派生词约占词条总数的8.66%,构成派生词的词缀共有188个。其中后缀"-者"所构成的派生词词条数最多,构词成分最为复杂。在10 946个派生词词条中,带后缀"-者"的派生词共有931条,共1 857词次,占派生词词条总数的8.51%、词频总数的2.69%。从构词长度来看,带后缀"-者"的派生词最长为八字,其中三字词最多,词条和词频数都占到了近3/4,二字词其次。带后缀"-者"的派生词主要有以下特点:第一,可结合其他词缀构成新的派生词,如"非+-者""-主义+者"等,共有96个这样的词条,占带"-者"派生词的1/10以上;第二,派生词内部成分非常复杂;第三,"-者"字有非词缀用法。语料中"-者"作为独立的分词单位,共出现了348次,有/k√/r√/Ng√/u√/n√/y等六种词性标记。其实,"-者"字在古代汉语中相当普遍。朱德熙(1983)认为"-者"是名词化标记,其语法功能是使谓词性成分名词化(即加在谓词性成分VP之后,构成一个名词性形式"VP+者"),其语义功能有自指和转指两种。例如:

(139) **智者**乐山,**仁者**乐水。 (《论语·雍也》)
(140) **仁者**,人也;**义者**,宜也。(《礼记·中庸》)

(139)中"仁者"指有"仁"这种德性的人,表示转指义;而(140)中的"仁者"指"仁"这种德性本身,表示自指意义。虽有很多学者研究"-者",但他们对它的界定并不一致。王力(2002:363)中将其界定为"特殊的指示代词和语气词",吕叔湘(2001)就明确指出,"者:后缀,表示某种信仰、从事某种工作或有某种特性的人,构成名词"。"-者"作为一种职业称谓,主要用于"学者、记者、作者"等,这些名词化属于"知识分子"范畴;但作为一般指称或指信仰某观念的人,"-者"不但不具等级方面的含义,且不带情感倾向,即它可指坏人,也可指好人,这是"-者"与"-家、-师"最大的不同。比如,有"作者",也有"作案者",有"学者",也有"吸毒者",可绝对没有"强奸家、杀人师"之说。王茂春(2003)提到常见的一些"VP+者"结构,如"管理者、执法者、使者、殉道者、垦荒者、吸毒者、退休者、幸存者、战斗者、沉思者、漫游者、劳动者、工作者、失败者、倒退者、流浪者、潜伏者、自杀者、死者、胜者"等,其动词所表示的动作强度不大,只是对当事者所处状态的一种描述,如"管理者、执法者"等倾向于一种职业描述,不是瞬间动作,而是持续度高、强度低的动作。"退休者"的"退休"并不是指离开工作单位这个瞬间动作,而是更侧重于描述这个人所处的一个长期状态,即便在这个动作发生后的时间里,也可以一直使用这个词。即使是"读者"的"读",看起来强度似乎比较大,有"朗读、跟读、领读"等可能性动作在里面,但"读者"一词在使用中,其义外延有所变化。例如:

(141)我希望我的努力能对得起广大**读者**。

(142)《收获》的**读者**朋友将收到一份新年礼物。

"读者"在此所表示的并不是字面上表示的那种正在朗读的人,而是指阅读书报杂志文章的一个群体或个人,这种动作是相对静态的,这种关系也可长期延续。

从上面的具体比较可知,英语名词性后缀-er 与汉语名词性后缀"-者"的确不能完全等同,差异甚大,体现在语言表征或解读的各个方面,如方式、构成、语义和认知心理等。因此,在运用它们时一定要仔细。

5.3.3　名词性领属结构

5.3.3.1　认知语义

今天我们所说的领属关系实际上是远古时期产权观念的延伸和扩展,是一种广义的资产说明关系,是领有者和领属物之间的一种支配和被支配关系,这里的支配权并不意味着一定要使用它。领属关系同时又是一个连续统,其强弱取决于主客体两方面的因素:

(i)主体因素:有生命>无生命,这方面的例子很多,不用列举。

（ⅱ）客体因素：正值>负值，如好的比不好的（如缺点）易支配；具体>抽象，如房子、衣物比品质、思想易支配；直接支配>间接支配，如直接拥有的东西一般较易支配（黄锦章，1997：82）。根据语言共性的研究，领属结构关系在语言中主要体现为名词和动词形式。这也就难怪古希腊哲学家柏拉图只区分了两个词类：主词（ōnoma）和述词（rhēma），相当于现在的名词性成分和动词性成分（刘国辉，2000：2，5）。古英语名词就有五个格（case），表示主语、宾语、从属、媒介等语法关系，其中第二格又叫生格或所有格，表从属关系，有阴性、阳性和中性之别，如阳性名词 bōc（book）的单数生格形式为 bōce，复数形式为 bōca（李赋宁，1992：41—46），这一点与现代德语相似。现代英语名词性领属结构则有三种不同体现方式：① 领属代词形式，如 my、his、your；② 's 结构，如 Mary's book、the boys' pen；③ of 结构，如 the roof of the house、destruction of the city。英语领属结构实际上体现的是两个实体间的双向但非对称的关系，如可以说 the dog's tail、my watch、his cousin、your leg、the baby's arm、Lincoln's assassination 等，但不可以反过来说 *the tail's dog、*watch's my、*cousin's his、*leg's your、*the arm's baby、*assassination's Lincoln。后面这些名词性表达在特定语境下或许可以接受，比如在路上看见一条狗尾巴，我们会说"Where is the tail's dog?"。不过，形容词性物主代词是绝对不行的，即便是特殊情况，也不可接受，如 *watch's my，因为它没有中心语可依托。

Hopper & Tompson（1980）指出，施力越强的名词充当施事的可能性越大，这样名词性成分（含人称）按生命度排列为：第一人称>第二人称>第三人称>专有名词>人类名词>动物名词>无生命名词。越往左施力越强，越往右施力越弱。孔令达等（2004：285—341）在汉语实词儿童习得研究中进一步证明了这一点，因为该研究发现第一人称是小孩首先习得的，大致在1.8岁时就完成了这个任务。麦独孤（1997/1998：8）在研究人的社会心理时也指出，在人的十二大本能中就有支配本能。根据王珏（2004：10—11）的研究，生命度存在等级差异，由高到低的次序是：[HUMAN]（人类）>[ANIMAL]（动物）>[INANIMATE]（无生命物）。正是由于领属关系与生命度密切相连，Seiler（1983）将典型的领属语义关系描述为：

（ⅰ）领有者（P_1）为生物体，通常是人，更为原型的是第一人称的自我(ego)。

(ⅱ)领属物(P_2)是可感知的、看得见的具体事物。

(ⅲ)P_1是主动的,P_2是被动的,具体体现在:① P_2受P_1的支配和控制;② 领属关系是独占的,不与他人共享。一个特定的P_1可以拥有多个领属物,也可从一类事物中挑出一个来建立领属关系,而一个特定的P_2一般只有一个特定的领有者。根据此标准,"我的脚、我的脸、小刘的书包"就是典型的领属结构。

典型领属关系正是建立在典型的领有者和领属物基础之上,影响领有者典型性的参数具有移情等级性(empathy hierarchy)(Lehmann,1998:4),即典型的领有者应该是"自我"(ego),次典型的是人,随后才是无生命的物;而典型的领属物应是关系名词(relational noun),即有内在的语义论元关系,如亲属称谓、身体部位、局部名词。例如,"父亲"意味着"某个人的父亲","头"意味着"某个人的头","顶部"意味着"某个东西的顶部"。而非关系名词(又叫"绝对名词")自己不能建立这种领属关系,如"鸟、树、石头"等不能说固定属于某人或某物。

关于典型的领属结构关系类型,Heine(1997)从语法化的角度进行研究,通过对世界几百种语言的考察,认为语义是领属结构的基础,世界上所有语言的领属结构几乎都存在八大基本的事件图式(event schema):行为图式(Action)、方位图式(Location)、附属图式(Companion)、目标图式(Goal)、来源图式(Source)、话题图式(Topic)、平衡图式(Equation)和生格图式(Genitive)。领属关系主要从事件图式转换而来,如英语中的have结构就是从行为图式转换而来:X takes Y 通过语义概念的转化变为了X has/owns Y,这里有一个典型语法化过程,动词have之义源于动词get、take、seize语义的压缩,只留下行为隐含的结果。英语中表达领属关系的同义动词也反映了这样一个建构过程:have、possess、own是领属关系的典型表述,表示"拥有"关系的存在,特别是have;而acquire、seize、take、take over、be endowed with则说明领属是如何产生的,是自己主动获得还是别人给予的;hold、maintain则表示在拥有之后希望维持这种关系,如果想进一步占有并控制,就有了occupy和control;既然占有并控制,那就应该好好地享受(enjoy)这种关系;当然最终的支配(dominate)才是最高境界,它真实地反映了领属关系的实质。但当其他动词变为"HAVE结构"

之后,就失去了原有及物动词的一些具体特征,不能用被动结构,也不能用进行时。例如:

(143) a. *A car is *had* by Tom.
b. *Tom is *having* a car.

这种与语法化相连的语义变化是单向的,即相对具体的语义变得相对抽象,而不是相反。典型的领属结构关系类型大致归纳为:① 物理领属(PHYS,又叫"暂时领属"),领有者和领属物在某个特定时间里暂时相互有实体的联系;② 时间领属(TEMP,又叫"偶然领属"),领有者可以在某个有限的时间之内处置领属物,但没有所有权;③ 永恒领属(PERM,又叫"固有领属"),领有者对领属物拥有法律上的领有权;④ 不可分领属(INAL),领有者与领属物有着不可分离的关系,如身体部位;⑤ 抽象领属(ABST),领有者拥有的东西是看不见或不可触摸的,如情感或疾病;⑥ 无生命不可分领属(INI),领有物与领有者之间体现为部分-整体关系;⑦ 无生命可分领属(INA),领有者是无生命的,领属物与领有者可分(Heine, 1997: 34—35)。如果将上述类型加进一些参数并规定:Ⅰ为人、Ⅱ为具体物、Ⅲ为使用权、Ⅳ为近距、Ⅴ为永久拥有,就可以得到一个典型的领属类别对比,如表12所示:

表12 典型领属类别对比(Heine, 1997: 39)

参数	类别						
	PHYS	TEMP	PERM	INAL	ABST	INI	INA
Ⅰ	+	+	+	+	+	−	−
Ⅱ	+	+	+	+	−	+	+
Ⅲ	+	+	+	+/−	−	−	−
Ⅳ	+	+	+	+/−	+	+	+
Ⅴ	−	−	+	+	+/−	+	−

最典型的领属关系是PERM,其次是PHYS、TEMP和INAL,最后是边缘化的领属关系ABST、INA和INI。对领属结构中的核心问题——"不可让渡"(inalienable)与"可让渡"(alienable),有不少文献研究(如Voeltz, 1976; Seiler, 1983; Nichols, 1988; Chappell & McGregor, 1995)。

一般认为"可让渡领属"指无生命的、偶尔的、获得的或转移的范畴,而"不可让渡领属"则主要指有生命的、固有的、不可分离的范畴。黄锦章(1997)和张敏(1998)在研究汉语领属结构时也对此二者给予了关注,认为:前者表示那些可转让的、非永久性的领属关系,如人与个人物品之间的关系;后者则表示领有者和领属物之间有较稳固的、不可分离的、永久性的关系,如人与其身体部位的关系、亲属关系等。不过,Haiman(1985a)指出,不可让渡领属关系还有一个等级序列:身体部位>亲属关系>一般物件,即身体部位是最不可让渡的,一般物件是最可让渡的。可让渡领属关系通常用语言距离较大的形式表达,而不可让渡领属关系则用语言距离较小的形式表达。目前,从认知方面处理领属结构关系大致分两个角度:一个是假定领属关系是一组不同的认知概念,包括拥有、亲属、部分-整体关系等(Langacker, 1993a);另一个是假定解读各种领属关系的概念有一个共同的原型(Seiler, 1983; Lehmann, 1998)。原型论从整合功能的角度出发,因此它对标记性的领属关系也许更具解释力和预测力。

名词化领属结构关系就具有典型的标记性。首先,名词化过程是一个物化过程,即把一个事件或过程建构成一个抽象的东西,如图24所示(tr=trajector, lm=landmark):

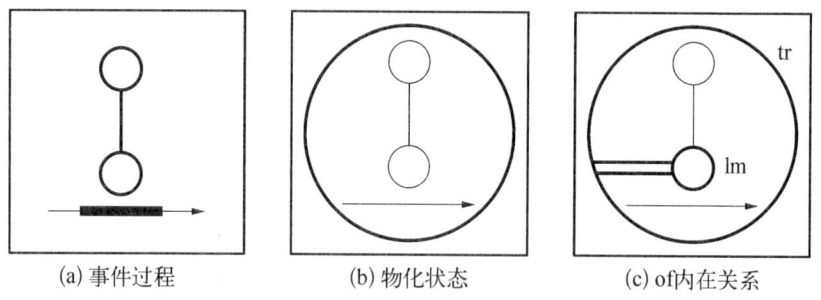

(a) 事件过程　　　　(b) 物化状态　　　　(c) of内在关系

图24　名词化领属关系的建构过程(Langacker, 1999:86)

其中图(a)体现事件过程,即时间性和动态性,图(b)体现名词化的结果状态——物化状态,图(c)则体现of领属结构内在关系。如果从布龙菲尔德(1980)的向心结构论看,英语名词性领属结构关系由修饰(或限制)成分和中心语两部分直接构成,其整体功能由中心语决定。因而最好的分析方法是Langacker的"参照点"(reference point)方法,因为在语言应用中,我们有意识或无意识地运用到它。比如,当我们看到一个洞时,往往忽略了它存在的平面(如墙上或地上),但如果没有这个平面,也就不可能有洞的存在。概念者把首先激活的实体作为参照点,然后以此为基础通过心理路径在域范围内寻求相应的目标,并建立心理连通,在这个过程中参照点起界标作用。已确定的事件参与者一般会首先成为参照点,因为它们具体、较容易引起关注,如 Lincoln's assassination 中的 Lincoln。另外,由于视角选择的不同,常常出现界标与射体的换位,产生不同的表达式。如果是双重或多重领属结构,参照点自然是动态的;也就是说,在第一个层面是界标的,在第二个层面就可能变为射体,以此类推下去。's 结构中 's 之前的话题一般是已知的确定信息,之后的话题是新信息。这样,'s 结构主要表示下列意义(章振邦等,1985:147—148):

（ⅰ）所有关系,如 Mr Brown's suitcase。

（ⅱ）主谓关系,如 my father's departure。

（ⅲ）动宾关系,如 the boy's punishment。

（ⅳ）来源,如 Pat's letter。

（ⅴ）类别,如 women's magazines。

（ⅵ）时间范围,如 a winter's day。

注意,Tom's writing of the book 和 Tom's writing the book 作为英语中常见的两个形式相似、意义相近的语义结构,其实相差甚大。张湛、王相锋(1998)认为可从内外嵌入发现它们之间的不同:首先,"动态"名词化的动名词允许形容词做修饰限定语,它前面可出现定冠词,但不允许出现助动词。例如:

(144) a. Tom's *careful writing* of the book

    b. *the writing* of the book (by Tom)

    c. *Tom's *having written* of the book

相比之下,"事态"名词化的动名词允许副词做自己的修饰限定语,而不接受形容词来修饰限定,其前可出现助动词,但不容定冠词出现。例如:

(145) a. Tom's *carefully writing* the book

    b. *Tom's *careful writing* the book

c. Tom's *having written* the book

d. **the writing* the book (by Tom)

其次,"动态"名词化可以主语的资格外嵌在类似形容词 meticulous 做表语的句子中,而"事态"名词化则受到了很大程度的限制。例如:

(146) a. Tom's *writing* of the book is meticulous.

b. *Tom's *writing* the book is meticulous.

另外,"动态"名词化和"事态"名词化以主语的身份外嵌在某一句子中时尽管都符合语法的限定规范,但表示的意义却大不相同。例如:

(147) a. Tom's *writing* of the book was a great shock to everybody.

b. Tom's *writing* the book was a great shock to everybody.

上面(147a)的意义相当于(148a),而(147b)则相当于(148b):

(148) a. It is Tom's *writing* of the book, not typing, printing, proof-reading, or forging etc., of the book that was a great shock to everybody.

b. The fact that Tom *had written* the book was a great shock to everybody.

这样,(148a)表示的是动作,而(148b)说明的是事实。按照认知语言学的观点,"动态"名词化源自动词的过程类型,语句来自动词的布景实例,而"事态"名词化则产生于动词的无景实例。Tom's writing of the book 产生于动词 write 的过程类型,语句"Tom wrote the book."则源自动词 write 的布景实例,而 Tom's writing the book 来自动词 write 的无景实例。"动态"和"事态"名词化的根本差异体现在两方面:一是"动态"名词化的动名词 writing 勾画的是过程,属于过程类型,而"事态"名词化的动名词 writing 刻画的则是实例,属于过程实例;二是"动态"名词化的动名词 writing 虽源于动词 write,但本质上更接近于名词概念的原型范畴,更像典型的名词,而"事态"名词化的 writing 虽也以-ing 形式出现,但从本质上讲它既像名词又像动词,游移于两者之间的中间范畴。

5.3.3.2 领属表征

现在从转换角度来考察英语's结构和of结构的认知语义问题。我们的理想语言交际应该是一个符号对应一个意义功能单位。但由于语言符号是有限的,而现实世界是无限的,如何以有限应对无限,这就成了一个必须解决的问题。为此,人类在语言符号这个有限手段方面想了不少方法,比如语音方面的多音字,词义方面的多义词,修辞方面的隐喻、借代,句法方面的结构转换,等等。然而这些努力还是不够,有时候我们还得借助副语言手段,如手势、身体语言等。因此,语言符号与现实的关系绝大多数情况下只好是图25的(b)和(c),而不是(a)这种状况(其中F为语言形式,M为意义表述):

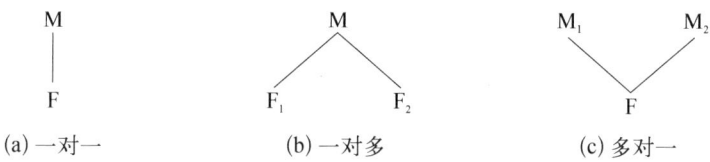

(a) 一对一　　　　　　(b) 一对多　　　　　　(c) 多对一

图 25　语言形式与意义的对应关系

这两种情况都涉及转换,不管这种转换是语义的、结构的,还是其他层面的。同时,转换绝不是任意的,而是有限制的,而限制也不是任意的,同样是有理据的;也就是说,转换有认知基础。在此所涉的's结构和of结构转换就是这种类型。首先,看它们二者的相互转换(Garretson et al., 2002):

(149) a. the land of the dead man　⟷　the dead man's land
　　　 b. the houses of settlers　　⟷　the settlers' houses
　　　 c. the son of a Scottish man　⟷　a Scottish man's son
　　　 d. the explosion of the rifle　⟷　the rifle's explosion

Barker & Dowty(1993)的研究认为,如果一个名词可以带of领属结构,且这个结构如果可以用's领属结构释义的话,那么这个名词就具有合适的关系意义,即这个名词就是关系名词(relational noun)。英语关系名词大概有这样几类:① performance 类型,如 performance(表演)、robbery(抢劫)、conquest(征服)、discovery(发现)、examination(考试)、summary(小结)、review(回顾)和 destruction(毁灭);② picture 类型,如 picture(图片)、photograph(照片)、portrait(画像)、statue(雕像)、history(历史)、biography(传记)和 birthday(生日);③ love 类型,如 fear(害怕)、admiration(钦佩)、knowledge(知识)、desire(渴望)、criticism(批评)和 news(消息);④ expression 类型,如 expression(表达)、avoidance(回避);⑤ sketch 类型,如 sketch(草稿)、tale(传说)、painting(绘画);⑥ brother 类型,如 sister(姐妹)、wife(妻子)、mother(母亲)(Anttila & Fong, 2003)。但在另一些情况下,这种转换是受限的,当's 结构表示类别时,就不能用 of 结构取代。例如(章振邦等,1985:174):

(150) a. women's magazines

→ *magazines of women

b. a doctor's degree

→ *the degree of a doctor

如果是部分-整体关系,这种领属关系也不能转换。例如:

(151) a. some of you

→ *your some

b. most of the time

→ *the time's most

c. the first of the ten candidates

→ *the ten candidates' first

d. the rest of the week

→ *the week's rest

从语法结构上看,当被修饰的名词中心词带有同位语时,也只能用 's 结构,不能用 of 结构。例如(章振帮,1985:175):

(152) a. my sister's friend, a singer

→ *the friend of my sister, a singer

b. the monitor's brother, a PLA man

→ *the brother, a PLA man, of the monitor

当 of 结构的介词宾语有后置修饰语,或有定冠词加某些形容词或-ed 分词时,of 结构不能改为 's 结构。例如(章振邦,1985:175):

(153) a. the desires of the rich

→ *the rich's desires

b. the struggles of the oppressed

→ *the oppressed's struggles

有许多固定表达式只能用's结构,不能用of结构。例如(克洛斯,1983:238):

(154) a. keep someone at *arm's length*

b. do something to one's *heart's content*

c. be at *death's door*

d. be at one's *wits' end*

不过,'s结构与of结构在不同语境中可能会有不同的运用比例。根据Anttila & Fong(2003)的统计,对Aida's performance 和 the performance of Aida 的理解就是这样:

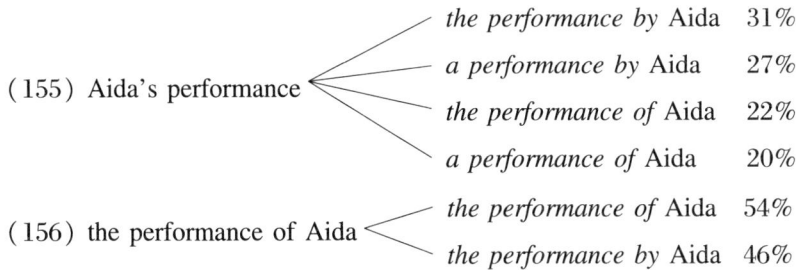

同时,它们的认知语义特征通过转换可以得到进一步阐释。如果单从语言表达形式上来看,'s结构是依附性的,不能独立,而of结构则具有独立性,可单独存在;如果从距离来看,'s结构体现近距,而of结构则体现远距。Hawkins(1981)认为其中的语义关系存在等级差异(semantic hierarchy),这种等级差异导致出现优先权问题:① 人类名词<非人类名词,如(157)(158);② 如果人类名词涉及属性,那么人类属性<非人类属性,如(159);③ 如果同时有人类名词、人类属性和非人类名词,那么人类名词<人类属性<非人类名词,如(159);④ 如果同时有人类名词、人类属性、非人类生命名词和非人类非生命名词,那么人类名词<人类属性<非人类生命名词<非人类非生命名词,如(160)。

(157) a. the mouth of the river　　b. ? the river's mouth

(158) a. Mary's bicycle　　b. ? the bicycle of Mary

(159) a. John's foot hurts　　b. ? the foot of John hurts

(160) a. the cat's basket　　b. ? the basket of the cat

实际上,这反映了领属关系的一个实质,即它是以人为中心、以生命为主导、以非生命为附属的构建模式。总之,'s 结构多与有生命的主体,特别是有施为能力的人相连,强调主观性,而 of 结构则多与无生命的、抽象的客体相连,强调客观性。它们之间转换不是任意的,存在一定的优先问题。

5.3.3.3　英汉对比

英语中表征领属关系的手段很多,可用动词 have、own、possess 等,也可用介词 with、in、of 等,还可用词缀 X's,其中 of 结构不仅仅体现一种向心关系,还体现一种认知领属关系。一般来说,向心结构存在一定的领属性,而领属结构也有一定的向心关系存在,它们之间有一些交叉或重叠部分。但"领"与"属"之间存在不同的结构和语义关系,如"领"与"属"有时分开,前面为"领"、后面为"属"。例如(沈阳,1995):

(161) a. **橘子**他剥了**皮**。

　　　b. **这篇文章**我写了**开头**。

　　　c. **这衣服**你还没钉**扣子**呢。

　　　d. **那些参考书**我看过**一部分**。

也可能只有"领"而没有"属",如下面(162)几例(沈阳,1995)中括号内的"属"省略了:

(162) a. **树叶**(的颜色)黄了。

　　　b. **他**(的脾气)太倔。

　　　c. **小提琴**(的声音)很好听。

　　　d. **那个师傅**(的肩上)挑着一副担子。

另外,"领"与"属"两个 NP 成分的语义关系也不尽相同。例如(沈阳,1995):

(163) a. **墙上的画/房间里的摆设/二楼的老王**　　(范围领属)

b. **图书馆**的书/**老李**的自行车/**岳父**的存款 （领有领属）
c. **他**的眼睛/**一个人**的头脑/**工厂**的围墙 （附属领属）
d. **书**的封面/**自行车**链条/**衣服**领子/**橘子**皮 （整体-部分领属）
e. **萝卜**丝/**大米**粥/**苹果**酱 （结果领属）
f. **树叶**的颜色/**菜**的味道/**他**的性格 （本体-属性领属）

不管上面这些领属关系如何变化,有一点是基本且永远不变的,那就是"领"(界标,landmark)和"属"(射体,trajector)之间的相互配合、相互依存、相互影响的关系始终存在,因为它们是一个有机"整体"组构,如图 26 所示(C=概念者,R=参照点,T=目标,D=域,Poss=领属结构,Lm=地标,Tr=射体,→=心理路径)。

同时需注意的是,并非所有领属结构都具有同等的使用机会,存在一个"优先权"问题。Hawkins(1981)认为领属关系的实质是以人为中心、以生命为主导、以非生命为附属的构建模式。因此,英语中 's 结构和 of 结构两种领属关系始终处于竞争状态。Biber et al.(2000b:299—308)对这种优先权进行了考察和诠释:

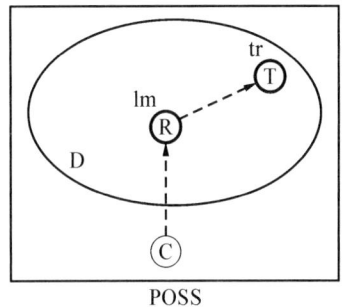

图 26　领属关系表征(Langacker,1999:180)

(i)语域方面:所有语域(新闻、小说、学术文章、会话)中 of 结构超越了 's 结构,会话中 's 结构和 of 结构使用频率最低,新闻中 's 结构使用频率最多,而学术文章的 of 结构使用频率最高;就名词性领属结构的使用密度而言,新闻>小说>学术文章>会话。

(ii)语义方面:'s 结构多与领属、性质、来源、主观性、时间、量度和分类语义功能相连,而 of 结构则多与部分-整体、界定、客观、量化、类别意义相连。

(iii)信息方面:'s 结构倾向于表达旧信息,而 of 结构倾向于表达新信息,请对照(164)中两个方括号中文字:

(164) The renowned Aberdeen ballad singer, Lizzie Higgins, died on

Saturday in her native city at the age of 63. Lizzie was [the daughter *of a very famous mother, the late Jeannie Robertson, who after her "discovery" in 1953 was acclaimed internationally as the outstanding ballad-singer of modern times*]. [*Lizzie's father*] was the prize-winning piper Donald Higgins.

对于英语of结构和汉语"的"字结构,学界争议很多,如Lees(1960)、Chomsky(1970)和Hudson(1984)等认为英语of结构中的of没有什么意义可言。然而,Langacker(1999)等认知语言学家则认为它有意义,且意义不可小视。汉语"的"字结构也一直是现代汉语语法研究的一个热点和难点(石毓智,2000b)。在传统汉语语法研究中关于"的"字功能,有三类观点:一是做定语,如黎锦熙(1924/1992)、丁声树(1961)、Ross(1983)等;二是做名词化标记,如朱德熙(1961,1966)、陆志韦等(1957)、Li & Thompson(1981)等;三是将"的"字结构中"的"当作名词性功能范畴,是名词性的句法核心,其最大投射(FP)具有名词性(熊仲儒,2006)。下面具体讨论(参见刘国辉,2009)。

首先,考察英语of结构的of一词。它在生成语言学传统中是没有意义的元素,只不过是为了语法目的而运作的句法规则手段而已。例如(Lees, 1960):

(165) a. the machine's humming
 → *the humming* of the machine
 b. He's selling the car.
 → He's *the seller* of the car.
 c. He drew the picture rapidly.
 → his rapid *drawing* of the picture.

Chomsky(1970)也提出了类似的看法,认为它是一种派生手段。例如:

(166) a. John's picture
 → *the picture* of John's
 b. the picture of John
 → *John's* picture

Hudson(1984:136,143,147)同样谈到,of 是一个"没有任何特殊语义"的"空词"(empty word)。然而,实际上并非如此,Quirk et al.(1972:326—327)谈到,英语中用得非常广的介词 of 主要做名词短语所有格的后置修饰,其用法体现了不同语义表征。例如:

(167) a. the courage of the man

　　→ The man has courage.

　　b. the virtue of thrift

　　→ Thrift is virtue.

　　c. a flock of sheep

　　→ Sheep make up the flock.

　　d. a glass of water

　　→ The glass contains water.

这些不同的语义表征具体来说大致有 11 种(章振邦,1997:1311—1313;*Macmillan English Dictionary for Advanced Learners*,2003:979—980):

(ⅰ)所有关系,如 the engine of the car→the car has an engine。

(ⅱ)同位关系,如 the city of Shanghai→the city that is Shanghai。

(ⅲ)部分-整体关系,如 one of his last poems→one that is his last poem。

(ⅳ)主谓关系,如 the arrival of the visitors→the visitors arrived。

(ⅴ)动宾关系,如 the loss of power→somebody lost power。

(ⅵ)来源关系,如 a play of Shakespeare → a play written by Shakespeare。

(ⅶ)原料关系,如 a dress of silk→a dress made of silk。

(ⅷ)内容关系,如 a story of adventures → a story which tells of adventures。

(ⅸ)性质关系,如 a matter of great importance → a very important matter。

(ⅹ)时间关系,如 a period of ten years → a period that lasted ten years。

（xi）距离、方位和面积等关系，如 a distance of 50 kilometers→a distance that covers 50 kilometers。

认知语法则进一步强调 of 一词自身的意义，认为它突显了两个实体之间的关系意义，即一个成分（trajector，射体）为另一个成分（landmark，界标）固有的限制性组成部分。例如（Langacker，1999：74）：

(168) a. the {bottom/? label/? lid} *of* the jar
   b. the {? bottom/label/lid} *on* the jar
   c. the {? bottom/? label/lid} *to* the jar

(168)中的 of 体现了一种固有的限制性组成关系，on 体现两个实体之间的接触和支撑关系，而 to 则体现两个实体之间的分离关系。因而，在(168a)中 bottom 比其他两个实体更适合，在(168b)中 label/lid 比 bottom 更适合，而在(168c)中 lid 比其他两个更好些。与此相似，汉语"的"字结构中"的"字也不是没有意义。根据张念武(2006)的研究，"的"字体现一定的语法和语义关系，按 XP 语类可分为四大类：

（ⅰ）DP+的+e/DP：A. 表领属，如"小张的铅笔"；
      B. 表材料，如"不锈钢的"；
      C. 表属性，如"创造性的成果"；
      D. 表时间，如"昨天的"。

（ⅱ）AP+的+e/DP：A. 可转化成"e/DP+AP"，如"新鲜的水果、美丽的姑娘"；
      B. 不可转化成"e/DP+AP"，如"快乐的时候、健康的问题"。

（ⅲ）e/DP 与 V 的施受关系：A. e/DP 是 V 的施事，如"睡觉的孩子"；
        B. e/DP 是 V 的受事，如"吃的食物"；
        C. e/DP 既不是 V 的施事，也不是 V 的受事，如"喝水的杯子，读书的地方"。

（ⅳ）IP+的+e/DP：A. e/DP 是 IP 中 V 的受事，如"他教的课、你干

的好事";

B. e/DP 不是 IP 中 V 的受事,如"他喝水的杯子"。

再简化一点,就是(司富珍,2004):

（ⅰ）NP+的+VP,如"这本书的出版";

（ⅱ）NP_1+的+NP_2,如"木头的房子";

（ⅲ）NP+的+AP,如"市场经济的繁荣";

（ⅳ）NP+的,如"学校的";

（ⅴ）VP+的,如"开车的";

（ⅵ）AP+的,如"红的";

（ⅶ）Pron+的,如"这是他的";

（ⅷ）S+的,如"那是我们昨天做的";

（ⅸ）T+的,如"去年的";

（ⅹ）P+的,如"重庆的"。

但朱德熙(1966)认为在很多情况下用省略来解释显得十分牵强,甚至讲不通,如"至少他手中有条麻绳,不完全是空的"这句话"的"后很难补出什么。吕叔湘(1980b:133)进而指出,以下两种特殊情况中修饰语与中心词之间不能用"的"字:

（ⅰ）意义已经专门化,如"数学教员、工业城市、绝对真理"。

（ⅱ）修饰语和中心名词经常组合的,如"历史经验、幸福家庭、驾驶技术"。

这是因为"的"的功用在于确立一个认知域成员,而意义已经专门化的或经常组合的偏正结构所代表的成员地位已确立,不需要或不一定需要"的"来确立。然而,不经常组合的偏正结构,其成员地位不稳定,需要"的"来确立,如"血的教训、科学的春天"。那么,"的"字结构前后究竟是一种什么语义或语法关系？古川裕(1989)将"的"字结构分为了两大类:

S 类偏正词组:
VP 的 s+n
(169) 开大卡车的技术
(170) 弹钢琴的声音
(171) 先有鸡还是先有鸡蛋的问题

T 类偏正词组:VP 的 t+N
(169′) 开大卡车的司机
(170′) 弹钢琴的女孩子
(171′) 永远不能解决的问题

S 类词组里的 VP 和 n 不能直接搭配,它们之间没有潜在的格或及物关系,是一种内容(思考、言论、感知、属性、情况、抽象和时间等)补充关系,而 T 类词组里的 VP 与 N 之间是一种及物关系。具体来说:

(172)

从以上考察可知,英语 of 结构中的 of 一词与汉语"的"字结构中"的"字不是没有意义,而是语义太丰富多彩了。

通过上面的考察,我们略知英语 of 结构与汉语"的"字结构之间的共性应该比较多,但它们之间的差异同样存在。为了更加明晰,我们将其表征为表 13。

表 13 of 结构与"的"字结构比较

共性特点	1. 从句法表层结构看,它们都可表向心关系; 2. 从短语结构组合看,它们前后都可连接名词或名词性成分; 3. 从语法功能看,其中心语大多都具有名词性功能; 4. 从修饰角度看,中心语与其他成分之间是一种修饰与被修饰的关系; 5. 从短语结构组成成分之间的语义看,一般多为主题与具体内容、整体与部分之关系; 6. 从认知语义角度看,它们都具有领属结构关系; 7. 从语用语境角度看,多用于严谨的正式语境; 8. 从文体/语体角度看,多用于严肃的正式文体/语体; 9. 从转换生成语言学角度看,其中心语不能任意提取; 10. 从系统功能语言学角度看,多用于语法隐喻。
个性差异	1. 从 NP 之间的结构看,英语 of 不能用于 NP 之后,汉语"的"则可以; 2. 从句法结构看,英语 of 后面的 NP 一般不能省略,而汉语"的"后面很多时候则可以; 3. 从句法功能角度看,英语 of 不具名词性,汉语"的"则具有; 4. 从 NP 之间的语义关系看,英语 of 结构比汉语"的"字结构丰富多彩; 5. 从转指、转喻角度看,英语 of 结构很难操作,汉语"的"字结构则比较容易操作; 6. 汉语 XP 中的 X 可重复,起到一种很好的事物描述功能,如"老的老,小的小""看报的看报,读书的读书",英语中则没有这样的表达式。

不管分歧如何,有几点是可以肯定的:① of 与"的"不能独立存在;② 它们的前后必须有其他词类或短语存在,特别是名词性成分或动词性成分;③ 它们所连接的前后成分一定存在着某种语义关系,特别是领属关

系;④ 它们结构上存在向心关系;⑤ 都有修辞效果。换言之,表面上看英语 of 和汉语"的"字没有多少语言学研究价值,只起一种语言符号之间的连接作用。然而,正是这种"连接"功能需要认真对待,否则会出问题,殃及句法结构的一些处理。因此,我们在英汉互译时,就不能随便将英语 of 结构翻译为汉语"的"字结构,反之亦然。李白楼(1992)就提到,在翻译 of 时,需要注意其前后的各种关系,有的需要顺译,即 A of B 译为"A 的 B",有的则需要倒译,译为"B 的 A",两种情况都不一定有"的"字。例如:

(173) a large amount *of* information
大量的信息

(174) one of the effects *of* this organized and standardized investigation
这种有组织的标准化调查的效果之一

而法律文书中"的"字结构往往省略了逻辑主语,在翻译为英语时多需加上这个主语,译为 whoever、anyone who、no one who、where things 等。例如(林克难、籍明文,2002):

(175) **具有下列条件之一的**,可以参加执业医师资格考试。
Whoever meets one of the following conditions can take part in the examination for the qualification of medical practioners.

(176) **有下列情形之一的**,不予注册。
No one who violates one of the following circumstances shall be registered.

这样,我们对英语 of 结构和汉语"的"字结构的表征、语法结构、功能和认知语义等方面有了一个比较清晰的认知与了解,它们在这些方面的确既有共性,也有不少个性。

5.3.3.4 向心结构

根据布龙菲尔德(1980)的观点,在具有 AB 两个直接成分的结构体中,如果直接成分 A(或 B)与结构体 AB 的语法功能相同,那么这个结构体就是向心结构,A 或 B 就是这个向心结构中的核心。例如,poor John 和 very fresh milk 就是两个向心结构,其核心成分分别是 John 和 milk。国内自 1981 年以来,有不少学者对此进行过研究,如朱德熙(1984)、陆丙甫(1985)、金立鑫(1987)、施关淦(1988)和程工(1999)等。不过,对于向心

结构目前仍存不少争议,主要有六种看法:

(ⅰ)据 Fukui(2000)研究,X′短语论的产生存在两大基本动因,其中之一就是"可能的短语结构规则",即当没有 X 时,XP 就不能成为 X 的短语,XP 是由核心成分 X 建构的,具有"向心"(endocentric)特征。否则,违反向心原则,不会有"可能的短语结构规则"。

(ⅱ)NP+of+NP 结构中,前面的名词性成分是中心语,后面是修饰语,体现一种内容诠释关系、包含关系或整体-部分关系。例如(Hunston, 2006:155—156):

(177) *the absurdity* of letting Rottweilers and the rest roam
the advantage of ensuring that there is
the agony of developing and becoming aware of
the challenge of helping one another
the comfort of sorting out your finances from
the crime of speaking with an English accent
the threat of losing no-claims discounts
the thrill of being on your own two feet
the shame of selling out and being commercial

(ⅲ)of 结构表达一种修饰与被修饰关系,中心词不是第一个名词,而是第二个名词。例如(章振邦,1997:1351—1352):

(178) *a hell* of a factory = a hell-like factory

(179) *a matchbox* of a room = a room as small as a matchbox

(180) *a fool* of a policeman = a policeman who looks like a fool

(181) *a phantom* of a king = a phantom-like king

类似表达还有:

(182) *a textbook* of a teacher

(183) *a dictionary* of a professor

(184) *an article* of a scholar

(ⅳ)有人不把"NP+的+VP"结构看作"的"字结构,而是偏正结构,中心语是 VP,但整个结构是名词性的,因为它只出现在句子主宾语位置上(徐阳春,2005)。

(ⅴ)熊仲儒(2005)提出了以"的"为核心的 DP 结构,它使整个短语具有名词性。即便不是完全的名词,"N 的 V"中的 V 谓词性减弱了,名词性增强了(张伯江,1993)。

(ⅵ)金立鑫(1992)则认为所有的句法结构在组合关系上都是向心结构,都是核心的投射形式,核心在组织结构上起着决定性作用。例如:

(185) $\underbrace{外文系的一名教授}_{a}$ $\underbrace{已经}_{b}$ $\underbrace{写}_{c}$ $\underbrace{完了}_{d}$ $\underbrace{十本学术著作}_{e}$。

其中 c 为核心成分,其他成分都是它的直接成分;如果去掉这个核心,整个结构就会立即散架。综上所述,关于"NP+的+NP/VP"结构的中心语共有四种不同观点:① 它以 NP、VP 的 N、V 为中心;② 它以 NP 为中心;③ 它以"的"为中心;④ 它以句子谓语动词为中心。所有这些解读都有其合理成分,但我们主要关注名词性短语中的向心结构表征,也就是由 of 和"的"表征的名词性短语结构。根据 Langacker(1999:86—88)研究,句法结构层面的名词化就是利用 of 典型语义特征进行表征。下页图 27 就是以 the breaking of the glass 为例,展示名词化状态在句子中的表征过程,其中 tr 表示射体,lm 表示地标,G 表示目标。

5.3.3.5 转喻问题

名词与动词的词性区分就在于指称与陈述之区分,然而词性又存在两个不同层面的区分:一是词汇层面的词性,是词语固有的;二是句法层面的词性,在使用中产生,具有动态性,由句位确定。两个不同层面的词性在汉语中往往出现不一致的现象,主要原因是汉语缺乏形态标记。朱德熙(1983)指出陈述和指称可以转化,"当我们在 VP 后头加上'的'的时候,原来表示陈述的 VP 就可转化为表指称的'VP 的'了"。转化也分词汇转化和句法转化,前者通过构词手段来使表述功能转化,如:带标记的,"看→看的,劳动→劳动的,笑→笑的";零标记的,如"领导、管理、科研"。而句法转化则主要通过句法手段来改变表述功能,也分带标记和零标记两种情况。当然,这种转化是有关联性(correlation)的,Croft(1991)从类

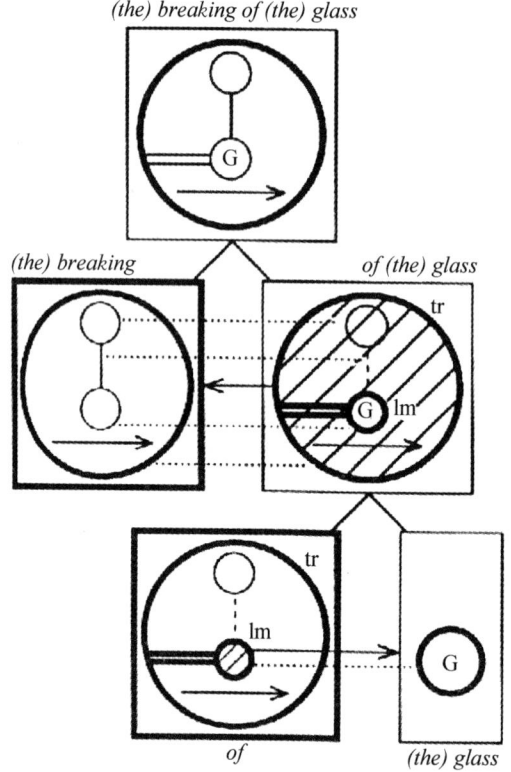

图 27 the breaking of the glass 的名词化表征过程(Langacker, 1999: 88)

型学角度出发,将词类、语义和语用功能相连表征为(↔表关联性):

词类	语义类	语用功能
名词 ↔	事物 ↔	指称
动词 ↔	动作 ↔	陈述
形容词 ↔	性质 ↔	修饰

动词、形容词等可以构成"的"字结构,转指物质空间概念,这就是我们常说的"名词化"或"名物化"。由于名词性成分具有较高的离散性特征,因而只有离散性强的动词才能自由构成"的"字结构,转指物质空间概念。裘荣棠(1999)指出下列几类动词不能直接构成"的"字结构指代事物:

(ⅰ) 关系动词,如"*是的、*姓的、*当作的"等。
(ⅱ) 心理动词,如"*觉得的、*认为的、*懒得的"等。

（ⅲ）使役动词，如"*使的、*让的、*命令的"等。

（ⅳ）重叠式，如"*吃吃的、*看看的、*学学的"等。

因为以上这几类动词没有离散性或离散性很弱，受转指数量特征限制，因而不能构成"的"结构指代事物。沈家煊（1999）也指出这种转指不是任意的，而是有限制的。例如：

(186) a. 经理的（外套）→*经理的（身份）
　　　b. 小王的（书包）→*小王的（爸爸）
　　　c. 词典的（封皮）→*词典的（出版）
　　　d. 中国的（河流）→*中国的（长江）
　　　e. 托运的（行李）→*托运的（手续）
　　　f. 到站的（火车）→*到站的（时间）

语法上的转指本质上就是"转喻"（metonymy），其认知框架是心理学上的"格式塔完形"（gestalt）。完形结构作为整体，比它的组成部分在认知上简单，易识别、记忆和使用，这得到了很多心理学实验证明（如 Pomerantz et al. 1977）。沈家煊（1999）为此提出了转喻的认知模型：A 转喻 B，A 和 B 必须在同一个"认知框架"内，同时 A 必须比 B 显著，A 能附带激活 B。一般情况下，用显著的东西来转喻不显著的东西，整体比部分显著，容器比内容显著，有生命的比无生命的显著，近的比远的显著，具体的比抽象的显著。

5.3.4　动名词

5.3.4.1　动名词的特性

动名词（gerunds）作为一种特殊语言现象，与动词有关，但更多与名词相关，特别是句法层面。对它的考察会助于我们更好地理解名词化。动名词，顾名思义，含有动词性（verbal）和名词性（nominal）之义，是动词的另一种名词化形式，表征为 V-ing，如（187）的 having 一半是动词、一半是名词：

(187) We were talking about John *having* a sabbatical.

having 在此首先是一个动词，因为它有自己的主语 John 和宾语 a sabbatical。动名词 having 还可受否定词 not 和副词修饰，如（188a）和

(188b):

(188) a. We were talking about John *not having* a sabbatical.
　　　b. We were talking about John *soon having* a sabbatical.

按照 WG(Word Grammar)理论,动名词应是以名词为主导的结构,即 VP 应在 NP 之内,那么 Kim's watching television 可表征为(Malouf, 2000:87):

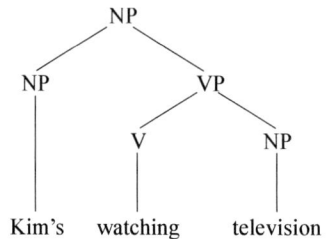

因为该理论假设:① 句法结构分析中每个词都是一个节点(node),不管形态结构如何;② 一组独立个体词作为单个原子节点(如 Noun),而不是作为特征(如[+N]);③ 网络关系表明词与词类之间的分类关系;④ 词之间存在句法依存关系;⑤ 存在多个缺省逻辑继承关系(multiple default logical inheritance),这样 "Good students like books." 可表征为(Malouf, 2000:87):

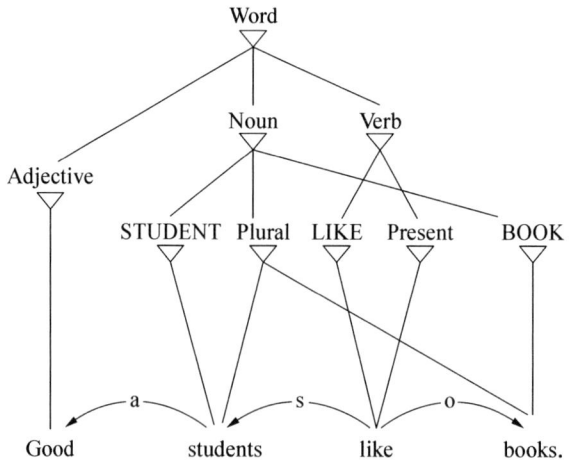

其中箭头表句子依存关系,a 指修饰语(Adjunct)、s 指主语(Subject), o 则指宾语(Object)。这样,名词就包含了三个次类:普通名词,如 boys、 people、mud；专有名词，如 Sam、London；代词，如 them、what、someone、his 等。名词短语之间的依存关系如下所示（c 表控制关系）：

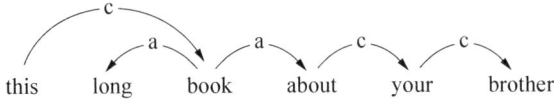

这样，就可把所有的名词放在一个框架下，处理起来相对简单容易。如果动名词是名词，就应属于上面三种之一，但实际上不是。动名词作为动词，它与其他动词的区别在于屈折（inflection），所有动名词都是非限定性的（non-finite），在 WG 理论中，动名词继承了屈折和词素，如下所示（Malouf, 2000：87）：

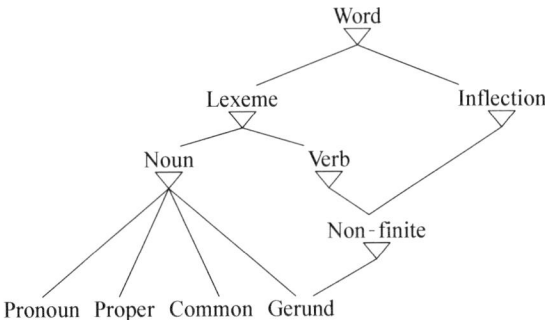

当动名词作为名词时，其根还是动词性的，因为动词词素决定其意义、可能的依存关系和词干等，且决定其修饰语，如副词。古英语中没有动名词，只有相当于现代英语名词的名词化，如 nominalization、arrival、reading，且规则动词性名词一般以-ing 或-ung 结尾，最显著的名词性遗产就是名词的领属性主语结构。例如（Malouf, 2000：87）：

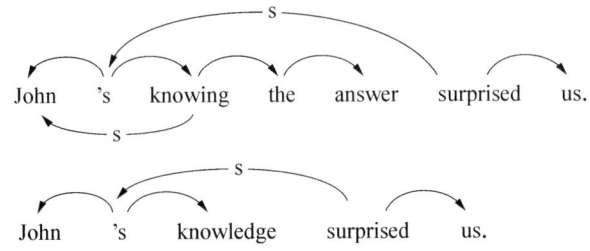

的确，在长期的演变过程中，动名词带有动词特性，常被副词修饰（Wurff, 1991）：

(189) a. The *quickly doing* of it, is the grace. (1610)
   b. He finds that *bearing* of it *patiently* is the best way. (1664)
   c. The *shutting* of the gates *regularly* at ten o'clock … (1818)

动名词的动词特性还可从 Wurff（1997）对 18、19 世纪 400 个动名词或名词化的研究中得到证明，因为该研究发现这 400 个表征中只有 8% 存在混合性，10% 具有名词性，其余的 82% 都具有动词性。同时，动名词也是名词，因为它还可用于其他名词所占的句位。例如：

(190) a. John *having a sabbatical* upset Bill.
   b. Did John *having a sabbatical* upset Bill?
   c. They discussed John *having a sabbatical*.
   d. John not *having a sabbatical* and Mary's failure to get study leave

此外，还有其他一些情况使其更加复杂化。首先，动名词的主语往往呈现领属关系。例如：

(191) We were talking about *John's/his having* a sabbatical.

根据 Quirk et al.（1985：1064）的研究，句法层面更多使用领属关系表征，如(192)中用 my 比用 me 好：

(192) *My/Me forgetting* her name was embarrassing.

其次，当代英语中动名词一般与限定词，特别是与 no 或 any 连用（Quirk et al., 1985：1066）：

(193) a. *No playing* loud music!
   b. *Any eating* sweets in the office?

第三，有些情况只能用动名词。例如（Quirk et al., 1985：1231）：

(194) a. It's/There's no use *telling* him anything.
   b. There's no point *telling* him anything.
   c. It's scarcely worthwhile *you/your going* home.
   d. It's pointless *buying* so much food.

也就是说，这些表征不能转换为一般的名词。例如：

(195) a. *It's no use *a big fuss*.

　　 b. *There's no point *anything else*.

　　 c. *It's scarcely worthwhile *a lot of work*.

　　 d. *It's pointless *purchase of food*.

第四,动名词主要关注过程、心态和习惯等。例如(200b、201b):

(196) a. I attempted to solve the problem.

　　 b. I attempted *solving* the problem.

(197) a. She remembered to write me.

　　 b. She remembered *writing* me.

最后,Abney(1987:245)认为普通名词可省略,但动名词一般不能省略。例如:

(198) a. *John's *passing the exam* was surprising, and Bill's [ ] was even more so.

　　 b. John's *success in the exam* was surprising, and Bill's [ ] was even more so.

一般领属结构规则可表征为:① 代名词的补语是普通名词;② 代名词的补语是选择性的;③ POSS 代名词必须有补语。而动名词与普通名词不同,请看:

(199) a. A:No *noise*, please!

　　　 B:What, *none* at all?

　　 b. A:No *being noisy*, please!

　　　 B:*What, *none* at all?

(200) a. A:There's no *possibility* of mistaking that voice!

　　　 B:No, *none* at all!

　　 b. A:There's no *mistaking* that voice!

　　　 B:*No, *none* at all!

其实,汉语中同样存在类似的问题。邵敬敏、刘焱(2001)认为在典型的静态名词和典型的动态动词之间存在着一个连续统,有一部分名词的语义内涵具有动态性,即语义特征隐含有谓词。有些名词的语法特征跟时间有着密切的关系,如"雨后、课前";有些动词跟空间有着密切的联系,如位移动词"演出、比赛"。空间性和时间性只是名词跟动词相区别的语法特征之一,这两大类词的根本区别还在于它们的静态性和动态性。名词基本上是静态的,动词则基本上是动态的。现代汉语动态名词的动态性可通过以下几种方法检测:

（ⅰ）该名词是否受动量词修饰并构成一个可以独立自由运用的偏正短语。这是此类名词最基本,也是最起码的条件。符合的就是"动量动态名词",如"一阵雨、一阵风、一阵雪、一顿饭、一顿点心、一顿皮鞭、一场球赛、一场战争、一次宴会、一次灾难"。这类动态名词如果前面带有其他定语修饰,就更容易接受动量词的修饰。这可能是因为接受定语修饰后,名词的内涵扩大,行为、动作、事件、变化的动态性更加具体化了,如一阵风→一阵狂风,一阵雨→一阵暴雨,一阵雪→一阵鹅毛大雪,一阵枪声→一阵激烈的枪声等。名词跟动量词的搭配有比较强的选择性,但有一些也可多选,如:"风、雨、冰雹"既可选"场",也可选"阵";"灾难、风波、浩劫"既可选"场",也可选"次"。

（ⅱ）动量动态名词的一部分还可跟方位词"前（之前/以前）"或"后（之后/以后）"组合成为方位短语,但所表示的语法意义不是空间的位置,而是时间段。例如:

(201) 雨前—雨后　球赛前—球赛后　饭前—饭后
　　　会前—会后　假期前—假期后　战争前—战争后

比较动态名词与静态名词各自跟"前"或"后"的结合,会发现两者之间有明显差异。请对照如:

(202) a. 房前有条小河、房后栽着一棵桃树、床前明月光、床后是沙发
　　　b. 课前要预习、课后要复习、饭前要洗手、饭后要散步

其中(202a)类名词所指事物越实在,它的空间位置观念越强,具有明显的长、宽、高三维特征;而(202b)类名词则都隐含有一定的动态性,也可以说是一种"谓词隐含",即可以由这个名词的语义刺激而产生联想,从而推导出它所隐含的动作语义,如课前=（上）课前、课后=（下）课后（不等于"上课后"）、战争前=战争（爆发）前、战争后=战争（结束）后（不等于

"爆发战争后")、饭前=(吃)饭前、饭后=(吃完)饭后。

（ⅲ）进一步观察时间动态名词是否能够进入"N 正在进行之中"的句法框架,结果发现只有少数时间动态名词才能这样。例如：

(203) a. **球赛**正在进行之中。
　　　b. **战争**正在进行之中。
　　　c. **会议**正在进行之中。

这类动态名词可叫作"进行动态名词",但大部分时间动态名词不能够如此。例如：

(204) a. ***睡觉**正在进行之中。
　　　b. ***喝茶**正在进行之中。

因此,名词动态性程度可以这样表征：如果 A 是典型的静态名词[静态 100%,动态 0%],E 是典型的动词[静态 0%,动态 100%],其间的 B、C、D 则表明静态因素跟动态因素互为消长;也就是说,当静态成分增长,相应的动态成分就减少,当动态成分增长,相应的静态成分就减少。

5.3.4.2　动名词的类型

如果问语言中的动名词究竟有多少？不管是英语还是汉语,要给出一个明确的数字恐怕是相当难的。但如果问英语中哪些动词后可跟动名词,这个问题可能相对来说较容易回答。根据强增吉(1984)的研究,英语中可跟 V-ing 结构的动词大致可分成两大类：

（ⅰ）表示人类认识、思维和心理活动的动词,其动词词义可划分若干小类：

（A）表示"想象、设想"等义的动词,如 picture、imagine、visualize、fancy 等。例如：

(205) It's delightful to *visualize* millions of stalwart Anglo-American troops *storming* across the English Channel now.

(206) She *imagined finding* an old paper bag on this sidewalk — with money inside!

（B）表示"预见、预示、期待、期望"等义的动词,如 foresee、predict、anticipate、contemplate 等。例如：

(207) From command of a cruiser, a cramping task, he *foresaw passing* to the planning of gigantic sea campaign.

(208) He *had contemplated taking* Mr Mackay into his confidence, and *asking* his advice about his difficult position.

(C) 表示"理解、考虑、权衡"等义的动词,如 see、meditate、weigh、understand、view、consider、imagine 等。例如:

(209) I don't *see begging* a woman to change her mind, and I don't imagine helps.

(210) I cannot *understand beginning* to study at his age.

(D) 表示"喜爱、爱慕、憎恨"等情感义的动词,如 enjoy、like、love、admire、relish、prefer、dislike、loathe、resent、hate、adore 等。例如:

(211) I very much *admire* Andra's *refusing* to give up.

(212) You'd provoked me, I'd drunk a lot, and anyway I *relish arguing* on the wrong side.

(E) 表示"忍受"义的动词,如 tolerate、endure、stand、bear 等。例如

(213) How could she *have endured putting* that album together?

(214) Can you *bear hearing* that kind of story?

(F) 表示"承认、否认"等义的动词,如 acknowledge、admit、confess、deny、disclaim、forswear 等。例如:

(215) He didn't even *acknowledge having* received the invitation.

(216) He *admitted having* tempted Eve in the shape of a serpent.

(G) 表示"怀疑、惧怕"等义的动词,如 doubt、suspect、dread、fear、despise 等。例如:

(217) It was such an unexpected deflating response that it took Pam a second or two to *suspect teasing*.

(218) I don't *doubt* their *wanting* to help.

(H) 表示"记得、忘记"等义的动词,如 recall、recollect、remember 等。例如:

(219) I didn't *recall* his *saying* any such thing.

(220) I don't *recollect* actually *promising* to help you.

（Ⅰ）其他表示思维或心理活动的动词,如 pardon、excuse、forgive;表示"忽视、忽略"等义的动词,如 neglect、omit、overlook;表示"禁不住"等义的动词短语,如 can't help、can't resist 等。

（ⅱ）表示动作、行为的动词,最常见的大致可分为以下小类:

（A）表示"批准、允许、支持"等义的动词,如 suggest、endorse、approve、favour、allow、permit、authorize、stimulate、countenance、encourage 等。例如:

(221) The game will start soon, weather *permitting*.

(222) Your father won't *countenance* your *marrying* a foreigner.

（B）表示"禁止、阻止、阻碍"等义的动词,如 ban、bar、forbid、prohibit、prevent、hinder、impede 等。例如:

(223) The law *bans selling* certain drugs without a prescription.

(224) We *bar playing* cards for money.

（C）表示"保证、证实……有根据、证实……正当"等义的动词,如 guarantee、ensure、confirm、justify、substantiate 等。

（D）表示"逃避、避免、回避"等义的动词,如 evade、avoid、escape、shirk、shun、save 等。

（E）表示"起讫"等义的动词,如 start、resume、commence、begin、stop、finish、complete、leave off、ease、quit 等。

（F）表示"推迟、延迟"等义的动词,如 defer、delay、put off、postpone 等。

（G）表示"建议、主张"等义的动词,如 propose、advise、recommend、suggest、advocate、withhold 等。

（H）表示"涉及、意味着"等义的动词,如 involve、mean、imply 等。

以上分类实际上都与人的主体认知活动或意识有关。也就是说,人类对外部客观世界之物或之事总有一种支配欲或处置欲,这种欲望通过一些实义词来表征,但有时也可通过轻动词来表征,即用 make、have、do

等加上 V-ing 这种方式。徐宏亮(2006)利用语料库对英语中的"DO+限定词+V-ing"结构进行研究,结果发现:① "DO+the+V-ing"结构主要用来选择或聚焦某一个主体,而排斥其他的主体;② "DO+the+V-ing"结构可用来标示行为指代的对象,即确定 V-ing 的所指是前面某个动作。最后,徐宏亮考察了事件性宾语,结果发现能用于"DO+the+V-ing"结构中并构成事件性宾语的动词很多,大致可分为以下七大类:① 冒犯性动词或社会不提倡的行为动词,如 abandoning(放弃)、assaulting(袭击)、attacking(攻击)、banging(重击)、betraying(背叛)、stabbing(刺穿)、butchering(屠杀)、harassing(困扰)、abusing(滥用)、seducing(引诱)、pursuing(追求)、shoplifting(入店行窃)等;② 公众话语动词,如 addressing(演讲)、announcing(宣布)、apologizing(道歉)、protesting(抗议)、booing(喝倒彩)、calling(呼叫)、counseling(咨询)、questioning(询问)、criticizing(批评)、explaining(解释)、arguing(争论)、quoting(引用)、talking(谈话)、telling(告诉)等;③ 家政管理类动词,如 cleaning(清扫)、cooking(煮饭)、decorating(装饰)、repairing(修理)、shopping(购物)、sweeping(打扫)、vacuuming(吸尘)、washing(清洗)等;④ 判断决定类动词,如 assessing(评价)、judging(判断)、evaluating(评估)、choosing(选择)、deciding(决定)、rejecting(拒绝)、vetoing(否决)、voting(投票)、dismissing(解散)等;⑤ 协商类动词,如 buying(购买)、negotiating(谈判)、selling(销售)等;⑥ 认知情感类动词,如 suspecting(怀疑)、thinking(思考)、worrying(忧虑)、guessing(猜测)、panicking(恐慌)等;⑦ 其他动词,如 drinking(喝)、eating(吃)、driving(驾驶)等。

因此,动名词一般涉及与日常生活密切相关的活动或事件,且这些动作都可重复,体现人这个主体活动的范围、主体意识并反映主体的存在方式。

5.3.4.3 动名词与名词化比较

动名词和名词化虽都有名词的一些特性,但各有所侧重,存在一定的差异。根据张鑫友(2004:305—307)的研究,从语法形态角度看这些差异主要体现为:

(ⅰ)动名词不能带限定词,但名词化可以。例如:

(225) Have you finished *reading* today?

(226) I have some *washing* to do this afternoon.

(ⅱ) 动名词只能被状语修饰,而名词化可被形容词修饰。例如:

(227) We all take part in *the building of socialism*.

(228) The matter needs *careful thinking*.

(ⅲ) 动名词没有复数,而名词化则有。例如:

(229) Do you mind my *opening* the window?

(230) Please take our *greetings* to them.

(ⅳ) 动名词有体、态变化,而名词化则没有这样的变化。例如:

(231) *Having done the work* is an experience you'll never forget.

(232) The little girl has come to think that *being cast* in a film is the best fun in the world.

(ⅴ) 动名词做主语一般放句尾,而名词化的逻辑主语通常以介词 of 宾语形式出现。例如:

(233) It's no use *crying over spilt milk*.

(234) The sudden *rising up of* the peasants frightened the landlord.

(ⅵ) 动名词有自己的宾语,而名词化只有逻辑上的宾语,通常以介词 of 引导。例如:

(235) A friend told me that Beijing had the best opera and that *seeing it* was an experience I shouldn't miss.

(236) These are needed for *the making of clothes*, *paper and other necessaries*.

(ⅶ) 构建复合名词时,动名词可直接修饰名词,而名词化一般被名词修饰。例如:

(237) *singing* competition(歌咏比赛), *writing* desk(写字台), *walking* stick(手杖)

(238) word-*building*(构词), day*dreaming*(白日梦), hand*writing*(笔迹)

也就是说,动名词具有更多的动词特性,而名词化则具有更多的名词特性。

5.3.4.4 动名词的翻译

动名词作为一种特殊语言现象,很受学术、科技等文体的欢迎,其主要原因在于它能较好地展现语言表征的客观性,减少主观性,且信息量大。因此,科技英语中动名词用得特别多,其翻译就必然引起人们的注意。金成星(1999)为此提出了五种技巧:

(ⅰ)作为专业术语的动名词,可译成对应的汉语术语,如"The principal kinds of heat-treatment used in practice, which differently affects the structure and properties, and which are assigned to meet the requirements made to the semifabricated materials (*castings*, *forgings*, rolled stock, etc.) and finished articles, are (1) *annealing*, (2) *normalizing*, (3) *hardening* and (4) *tempering*."译为"实际生产中热处理有多种,它们对材料的组织和性能有不同的影响,并能满足对半成品(铸件、锻件、轧制件等)和成品的各种要求,主要有(1)退火;(2)正火;(3)淬火;(4)回火"。其中 castings 为铸件,forgings 为锻件,而 annealing、normalizing、hardening 和 tempering 为四种热处理方式,即退火、正火、淬火和回火。

(ⅱ)作为名词性概念的动名词,可直译成汉语名词,如"The kinematic accuracy of a machine tool results from the accuracy of *coupling* of its internal kinematic chains."译为"机床的运动精度取决于其内部传动链的传动精度"。coupling 译成"传动"比较具体,符合上下文的语境;而在非科技英语中,coupling 一般指连接、配合。

(ⅲ)因结构需要而使用的动名词可译成汉语动词,如"This process consists in *heating* hypoeutectoid steel to a temperature higher than point AC_3 50deg C, and hypereutectoid steel to one 50deg C above Acm, *holding* for a short time to heat up the whole charge and to enable phase transformations to be completed, and *cooling* in air."译为"该工艺过程(正火)是将亚共析钢加热到 A cm 线上 50℃,过共析钢加热到 A cm 线上 50℃,短时间保温以热透工件、使相变完整,然后在空气中冷却"。其中三个并列的动名词 heating、holding、cooling 分别译成动词"加热、保温、冷却"。

（ⅳ）动名词在名词性词组中做定语时，可译成汉语的定语，如"The *pumping* action and the *resulting* flow at deadhead condition are equal to the leakage in the system and pilot control flow requirements."译为"在空载状态下与泵作用及其相应的流量相当于弥补系统中的泄漏和满足系统控制所需的流量"。其中 pumping 做 action 的定语，意为"用泵加压"或"泵的运行"，因而 pumping action 译为"泵作用或抽吸作用"。

（ⅴ）"V-ing+of+…"结构，有时可译成动宾结构，如"Consequently, it is imperative for the design engineer to have an *understanding of* their natures, properties, advantages, and limitations so he may know when and how they may be used advantageously in his designs."译为"因此，迫切需要设计工程师了解它们的本质、特性、优点和局限性，以便弄清楚何时以及如何在设计中有效地加以利用"。其中 understanding 有四个逻辑宾语，即 natures、properties、advantages、limitations，可译成"了解……"。

这五种译法仅供参考，因为译文合适与否取决于译者意图、读者定位、文本需要、文化差异和认知心理。翻译的首要目的是信息传递，其次是表征方式的选择与定位，最后是审美情趣的满足，类似于传统的"信、达、雅"翻译评价标准。

5.4　名　词　性　小　句

5.4.1　英语名词性小句

一个完整小句最突出的特点就是具有陈述性，即具有表达一个事件的能力，可以陈述一个具体的事件，传递时间、地点、人物、事件、方式等各方面的信息。小句形式上表现为一系列可以陈述一个事件的具体状态成分，如语气、情态、时、体等等。同时，在压缩整合过程中小句往往会逐渐失去完全小句的特征，陈述性逐渐消失，事件被"类化"。在这个过程的最后，小句变成了矩阵句（matrix clause）中的一个名词性成分。如果一个小句失去了表达一个具体事件的能力，而只是泛泛地指称一个活动，这个小句就失去了陈述性。在此过程中,小句的实体性增强,越来越多地具有和名词一样的句法分布,可以出现在主语、宾语的位置上,因为这样的位置是名词的典型句位。当一个谓词性成分处在主、宾语位置上的时候,其"动性"也都有程度不同的削弱。因此,名词化过程就是一个从句(小句)非句化的过程,即处于次要地位的小句逐渐失去"句子"资格的过程。

Quirk et al.(1985)将小句定义为含有主语和谓语的语法结构,有限定性小句和非限定性小句之分。英语名词性小句也包括这两种类型,其中的that小句和what小句就属于限定性小句,具有时、体、态特征;而-ing小句和to不定式小句则属于非限定性小句,没有或无显性时、体、态特征。我们以Biber et al.(2000a)的研究进行考察,因为它建立在大型语料库基础之上,同时还提供口笔语材料,涉及四种不同文体——会话、小说、新闻和学术文体,具有可信、真实、全面、权威等特性。

5.4.1.1　限定性名词性小句

(ⅰ) that 小句

that 小句主要有三种类型:① 谓语动词后(post-predicate);② 外置(extraposed);③ 带名词短语主语的 that 小句。第一种主要用于表达思想、情感、态度等。例如:

(239) a. He said *that nine indictments have been returned publicly in such investigations.*
   b. I think *Stuart's gone a bit mad.*
   c. I was confident *that it would stay in very well.*

如果思想、情感、态度等的表达不涉及人,或人不必为此负责时,一般用外置性小句。例如:

(240) a. It is certain *that the challenges ahead are at least as daunting as anything the cold war produced.*
   b. It was obvious *that no subjects could perceive the movement at a normal distance.*
   c. It is virtually important *that both groups are used to support each other.*

与名词短语主语并用的 that 小句主要用于描述问题的性质、理由或事实。例如：

(241) a. The problem is *that the second question cannot be answered until Washington comes up with a consensus on the first*.
b. The only problem may be *that the compound is difficult to remove after use*.
c. The net result is *that foreign money has frequently ended up fertilizing or irrigating opium fields*.
d. The truth is *that the country is now specializing more in processing and marketing*.

带 that 小句的谓语动词一般涉及三个主要语义域：① 心理动词，如 think、know、hope、wish 等；② 言语行为动词，如 say、tell 等；③ 其他交际性动词，如 show、prove、suggest、agree 等。有九个动词用得很普遍，根据使用频率，从高到低依次为：think＞say＞know＞see＞find＞believe＞feel＞suggest＞show。如果从具体文体来看，会话中这九个词按使用频率从高到低依次是 think＞say＞know＞see＞show＞find＞believe＞feel＞suggest，小说中依次是 think＞say＞know＞find＞see＞feel＞believe＞show＞suggest，新闻中依次是 say＞believe＞think＞suggest＞show＞know＞find＞see＞feel，学术文体中依次是 show＞suggest＞say＞find＞see＞know＞think＞believe＞feel。

that 小句外置时主要用 be 等系动词作为谓语动词，其频率比带 that 小句的谓语动词低得多。例如：

(242) a. It's a wonder *he's got any business at all*!
b. It now appears *that I will be expected to part with a further portion of my income as a graduate tax*.
c. It seemed however *that in-pig sows showed more stress than empty ones*.

与 that 小句并用的形容词谓语从语义域看，主要分为三大类：① 肯定度，如 certain、confident、evident、convinced、sure、right 等；② 情感或心理状态，如 glad、sad、amazed、depressed、annoyed 等；③ 评价类，如 good、important、odd、critical、essential、necessary、appropriate 等。从使用的文体

看,以小说和新闻最多,形容词后的 that 小句主要用于会话,而外置的 that 小句主要用于新闻和学术文体。"that 小句"在四种文体中的使用频率从高到低依次为:会话>小说>新闻>学术。也就是说,会话中使用最多,学术文体中最少。另外,谓语动词前的 that 小句,如"*That you don't fit their image of a fairy princess* annoys them.",很稀少且主要见于学术和新闻文体,特别是体育报刊,会话中几乎没有出现。主要原因可能是这类结构先把信息当事实接受下来,然后再进一步说明,以便减轻记忆负担,易于操作。然而,外置 that 小句,如"It annoys them *that you don't fit their image of a fairy princess.*",在学术文体中特别多,体现了英语句法结构信息尾重特性和客观性。从省略角度看,that 小句的 that 省略情况在不同文体中不同,呈现的趋势是会话>小说>新闻>学术,依次递减。可见,省略出现得最多的文体是会话,最少是学术。

(ⅱ) what 小句

what 小句与动词 ask 和 wonder 连用最多,且主要做主语和宾语。例如:

(243) a. *What baffles me* is how few of them can spell.

b. *What we come to* is this.

(244) a. Jill was asking *what happened*.

b. I wonder *what that could be about*.

从 what 小句的谓语结构看,主要有三种类型:① 形容词谓语+what 小句,如"I'm not sure *when it's open for anybody.*"和"You'd be amazed *what they do.*";② what 小句+形容词谓语,如"*How the return of a Labour government would affect the political calculations in Northern Ireland* is difficult to foresee.";③ 形容词谓语+外置 what 小句,如"It was incredible *what had happened to them.*"和"It seemed incredible *how much had happened.*"。what 小句所涉谓语动词可分为六个语义类:① 言语行为动词,如 tell、say、explain 等;② 认知动词,如 know、think、remember 等;③ 感知动词,如 see、look、hear 等;④ 情感、态度动词,如 condemn、agree、like、hate 等;⑤ 交际性动词,如 show、write 等;⑥ 动貌动词,如 start、finish、stop 等。有六个动词用得最多,按其使用频率,从高到低依次为 know>see>tell

>wonder>ask>understand，即 know 用得最多。从使用文体看，小说和会话中 know 使用最多，其次是 see 和 wonder。what 小句在新闻和学术文体中相对较少。

5.4.1.2 非限定性名词性小句

（ⅰ）-ing 小句

-ing 小句常与动貌动词连用，还用于言语行为、认知、感知和情感等领域，做主语和表语。例如：

(245) a. *My having had what I describe as a mental image of Charlotte Street* was necessitated by one or another of certain neural events.

b. *Reflecting on this and related matters* took him past his stop and almost into Dinedor itself.

c. The movement's greatest hour was *fighting against an attack on the movement*.

涉及-ing 小句的动词类有：① 动貌或方式动词，如 begin、keep、delay 等；② 言语交际性动词，如 suggest、talk 等；③ 认知动词，如 consider、decide 等；④ 感知动词，如 see、imagine 等；⑤ 促使或阻止动词，如 try、assist、prevent 等；⑥ 要求动词，如 need、want 等；⑦ 回避或责任性动词，如 avoid、resist、stick 等。有七个动词使用较多，按其使用频率从高到低依次为：keep>start>see>go>stop>begin>be used for，keep 使用率最高。从不同文体看，-ing 小句中动词的使用不同，会话中按使用频率从高到低依次是 keep>start>stop>go>see>hear>begin>come>spend>be used for，小说中依次是 keep>see>go>start>begin>stop>hear>come>spend>be used for，新闻中依次是 start>keep>see>begin>spend>go>come>stop>hear>be used for，学术文体中依次是 be used for>go>start>keep>spend>see>stop>begin>hear>come。从-ing 小句在各文体中的分布来看，小说中使用最多，学术文体中最少，这可能与其主观性有关。

（ⅱ）to 不定式小句

to 不定式小句主要用于表达意图、欲望、努力或感知状态等，所涉动词有：① 言语动词，如 ask、tell、warn 等；② 认知动词，如 assume、 consider、expect、find 等;③ 感知动词,如 feel、see、hear 等;④ 欲望动词,如 hope、wish、like 等;⑤ 努力性动词,如 try、manage、fail 等;⑥ 意图动词,如 plan、choose、decide 等。want、try、seem、like、begin、tend、attempt 七个动词使用较多,但在不同文体中有所不同:会话中其使用频率从高到低依次为 want>try>like>seem>tend>begin>attempt,小说中依次为 want>try>seem>begin>like>tend>attempt,新闻中依次为 want>try>seem>like>begin>tend>attempt,学术文体中依次为 seem>tend>try>want>begin>attempt>like。综合这七个词各自在所有文体中的总频率,从高到低依次为 want>seem>try>like>begin>tend>attempt。如果从 to 不定式小句出现的次数考察文体,从高到低依次为小说>新闻>学术>会话,小说中使用最多。涉及 to 不定式小句的形容词主要有:① 表肯定度的,如 certain、sure、unlikely、due 等;② 表能力或意愿的,如 able、keen、reluctant、determined 等;③ 表情感的,如 glad、sorry、surprised、afraid 等;④ 表评价的,如 good、useless、convenient 等。例如:

(246) a. The government is *unlikely* to meet the full cost.
b. You are *easy* to cook for.
c. For you to be alive is *lucky*.

综观以上四类名词性小句,其具体分布或使用取决于诸多因素,如词汇、结构、语义和文体等。从词汇角度看,remember、believe、agree、warn 等几个动词在四个域中通用,hope、wish、decide、say、expect 等主要用于 that 小句和 to 不定式小句,而 imagine、mention、report、suggest、admit、understand 等则主要用于 that 小句和-ing 小句。有些动词后只能用某种小句,如 conclude、speculate、guess、argue、assert 等后只用 that 小句,而 consent、prepare、fail、refuse、hesitate 等后只用 to 不定式小句,keep、finish、miss、be used for 等后只用-ing 小句。从结构上看,that 小句和 what 小句主要置于动词之后,而 to 不定式小句和-ing 小句则主要置于形容词谓语之后。从语义上看,that 小句主要用于动词较少的三个语义域(言语行为、心理和交际),其中 think 和 say 用得很多,而 to 不定式小句和-ing 小句则可与大量不同域的动词并用。从文体上看:that 小句和 what 小句主要用于会话和小说,较少用于学术领域;而 to 不定式小句和-ing 小句则主要用于小说、新闻和学术领域,较少用于会话。

5.4.2 汉语名词性小句

邢福义(1998)认为小句是最小的具有表述性和独立性的语法单位:首先,它具有表述性,能够表明说话的一个意旨,体现一个特定的意图;其次,它具有独立性,一个小句不被包含在另一个小句之中;第三,在具有表述性的语法单位中小句是最小的语法单位,小于起码包含两个小句的复句和句群。然而,吕叔湘(1941)把"小句"称之为"词结",认为凡是主语和谓语的结合,不论独立与否,都如此。陆镜光(2006)也认为不应把小句定性为"非独立"的单位,因为尽管小句有非独立的时候,可它也有独立的时候。更为重要的是,不管小句独立、半独立还是不独立,其基本结构是不变的。例如:

(247) a. 他不来是一件怪事。　　　　　　　(名词句做主语)
　　　 b. 我不知道他往哪里去了。　　　　　(名词句做宾语)
　　　 c. 易卜生的长处就是他肯说老实话。　(名词句做补足语)

在此所谓的"名词句"就是指能充当主语、宾语等句子成分的小句,相当于英语的 nominal clause。不过,在形态语言里,独立小句具有完备的句法屈折,如时、体标记,主语的所指不依赖其他小句,还可进入语篇。依附小句则是在句法上不能自足的小句,表现为时和语气成分受限制,主语的所指依赖其他小句,且不能独立进入篇章(方梅,2008)。

为此,我们认为小句不应与独立与否挂钩,关键看其在语言中所扮演的角色;换言之,所谓"独立"和"不独立"只是就小句的句法功能而言,独立的小句是"句子",半独立或非独立的小句是句子的一个成分或部分,担当这样或那样的句法功能。我们同意邢福义(1998)对小句在汉语语法系统中的中枢地位的界定:

(ⅰ)语法因素。小句这种语法实体所具备的语法因素最为齐全。一方面,就小句构成的基础而言,它既包含语素、词和短语,又带有句子语气;另一方面,就小句构成的结果而言,它包含各种各样的语用因素,且所反映的语法规律实际上就是汉语语法的最基本规律。

(ⅱ)联络位置。在各级语法实体中只有小句跟其他语法实体直接联系,处于"联络中心"位置。在说话方式上小句同语气相联系,在内部构件上小句同词和短语相联系,在外部组合上小句同复句和句群相联系。没有其他任何一种语法实体像小句那样可以成为"联络中心"。

(ⅲ) 对其他语法实体的控制约束。在各级语法实体中只有小句能够控制和约束其他所有语法实体,成为其他所有语法实体所从属、所依托的语法实体。反过来,其他语法实体都依附或从属于小句。

正如 Fang et al. (1995) 所总结的那样,汉语小句结构具有四大特点:① 小句是从信息角度来定义的,即小句有某种组织形式使其成为交流事件;② 从结构上看,小句可分为两部分,前一部分为信息的开始,后一部分为信息的继续;③ 小句的不同部分有着不同的信息地位,前一部分是已知的、确定的,后一部分则是新的、未确定的;④ 小句的前一部分对语篇的创立有着重要意义。

以宾语位置上的小句,即小句宾语为例来考察汉语名词性小句。马建忠(1898/1983)把"小句"叫作"读",他在句读论中说:"凡有起、语两词而辞意未全者,曰读。凡字相配而辞意已全者,曰句。"他认为"读"可以作为"句"的组成部分("用如止词"),并举例"……'未有仁而遗其亲者也,……'犹云'仁而遗其亲者未有也'云云。故以'仁而遗其亲者'为读,为'未有'之止词。"他所说的"止词"相当于我们现在所指的充当宾语的词语,这可能是汉语语法史上关于小句做宾语的最早论述。吕叔湘(1980b)将小句做宾语句当作动词谓语句的一种句式,指出"看见、知道"类动词既可带名词做宾语,也可带小句做宾语,而"断定、声明、主张"类动词只能带小句或动词短语做宾语。根据王明华(1989)的研究,汉语中能带小句宾语的动词主要有四大类:①"认为、高兴"类;②"计划、打算"类;③"提防、防备"类;④"妨碍、影响"类。根据小句宾语是否一定要出现疑问词或疑问句式,可再将① 类动词分为两类:一类动词要求小句不必出现疑问词或疑问句式,如"知道、确定、允许、高兴、觉得"等;另一类动词要求小句必须出现疑问词或疑问句式,如"探索、调查、探讨、琢磨"等。② 类动词从语义上看要求小句所表示的事件或行为是未发生的,因而小句必须具有[-已然]的语义特征,其表征是小句的谓语动词不能带时态。从全句的主语施事和小句的语义关系看,全句的主语必须能支配小句所表示的事件或行为的产生与不产生、某一现象的出现或不出现,因而小句还必须有第二个语义特征：[+受支配]。不过，当小句表示的是人无法控制的现象、事件时，就不能成为该类动词的宾语。③ 类动词从语义上看要求小句所表示的事件、行为是未发生的，即小句必须具有[-已然]的语义特征，其表征是小句的谓语动词不能有时态变化。其次，小句还必须具有[+动态]的语义特征，其表征是这类动词不能以静态的小句为宾语。从全句的主语（大施事）和小句的关系来看，小句所表示的事件、行为大都是不如意的，是大施事所不希望出现的。因而，这类动词所带的小句对大施事来说，具有[-如意]这一语义特征。④ 类动词对小句有较强的选择性，从这类动词对小句的语义要求看，其小句必须具有[-已然]的语义特征，其表征是小句的谓语动词不能有时态变化。从这类动词共同的语义特征看，它们大都具有"阻止"之义，将小句表示的本来有可能成为事实的东西变为非现实的东西。此外，"开始、准备、忌讳、判处"等少数动词对小句有很强的选择性，能成为这些动词宾语的小句类型十分有限，如动词"开始"一般只能带"施事+动词+受事"类型的小句。实际上，对于小句宾语的语法性质目前主要有三种不同意见：一是认为小句是名词性的，二是认为小句是非名词性的，三是认为小句是一种比较特殊的短语。我们认同陈建民(1986)所说，既可带小句宾语，也可带名词宾语的动词，其小句宾语可用"V+什么"提问，小句表示物化。例如：

(248) 我学**老张说话**。（学什么？）

而用"V+怎么样"提问的小句宾语动词性比较明显，常见的 V 有"认为、以为、希望、难得"等动词。例如：

(249) a. 大家觉得**小蔡人挺老实**。（觉得怎么样？）
  b. 这点钱不能**我一个人花**。（不能怎么样？）

5.4.3 汉英名词性小句比较

近年来现代汉语小句在语法学界引起众多学者关注，认为其形式、语义及语法特征与西方语言学派（如传统语言学、生成语言学、系统功能语言学、类型学等）中的小句有所不同。比如王文格(2008)认为现代汉语小句是动态的语法单位，英语小句则是静态的语法单位，这决定了二者在构成形式上的不同。汉语小句的构成形式除了具有实在意义的词或短语外,还必须有显示其动态性的语调。汉英语气系统虽然都用来表达说话人对话语所述事实的态度和看法,但英语的语气是通过主语和限定成分来表示的,如情态状语(或称情态附加语)(modal adjunct),而汉语作为一种缺乏形态变化的语言,其语气系统主要靠语调来表现。所以汉语句子一定要有语调才能体现出它的表述性,而英语限定性小句则一定要有语气才能体现出它的表述性,非限定性小句由于不存在语气则不存在表述性。试比较以下几例:

(250) a. **你在做什么**与我无关。
　　　b. **你做了什么**与我无关。
　　　c. **你会做什么**与我无关。
　　　d. **你能做什么**与我无关。
　　　e. **你必须做什么**与我无关。
　　　f. **你计划做什么**与我无关。

(251) a. 我不知道**你在做什么**。
　　　b. 我不知道**你做了什么**。
　　　c. 我不知道**你会做什么**。
　　　d. 我不知道**你能做什么**。
　　　e. 我不知道**你必须做什么**。
　　　f. 我不知道**你计划做什么**。

(252) a. *What you are doing* doesn't mean too much to me.
　　　b. *What you have done* doesn't mean too much to me.
　　　c. *What you will do* doesn't mean too much to me.
　　　d. *What you can do* doesn't mean too much to me.
　　　e. *What you must do* doesn't mean too much to me.
　　　f. *What you plan to do* doesn't mean too much to me.

(253) a. I don't know *what you are doing*.
　　　b. I don't know *what you have done*.
　　　c. I don't know *what you will do*.
　　　d. I don't know *what you can do*.
　　　e. I don't know *what you must do*.
　　　f. I don't know *what you plan to do*.

从以上例证可以看出,汉语名词性小句与英语 what 小句和 that 小句在时、体、态方面基本相同,即具有限定性小句特征。但它与英语的-ing 小句和 to 不定式小句不同,因为后两者属于非限定小句,没有显性时、体、态特征。试比较以下例句:

(254) a. I am sorry about *being in such a mood all the time.*

b. I was sorry about *being in such a mood all the time.*

c. I must be sorry about *being in such a mood all the time.*

d. I will be sorry about *being in such a mood all the time.*

e. I should be sorry about *being in such a mood all the time.*

f. I am going to be sorry about *being in such a mood all the time.*

(255) a. *For us to do that* is lucky.

b. *For us to do that was* lucky.

c. *For us to do that* will be lucky.

d. *For us to do that* must be lucky.

e. *For us to do that* is bound to be lucky.

f. *For us to do that* ought to be lucky.

因此从字面来看,名词性小句与名词,特别是典型名词有关。那么,在哪些方面相关呢?从语义上看,名词表征事物概念或抽象的思想观点,而典型名词具有物化特性(指称性)和三维立体空间性,如"香蕉、玉米、树、石块、云层"等;从语法结构特征上看,典型名词有单复数之分,可带限定词和物量词等;从语法功能上看,典型名词可做句子的主语和宾语。而名词性小句从语义上看,一般表征行为活动或事件,不具有三维立体空间性;从语法结构上看,它没有单复数之分,更不能带限定词和物量词等;从语法功能看,它可做句子的主语或宾语。也就是说,只是在语法功能上,名词性小句具有一定的名词特性(主要做主语或宾语,较少做定语或状语等),而在其他方面它都不具有名词特性,因而是一个非典型的名词性成分,是名词范畴中一个边缘性特强的成员,其名化度非常有限,不可夸大,否则会带来麻烦。请看下例,其名词性特征缺乏,接受度非常有限:

(256) a. *这个你在做什么与我无关。

  b. *我的你在做什么与我无关。
  c. *多少你在做什么与我无关。
  d. *你在做什么上与我无关。
  e. *你在做什么下与我无关。
  f. *你在做什么后与我无关。

(257) a. *This for us to do that is lucky.
  b. *My for us to do that is lucky.
  c. *How many for us to do that is lucky.
  d. *In for us to do that is lucky.
  e. *Outside for us to do that is lucky.
  f. *Above for us to do that is lucky.

5.4.4 语法隐喻

5.4.4.1 语法隐喻的表征

  语法隐喻与名词化可以说有着不可分割的关系,前者是一种语言变异表征,而后者则是其中的一个重要手段。名词化可使语言表征多元化,使文本更具灵气与活力,这一点在不同文体或语域中都有不同程度的表现和显示。Weinreich et al. (1968)认为,任何体现为自然语言的语言系统都是一个"无序异质体"。任何自立自足、同质完形的语言系统描述都是在一定认知水平基础之上的抽象,以忽视另一部分语言事实为代价。从认知角度看,同质性描述的抽象是不可避免的,若只依靠这些描述来了解和认识语言必然导致片面而僵化的认识。因此,有必要对语言系统的异质性进行研究,以补充语言同质性研究的不足。语言虽是异质的,但并不是杂乱无章、毫无秩序的,只不过其同一性并非绝对的同质性,而是体现为各异的语言活动所形成的一个有序系统。

  Lefebvre(1989)认为要判定一种语言现象是否为变异现象,有两个标准:结构同一性(structural identity)和语义对等性(semantic equivalence)。然而,Romaine(1984:426)认为功能相等至关重要,即根据是否具有相同的功能,可以判断几个变式之间是否关联,而无须考虑传统上所谓的音系、句法、语义或逻辑上的对等。张今、姜玲(2005)则认为客观现实世界主要由四种要素构成——实体、属性、运动和情状,人类思维反映客观现实时,具有很大的主观能动性,具体表现在以下几个方面:① 人类思维可以对客观现实各部分及其侧面进行不同的分割和联系,从而形成各种不同的实体概念,包括具体事物、抽象事物、一般事物和个别事物的概念;② 人类思维可以把实体、运动、属性、情状看作静止的或动态的;③ 人类思维可以把实体及其运动、实体及其属性、运动及其情状看作不可分割或可分割的;④ 人类思维也可把运动、属性、情状当作一种事物看待;⑤ 人类思维在观察和描述客观世界时,总会选择一定的事物作为出发点、着眼点,也就是参照点;⑥ 人类思维也可以把整个事件作为观察或描述客观世界的参照点,还可将其组成部分作为参照点。一句话,人类思维从不同视角来观察、描述或反映客观现实世界。这样,真实的自然语言表征自然多元,出现一对多或多对一现象很正常。例如(王逢鑫,1989/1996: 335, 317, 265):

(258) a. John explained the rules to Mary.

b. John gave an explanation of the rules to Mary.

c. John gave Mary an explanation of the rules.

d. An explanation of the rules was given to Mary.

e. The rules were explained to Mary by John.

f. Mary had the rules explained to her by John.

g. Mary got/had/received an explanation of the rules from John.

(259) a. Rumor has it that some people have seen a monster in the lake.

b. There is a rumor that some people have seen a monster in the lake.

c. There is a rumor of a monster having been seen in the lake.

d. They rumor that some people have seen a monster in the lake.

e. It is rumored that some people have seen a monster in the lake.

f. Some people are rumored to have seen a monster in the lake.

(260) a. I don't understand its implication.

b. I failed to know its implication.

c. I was unable to understand its implication.

d. I was incapable of understanding its implication.
e. I didn't comprehend its implication.
f. I didn't make out its implication.
g. I was not clear about its implication.
h. I had no idea of its implication.
i. I had no knowledge of its implication.
j. I had no understanding of its implication.
k. I didn't know what it implied.
l. Its implication was not known to me.
m. Its implication was not comprehensible to me.
n. Its implication was not clear to me.
o. Its implication was not understood by me.
p. What it implied was not clear to me.
q. It was impossible for me to make out its implication.
r. Its implication was Greek to me.
s. Its implication was beyond me.
t. Its implication was beyond my comprehension.
u. Its implication failed me.
v. Its implication escaped me.

这些多元化表征实际上是根据现实交际中各种不同需要所进行的动态处理。也就是说,从句式层面看,存在变异处理,即整合和压缩。首先,通过句式整合。复合句式就是通过使一个小句从属于另一个小句而成。例如(姜玲、郭明,2002:179—189):

(ⅰ) 主语从句

(261) He will come to the meeting. This is certain.
→ *That he will come to the meeting* is certain.

(262) You didn't see the wonderful play. It is a pity.
→ *That you didn't see the wonderful play* is a pity.

(ⅱ) 宾语从句

(263) The earth moves round the sun. Men of science have clearly

proved that.

→ Men of science have clearly proved *that the earth moves round the sun*.

(264) He is going somewhere. I don't know.

→ I don't know *where he is going*.

(ⅲ) 表语从句

(265) We should stick to our original plan. This is my idea.

→ My idea is *that we should stick to our original plan*.

(266) Would he do it? That was the first question I put to him.

→ The first question I put to him was *whether he would do it*.

(ⅳ) 状语从句

(267) They had now finished their meal. They at once resumed their journey.

→ *As soon as they finished their meal*, they resumed their journey.

(268) I am tired. I'll go to bed at once.

→ I am tired *so that I'll go to bed at once*.

其次,句式结构通过各种手段进行压缩或简化,主要体现在以下六个方面(李学平、潘欢怀,1987：247—267)：

(ⅰ) 非限定动词从句代替并列分句

(A) -ing 分词从句代替并列分句。例如：

(269) We sang and danced and drank and we had a good time.

→ *Singing, dancing and drinking*, we had a good time.

(270) The men had travelled all day; the men decided to take a rest.

→ *Having travelled all day*, the men decided to take a rest.

(B) -ed 分词从句代替并列分句。例如：

(271) He was knocked down by a car and so he was seriously injured.

→ *Knocked down by a car*, he was seriously injured.

(272) The letter was addressed to the wrong house and therefore it

never reached me.

→ *Addressed to the wrong house*, the letter never reached me.

(C) 不定式从句代替并列分句。例如:

(273) The book is so expensive and I cannot buy it immediately.

→ The book is *too* expensive for me *to buy immediately*.

(274) The sailors jumped overboard; otherwise they would be burned.

→ The sailors jumped overboard *to escape being burned*.

(D) 分词独立结构代替并列分句。例如:

(275) His car had been broken down, so he had to go on horseback.

→ *His car broken down*, he had to go on horseback.

(276) The fog was very dense, and therefore the plane was forced to alight.

→ *The fog being very dense*, the plane was forced to alight.

(ⅱ) 非限定动词从句代替限定动词从句

(A) -ing 分词从句代替限定动词从句。例如:

(277) If you follow his advice, you will certainly succeed.

→ *Following his advice*, you will certainly succeed.

(278) When you drink the water, think of its source.

→ *Drinking the water*, you should think of its source.

(B) -ed 分词从句代替限定动词从句。例如:

(279) Though he was disappointed, he was not discouraged and he continued his practice.

→ *Disappointed but not discouraged*, he continued his practice.

(280) If this house is painted white, it will look bigger.

→ *Painted white*, this house will look bigger.

(C) 不定式从句代替限定动词从句。例如:

(281) We consider that he is very reliable.

→ We consider him *to be very reliable*.

（282）I will come in person so that I may talk with you face to face.

→ I will come in person *to talk with you face to face*.

（D）分词独立结构代替限定动词从句。例如：

（283）When this is done, he locked his door and went to bed.

→ *This done*, he locked his door and went to bed.

（284）Since there was no boat, we had to swim across.

→ *There being no boat*, we had to swim across.

（ⅲ）无动词从句

无动词从句即省略系动词 be，或同时省略主语与 be 的结构。例如：

（285）his eyes are wide open

→ his eyes wide open

（286）he is too nervous to reply

→ too nervous to reply

（A）无动词从句可代替并列分句。例如：

（287）He was too nervous to reply, so he stared at the floor.

→ *Too nervous to reply*, he stared at the floor.

（288）He lay on the floor, his eyes were wide open.

→ He lay on the floor, *his eyes wide open*.

（B）无动词从句代替限定动词从句。例如：

（289）Whether he is right or wrong, he always comes off worst in argument.

→ *Whether right or wrong*, he always comes off worst in argument.

（290）If you are in doubt, consult the dictionary.

→ *If in doubt*, consult the dictionary.

（ⅳ）名词词组代替限定动词从句。例如：

（291）That you will succeed is certain.

→ *Your success* is certain.

(292) I forgot who wrote that book.

→ I forgot *the author of that book.*

(ⅴ) 介词词组代替并列分句和限定动词从句。例如：

(293) John sold his house, but he didn't consult his father about it.

→ John sold his house *without consulting his father about it.*

(294) The area was flooded, and the crops were greatly damaged.

→ The crops were greatly damaged *because of the flood.*

(ⅵ) 省略各种成分。例如：

(295) Are you coming?

→ *Coming*?

(296) Where are you going to?

→ *Where to*?

词汇也好，句式也罢，语法隐喻所涉变化丰富多彩。在句式层面，不管如何变，都离不开基本句式。

Quirk et al. (1985: 720—721)列举了英语的七种基本句式：

(ⅰ) SV: The sun is shining.

(ⅱ) SVA: He got through the window.

(ⅲ) SVC: He's getting angry.

(ⅳ) SVO: He'll get a surprise.

(ⅴ) SVOA: He got himself into trouble.

(ⅵ) SVOC: Most students have found her reasonably helpful.

(ⅶ) SVOO: He got her a splendid present.

基本句式都可名词化，如(姜玲、郭明，2002: 269—275)：

(ⅰ) SV

(297) The doctor arrived.

→ the doctor's *arrival*

(298) He disappeared.

→ his *disappearance*

(ⅱ) SVA

(299) He lived in the countryside.

→ his *life* in the countryside

(300) She stayed in London.

→ her *stay* in London

(ⅲ) SVC

(301) John is a statesman.

→ John's *statesmanship*

(302) The soil is rich.

→ the *richness* of the soil

(ⅳ) SVO

(303) Paul lacks confidence.

→ Paul's *lack* of confidence

(304) John married Mary.

→ John's *marriage* to Mary

(ⅴ) SVOA

(305) X expelled Sue from school.

→ the *expulsion* of Sue from school

(ⅵ) SVOC

(306) He certified Max as insane.

→ his *certification* of Max as insane

(ⅶ) SVOO

(307) He admitted to me that he told lies.

→ his *admission* to me that he told lies

句法层面的名词化现象可使句法结构变得简单或复杂,即可使句子变短或拉长。名词化的简化功能可见下例(庞人骐,1985/1986:158—159):

(308) a. No one would feel surprised at the fact that when Engels had characterized Feuerbach's thesis as foolish, Bakunin rejected

this characterization, and in his turn Marx criticized Bakunin for this rejection.

→ No one would feel surprised at *Marx's criticism of Bakunin's rejection of Engels' characterization of Feuerbach's thesis as foolish.*

b. The doctor was very patient, and his treatment, effective. As a result, the wounded soldiers soon recovered their health.

→ The doctor*'s wonderful patience and effective treatment* resulted in the *quick recovery of the wounded soldiers.*

具体语境中复杂的表征还可逐渐简化到需要为止。例如（Quirk et al., 1985：1289）：

(309) The reviewers criticized his play in a hostile manner.

→ the reviewers' hostile *criticism* of his play

→ the reviewers' *criticism* of his play

→ the reviewers' *criticism*

→ their *criticism*

→ the *criticism*

从篇章布局看，为了实现某个特定交际目的或意图，名词化手法或许提供了更多方便和灵活度。正如 Halliday（2004）所指出的那样，当代科技英语现状是从四五百年前演变而来的，其中一个连续统就是从原初动词之间连通、名词化占优势的状态，到现在名词化带有独立特征的状态，即存在一种向名词化状态稳定漂移的态势。Biber & Gray（2013：99—132）为了调查清楚名词和动词使用的历史变化，考察了四种文体（学术论文、报刊、小说和戏剧）近三个世纪的历时语料，结果发现名词化使用不仅在科学领域而且在所有领域的书面语写作中出现历史性的增长，特别是在学术论文和报刊写作中出现强有力的增长。顾乡（2009）也通过建立语料库对英语历史语篇演变过程中的语法隐喻形式和作用做了定量和定性分析，发现在英语历史语篇的历时演变过程中，语法隐喻的数量随着时间的推移逐渐增加并出现复杂形式。正是名词化和动词化语法隐喻的大量使用，使得近现代历史语篇远离传统的叙事叙述体裁，朝着解释说明体裁方向发展。语法隐喻呈现和时间顺序成正比例的增加趋势,后期的历史语篇出现语法隐喻的比例远高于前期的历史语篇。这样,通过语法隐喻的使用,近现代历史语篇较之最初的历史语篇和编年体历史语篇有了长足的进步,在实现抽象性上名词化起了最重要的作用。名词化能够浓缩信息,使得还原变得困难,这体现了名词化的抽象作用。

5.4.4.2 语法隐喻的特性

Akinnaso(1985)根据正式度和情态两个参数对语篇进行了分类。以正式度为例,它涉及:① 详尽的编码结构;② 编码的一致性;③ 职位确认;④ 核心情景焦点的涌现;⑤ 情景的标记性;⑥ 预测性。这六个参数都关注场合或事件系统组构的度,虽然其中某个方面可能隐含另一个方面,但它们都相对独立;只有当六个因素共现时,正式度才会最大化。如果用正式度和情态两个参数来确定语篇类型,那么会有正式书面语、正式口语、非正式书面语和非正式口语之分。正式书面语和正式口语在情态变异上有差异,但正式度上则相似;非正式书面语和非正式口语也如此。正式书面语与非正式书面语主要是情态相似,而正式度上有差异,正式口语与非正式口语也如此。这就如图 28 所示(粗线表情态变异,细线表正式度变异,虚线表情态和正式度变异):

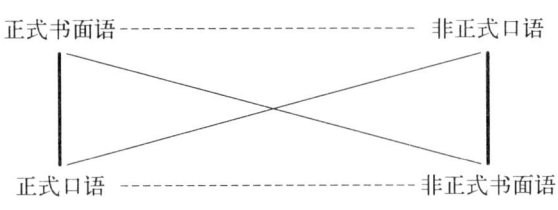

图 28　正式语篇与非正式语篇变异(Akinnaso,1985)

也就是说,书面语与口语一样并非同质,也存在差异,有正式和非正式之分,关键在于其运用要达到的交际目的。Akinnaso 认为口语与书面语的主要区别在于:前者多只言片语(fragmentation),涉入(involvement)太多;而后者则多整合语(integration),远离(detachment)较多。换言之,口语主观性多,非逻辑性多,而书面语则客观性多,逻辑性强。"只言片语"和"整合语"与表层语言结构相关,而"涉入"和"远离"则与语言深层结构相关,反映说话人对听众和语篇的态度或立场。同时,口语与书面语的一个重要区别在于语法隐喻的应用。语法隐喻是一种跨范畴化现象(transcategorization),过程(通常由动词表征)、特性(通常由形容词表征)或整个命题(通常由句子表征)都借此编码为名词。这里涉及两个重要概念:① 一致式(congruent),即非隐喻式;② 非一致式(non-congruent),即隐喻式。语法隐喻就是一种"非一致式"处理。所谓"一致式",就是用名词体现事件过程的参与者,用动词体现过程本身,用形容词体现事物的特征,用副词或介词词组体现过程的时间、地点、工具、方式等环境义,用连词体现逻辑义;而"非一致式"则打破常规,用名词来体现过程、特征、方式等,使词汇语法层所表达的表层义和话语层所表达的深层义变得不一致(朱永生,2006)。

简单来说,名词可一致式地编码事物,而动词则会一致式地编码事件。这样,可将语法隐喻定义为通过词汇语法形式表达语义,而这种形式原初是表达不同意义的,这种意义表达的隐喻性在于同义表达的不同方式选择(Thompson, 2004)。而名词化则是其中最重要的手段,通过这个手段,过程和特性都可隐喻地用名词表述,以替代小句中的过程或特性,其主要功用在于将其他成分作为实体进行描述、分类和修饰。从语用角度看,隐喻化过程可允许有更多参与者,而这些参与者会压缩句子信息、经济省力,同时还可起衔接作用,所涉功能转移会使语篇结构紧凑性重组(Sušinskiené,2004)。例如(常晨光,2004):

(310) a. The cast acted brilliantly so the audience applauded for a long time.
b. The cast's brilliant *acting* drew lengthy applause from the audience.

作为一致式的(310a)是由两个具有并列关系的小句组合而成的复合体,它所建构的现象是一个由两个图式构成的序列。而在隐喻式(310b)中这个序列被建构成为一个图式,词汇语法层次上由一个小句体现。从措辞上看,一致式与隐喻式呈现如图29所示的对应关系。

语法隐喻总是与非语法隐喻表征相对而存,共同构建语言的多维、立体式表征,以尽量满足客观现实、内心世界以及认知经验的描写需要或交际需求。请看下面的(311)(Taverniers, 2006):

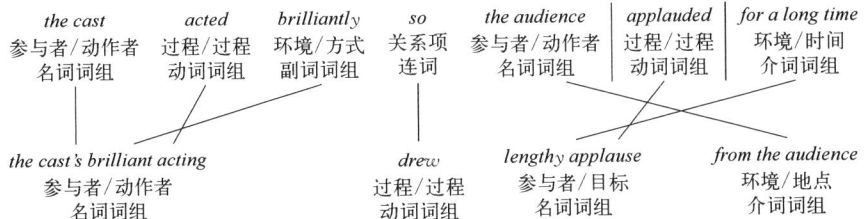

图 29　一致式与隐喻式的对应关系(常晨光,2004)

(311) a. John wrote a letter.

b. *John's writing a letter* surprised his father.

c. *The results of the experiment* surprised her.

(311b)和(311c)在此表征语法隐喻所致的名词化问题。从概念功能看,语法隐喻更多涉及词的选择与应用(从一个认知域转向另一个认知域)。例如:

(312) a. You've got to sweep the street in front of the shelter.

b. Transamerica will *sweep out* the senior managers.

c. Transamerica will *dismiss* the senior managers.

语法隐喻也涉及其他结构转换。例如(Taverniers, 2006):

(313) a. It's quite likely that we'll be in France this time next year. (语法隐喻)

b. We'll probably be in France this time next year.

(314) a. Could you send your proposal by email, please?(语法隐喻)

b. Please send your proposal by email.

如果从人际功能看,这些语法隐喻更多涉及句式的构建与选择。例如(Taverniers, 2006):

(315) a. Could you open the door, please?

b. Open the door, please.

c. Was the door open?

究竟如何判断隐喻式?刘宇红(2001)结合认知语言学的研究提出了

三条：① 主语典型性；② 是否隐含根隐喻；③ 是否体现人体活动。他认为通过这三条标准的有机结合可判断一种表达方式是否为一致式。然而实际情况并非这么简单，因为不同的认知视角和不同的认知背景会有不同的语言编码方式与突显，很难找到一个绝对标准。林正军、杨忠(2010)认为语法隐喻在语义层面上既有差别又有联系：差别在于不同语域中产生的语境义不同，其联系在于不同的表述义都与命题义相关、相近，隐喻式所体现的意义之间存在转喻关系。从历时角度看，从一致式到隐喻式是人们语义表达的发展在词汇语法层的体现，人们的语义表达经历了"从具体到抽象、从主观到客观、从无标记到有标记"的发展历程，具有单向性。在共时层面，人们既可用"抽象代替具体、客观代替主观、有标记代替无标记"，也可颠倒过来，即在共时层面语法隐喻在语义和词汇语法层面具有双向性。

为此，我们认为语法隐喻是语言现象转化的综合体现，从词汇上看是一种措辞选择，从语法上看是一种结构转换，从文体上看是一种体裁变换，从语义上看是一种指称错位，从语用上看是一种含义明示或暗示选择，从认知上看是一种经验映射与识解，从信息上看是一种突显与强调，从语篇布局上看是一种动态协调处理。这样，Halliday 语法隐喻表面上涉及转化问题，而转化的本质按张今、姜玲(2005：18—21)的研究，是思维与现实关系表征角度的变化，具体反映在以下十个方面：

（i）当主语或宾语、谓语动词、状语、定语等向表语转化时，思维从静态角度来反映现实，其目的是想说明事物的类型、性质或状态。例如：

(316) I hardly expected *to find you here*.

→ You are *the one whom I hardly expected to find here*.

(317) Such a life does not *attract* me.

→ Such a life is not *attractive* to me.

（ii）当谓语动词向主语或宾语转化时，思维把运动和运动的标志（即主客体、时空、工具和因果等）当作不可分割的整体看，或把运动当作自己的思考或实践对象看待。例如：

(318) She *sings* beautifully.

→ Her *song* is beautiful.

(319) He *walked* in the garden.

→ He took *a walk* in the garden.

(ⅲ) 当表语向状语转化时,思维把主体和运动当作不可分割的整体看,这样实体所具有的某些非直观属性就变为运动的情状。例如:

(320) He was *brave* in fighting.

→ He fought *bravely*.

(321) She was *stupid* to make such a mistake.

→ She made such a mistake *stupidly*.

(ⅳ) 当定语、状语向主语、宾语或表语转化时,思维把属性和具有这种属性的人或物当作不可分割的整体看,即属性的物化。例如:

(322) I shall never forget that *beautiful* lake.

→ I shall never forget *the beauty* of that lake.

(323) He repelled the enemy troops more *bravely* than you could imagine.

→ His *bravery* in repelling the enemy troops was more than you could imagine.

(ⅴ) 当谓语动词向表语转化时,思维把运动同运动的作用或结果当作不可分割的整体看,即作为一种属性看。例如:

(324) My heart *broke*.

→ My heart is *broken*.

(325) The new plan *produced* good results.

→ The new plan was *productive* of good results.

(ⅵ) 当主语或宾语向表属性的定语转化时,思维把某物当作另一物的一种属性。例如:

(326) The *sparkles* in her eyes indicated clearly how she was feeling at the moment.

→ Her *sparkling* eyes indicated clearly how she was feeling at that moment.

(327) He had the good *sense* to manage his business properly.

→ He showed his *sensible* ability to manage his business properly.

(vii) 当状语向定语转化时,思维把情状看作物化或对象化了的运动属性。例如:

(328) He studies *hard*.

→ He is a *hard* student.

(329) The doctor studies his invalid's case *carefully and patiently*.

→ The doctor made a *careful and patient* study of his invalid's case.

(viii) 当主语、宾语、定语、状语和表语向谓语动词转化时,思维从动态角度来反映现实的运动变化过程。例如:

(330) The rose was *red*.

→ The rose *reddened*.

(331) He sprayed *water* on the flowers.

→ He *watered* the flowers.

(ix) 当宾语和状语向主语转化时,思维把这些词所代表的实体、属性和情状当作观察和描写世界的参照点来看待;当谓语动词和名词性从句向主语转化时,思维把它们所代表的事件当作参照点。例如:

(332) We forced *the enemy* to retreat.

→ *The enemy* was forced to retreat.

(333) The enemy *surrendered* unconditionally.

→ The enemy's *surrender* was unconditional.

(x) 当形式主语向人称句转化时,思维把事件中的某一要素当作参照点来看;反之,当人称句向形式主语转化时,思维又把整个事件当作参照点。例如:

(334) *It* is likely that he will succeed.

→ *He* is likely to succeed.

(335) *You* are wrong to accuse him.

→ *It* was wrong of you to accuse him.

从上面这些阐释可知,语法隐喻所涉的转化类型及其语义变化是丰富多彩的。

5.5 名词化的限制条件

5.5.1 英语名词化的限制条件

5.5.1.1 语音限制

英语名词化种类很多,有动词转换而来的,也有形容词等其他词类转换而来的。同时,名词化有很多变体,从词汇派生到小句派生都有(Abney, 1987; Alexiadou, 1999; Fu et al., 2001),但不是任意构建的。限制可能多方面(如语音、语义、语用和认知等)、多层次(如词素、词、短语、小句和语篇等)。根据杨云升(2006:215—380)的研究,英语中有一类词存在功能性重音转移问题,即重音改变意味着词性/词类的改变。例如:

(336) a. when two ideas *conflict* with each other
   b. We can say that they are in a state of *conflict*.

这里 conflict 这个词有两个不同重音:如果把重音放在第一个音节,就是名词,即(336b);如果把重音放在第二个音节,就是动词,即(336a)。他分析了四种不同词源情况:① 拉丁词源;② 日耳曼词源(主要为复合词,如 handout、upset、undo 等);③ 混合词源(主要体现为拉丁词源,如"pre-、co-、re-+日耳曼词",或日耳曼词源,如"out、up、down、in、off+拉丁词")和④ 历史词源(1066年以来法语和拉丁语所产生的混合语)。

这些词一般为双音节词,且为实义词。注意,功能性重音转移不是任意的行为,而是有限制的,主要针对双音节。如果是两个以上音节就不一定了,如果是一个单音节,也不可能有重音的改变。

5.5.1.2 结构限制

根据 Moulton(2007)的研究,名词化动词的外部论元可以出现在撒克逊词源的's结构或by短语中,如(337)(338);不能出现在of结构中,如(339);更不能做非夺格(unergative)主语,如(340)。

(ⅰ)及物性主语:撒克逊词源的领属结构

(337) a. *Jill's discussion* of the problem

　　　b. *The Roman's capture* of the city

(ⅱ)及物性主语:by短语

(338) a. *the discussion* of the problem *by Jill*

　　　b. *the capture* of the city *by the Romans*

(ⅲ)及物性主语:不能用of结构

(339) a. **the discussion* of Jill of the problem

　　　b. **the capture* of the Romans of the Celts

(ⅳ)非夺格主语:一般不可接受,但加上方式可接受

(340) a. **the running* of him

　　　b. **the talking* of him

　　　c. **the dancing* of Jill

　　　d. **the speaking* of the woman

　　　e. **the sitting* of Mary

　　　f. the slow *running* of him

　　　g. the crazy *dancing* of Jill

作为外部论元,名词化有时也可接受of结构,不过很少见,可见于歧义性动名词:

(341) a. *The shooting of* the hunters was heard in the distance.

　　　b. *The playing of* children could be heard in the distance.

作为内部论元,名词化可带of结构,也可用撒克逊词源的's结构。例如:

(ⅰ)非宾格主语

(342) a. the arrival of her　　→　her arrival

　　　b. the death of Mary　　→　Mary's death

c. the appearance of Jill → Jill's appearance

(ⅱ) 及物性宾语

(343) a. the destruction of Rome → Rome's destruction
b. the capture of Rome → Rome's capture

另外,存现句构式不能名词化。例如(Pires,2006):

(344) a. *there's appearance to* be sick …

b. *there's frequent appearing to* be sick …

c. *You can count on *there's being* a lot of trouble tonight.

5.5.1.3 认知语义限制

英语名词化的认知限制条件是什么？根据 Dixon(1991/2005:322—323)的动词名词化类型,能找到其答案所在。下面是英语名词化主要类型:

(ⅰ) 单元型名词化,如"Mary's loud *shout* frightened the sheep."中的 shout。

(ⅱ) 活动型名词化,如"Mary's loud *shouting* wakened me up."中的 shouting。

(ⅲ) 状态描述型名词化,如"John's active *dislike* of porridge puzzled Aunt Maud."中的 dislike。

(ⅳ) 特征描述型名词化,如"Mary's close *resemblance* to her grandmother was commented on."中的 resemblance。

(ⅴ) 结果型名词化,如"The arrangement of flowers adorned the coffee table."中的 *arrangement*。

(ⅵ) 对象型名词化,如 convert(皈依者)、payment(款项)。

(ⅶ) 方位型名词化,如 trap(陷阱)、entry(入口)。

(ⅷ) 施为型名词化,如 killer(凶手)、organizer(组织者)。

(ⅸ) 工具型名词化,如 mower(割草机)、blender(食物搅拌器)。

从以上这些类型我们不难看出,动词名词化不是任意的或随意的行为,而是需要具有实际语义内涵的动词,像 be、have、do、seem、get、make 之类的轻动词就很难名词化。换言之,如果名词化没有物化基础,没有相应的认知经验,就很难找到其所指(不管是现实世界还是虚拟的可能世界)。其实,这一点还可从动词名词化词缀方面得到进一步印证。下面以-ment 和-ure(Dixon,1991/2005:341—343)为例说明:

(345) -ment

  a. 单元型名词化,如 statement(表述)、argument(争论)、commencement(开始)、postponement(推迟)等;

  b. 状态型名词化,如 enjoyment(享受)、bewilderment(困惑)、excitement(高兴)、entertainment(娱乐)等;

  c. 特征型名词化,如 measurement(测量);

  d. 结果型名词化,如 arrangement(安排);

  e. 对象型名词化,如 payment(款项);

  f. 方位型名词化,如 settlement(定居点)、encampment(营地)。

(346) -ure

  a. 单元型名词化,如 failure(失败)、departure(离去)等;

  b. 状态型名词化,如 pleasure(快乐);

  c. 对象型名词化,如 mixture(混合物);

  d. 方位型名词化,如 enclosure(围墙,围场)。

同时,名词化所指应一致,不能错位(Moltmann,2008):

(347) a. *John's *assertion* was Mary's *imagination*.

  b. *John's *claim* was Mary's *whisper*.

  c. *John's *thought* was Mary's *hope*.

(348) a. John's *claim* was Mary's *claim*.

  b. John's *assertion* was Mary's *suggestion*.

(349)之所以被接受,主要在于其所指一致。又如:

(350) a. The *claim* which was made by John is the *claim* which was made by Mary.

  b. The strong *claim* of John was the weak *claim* of Mary.

  从上面分析可知,英语名词化在语音、结构和语义方面的确需要一定条件,当然还有其他言内和言外条件要求。

5.5.2 汉语名词化的限制条件

5.5.2.1 音节与语法关系

汉语名词化也不是随意的行为,也要受诸多限制,比如音节就是一个极其重要的因素,对词性影响较大。音节与词法之间历来是相互影响和相互制约。很多学者的研究已证明了这一点,如 Tao(1996)、冯胜利(2000)等的研究就是。实际上,从语音方面考察构词特点的研究最早可追溯到荀子的"单足以喻则单,单不足以喻则兼"。然而,将音节引入现代语言研究者应首推马建忠的《马氏文通》(1898/1983)。马氏非常关注节奏与单双音节的关系,认为"之"字加与否跟音节奇偶有关,"单+单"或"双+双"一般不需加"之"字,"双+单"或"单+双"就需加"之"字。不过,他没直接提出音节的作用。最先明确提出音节在构词中作用的学者是刘复,他认为为了声调上的需要,把本来一个字表示的意义扩充成两个字,如"法"变为"法律"(潘文国等,2004)。就实词与虚词而言,郭绍虞(1979:494)认为一般来说虚词总是以单音为多,而实词则以复音为多。动词与名词相比,动虚而名实,因此动词多单音,而名词则很少单音。也许数据更能说明问题,根据郭锐(2002:258—266)的统计考察,音节量对词类的分布有广泛影响,如双音节动词易于受名词直接修饰,单音节动词易于带真宾语和准宾语。亢世勇(2004:62—65)基于《现代汉语语法信息词典》和《动词用法词典》的语料统计,发现音节与词类关系相当密切,如表 14 所示:

表14　音节变化与词类范畴(亢世勇,2004:62—65)

音节数	名词	动词	形容词	副词
单音节(5.73%)	19.97%	48.73%	7.62%	5.33%
双音节(75.50%)	59.56%	27.23%	7.38%	2.46%
三音节(17.43%)	93.10%	2.08%	0.23%	0.84%
四音节(1.14%)	76.16%	0%	0.20%	0%
总计	63.25%	23.79%	5.44%	2.31%

名词占 63.25%,动词占 23.79%,形容词占 5.44%,副词占 2.31%,这四大类实词共占 94.79%。如果按音节来看,单音节占 5.73%,双音节占

75.50%，三音节占 17.43%，四音节占 1.14%，其中双音节占绝对优势。音节模式序列按占比从高到低为：双音节>三音节>单音节>四音节。单音节中名词占 19.97%，动词占 48.73%，形容词占 7.62%，副词占 5.33%。在整个单音节中动词又占绝对优势，几乎一半。这样，单音节词中实词所占比例从高到低序列为：动词>名词>形容词>副词。双音节中名词占 59.56%，动词占 27.23%，形容词占 7.38%，副词占 2.46%。与单音节相比，双音节中形容词和副词占比变化不大，而名词和动词变化就刚好相反，名词占绝对优势，超过半数，动词差不多只有单音节的一半。双音节中实词所占比例从高到低序列为：名词>动词>形容词>副词。三音节中名词占 93.10%，动词占 2.08%，形容词占 0.23%，副词占 0.84%，即名词占了 93%以上，其他三类不到 4%。三音节中实词所占比例从高到低序列为：名词>动词>副词>形容词。四音节中名词占 76.16%，动词等其他三类词几乎为零。总之，名词是中心，其他三类词都随着音节的增加而逐渐减少。但名词在三个音节时达到最高峰（93.10%）后，从四个音节又开始减少，为 76.16%，这可能是因为汉语对四个音节的容忍度有限。其他三类词都在单音节时达到最高峰，动词为 48.73%，形容词为 7.62%，副词为 5.33%。同时，双音节占据了所有音节的 3/4，其中名词又占近 60%。

  以上所涉是音节与词法之间的关系，现在考察音节与句法之间的关系。首先，动词音节对宾语类型的选择是有限制的。现代汉语动词按音节分为单音节和双音节。根据亢世勇（2004：228—235）的考察，单双音节动词对其宾语类型的选择或适应力不同。既能带名词宾语，又能带谓语性宾语（动词性宾语、形容词性宾语和小句宾语）的动词，双音节占 59.01%，单音节占 40.09%；只能带谓语性宾语的动词，双音节占 64.92%，单音节占 35.08%；只能带名词宾语的动词，双音节占 21.31%，单音节占 78.69%。这些数字表明双音节动词更多地选择谓语性宾语，而单音节动词则更多地选择名词性宾语。动词的单双音节对宾语的制约作用主要与单双音节动词的动性（典型动词特征）有关，一般来说单音节动词的动性比双音节动词的动性强，动词动性越强越易表现为单音节，动性越弱越易表现为双音节。动性强的动词越易和名词性多类型宾语组合，动性弱的动词就越易和谓词性多类型宾语组合，这是由动宾组合中动性值来决定的（张国宪，1997）。正是由于最常用的动词大多为单音节，名词为双音节,因此动宾结构的音节模式大多是"1+2"模式,即"$V_单+N_双$"(吴为善,1986)。亢世勇(2004:231)认为动词带谓语性宾语时,特别是由动词和形容词做宾语时,一般来说单音节动词必须带单音节宾语,双音节动词必须带双音节宾语。例如:

(351)　脱:脱产/ *脱生产　　　脱险/ *脱危险
　　　脱离:*脱离产/脱离生产　　*脱离险/脱离危险

方经民(2000:120—121)也认为,在汉语中有时候某一句式是否能成立也跟该句式某一特定结构成分的音节数有关。例如:

(352) a. 他把衣服洗完了。　→　他洗完了衣服(了)。
　　　　他把文章修改好了。→　他修改好了文章(了)。
　　　b. 他把衣服洗干净了。→　*他洗干净了衣服(了)。
　　　　他把文章改通顺了。→　*他改通顺了文章(了)。

也就是说,就"N_1+把+N_2+V+C+了→N_1+V+C+了+N_2+(了)"这个句式转换而言,C 在语音上受到限制,只能是单音节成分。如果是多音节,其转换就会失败,如上面的(352b)。可见,该转换的约束原则是:C(s)<2。

5.5.2.2 双音节化对名词化的影响

古代汉语基本上是"一字一音一词"模式,但中古汉语以后,这种情况就发生了很大变化:一是双音节词增多,二是单音节词运用的限制越来越大。虽然中古汉语中有多个动词共享一个宾语的情况,但最多时动词不超过四个,且不多见。例如(石毓智,2001a:112):

(353)尽**斩杀降下**之。(《史记·匈奴列传》)

按数学分配律,可将(353)分解为:(斩杀降下)之=斩之+杀之+降之+下之。但该构式在 12 世纪汉语动补结构建立起来之后就消失了。在古代汉语单音节占主导时,动词用作名词的也不少,一般表示与该动作相关的人或物。例如(廖振佑,2001:40—41):

(354)男女同姓,其**生**不蕃。(《左传僖公二十三年》)
　　　——古时认为男女同姓结婚,他们生育的子女不能蕃息昌盛。

"生"本指生育、生产,这里指子孙,用作名词,做主语。

(355) 夫易,彰往而察来。(《周易·系辞下》)
——《易经》能使人明了过去而推知未来。

"往"指已往的事情,"来"则指未来的事情,动词用作名词,做宾语。然而,王力(1958:1—3)认为双音化是汉语语法史上最重要的五大变化之一,因为双音化不是一个单纯的语音问题,而是一个构词法问题。5—12世纪是双音化趋势发展的最关键期,表现在双音词急速增加,双音词构词词缀的出现为后来的双音节成为汉语的基本语法单位奠定了牢固的基础。李小平(2004)也认为上古汉语词汇以单音节为主,到魏晋六朝时期,复音词数量大增。复音词主要是通过以下三种方式来实现:① 以原有的单音词作为一个语素,构成新的复音词;② 由原来两个经常在一起出现的单音词或词组不断凝固而成;③ 将原来用单音词表达的意义,换成一个新的复音词。正是由于古代汉语中绝大多数词是单音节词,而现代汉语中绝大多数词是双音节词,因此音节的变化自然对语法有一定的制约作用。例如,双音节的副词只能修饰双音节的形容词或动词(马真,2004:39—44):

(356) a. 过于困难　　过难　　　*过困难
　　　b. 屡出错误　　屡出错　　*屡出现错
(357) a. 大为生气　*大为气　　*大为生
　　　b. 最为艰难　*最为艰　　*最为难

接着,人们会问究竟汉语是单音节、双音节还是多音节语?争论从20世纪50年代到80年代未曾停息。我们认为现代汉语的双音节化应是肯定的,为什么会双音节化呢?主要是因为普通话的语音柔和优美就表现在它的音变功能上:当音节与音节连续发音时,可避免相同声调的重复、拗口,听起来显得和谐婉转(杨月蓉,2001:99)。也就是说,汉语双音节化现象从某种程度来说,是一种音韵和谐。胡明扬(1996/1997a)按以下三个标准考察了3 036个动词:① 能带名量词;② 能直接做"有"的宾语并能受前置动量词修饰;③ 能直接受名词修饰并能受前置动量词修饰。结果发现:符合两项或两项以上标准的动名兼类词,口语和书面语中的单音节约占4.55%,而双音节达到15.75%,后者是前者的三倍多;只符合一项标准的动名兼类词,口语和书面语中的单音节约占5.19%,而双音节达到24.14%,后者几乎是前者的五倍。他又按以下四个标准考察了1538个形容词的形名兼类:① 直接受名量词修饰;② 直接受"很多、许多、不少"修饰;③ 直接做"有"的宾语;④ 直接受名词修饰。结果发现单音节约占2%,而双音节则达到4.8%,后者又是前者的两倍多。从这些数据不难看出,双音节化是词性兼类的基础和条件。根据胡明扬(1996/1997b)的考察,动名兼类主要集中在书面语双音节动词上,其比例大致是11.93%—27.22%,但并非所有的双音节动词都是兼类,兼类只占双音节动词的15.75%—36.98%。目前很多动词和形容词正处在向名词漂移的过程中。这种漂移是一种欧化语法现象,主要是受西方语言,特别是英语的影响,因为很多双音节动词兼名词首先出现在翻译作品中,如"机器制造、资金投入、数据处理"就源于英语的machine-building、capital investment、dataprocessing。单音节动名兼类的很少,有"包、关、记、结、报、排、属、印"等30多个。书面语中不大可能兼名词的双音节动词约有200多个,如"打倒、进行、指出、致使、转交"等。

张国宪(1989)的《"动+名"结构中单双音节动作动词功能差异初探》一文可以说是第一篇把语法结构与音节问题联系起来的专论。该文认为"动+名"只表示动宾或偏正关系,动词单双音节对名词的音节是有选择性的,如在动宾关系中$V_单$没有选择性,$V_双$一般只与$N_双$组合,不与$N_单$搭配,因此不存在"2+1"音节模式的动宾关系。作者进一步指出,"从共时的角度看,大多数$V_双$兼有名词的某些特点,是一种动/名双功能词,从历时的角度考察则可以认为$V_双$正处在向名词一端漂移的过程中,在这种转变中双音节起了相当重要的作用"。根据王洪君(2001)的研究,汉语单双音节的搭配选择与语法结构类型有关,在汉语发展史上名词的双音化远远快于动词、形容词的双音化。对《普通话三千常用词表》中名、动、形三类词的音节统计进一步证明了这一点,如表15所示:

表15 名、动、形三类词的双音节化比例(王洪君,2001)

词性	总数	单音节	单音比例	双音节	双音比例	三个音节以上
名词	1 753	312	18%	1 287	73%	154
动词	1 029	422	41%	604	59%	3
形容词	479	143	30%	329	69%	7

根据《现代汉语词典》(修订本,1996)的统计,动词名词化的音节特点为：① 单音节动词直接名词化有 3 个,约占总数的 0.5%,单音节动词加后缀名词化的有 144 个,约占总数的 26.1%;② 双音节动词名词化有 405 个,约占总数的 73.4%。名词动词化则相反,单音节有 139 个,占总数的 89.1%,双音节有 15 个,占总数的 9.6%。由此看出,动词名词化以双音节为主,单音节动词名词化需加上后缀才行;反过来,名词动词化则主要体现在单音节上。从表 15 可看出,在三千常用词中动词单音的比例是名词单音比例的两倍以上,形容词单音比例又比名词高接近一倍。因此就单音节占比而言,动、形多单音而名多双音,这就不难理解为何动-名述宾和形/定-中结构多用"1+2"音节模式,而不是"2+1"音节模式。这主要是由于单音动词可保留原有的强动态性,而双音动词则承担了弱动态"动-名"的两栖性,有较强的名词性。这样,单双音节的搭配选择与语法结构类型就可采用以下三种模式：① "2+2"模式,如"进行讨论、开展调查、推动合作";② "1+2"模式,如"看表演、观飞行、查走私";③ "1+1"模式,如"看守、看望、运送、打击、演奏、观望"。不过,吕叔湘(1963)提到的偏正组合结构中"2+1"式比"1+2"式要多。三个音节的动宾组合中"1+2"式比"2+1"式多,四个音节中"2+2"式比"3+1"或"1+3"多。名词性结构以"2+1"节奏为主,动词性结构以"1+2"节奏为主。例如：

(358) a. 进行研究/*进行研　*进行究
　　　b. 货物运输/*货物运　*货物输

因此,动词为了达到名词化之目的,也得双音节化,手段当然很多,一般在动词后面加上"者"或"的",使其双音化,如："V+者"类型,如"读者、学者、作者、来者"等；"V+的"类型,如"来的、走的、吃的、玩的、看的、叫的、跳的、笑的"等。其实,双音化手段在古代汉语中已经初露端倪,如单音同义词手段：① 互训,如《说文》"辱,耻也"中"耻"与"辱"互训；② 同训,如《说文》"恭,肃也""敬,肃也"中"恭"和"敬"同训为"肃"；③ 互文,如《淮南子·氾论训》"内不惭于国家,外不愧于诸侯"中"惭"与"愧"互文；④ 递训,如对《论语·乡党》皇侃注疏的"迅,疾也"一句,《左传·襄公五年》杜预注为"疾,急也",《广韵》注为"急,疾也","迅、疾、急"递训；⑤ 异文,如就《战国策·楚策》"今楚国虽小,绝长续短,犹以数千里"一句,《新序·杂事二》认为"续"为"继","继、续"互文;⑥ 连用,如《论衡·感虚》"然则天地之有水旱,犹人之有疾病也"一句中,"疾"与"病"连用(王浩然,1994)。上面这些手段都是有形标记的,但有时动词名词化不需要形式标记,是零形转化,不过并非所有的动词都可这样做,主要是双音节的自主动词(表示有意识的活动),如"研究、调查、学习",而很少是单音节动词。主要原因在于双音节动词和单音节动词具有不同的动词性(典型动词语法功能)和名词性(典型名词语法功能)。双音节动词的名词性主要是由于它们的分布环境造成的,因为这些词可出现在典型名词的句法环境中,名词势必会把其功能传递给它们,使它们获得名词性,而单音节动词则不能出现在典型名词分布的环境中,因而无法获得名词性(刘顺,2003b)。

5.6 小 结

从以上探讨来看,名词化的生成路径概括起来就是无形标记和有形标记两种。无论哪一种,都不是任意的,而是有限制条件的,如语音、结构和认知语义等方面的限制。此外,不同语言系统的名词化生成路径或方式有所不同,比如英汉就有差别。

也许有人会问,哪一种生成路径或方式是最主要的?恐怕这个问题较难回答,因为在语言的不同层面或维度,名词化的生成会有所不同,比如在词汇层面,英语的派生较为突显,而汉语的双音节则较为显著。

第六章

名词化的生成后效应

6.1 引言

一般来说,名词化总会有一定的效应。如果它没有对语言系统产生影响,只能说是一种失败或不当的操作。换言之,一旦名词化表征生成,不管是词法层面、句法层面还是语篇层面,都会产生一定的效果,比如词类性质与形态结构的改变、语义变化与认知突显、功能转换、语体改变以及语篇层面的结构布局变化等。

6.2 名词化的检测

Vendler(1967a,1967b,1968)认为通过名词化所形成的名词性成分可分为两类:一类是完全名词化,另一类是非完全名词化。前者完全失去了动词的特性,变成了"真正"的名词,可带限定词、形容词,不能带副词、时态、情态和否

定等,如(359);而后者仍带有一定的动词特性,不能带限定词、形容词,但可带副词、时态、情态和否定等,如(360):

(359) a. the *singing* of the song

b. beautiful *singing* of the song

c. **quickly cooking* of the dinner

d. **having cooked* of the dinner

e. **being able to cook* of the dinner

f. **not revealing* of the secret

(360) a. **the singing* the song

b. **beautiful singing* the song

c. *singing* the song beautifully

d. quickly *cooking* the dinner

e. having *cooked* the dinner

f. being able to *cook* the dinner

g. not revealing the secret

也就是说,前者具有 NP 结构特性,后者仍具 VP 或 's 结构特性。如果从语义角度看,前者与事实相连,后者则与事件相连。例如:

(361) a. **John's fixing* the sink was surprising, and Bill's was more so. (事实)

b. *John's fixing of* the sink was skillful, and Bill's was more so. (事件)

因此,非完全性名词成分,如"Your *breaking* the record was a surprise."中的动名词具有众多动词的功能,可接受相应的处理:

(362) a. Your *totally* breaking the record was a surprise.

b. Your *not* breaking the record was a surprise.

c. Your *having* broken the record was a surprise.

d. Your *often* breaking the record was a surprise.

e. Your *seldom* breaking the record was a surprise.

f. Your breaking the record *yesterday* was a surprise.

227

g. Your breaking the record *in Shanghai* was a surprise.

Fu et al.(2001)也认为纯粹的名词不能接受副词的修饰,如下面三例中的(a),但名词化表征在一定程度上可以,如(b):

(363) a. *Kim's *version* of the event thoroughly was a big help.

b. Kim's *explanation* of the problem thoroughly was a big help.

(364) a. *Kim's *accident* suddenly disqualified her.

b. The *occurrence* of the accident suddenly disqualified her.

(365) a. *His *metamorphosis* into a werewolf so rapidly was unnerving.

b. His *transformation* into a werewolf so rapidly was unnerving.

实际上,汉语也如此,以"这本书的出版对我们来说很重要"为例,首先"出版"按动词要求处理,可接受副词修饰:

(366) a. 这本书的**快速**出版对我们来说很重要。

b. 这本书的**及时**出版对我们来说很重要。

c. 这本书的**第三次**出版对我们来说很重要。

d. 这本书的**少量**出版对我们来说很重要。

e. 这本书的**高调**出版对我们来说很重要。

f. 这本书的**应景**出版对我们来说很重要。

g. 这本书的**荒唐**出版对我们来说很重要。

不过,(366)中的"出版"多为方式状语所修饰,它还不是真正的动词,因为动词的典型认知语义基础是时间性,可以带时体助词,但"出版"不具备这些特点:

(367) a. *这本书的**去年**出版对我们来说很重要。

b. *这本书的**被出版**对我们来说很重要。

c. *这本书的**出版了**对我们来说很重要。

d. *这本书的**在出版**对我们来说很重要。

e. *这本书的**出版过**对我们来说很重要。

同时,动词也具有一定的指称化功能。比如,现代汉语中不管是单音节还是双音节动词,都可指称一些事件(物化事件、类事件或具体事件)。

例如(吴怀成,2014:48,62—63):

(368) a. 打他的多是卢先生。卢先生不是暴脾气,**打**(*着/了/过)他是为他好,要他成人。有一次可挨了大打。

b. 我们真会骗自己,骗得像真的似的,**编**(*着/了/过)这样的童话,就像喝酒,为的是使自己不要那么清醒。

c. 从这个意义上说,**看**(*着/了/过)一下这本书是有好处的。

d. **发展**(*着/了/过)经济和**加强**(*着/了/过)国防,是中国现代化建设的两大战略任务。

e. **保护**(*着/了/过)环境是我国的一项基本国策,也是一项重要的政府职能。

从(367)(368)可知,带了时间标记"着/了/过"的动词就不能指称化,因为那样就具有动词的典型时态表征,相当于英语中的时态。既然指称化具有了名词的指称功能,就必须消除这些时态标识,否则不可接受。同时,动词的这种指称化可通过"这、那、这件事、那件事"等来回指,这也证明了其指称功能的存在。例如:

(369) a. 看电视超过10小时,**这**是不行的。

b. 读三个小时的书,**那**是不错的。

c. 快速发展地方经济**这件事**符合实际。

d. 在非洲开拓市场**那件事**可以考虑。

也就是说,在一个典型事件框架中,如果承认动作可转指施事、受事和工具等,就应承认动作同样可转指整个事件。动作转指施事、受事和工具等属于部分与部分之间的转指,而动作转指事件则属于部分与整体之间的转指。英语中的一些动词加上冠词 a 也有指称功能,表示一种具体的或特定场合下的行为或行动事件。例如(陆国强,1999:27—28):

(370) a. He likes a quiet *smoke* after supper.

b. He was admitted to the university after a three-year *wait*.

c. He had a delightful *bathe* in the river.

d. He took a close *look* at the machine.

e. This film is a *remake*.

最后,要测定名词化是否已构成,关键看我们是否还能看到、听到、触摸到、闻到或尝到原来动词所表达的东西。如果不能,则表明名词化已构成,如"Tom is a professional.""How much excitement can you stand?"。同时,名词化之结果作为一种抽象名词,往往存在多义性或歧义性理解。为此,Eberle et al.(2011)提出了八个标准来检测名词化的语义:

(ⅰ)施事标准(agent criterion)

名词化是否被指派了施事,因为这个施事可能是消息、指令或信息的来源或传播者,我们可以设定施事具有这样的功能或专业能力,如 Angeklagter(被告)、Lehrer(教师)和 Rechtsanwalt(律师)。

(ⅱ)主题标准(theme criterion)

名词化是否被指派了主题,因为涉及信息内容问题,如 die Mitteilung der Ergebnisse(结果告示)、die Mitteilung, dass es keine Überlebenden gibt(没人活下来的通告)。

(ⅲ)确定标准(determination criterion)

引导名词化的短语必须考虑其限制语或量词修饰语,以确定其性质或属性等。

(ⅳ)框架标准(frame criterion)

根据语义事件类型来评估名词化是否被考虑、动词短语是否被含名词化的介词短语修饰(MVP),也就是验证名词化事件和动词事件是否属于相同事件框架或脚本。

(ⅴ)指称方位标准(reference location criterion)

含名词化的介词短语所修饰的动词短语是否指派了空间方位。

(ⅵ)指称时间标准(reference time criterion)

含名词化的介词短语所修饰的动词短语是否被指派了不同的时间方位。

(ⅶ)时态标准(tense criterion)

是否考虑了含名词化的介词短语所修饰的动词短语所描述的事件、状态或过程的语篇定位和过去、将来的假定时间。

(ⅷ)行为方式标准(action criterion)

行为方式的取舍有赖于含名词化的介词短语所修饰的动词短语所描述的事件、过程或特定状态。

前三条标准与引导名词化的名词短语有关,而后五条则与含名词化的介词短语所修饰的动词短语有关。同时,前两条是"弱标准"(weak criterion),即有一定的松动性,而"硬标准"(hard criterion)就是有强制性的语法选择限制。这些标准的出发点虽是为德语名词化解歧而提出来的,但对于其他语言的名词化歧义处理也有一定的指导作用,因为它有一个总的指导原则,那就是将名词化放在具体的时空或语篇中来解读,其义是准确的,其语篇功能也是明确的,不会有歧义或歧解。

6.3 名词化的抽象概念

6.3.1 抽象名词的语义

通过名词化所产生的抽象名词存在概念空壳化问题,即名词化在很大程度上就是一种空壳名词(shell noun),因为它本身没有多少实际语义内容,必借助语篇的前后文来呼应或照应,其所指才能准确定位,也才能被理解。正如 Hunston & Francis(1999:185)所言,"空壳名词"其义可在行为基础上得到确认,且在其前后语篇中伴随有某种形式的扩展。

从《马氏文通》(之前的研究不成体系)开始,我国汉学界就开始了对名词的研究,对名词本质的看法主要体现在四个方面:意义观、狭义形态观、句法功能观和原型理论观(刘顺,2003b:1—4)。由于动词名词化所产生的概念空壳化(即成为抽象名词),我们更多关注原型理论观,因为词与词之间并不是人们所期待的理想状态——非黑即白,而是模糊状态,呈家族相似性。这与范畴问题密切相关,刘润清、刘正光(2004)认为范畴化是人类认识的重要特征之一,其作用在于:① 给混沌的世界建立秩序,找出事物的结构关系;② 实现认识过程中的经济原则。两者共同构成了人类认识范畴化的内在动力,不过范畴化虽能帮助我们快速有效地认识世界,但不能直接推动认识向更高层次发展。因为世界在运动,事物也是发展变化的,人类的认识也会不断向前发展。这样,世界初始结构或秩序就必然要被新的结构或秩序打破。因此,范畴概念从某种程度来看,也只是暂时的状态表征。动词名词化实际上就是动词非范畴化,其过程就是动词丧失范畴属性的过程,体现在四个方面:① 丧失形态句法分布特征并获得指称意义;② 意义抽象与泛化;③ 功能和范畴转移;④ 获得语篇地位。对这个问题的传统回答可以追溯到柏拉图,他所谓的"思想"论(idea theory)将意义看作概念和概念综合体。正如 Bach(2003)所言,一个词的意义就是与它习惯性相连的概念(其完整描述可能部分涉及哲学、心理学和社会学),一个短语或一个句子的意义则来源于其组成部分概念之和。另外一个回答就是"实物"论(thing theory),其意义源于所指(reference)。"实物"在此不仅包括特定对象、事件,还包括特征、关系和其他抽象对象;句子命题由其组成部分的所指对象构成,如"Kolo is hungry."表达的命题是"Kolo is hungry.",其构成部分是 Kolo 和 hungry 特征状态。

Quirk et al.(1985)将动词的名词化分为两类:① 通过在动词后面加缀(如-age、-al、-ation、-ment、-ance、-sion)或零转换(如 desire、love、cry、research、hope、help)而来的名词;② 通过在动词后加-ing。前者可构成具体名词/抽象名词,后者则构成抽象名词。抽象名词所涉范围相当广,包括过程类(如 change、death、alteration)、情态类(如 imagination、belief、decision、presumption)、活动类(如 shout、call、talk)、涉及类(如 relation、involvement、concern)和认识类(如 knowledge、realization、comprehension)等。根据 Schmid(2000)的研究,抽象名词所涉范畴按"典型性梯度"(typicality gradient)分为四个等级:核心(prime)→合适(good)→较合适(less good)→边缘成员(peripheral)。核心类大多为事实类范畴,合适类多为心理、言说和情态范畴,较合适多为事件、环境类,而边缘成员则多为环境类。抽象名词按语义则分为六大类:① 事实类(factual);② 言说类(linguistic);③ 心理类(mental);④ 情态类(modal);⑤ 事件类(eventive);⑥ 环境类(circumstantial)。以英语抽象名词为例:它们表示某种性质、状态、动作或情感时,一般是不可数的,无复数形式,其前无定冠词限制;但在特定语言语境或语用语境中,可转化为具体名词。反之,具体名词也可转化为抽象名词。例如(张鑫友,2004:20—27):

(i)具体名词抽象化

(A)并列习语结构,如 from door to door(挨家挨户)、hand in hand(手拉手)。

（B）介词+机关部门名称,如 go to school（上学）、go to college（上大学）。

（ⅱ）抽象名词具体化

（A）反复动作,如 three jumps make it（三次跳就成功）、through talks with somebody（通过与某人多次谈话）。

（B）性质、状态,如 overcome the difficulties（克服困难）、various disasters（各种灾难）。

陈平(1988)从时间维度提出了名词的本质特征,认为名词在时间方面表现出很高的稳定性。不过,具体概念名词,如 pencil、car、house、tree 与 freedom、democracy、thought 等抽象名词是不同的,前者主要是指那些可视的、具有空间限制的实体,而后者则没有这些限制;也就是说抽象名词只能通过语言系统编码,而具体名词则可通过语言和意象编码。Schwanenflugel & Shoben（1983）认为,与具体名词相比,为一个抽象名词寻找一个语境要难得多,相应地如果能为两者找到一个合适的语境,它们之间的解读时间无太大的区别。然而,抽象名词的理解的确会有一定程度的差异,如 Aida's performance 和 the performance of Aida 就可能有如下多种解读（Anttila & Fong, 2004）：

(371) a. the performance by Aida （external, definite）31%
a performance by Aida （external, indefinite）27% *Aida's performance*
the performance of Aida （internal, definite）22%
a performance of Aida （internal, indefinite）20%

b. the performance of Aida （internal, definite）54% *the performance of Aida*
the performance by Aida （external, definite）46%

6.3.2 抽象名词的功能

抽象名词从本质上看肯定是抽象概念或意义的表征,其功能主要体现在语法、语义、语用、语篇、修辞和人际等方面,本节主要涉及语法、语义和语用功能。

6.3.2.1 语法功能

英语动词名词化后,在句法功能上和其他名词一样,可做主语、宾语和表语。例如：

(372) a. Tom's *arrival* was somewhat unexpected. （主语）
　　　b. We didn't expect Tom's *arrival*. （宾语）
　　　c. What is unexpected is Tom's *arrival*. （表语）

英语抽象名词的语法功能是很多的,如"of+抽象名词"可做后置修饰语,也可起主语补语或宾语补语功能,还可做表语。例如(薛旭辉,2002):

(373) a. a city *of strategic importance*
　　　b. a matter *of significance/consequence*
　　　c. a lady *of quality*
　　　d. a question *of more academic interest*

另外,英语中高频轻动词 have、make、take、give、be、get、go 等和任何一类动词转化而来的抽象名词都可构成动词短语,表陈述功能。例如:

(374) a. I *walked* along the Yangtze River last night.
　　　b. I *took a walk* along the Yangtze River last night.
(375) a. I *do not intend* to go to the cinema.
　　　b. I *have no intention* of going to the cinema.

汉语中也有类似的用法,且动词变名词还无须任何变化,如"讨论、调查、准备、分析、研究、处理、影响"等(申小龙,1986):

(376) a. 讨论问题　　b. 进行讨论　　c. 一次讨论
　　　a. 调查事故　　b. 进行调查　　c. 一次调查
　　　a. 准备早餐　　b. 进行准备　　c. 一项准备

6.3.2.2　语义功能

现代语言学认为一个正确的语言结构模式应反映语言事实,生成一切符合该语言语法的句子,即在逻辑上合格的(well-formed)句子,排除任何不符合语法的、不合格的(ill-formed)句子。为此,转换生成语法学派提出了"选择性规则"(selectional rules),对名词的语义特征做了全面的分析和分类处理。例如对 book,仅仅指出它是名词[+N]还不够,还得规定是通用的[+common]、具体的[+concrete]、无生命的[-animate]、可数的[+count]、单数的[+singular]。他们认为这样的词典已在人类大脑之中,人类大脑中已储存了大量有关名词的认知语义知识,否则无法说明人类

为何具有鉴别句子正确与否的能力。根据周恒(1998)的研究,抽象名词可表征不同的语义类型。例如:

(ⅰ)表行为事件,如 the three burglaries (= the three events of burglings)。

(ⅱ)表行为主体,如"There were several new arrivals in the school."(arrivals=people who arrived)。

(ⅲ)表行为客体,如"Cotton is an important export of the United States."(export=product that is exported)。

(ⅳ)表行为结果,如"Edison's inventions brought about great changes in our society."(inventions=the things that were invented by Edison)。

(ⅴ)表行为场所,如"The place is one of my great pleasures in summer days."(pleasures=places to please myself)。

这样,将动词语义浓缩在名词中,使得名词的语义更为具体、更有特色。虽然行为动词名词化后仍基本保持原行为动词的含义,但如果该名词复数化后,其语义就会发生嬗变,获得特定指称对象而具有标记性,可指向施事、受事、结果、工具、方法、事件、材料和方位。如沈家煊(1998)所指出的那样,语法是从不同视角出发组织信息的手段,即用来强调、突出、淡化、弱化某些信息的手段。因此,我们认为 Croft & Cruse (2004:92)提出的动态识解法(dynamic construal approach)有较强的阐释力。该识解法认为,意义不是在词库中细化好了的,而是在实际使用中在线即时识解产生的。例如(曾亦沙,2000):

(377) According to Frank Storey, head of the FBT's field office in Kansas City, the two gangs have set up cocaine *operations* there, and in 45 other cities, including Tulsa, Omaha, Denver and St Louis. (operations = groups that operate cocaine-selling, 指向施事)

(378) Hundreds of little Java *applications* have started to pop up on the World Wide Web, the multimedia portion of the Internet. (applications=programs which applies to process, 指向受事)

(379) Mary felt perturbed; that is, she was greatly disturbed by her sister's *actions*. (actions=the manners in which her sister acted,

指向方式)

Schmid(2000)在探讨名词空壳功能的语义动因时,也认为"抽象性"(abstractness)和"笼统性"(unspecificity)只是空壳名词实现更高层次交际功能与认知功能的前提,这两者为语义空缺创造了有利条件。同时,名词化/名物化满足了主谓结构的句法需要,把因、果两个 VP 结构转化为抽象名词 NP 结构,让表原因的 NP 结构或表结果的 NP 结构做主语,这就分别构成了感知谓词的经事主语句或动因主语句。例如(徐莉娜,2005):

(380) a. The sight and sound of our jet planes *filled* me with special *longing*.

b. The thought of the future *fills* me with boundless energy and strength.

其中(380a)的 sight 和 sound 可以看作行为抽象名词,而 longing 则属于感知动词,me 形式上是动词 fill 的宾语,但语义上则是经事者(experiencer),这样以 longing 为中心的谓词逻辑就是 I longing,而 fill 则是刺激(stimulus)和经事者之间的结构关系处理,(380b)则表征一种隐含的因果关系。

6.3.3.3 语用功能

抽象名词并非任何语境下都是模糊不清的。就言内功能而言,Quirk et al.(1985)认为名词化与相应的分句结构之间就存在不同程度的明晰度。例如:

(381) A. The reviewers *criticized* his play in a hostile manner.

B. a. the reviewers' hostile *criticism* of his play

b. the reviewers' *criticism* of his play

c. the reviewers' *criticism*

d. their *criticism*

e. the *criticism*

观察(381B)的(a)到(e)可知,它们与 A 句的关系明晰度由高到低排列,其中(e)与 A 几乎没关系,但在具体语境中其概念是清楚的。又如

Wordsworth 的"The Solitary Reaper"(《孤寂的割麦女》):

(382) Behold her, single in the field,
Yon solitary highland lass!
Reaping and singing by herself,
Stop here or gently pass!
Alone she cuts and binds the grain,
And sings a melancholy strain,
O listen! For the vale profound
Is *overflowing* with the sound.

(382)末行的 overflow 与情感(feeling)相连,与 water 无关。这就存在一个选择限制特征与所选名词之间的矛盾。在此 overflow 的特征[+material+liquid+spatial movement]倾向于取消或减弱,这样 overflow 就成了概念谓词束,表征"突然性、超余发泄、不可控情绪",可以说是对格式塔完形自由空间的一种补充。正如俞东明(1999)所言,所谓"意义"就是一个词、短语、句子自身处于静态的抽象意义(abstract sense),即"字面义",不受语境等外界因素的影响,词典意义大概就是其代表。不过,不仅物理语境能对名词语用功能起一定的解读功能,语言语境也可对语用义解码有一定影响。因此,名词化虽产生了一定程度的概念空壳化问题,但它不失为另一种有效的表征工具和手段。

6.4　动词名词化的两性特征共存

6.4.1　动词名词化的两性特征共存表征

名词和动词是语言中的基本词类范畴,世界上几乎所有的语言都存在这两大类别,Fromkin & Rodman(1978/1983:16)在列举人类语言共性时已谈及此点。然而,词类之间的转换是不可避免的,主要是因为我们的语言符号太有限了,而表达之需又是无限的。也就是说,词类转换是以"有限"应对"无限"的无奈之举(参见刘国辉,2007)。词类之间的转换并不对等或对称。石毓智(2000a：72)认为词类之间的转换是不平衡的,动词向名词转换是一种普遍现象,而名词向其他词类转换则非常有限。亢世勇(2004：177)的研究证实了这一点。他通过对《现代汉语语法信息词典》的统计,发现名词和动词之间兼类较多,其中动名兼类共有438个,动词库中有416个,而名词库中只有22个,即动转名较名转动多得多。这其中的认知理据在于它们的突显度(salience)不同：名词一般勾勒事物实体概念,具有可感性和独立性,而动词则勾勒事物实体之关系,不具可感性,但具依存性(王冬梅,2003);因此,名词比动词更具认知突显,更受人们重视,得到更多运用。该现象所包含的重要语法规则已引起结构主义语言学、转换生成语言学、系统功能语言学和认知语言学等领域不少语言学家不同角度的论争与探讨(刘国辉,2004b)。然而,学者们在研究该现象时,忽略了一个重要问题——两性(即动词性与名词性)特征共存性。正如王国栋(2004：121)所言,英语传统语法一般把"动作名词"(action noun)只当作"抽象名词"(abstract noun)来阐释,而忽略了其兼有的动词特性,即只注意了其名词的外延和静词的功用,而忽略了其意义内涵上的可动倾向性。这种忽略主要是由于动词名词化词的动词特性兑现方式不同所致。

时间性是动词的典型认知语义基础。动词典型语法形式可以带时体助词,而非时间动词则不具备时间性,这主要是因为非时间动词的起点、过程和终点界线不清,如英语中的动名词、不定式。另外,时间性不仅表现在词汇意义上,还表现在与之共现的各种语言成分上,特别是在显性时间成分上。显性时间成分主要包括表达时间意义的时间名词、时间副词、时间助词、时间趋向动词和语气词等。这些时间成分有的出现在动词之前,有的出现在动词之后。动词前时间成分多数做状语,而动词后时间成分则主要充当补语、宾语和时态连带成分,如"他晚上来的"和"他来时,太阳下山了"。然而,动词的时间性语义特征也会随着时间或语言结构的变化而虚化。正如李永(2003)所指出的那样,汉语动词从在连动结构中做谓语降级为动补结构的补语时,表现为时间性语义特征的逐步消减。动补结构如果继续语法化,则会演变成一种形态结构,助词由此产生,原来动词的时间性语义特征最终消失,如"得"字的语义变迁就是如此：

(383) 如求**得**其情与不得,无益损乎其真。　　（《庄子·齐物论》）

(384) 谓妊娠之时遭**得**恶也。　　（《论衡·命义》）

(385) 秋阴不散霜飞晚,留**得**枯荷听雨声。　　（李商隐《宿骆氏亭寄怀崔雍崔衮》）

(386) 医**得**眼前疮,剜却心头肉。　　（聂夷中《咏田家》）

(387) 若使火云烧**得**动,始应农器满人间。　　（来鹄《题庐山双剑峰》）

(388) 远江吟**得**出,方下郡斋东。　　（李咸用《登楼值雨二首》）

(383)"得"与取义动词共同组成连动结构,其语义指向宾语,后者存在于前者的语义和句法控制之内。此"得"是典型的动词,具有一个完整的时间结构。(384)"得"用在非取义动词后边,语义指向核心动词,表示动作有了结果,两个动词构成动补的结构关系,并开始发生语法化,"得"自身时间性的语义特征已经淡化。(385)(386)"得"的语义指向已难以判定,因为已失去了语义指向,只表示核心动词所指动作的实现,"得"基本上失去了动词性而语法化为助词。"得"的语法化在(387)(388)中最为彻底,它位于核心动词和补语之间,完全丧失了时间语义内涵,语法化为一个纯形态标记而已。

那么,动词名词化后是否真的变成了完全名词？从词法方面看,动词名词化后的时、体、态动词特征是否仍存在？这里以英语为例,因为英语的时、体、态比汉语表现充分。王国栋(2004:129—131)认为,从英语时态方面来看,动词名词化后的名词没有时态可言。但根据句中谓语动词的时态或时间状语等,我们仍可推断出动词名词化词所含的时间意义,如 his movement 可根据句中谓语动词的不同时态来分别表示 he moves、he is moving、he moved、he was moving、he will move、he will be moving 等时态意义。例如:

(389) The news of his *arrest* soon reached his wife.

（arrest 在此推断为过去完成时）

(390) The *arrest* of a citizen must be done in accordance with legal procedures.

（arrest 在此推断为一般现在时）

动词名词化词一般也没有体标志，但从上下文可以看出其中隐含的是完成体还是进行体，如"be+介词+动词名词化词"可隐含进行体：

(391) The population is *on the decrease*. (= The population is decreasing.)

(392) The road was *under repair*. (= The road was being repaired.)

动词名词化词可直接构成被动意义，也可用"介词+动词名词化词"构成被动意义。例如：

(393) The news of his *arrest* soon reached his wife. (= The news of his being arrested …)

(394) His conduct is *above criticism*. (= His conduct is not to be criticized.)

另外，像 order、proposal、suggestion、desire、demand 等动词名词化词所接的 that 小句中可用动词虚拟式。例如：

(395) He gave orders that they (*should*) *go*.

(396) Our demand is that a simpler wedding ceremony (*should*) *be held*.

如果从句法结构来看，动词必涉及物性（transitiveness）问题，具有及物意义的动词名词化词也可带宾语，只不过这种宾语一般是逻辑宾语，用所属格或带介词的宾格形式表达。因此，"The army defeated the rebels."可用三种方式体现（王国栋，2004：122—141）：

(397) *the army's defeat of* the rebels　　　　（of 所属格）

(398) *the rebels' defeat* by the army　　　　（'s 所属格）

(399) *their defeat* by the army　　　　　　　（物主代词）

最后，动词名词化词还可带状语。例如：

(400) I shall never forget her *appearance this morning*.　（带时间状语）

(401) The performance was *rather a failure*.　（带程度状语）

(402) After supper we had *a quiet smoke*.　（带方式状语）

从这些特征不难看出,动词名词化词仍具动词的一些隐性特征,只不过其兑现方式有所变化而已,大部分借助介词、句位结构(如主、宾语位置)和轻动词(如 give、make、do、take)等来表达。而汉语则略有不同,一般通过句位结构和动词前加助词"的"字,即"NP+的+VP"结构来实现。

名词化结果又如何呢?王国栋(2004:143—144)认为从词性方面看,当动词名词化词所表达的概念人格化时:① 凡表力量、凶猛概念的名词可看作阳性,如 anger(发怒)、prey(掠夺)、death(屠杀);② 凡表斯文、美好、温情等概念的动作名词,可看作阴性,如 remembrance(回忆)、fame(名声)。从词数来看,动词名词化词一般是不可数的,但其转义作具体名词时就是可数的。例如:

(403) a. This has no *relation* to our business.　　(不可数)
　　　b. She is *a relation* of mine.　　(可数)
(404) a. Take *note* of these warning signs.　　(不可数)
　　　b. Take *notes*.　　(可数)

从量化方面看,动词、形容词等名词化实际上是随时受量化规律制约的。根据石毓智(2000a:73—85)的研究,不论是动词还是形容词,一旦被量化,动词即被赋予时间量,形容词即被赋予连续量,它们就不能再被名词化。也就是说,动词或形容词一旦被量化,就意味着它们具有了本词类的数量特征——时间性或连续性,而这些特性又与名词的离散性特征不相容,使得它们无法再名词化。例如:

(405) I know *somebody who works often*.
　　→ *I know *an often worker*.
(406) I know *somebody who eats twice a day*.
　　→ *I know *a twice eater*.

从词格方面看,动词名词化词的逻辑宾语既可用 's 结构,也可用 of 结构,但两者着眼点不同。请比较:

(407) *The offender's punishment* has become necessary under the circumstances.

（着眼于 punishment）

(408) *The punishment of the offender* has become necessary.
（着眼于 the offender）

从句法结构看,动词名词化词同样要受量词、冠词和形容词等修饰。例如(王国栋,2004:145):

(409) The meeting about *further development* of our factory has been put off until next Friday.（受形容词修饰）

(410) A thorough investigation into *a robbery* may not lead to the capture of the thief.（受冠词修饰）

最后,动词名词化后,一般可担当名词的各种功能。试比较以下各例(王国栋,2004:144):

(411) His *rejection* of that good offer surprises me.（做主语）

(412) I can't understand his *rejection* of that good offer.（做宾语）

(413) What I can't understand is his *rejection* of that good offer.（做表语）

以上讨论说明,动词名词化在保留动词特征的同时,也具有名词的一些基本特征或功能。

6.4.2 动词名词化的两性特征共存理据

首先,动词与名词的关系实际上就是时间与空间的关系。然而,时间是一个看不见、摸不着的东西,只能凭借经验或借助其他手段才能得以表征。根据陈英和(1996/1997:202—206)的研究,时间概念大致分为三大类别:① 经验性时间(experiential time);② 逻辑性时间(logical time);③ 习俗性时间(conventional time)。我们认为前者更为重要,因为它是时间的认知开始,而后两者则是人的认知力发展到一定阶段的产物,特别是习俗时间的认知多在进入学校后才正式接触。Lester et al. (1985)通过实验发现,3—5个月的婴儿能按妈妈的某个活动节奏来调节自己的活动节奏,并且调节的准确性随着婴儿年龄的增长而增长。方格等(1994)通过实验发现5—6岁儿童才能区分几秒之差的时距和使用时间标尺对时间进行维量计算。这说明时间的掌握是比较难的,需要一定的认知力。而空间的把握也不是那么容易,因为它不是物体得以排列的环境,而是物体的位置得以成为可能的方式,任何一个选定的坐标轴只有通过与另一个方位标的关系才能确认空间(转引自梅洛-庞蒂,2003:281—315)。一般来说,主体对于空间位置的表征主要有三种方式:① 自我中心表征(egocentric representation),即用主体自身与目标物之间的位置关系来标明目标物的具体位置;② 地标表征(landmark-based representation),即用环境中的其他物体与目标物之间的关系来标明目标物的具体位置;③ 去自我中心表征(allocentric representation),即利用一些抽象的形式(如地图等)来描述目标物的位置。通常情况下,这三种空间位置的表征形式是相互联系的,且每种方式都有所侧重。从认知发展的角度看,儿童掌握这几种方式的先后顺序不同,从先到后大致排列为:自我中心表征>地标表征>去自我中心表征。这主要是由于去自我中心表征涉及抽象手段,所以掌握最迟(陈英和,1996/1997:206—209)。

其次,动词名词化从本质来看就是时间的空间化。许多语言中表达时间概念的词都源于表空间视觉概念的词,即在表达时间概念之前一般有一个相应的空间概念存在。在英汉两种语言中都存在不少利用空间表时间的情况。英语中常用表空间位置的介词 at、in、on 来表时点或时段,如 at 10:10、at the sight of、in the afternoon、victory in sight、on Christmas Day 等;还利用表空间的名词来表时间,如 space(空间)、span(跨距)、distance(距离)用在 the space of 5 months、a normal span of a woman's life、a distance of a century 中。空间性动词也用于时间表达,如 race(疾跑)、run(跑动)、march(行进)在 the vacation raced by、the time ran on、the years marched on 中都表示时间的飞逝或流逝。汉语中也有不少这种用法,如"前、后、上、下、左、右"用于"前天、后天、上午、下午、晚饭前后、12 点左右"等。

第三,时间认知是人类认识世界的重要内容之一,包括时序、时距和时点的认知。从人类认知来看,约两万年前我们的祖先就已经以空间大小来表时间了。当时他们在兽骨上刻出有空间间隔的一连串刻痕,用以作为度过多少天的标志,因而康德称空间是人的"外经验",而时间则是人的"内经验",后者通过前者来显示,这种说法显然是有道理的。现代发展心理学的研究也表明,在个体心理发展过程中,时间意识的形成晚于空间意识,这主要是因为空间意识以视觉表征为基础,比看不见摸不着的抽象时间更易于直观化和把握。瑞士心理学家皮亚杰(Piaget)的研究表明儿童正是按空间知觉来理解时间的,黄希庭等(1980)通过实验证明了七岁前儿童的时间认知的确受空间认知的影响。因此,时间的认知是通过空间的认知来间接完成的。

第四,从物理学领域看,时间一般通过视觉空间来测量。实际上自然科学概念框架中所有经验基础都是基于视觉的。视觉作为一种感觉方式,开拓了一个外在空间,使主体与客体的分离成为可能。物理学中的三个基本量纲——时间、空间和质量——都是以视觉空间的事件来给予认定和测量的,时间用钟表,空间用尺子,质量用秤(郭垒,2000)。物理时间是根据外部世界中的现象建立起来的,最形象的认识是物体运动一段距离,通过每个点的过程就揭示了时间的流逝,由此产生时间概念。而我们所使用的钟表由于把这一过程标准化了,因此一想到时间,就把它与钟表相连。从时间概念形成过程看,不管是最原始的,还是最精致的办法,一个基本特征就是把时间区别转换为空间区别,然后通过把握这种空间区别来间接把握时间。所以人们直接把握的其实是空间,而非时间,时间本身从来没有被直接接触过。这样间接把握的时间只是一个时间模型相,而非时间本身之相。

最后,从历史文化角度看,人类学和神学的研究成果表明,原始人的时间观念晚于空间观念发生,原始语言中用来标志时间的符号往往源于具体的空间方位词汇。根据赵奎英(2000)的研究,在我国早期古代文献中虽没有明确的空间概念,但有方位观念,如用"四方"反映"四时",用较具体的空间方位概念去暗表时间概念普遍存在,如按中国传统的"五行"理论,"春天在东,颜色为青;夏季在南,其色为赤"。这样,原本只能进行内在把握的时间变得可以从外面来加以直观表述,诉诸人的视觉,具有可感性。众所周知,中国古代诗词、绘画、书法和园林建筑等都把"意境"当作最高的审美标准,这主要是由于"意境"作为中国古典文论的重要范畴,虽还没有一个统一的界定,但其核心内容始终没有超越它起初的"佛性"和空间性。

6.5 名词化的间接言语行为效应

6.5.1 间接言语行为的概念

要是我们的日常交际言语形式与其意义呈简单的一一对应关系,该多好!但往往两者不一致,拐弯抹角,让人费解、误解。那为何人们还喜欢这样做呢?语言学家们,如 Searle 认为这在很大程度上是出于礼貌。我们认为经济原则也在起作用,因为人们可根据共有知识,不管是语言的或非语言的,能不说的或不必多说的,就尽量不说或少说(参见刘国辉,2001b)。其实,间接言语行为不是不说,也不是少说,而是一种说话策略的选择。正如 Searle(1979:115)所言,间接言语行为是指一个说话人意谓他所说的,但同时又意谓更多的东西,因此话语意义不仅包括而且超越了句子意义,如图 30 所示(S=说话人,P=句子意义,R=话语意义)。

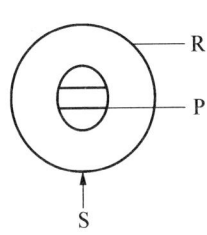

图30 句子义与话语义关系(Searle, 1979:115)

那么,间接言语行为是一个绝对概念还是一个相对概念?到什么程度才算间接?也许不同认知的人会有不同的回答。我们认为它是一个相对概念,会随不同的语境变量、不同的对象而变化。同一话语内容可用不同的言语形式来表达,因此存在一个间接度的问题。例如:

(414) a. Answer the phone.
　　　b. I order you to answer the phone.
　　　c. I want you to answer the phone.
　　　d. Will you answer the phone?
　　　e. Can you answer the phone?
　　　f. Would you mind answering the phone?

从(414a)到(414f)的间接度是不等的,呈逐渐加大趋势。但(414f)在特定情况下并非就是最间接的表达,因为不说话也许比这还间接。

6.5.2 间接言语行为与名词化

人类行为学家 Zipf(1949)在其《人类行为和省力原则》(*Human Behaviour and the Principle of Least Human Effort*)中指出,人类行为的基本准则就是从事任何活动都试图以最少的耗费去获得最大的效果,能省的尽量省,即省力原则(或称经济原则)。我们每说一句话都存在不同程度的预设(presupposition),会相应省去一定内容。对同一个人说不同的话,会有不同的预设;对不同的人说同一句话,也存在不同的预设。名词化也涉及间接言语行为,因为它抽象,自然就可能把有些东西隐含在其中,不显现出来。例如:

(415) a. the *singing* of the song

b. the *singing* of the girl

c. the *singing* of the bird

d. the *singing* of the dog

e. the *singing* of the machine

(415)都涉 singing,但其语义内涵是有差异的,其中(a)与其他四项不同,(e)与(b)(c)(d)不同,(b)与(c)(d)又不同。就(a)而言,其具体的信息,比如时间、地点、方式、状态、性质等无从得知。但如果加入相关信息,效果会明显不同。例如:

(416) a. the singing of the song *yesterday evening*

b. the singing of the song *in the street*

c. the singing of the song *in group*

d. the *wonderful* singing of the song

e. the *bad* singing of the song

f. the singing of the *folk* song

g. the singing of the *popular* song

h. the singing of the song *by Tom*

不管以何种形式出现的间接言语行为,都有其存在的隐含动因。这种动因要么是内因促动,要么是外因使然,要么是内外因两者共同促成。间接言语行为之所以如此受到人们的偏爱,是因为它作为润滑剂,使人际关系显得和睦友好。但间接言语行为并非灵丹妙药,弄得不好,同样会使人际关系紧张不睦。Urbanavičienė(2004)通过英国前首相布莱尔(Tony Blair)的政治演讲,考察了语篇语言特征对权力关系和意识形态过程的处理,特别是如何通过名词化手段来处理权力的施展问题。研究发现,在有关英国国民健康保险制度(NHS)的政治演讲中出现了大量从谓语动词转换而来的各种名词性成分,一个明显效果就是行为过程的关键部分无法定位,尤其是问题的原因(由谁对谁做什么)无法确认,而这个因果关系与谁授权做事和由谁来做事关系很大。例如:

(417) We have called this press conference to set out our agenda for *investment* and *reform* of the NHS. The NHS is back in the news in the last few days but everything we are doing today is a continuation of the programme of *investment* and *reform* that we have been pursuing for the last few years.

(417)的名词化行为 investment 和 reform 没有显示出施事及行为的原因(由谁来投资,又由谁来改革),这样的表征避免了责任的直接归属问题。下面(418)中的名词 decisions 也具有相当歧义:

(418) Our case is that only by taking the *decisions* now to increase investment in the NHS.

通过这样的建构,受众无法得知是谁来真正做决定或决定实施 increase investment in the NHS 这一行为,而只能假定这个互动行为在首相和 NHS 成员之间。句子开头的复数代词 Our 表明该过程的隐含施事包括了互动过程中所有的人。正是这种间接形式对 decisions to increase investment 负责,看起来似乎 NHS 成员在决定过程中有一种微妙参与,因为 investment 一词也使行为的施事模糊了。这样,investment 的责任就分散到互动过程中所有的参与者。虽然布莱尔声明团结一致,共同努力,但更多是显示他的权势。然而,也正是这种表征绝对权力的非人称语言建构没有任何时间暗示和言语形式选择。例如:

(419) All controversial *reforms*. All with a single purpose:an NHS providing better care for patients.

(420) Thousands already benefiting from booked *appointments*.

在(419)中表征减少,只剩下名词及其属性。而表征形式传递相似意义的命题:没人说话,没有听众,命题信息永存,永远无法受到挑战,也无法对话。权力的实施以一种隐晦形式出现,有利的解读总是由那些权力拥有者做出。且权力通过无行为施事这种模糊的句法形式来实施,这种看不见的权力不会受到挑战。如果以一种批判的眼光来看,首相的话语方式对需要健康关注的人来说,就是一种权力不对等的表现。在(419)(420)中,reforms 和 appointments 不涉及具体对象,有意回避了其针对性,避免了不必要的冲突或锋芒。又如:

(421) a modernisation agency working with hospitals to spread best practice to cut *delays*

(422) The reason they have more doctors or beds or *shorter waiting lists* is that irrespective of their system they spend more public money than we do.

(420)至(422)中病人被称为 thousands、delays、waiting lists。正是通过这样的表征,需要关照和保护的病人看起来好像由人的个体转换成了失去个体的对象,并且统统被描述为无权势的参与者。名词性表征 waiting lists 只反映了与主要谓语动词 wait 相关的病人,而将个体潜在的行为和所有建议通通删除。一旦进入这个名单,病人就失去了个体存在,置于群体之中。这样,布莱尔的断言可能正确地反映了问题处理的及时性,但也反映出病人无名无势似乎很正常。以上各例都没提到也找不到说话人本身。显然,肯定是有人,且大概能猜出是谁在说或做,但没人能肯定他或她的身份。非人称句之功就在于它们没有对抗性。需要重申的是,名词化与权力的模糊性处理相关,如果只有一种可能解读的编码,那么其义表面上应是显性的,这就是一种意识形态权力的表征。

6.6 名词化的图形-背景效应

6.6.1 英语名词化的图形-背景效应

名词化作为一种转化而来的物化概念,不可避免存在某种主客观方面的效果,即突显性;它通过其"图形"来兑现,只不过不同语言的处理方式不同而已(参见刘国辉,2006b)。认知语法很清楚地阐释了 explode 和 explosion 之间的语义差异:前者把所描写的事件突显为一个过程,而后者将其突显为一个抽象域,即认知语法所界定的物(thing)。前者是顺序扫描的结果,后者则是总体扫描后再进行组聚与物化而产生的结果,如图 31 所示:

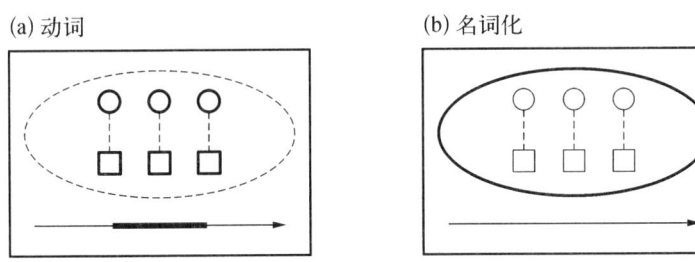

图 31 动词与名词化的认知语义比较(Langacker,1987a:92)

图 31(a)展示动词的认知语义,箭头上的加粗部分表示过程,虚线椭圆表示该过程成分状态所组成的一个潜在区域,这一区域作为整体没有突显,而其成分状态呈现先后突显的态势。31(b)表示名词化的语义结构,它是对过程的成分状态进行总体扫描、组聚、概念物化后产生的结果,它使得从组聚和物化过程中产生的区域在一个更高的概念组织层面上处于突显的地位。这个区域在 31(b)中表示为加粗的实线椭圆。构成它的实体正是动词突显过程中的各个成分状态,但与这些状态相关的时间因素没有得到突显,以致 31(b)的时间箭头上没有 31(a)中的加粗部分。实际上,名词化转换带来的不仅是词汇层面的变化,更多是句法层面和语篇层面的改变。比如 Halliday & Martin(1993:84)发现,名词化作为科技语言的特质能够在作者和读者之间产生距离,使话语产生一种理性、客观的

249

假象,从而影响读者的态度和行为。名词化虽拉大了与话语对象的地位关系距离,但能依靠其权威性赢得话语对象的信任。例如(Thompson, 2000：118)：

(423) So what you get is a *pooling* of liquid because there's a poor *exchange* of gases in the lungs and so you get *swelling* and you get fluid *accumulation* either in the ankles when you're standing up or in the lungs when you're lying down or both and this can lead to a bubbly chest, this can lead to *breathlessness* and ultimately if it gets more severe then you get an *accumulation* of fluid.

这段话具有浓重的广告色彩。说话人为了让听众相信他就是该领域的医学专家,在话语中使用六个名词化,因为公众演讲语体中人际功能尤其突出,演讲者需要通过自己的话语来影响受众的立场、情感和态度,而名词化的使用可让语言显得正式、庄重、严肃,从而有利于提高演讲者的权威性,增强话语的说服力。下面(424)中的名词化也有相似作用：

(424) Therefore, it seems to me that we must concert our best *judgment* in order to make this League of Nations a vital thing — not merely a formal thing, not an occasional thing, not a thing sometimes called into *life* to meet an *exigency*, but always functioning in watchful *attendance* upon the *interests* of the nations, and that its *continuity* should be a vital *continuity*; that it should have *functions* that are continuing *functions*, and that do not permit an *intermission* of its *watchfulness* and of its labour …

6.6.2 汉语名词化的图形-背景效应

汉语中通过名词化所构成的领属结构就是一种典型的图形-背景关系表征,一般表领有的成分是背景,表隶属的成分是图形,领有成分在先,隶属成分在后,不能反过来。如果能反过来,其意义就发生了变化,如"这个单位的发展很重要"与"发展这个单位很重要"完全不同。因此,杨亦鸣、李大勤(1994)认为"主语槽内的'NP 的 VP'具有指称性"。这种指称性包括定指和通指。定指性的"NP 的 VP"是与上下文语境(主要是上文语境)相关,其所指存在于它前后相毗连的语句或含有它的整段话的主题、目的、当时当地的情境及对话双方的关系之中;通指一般与宏观语境相连,其所指存在于说话者与听话者所共知的社会文化背景中。高更生、王红旗等(1996)对"N 的 V"的 N、V,两者的语义关系以及与"N 的 V"搭配的词语进行了全面探讨,认为 N 是 V 的施事或受事,N 与 V 形成主谓关系或动宾关系。为何不采用主谓词组 NV 式或动宾词组 VN 式,而是采用"N 的 V"式呢?我们认为一个重要原因是出于语义表达的需要,需突出语义中心或中心语(在此指 N 或 NP)。"X+的+VP"的语义关系大致可分为这几种:① X 为 VP 的施事,如"王教授的调查、市妇联的表彰";② X 为 VP 的当事,如"上海经济的发展、我的理解";③ X 为 VP 的受事,如"语言学的研究、社会科学的调研";④ X 为 VP 的范围,如"精神上的关怀、物质上的鼓励";⑤ X 为 VP 的方式,如"统一核算的连锁经营、系统化的学习";⑥ X 为 VP 的时间,如"近两年的开发、晚上的空袭";⑦ X 为 VP 的处所,如"中关村科技园的竞争、上海大学的治安检查"(水野江文,2002)。如果从语法角度来看,以上 X 基本上是名词性的,实际上 X 还有可能是形容词或介词。例如:

(425) a. 明智的决定

b. 亮丽的点缀

c. 在农业高科技方面的合作

d. 对校园的管理

此外,"X+的+VP"结构多出现在书面语体中,根据水野江文的统计,其结果大致如表 16 所示。

从表 16 可知,"X+的+VP"结构在书面语体中每千字的出现率约是口语语体的 47 倍,体现了书面语体的正式性和严肃性。《北京日报》与《北京晚报》相比,书面味更浓,后者要通俗些,口语性也强些。因此,不管是英语还是汉语,名词化都带来一定程度的信息中心及焦点结构方面的改变或调整,满足了不同需要或目的之突显。

表 16 "X+的+VP"结构的书面语和口语比较(水野江文,2002)

语体	语料名称	总字数	"X+的+VP"数量	"X+的+VP"数量/千字
书面语	《北京日报》	61 427	187	3.044 3
	《北京晚报》	72 817	145	1.991 3
	书面语合计	134 244	332	2.473 1
口语	对口相声	189 254	10	0.052 8

6.7 名词化的象似性与经济性

6.7.1 名词化的象似性

语言象似性与经济性这对形影不离的"孪生兄弟"随处可见、随时存在。下面我们从名词化角度来具体考察(参见刘国辉,2006a)。人们总是希望语言能如实反映客观现实,形成一对一的理想构架。然而,至今所有的自然语言(人造世界语 Esperanto 可能除外)几乎没有一种做到了这一点,究其原因主要有五:① 人类对客观世界的感知能力、认知水平有限;② 当我们用语言建构现实时,是通过同类事物所具有的普遍特征之"概念"范畴(如猫、狗、鸟)进行的,然而"概念"一旦约定俗成,语言元素与客观世界中的所指物之间就不再有必然的直接联系,语言所表征的只是概念化、约定俗成的客观世界(陈腾澜,1998);③ 由于语义多元、结构多样、语境参数多变、语用意图各异,同一事件会因不同的建构视角和方式出现不同的建构结果,而这些结果只是客观事物的某一个侧面,而非全部,这就不免有点"盲人摸象"的味道;④ 语言符号是有限的,客观世界是无限的,语言中的一词多义、一语多用和隐喻思维正是体现了以有限应对无限的万全之策;⑤ 人类天生的惰性使其在语言运用中尽量经济或简化,而不愿意复杂化,以求节时省力。正是受这些主客观因素的影响和制约,语言象似性是有限的、相对的、局部的、某一个层面的,而不是绝对的,因为即便照相机所照的照片也做不到100%的"全真"。

自从 Saussure 的《普通语言学教程》1916 年在法国巴黎问世以来，人们对于语言符号的任意性原则就有不少争议，其中对语言符号象似性的关注就是这种反应之一。关于客观现实如何反映到语言中来，一直存在两种对立的观点：柏拉图式观点和亚里士多德式观点，前者认为语言与现实象似，后者则认为语言与现实相互独立。亚氏观长期以来占据上风，Saussure 就是其代表。柏氏观处于下势，却在暗中发展，如强象似（Leibniz）和弱象似（Vico）便是其代表，尽管两者一直未得到正式承认，并且只局限在有限的象声词领域（Simone, 1995: vii—xi）。尽管语言象似性受到语言学界三巨头——Saussure、Bloomfield 和 Chomsky 的猛烈攻击，但在过去二十多年功能主义的影响下，柏氏观得到了迅猛发展，以 Givón、Haiman、Langacker、Lakoff 为代表。正如方立（2002）所言，从"柏拉图问题"的提出，康德"图式"论的产生，笛卡尔关于语言"创造性"的思考，洪堡特"有限手段的无限运用"，再到 Chomsky 普遍语法机制的种种思考……从某种抽象意义程度来说，以上就是一种语言理据道路的探索。

作为语言理据的象似性可以说存在于语言的各个层面，如语音象似性建立在语音的模仿或情感相连之上，词语形态象似性建立在词汇结构之上，而句法象似性则建立在词序之上（Anderson, 1998）。名词化存在的基础或前提正是语言中各词类之间存在明显的界线或差异。也就是说，如果大家不分彼此，就没必要转换，从其他词类转换为名词也就多余。而名词和动词的确是所有语言中都存在的语法范畴，Fromkin & Rodman（1978/1983: 16）在列举人类语言共性时就提到了这点。在印欧语系里，名词和动词往往带有一些显性词缀以标明词性，如 dissembel（掩饰）—dissembler（掩饰者）、expostulate（劝诫）—expostulation（劝诫行为）（周斌武、张国梁, 1996/1998: 168—169）。Vendler（1967a, 1967b, 1968）将名词分为了两大类：完全名词化和非完全名词化。完全名词化是指完全转变为名词，具有名词的一些典型特征，如带冠词、前置形容词等，一般指命题或事实；非完全名词化则保留动词的一些特征，如时态、助动词和副词，一般指事件。例如：

(426) The *collapse* of the Germans (is unlikely/gradual.)（完全名词化）

(427) *That the Germans collapsed/will collapse* (was gradual.)（非完

全名词化)

注意,即便同是名词化形式,仍存在不同的语义表征,以行为性名词结构为例(Koptjevskaja-Tamm, 1993：5)：

(428) The *collapse* of the Germans is unlikely.　　　　(表命题)
(429) I heard the *singing* of the Marseillaise.　　　　(表事件)
(430) John's *playing* of Ravel is wonderful.　　　　(表方式)
(431) His *criticism* of the book is to be found on page 15. (表结果)

如果单从词汇层面看,名词化"基本上"是违反象似性原则的,特别不符合数量象似性原则(quantity iconicity principle),因为名词化由信息打包压缩而成,其语言表征具有高度概括性和抽象性,这与数量象似性原则的要求刚好相反,因为该原则强调信息量越大,语言编码量就越大,难以预测的信息要用较多的语言材料。上面例句中的 collapse、criticism、singing 就与客观存在之间的距离较大,即便是通过零转换而来的行为性名词化也不例外,如 an attempt(一次尝试)、a turn(一个转弯)、a walk(一次散步)(陈锡麟,1984：16)。人们很难在现实中准确找到名词化——对应的实体或事件。但如果把它们放在句法结构中考察,其象似性结果可能会好一些,如 of 领属结构所引导的名词化与其修饰对象之间的距离就比其他领属结构与其修饰对象之间的距离要远,它们之间的修饰关系是可让渡的。Greenberg 曾指出,在任何语言里,X 和 Y 在表达不可让渡的领属关系时,其语言距离都不会比表达可让渡的领属关系时大(转引自 Haiman, 1983)。总之,词汇层面的名词化象似性很弱,句法层面会有一定程度的改善。

6.7.2　名词化的经济性

就整个人类语言符号的表征而言,体现人类天生惰性的经济原则也存在于语言的各个层面,如词汇层面的零转换就是一种经济行为。汉语中动词零形名词化就比较普遍：据《HSK 汉语 8000 词词典》的调查,共有 115 个,约占全部动词的 5%；又据陈爱文的调查,占常用双音节动词的 34%强(转引自刘顺,2003a：194—215)。英语中也有类似情况,如 round 不需任何词形变化,就可在句子中做形容词、动词、名词、介词和副词。这种不需要增加新的词汇单位就能表达新功能是非常经济的,符合经济原则。

在语篇层面,古汉语诗词中运用名词概念(省去功能词、连词等)构造意象的情形就不少,既省力又生动,如元曲大家马致远的《天净沙·秋思》便是如此:

(432) **枯藤老树昏鸦,**
小桥流水人家,
古道西风瘦马。
夕阳西下,
断肠人在天涯。

"枯藤、老树、昏鸦、小桥、流水、人家、古道、西风、瘦马"等概念画出了一幅令人回味无穷的中国式山水画极品,真是点到为止,很经济,留下较大的空间让读者自己去体会。从信息发出者角度看,名词化的表征形式的确符合经济省力原则,因为它在语言信息量增大的同时,表达式更显简练。以名词化零形转换为例,从表征结构看它比其他形式的名词化更显经济,如汉语中的兼类、动名词。"五四"以来一些新出现的双音节动词,如"调查、建设、需要、改革、保护、出版、讨论"等就一直处在由动词向名词转化的过程中(陈建民,1999:216—220)。法语和德语中几乎所有实义词类都可转为名词表指称,如:① 动词转名词,如 le lever du soleil(日出)、le rendez-vous(约会);② 形容词转名词,如 l'agréable(美观)、le réel(现实)(曹德明,1994/1996:144—153)。德语也一样,如:① 动词转名词,如 Leben(生活)、Laufen(跑);② 形容词转名词,如 Angst(害怕)、Ernst(认真、严肃);③ 副词转名词,如 Weiter(继续)、Fern(遥远)(徐智儿,1997:84—86)。另外,从日耳曼语派生而来的大量短语动词也可转为名词,这些名词比拉丁语派生的词更刚健有力、更简洁,请体会这几组词的区别:breakaway(脱离、脱逃)与 secession, dropout(拒绝)与 reject, layout(设计)与 arrangement, walkout(罢工)与 strike。也许正是这个缘故,英语中出现了名词优于动词的现象(preponderance of nouns over verbs)(波特,1987:142—149)。试比较(连淑能,1993:105):

(433) The doctor *arrived* extremely quickly and *examined* the patient uncommonly carefully; the result was that he *recovered* very

speedily.

(434) The doctor's extremely quick *arrival* and uncommonly careful *examination* of the patient brought about his very speedy *recovery*.

从篇章布局看,为了达到某个特定交际目的或意图,名词化手法或许提供了更多方便和灵活度,如上面(434)中的名词化形态 arrival、examination 和 recovery 就比(433)中相应的动词形态 arrived、examined 和 recovered 更加突显,成为中心,从行为动作变为行为施事,变为一个焦点。但如果从信息接受者角度看,名词化就不一定经济和省力省时,因为它们一般都是高度概括、比较抽象的,信息接受者得为此付出较多努力才能理解其交际意图,有时还可能导致极端结果——交际双方误解。另外,过多使用名词化形式还会使语言显得乏力,失去生动性。例如(波特,1987:106—107):

(435) The effect of the *overuse* of nouns in *writing* is the *placing* of too much *strain* upon the verbs and the resultant *prevention* of *movement* of the *thought*.

该句只用了一个弱式动词 is,缺乏动感,这也许正是许多英语文体学家反对滥用名词化手段的原因吧。中国学生在名词以及名词化应用方面也存在诸多问题。根据 Pinkham(2000/2003:3—6)的观察,中国学生在英语写作时经常使用一些与名词相关的冗赘表达。例如(→表示应改写为):

(436) to accelerate *the pace of economic reform*
　　→ to accelerate *economic reform*
(437) there have been *good harvests in agriculture*
　　→ there have been *good harvests*
(438) we should adopt *a series of measures* to ensure that …
　　→ we should adopt *measures* to ensure that …

此外,不同语言的名词化、不同形式的名词化,其经济性是不一样的,如汉语的名词化一般来说比英语、德语、法语要经济,因为它主要以零形转换为主,词缀增加少,可通过句位功能(主语、宾语)和"的"字结构来体现。

6.7.3 语言象似性与经济性优选

象似性和经济性问题是相互冲突的,因为两者的要求刚好相反。正如法国语言学家马丁内所指出的那样,言语活动中存在两种力量的对抗:交际表达的需要与人在生理和精神上的自然惰性。这种较量体现为语言象似性与经济性的较量,因为象似性需要表达的复杂性,而经济性则要求表达简洁、省力。有时经济原则对象似性原则有"腐蚀"作用,有时象似性原则会破坏经济原则的精练性,有时两者是一致的,如恺撒的名句:"Vēnī, vīdī, vīcī."(我来,我看,我征服。)语言表达和运用的理想化认知模式希望,结构上语法形式与语法范畴一一对应,意义上词与义之间呈单义性(monosemy)。但这种一致情况并不多见,大多数情况是两者处于竞争态势,如(Aronoff & Rees-Miller, 2001:356—361):

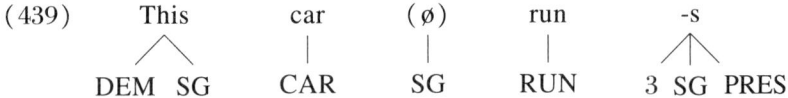

(439)的 DEM 表指示代词,SG 表单数,PRES 表现在时,3 表第三人称,其他的大写字母表示概念范畴。语言中形式与意义之间的这种对应叫作"同构"(isomorphism),分两大类:横组合同构(syntagmatic isomorphism)和纵聚合同构(paradigmatic isomorphism)。以(439)为例,就横组合同构而言,如果以 0、1、>1 三个值来表述,其形式与意义可能的对应如表 17 所示:

表 17 形式与意义的横组合同构(Aronoff & Rees-Miller, 2001)

形 式	意 义	象似性	经济性	结构表达式
1	1	是	否	经典象似结构
0	1	否	是	范畴零表达式
0	0	否	是	无相应范畴
1	>1	否	是	融合/屈折
1	0	否	否	空词素

在(439)中 car 和 run 的形式和意义就是一对一的,充分体现象似性。

零表达式ø体现经济原则,this和runs也充分体现语言的经济性。再看纵聚合同构,如果以1、>1两个值来表述,其形式与意义可能的对应如表18所示：

表18 形式与意义的纵聚合同构(Aronoff & Rees-Miller, 2001)

形　式	意　义	象似性	经济性	语义表达式
>1	1	否	否	同义词
1	1	是	否	单义词
1	>1(不相关)	否	是	上下义词
1	>1(相关)	是	是	多义词

单义词这种一对一的方式具有象似性,但不一定经济。一种形式多种不相关的意义体现经济原则,但不象似。多种形式一种意义既没体现经济性,也没体现象似性。因此,语言象似性与经济性实际上是一种优选,从优选论来看任何一种逻辑上可能的输出形式都或多或少违反了某个或某些制约条件,最终呈现的语法形式是通过调节普遍制约条件之间的冲突而选出的"最和谐"或"最优"形式。而调节普遍制约条件是通过对比评估过程来实现的,即看哪种表层形式能最大限度满足该语言的制约条件等级体系,优选项便是在对比评估中最低限度违反制约条件等级体系的候选项(卡格,2001：F24—39)。从言语交际层面看,名词化的使用是语言象似性和经济性的融合体现,是语言能力(C_1)、语境(C_2)和交际意图(C_3)之间优选的结果,如图32所示：

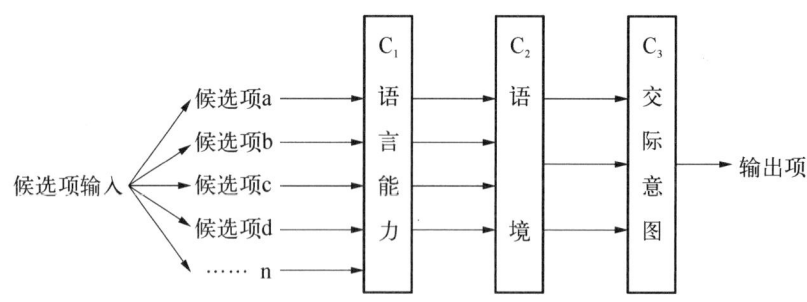

图32 语言表征的优选过程

为此,张克定(2001)指出,语言中各种句式是一个系统,在这个系统中既有符合认知规律的常规句式,也有偏离认知规律的变异句式,不管是哪一种,只要在语言中存在并在交际中运用,就说明它有其自身存在的语用价值。常规句式可能由于语境、表述重心、焦点、语用意图和语用预设等参数的影响或干预而发生变化,产生变异句式。名词化就是这种变异表达手段之一,比如为了表指称,动词、形容词等得转化为名词。

6.8 英汉互译中的名词化

徐莉娜(2005)认为,句法结构的真实性就在于它能映射出语义结构中各概念之间的关系,因而词类的调整不应改变原文的内容,甚至不改变命题的语义结构,词类的调整只是语法结构性的而非语义性的。但我们认为词类转换或转译不仅仅涉及语法结构关系,也涉及语义、语用、语体或文体等功能的转换,下面以英汉互译为例来具体讨论。

6.8.1 英汉翻译中的英语名词化

首先,翻译从某种程度上看最基本的层面就是词与句的操作,而词是为句服务的,句对词存在一定的限定或束缚,即词的选择受句管约。为了说明词之间的关系,Nida & Taber(1982:48)提出了一组经典例句:

(440) a. She sings beautifully.
　　　b. the beauty of her singing
　　　c. Her singing is beautiful.
　　　d. her beautiful singing

该文认为,这几组表达的语法结构虽不同,但词之间的深层关系是相同的,即基本义相同,都表达同一个事件,其目的是要给译者一个理论基础,使他们在翻译时不要被词性束缚,大胆灵活处理。这个表述应是切中要害的,但问题是文字的意思有时不仅仅靠基本语义表达,一些附加信息还可能通过语言的其他手段表达出来。因此,必须考虑句法层面的词性转换问题。名词化从本质上看就是一种抽象物化处理,可谓一种"虚"化。我们在翻译此类表达时不能以虚对虚,应注意虚实结合,否则让读者很难理解,而译文的理解是第一要务。为此,舒伟、丁素萍(2001)认为:"虚处实译"可根据语境把原文中的词义加以细化,将原文的一般、抽象实化为译文的特定和具体化;而"实处虚化"则根据语境把原文中的词义加以泛化,从原文相对的特定、具体延伸为译文的相对一般和抽象。"虚处实译"和"实处虚化"都是为了实现翻译过程中的"达意"宗旨。例如:

(441) I marveled at the relentless *determination* of the rain.

(441)的 determination 比较抽象,可具体化为"无休无止"或"下个不停",全句可译为:雨无情地下个不停,令我惊讶不已。

(442) No one is pleased with his *favoritism* in his work.

(442)的 favoritism 是"偏袒、不公"之义,可具体化为"徇私",全句可译为:人人都对他在工作中的徇私作风感到不满。

(443) All the *irregularities* of the students in that university resulted in punishment.

(443)的 irregularities 是"违规之举",全句可译为:在那所大学,学生的任何越轨行为都要受到处罚。那么,具体化的依据何在呢?冯建文(1992)认为具体化有两个方面。一是根据常情定理以普通生活为基础,侧重生活逻辑。例如:

(444) Today's *purchase* is a good *buy* in our district.

(444)中 purchase(采购)变成具体的"所购之物",buy(购买)也变成具体的"所购之物",good buy 表示"合算的商品"。二是侧重具体的上下文落实抽象词语或抽象说法特指的事情,即只从常情定理上考虑还不足以明了语义,还需从上下文所设定的生活场景中去实说其指。例如:

(445) On another occasion he was rather scandalized at finding his sister with a book of *French plays*; but as the governess remarked that it was for the purpose of acquiring the French idiom in conversation, he was fain to be content.

(445)中 French plays 指"法国剧本",不是"法国玩法"。科技英语中

名词化的大量使用应得到更多的关注,因为这影响着科技英译汉工作的顺利进行。下面具体举例分析(裴邦贵,1987):

(446) Seismic *measurements* of travel time and amplitude define the subsurface geometry and give estimates of the acoustic impedances related to rock velocities and densities.

译文一:旅行时间和振幅的地震测量,确定地下的几何状态,估算与岩石的速度和密度有关的声阻抗。

译文二:根据对地震波的旅行时间和振幅所进行的测定,就可弄清地下地层的几何形态并得到与岩石速度及密度有关的一个重要参数——声阻抗。

译文三:根据地震波走时和振幅的测量,可以确定地层的几何形态并估算与岩石速度和密度有关的声阻抗。

译文一由于拘泥于对原句的表层结构理解,造成译文言不中的、生硬不畅,其关键在于对 seismic measurements of travel time and amplitude 这一名词化结构理解不正确。译文二虽比译文一要准确,但仍显得拖泥带水,其原因也在于对这一名词化结构的处理未能摆脱其表层结构束缚,"一个重要的参数"实属画蛇添足。译文三相比前两句译文不仅准确,而且也简练,文从字顺,但仍没有充分表达原句的内涵,因为 define 和 give estimates 这两个动作的发生是以 measurements 的发生为前提的。总之,三句译文的通病都在于对句中的名词化结构理解不透。其实原句的解码应该是"With statistics collected by measuring the seismic travel time and amplitude, we can define the subsurface geometry and estimate the acoustic impedances related to the rock velocities and densities."。因此,(446)可改译为:根据测得(测出)的地震波走时和振幅数据,就能确定地层的几何形态,并能估算出与岩石运动速度和密度有关的声阻抗。

(447) The second aspect is the *application by* all members of society, from the government official to the ordinary citizen, *of* the special methods of thought and action that scientists use in their work.

译文一:第二方面是从政府官员到普通公民的社会所有成员

所应用的,也就是科学家们在工作中所采用的那种思考和行动的特殊方法。

译文二:第二个方面是所有社会成员(从政府官员到普通公民)对科学家们在工作中所使用的特殊思维方法和行动方法的应用。

译文一的译者由于对"the application of … by …"这一名词化结构理解不确切,从而造成断句不当,意群划分不准。译文二虽比译文一有较大的改进,但译者在分析这一名词化结构时也认为"of …"和"by …"均为 the application 的定语。但从逻辑上来看,"by …"为 the application 的动作主体(施事者),"of …"为动作的客体。简单来说,这一名词化结构的深层结构为"主谓宾"关系。但遗憾的是,译文二的表达却与深层结构不尽一致,仍没有跳出原文的表层结构,从而导致译文臃肿拖沓,表述不够鲜明畅快。从原文上下文来看,application 可理解为"使用"。因此,这一名词化结构从语意上应理解为"… all members of society, from the government official to the ordinary citizen, apply (use) the special methods of thought and action that scientists use in their work",(447)可改译为:第二个方面是,所有社会成员——从政府官员到普通公民,都使用科学家们在工作中使用的特殊思维方法和工作方法。

上述英汉译例说明名词化的翻译处理恰当与否很重要,不要以虚对虚,应根据翻译之最终目的为导向,虚实互动,相得益彰。

6.8.2 汉英翻译中的英语名词化

经过名词化处理的语言现象与原文在各方面都存在一定程度的选择。孙丽冰(2010)认为,在表义过程中我们通常要经过三次选择:① 选择过程的类型,即从物质过程、心理过程、关系过程、行为过程、言语过程和存在过程中选择一种;② 选择与某个过程类型有关的及物系统功能成分,如动作者、目标、感知者、现象等;③ 选择能体现这些功能的词类,如名词、动词、介词、副词等。过程类型不同,其他成分通常也发生相应变化。这样,出现了一致式和隐喻式两种不同的表达方法。隐喻式不是"自下而上"地寻找同一个词汇的不同语义,而是"自上而下"地寻找同一语义的不同表达。因此,隐喻式中发生变化的不是词语意义,而是语法性状。刘华文(2009)也认为原文事件的形态-句法表现经过译文的名词化之后,相应地发生了转化,从原来的句法谓语成分转变为主语、宾语等名词性句法成分,而语用功能也由原来的述谓性功能转变为修饰性或指涉性功能。下面通过分析"八荣八耻"的两种译文来进一步了解如何通过名词化改变句子的语法及语义性状。

(448) 以热爱祖国为荣,以危害祖国为耻,
以服务人民为荣,以背离人民为耻,
以崇尚科学为荣,以愚昧无知为耻,
以辛勤劳动为荣,以好逸恶劳为耻,
以团结互助为荣,以损人利己为耻,
以诚实守信为荣,以见利忘义为耻,
以遵纪守法为荣,以违法乱纪为耻,
以艰苦奋斗为荣,以骄奢淫逸为耻。

a. 中国翻译协会译文

Honor to those who love the motherland, and *shame* on those who harm the motherland.

Honor to those who serve the people, and *shame* on those who betray the people.

Honor to those who quest for science, and *shame* on those who refuse to be educated.

Honor to those who are hardworking, and *shame* on those who indulge in comfort and hate work.

Honor to those who help each other, and *shame* on those who seek gains at the expense of others.

Honor to those who are trustworthy, and *shame* on those who trade integrity for profits.

Honor to those who abide by law and discipline, and *shame* on those who break laws and disciplines.

Honor to those who uphold plain living and hard struggle, and *shame* on those who wallow in extravagance and pleasures.

b. 孙丽冰(2010)译文

Love of the country is praiseworthy while *harm* to the country is contemptuous.

Service to the people is praiseworthy while *straying* from the people is contemptuous.

Pursuit of science is praiseworthy while *unawareness* of one's ignorance is contemptuous.

Diligence is praiseworthy while *sloth* is contemptuous.

Mutual *assistance* is praiseworthy while *profit* at others' expense is contemptuous.

Honesty and *forthrightness* is praiseworthy while *sacrificing* principle for profit is contemptuous.

Obedience to the law is praiseworthy while *violation* of the law is contemptuous.

Struggle and *perseverance* is praiseworthy while *indulgence* and *pleasure-seeking* is contemptuous.

(448)中两种译文都采用抽象的名词化表征做主语,使行为过程变为状态,显得庄重又正式。(448b)用 while 进行有力对比,以彰显正能量。

正是过程类型选择的不同直接导致了及物系统功能成分的不同,进而导致体现这些功能的词类不同,最终出现两种不同的表达方式:一种是语义和表述形式之间存在"自然"关系的一致式表达法,另一种则是打破常规,"不合乎自然"的隐喻式表达法。这实际是一种翻译策略的体现,比如法律文本汉译英中的名词化处理可有如下四种方式(赵军峰,2006):

(ⅰ)汉语主谓结构转换为英语名词化结构

(449)国家提倡**劳动者参加**社会义务劳动,开展劳动竞赛和合理化建议活动。

The state shall advocate the *participation of labourers in* social voluntary labour and the *development* of their labour competitions and activities of forwarding rational proposals.

(450)**本合同届满**或因故提前**终止**,本款规定在本合同终止之日起3

年内仍然有效。

Upon the *expiration* or earlier *termination of this contract*, the provisions of this article shall survive for a period of three years from the date of termination.

(ⅱ）汉语动宾（状）结构转换为英语名词化结构

(451) 经一方提议，董事会会议一致通过，可以在**合营期满**六个月前向商务部**申请延长**合营期限。

An application for extension of the joint venture term may be submitted to the Ministry of Commerce six months prior to *the expiration of such term*, if such application is proposed by one party and unanimously adopted at a meeting of the Board of Directors.

(452) **变更劳动合同**需经双方协商同意，并办理劳动合同变更手续。

Modification of a labour contract shall be implemented through consultation and agreement of the parties involved, and procedures for the modification shall be undertaken.

(ⅲ）汉语小句转换为英语名词化结构

(453) **转让注册商标经核准后**，予以公告。

The assignment of a registered trademark shall be announced *upon its approval*.

(454) 合作经营企业应独自对本协议项下生产的产品质量、**使产品符合技术数据和遵守区域内不时有效的法律、法规**负完全责任。

The CJV shall be solely and fully responsible for the quality of the products manufactured hereunder, for *their conformity with the Technical Data and for their compliance with the laws and regulations from time to time in force in the Territory*.

(ⅳ）汉语连动结构或兼语结构转换为英语名词化结构

(455) 除非本协议另有规定，任何一方未能或**延迟行使**其在本协议项下的任何权利、权力或特权，不应视为其放弃该权利、权力或特权；单项或部分行使任何权利、权力或特权，亦不妨碍其进一步行使该权利、权力或特权或行使其他权利、权力或特权。

Unless otherwise provided for herein, failure or *delay on the part of any party to exercise* any right power or privilege under this Agreement shall not operate as a waiver thereof; nor shall any single or partial exercise of any right, power or privilege preclude further exercise thereof or exercise of any other right, power or privilege.

(456) **经董事会聘请**，董事长、副董事长、董事可以兼任合营企业的总经理、副总经理或者其他高级管理职务。

At *the invitation of the board of directors*, the chairman, vice chairman, or other directors may concurrently be the general manager, deputy general manager or other senior executives of the joint venture.

即便如此，名词化也不可滥用，否则不仅达不到相应的效果，反而可能适得其反。比如，范晓晖(2005)发现医学论文英译中就存在不少名词化滥用问题，主要表现为以下四种类型：

(ⅰ) 不恰当地用动词演变而来的抽象名词做句子主语，而谓语部分则用 perform、conduct、carry out、achieve、occur 等空泛动词，使动作显得苍白无力，句子变得繁杂、沉闷、难懂，重点不突出。例如：

(457) 术后，总的抗纤维蛋白溶酶水平**明显提高**。

A *significant increase* in the total antiplasmin level *occurred* postoperatively.

动词 occurred 既未表达本句的动作，又无实在意义。与之相反，主语 increase 一词则表达了动作，包含着新信息，应该放在述位的位置。译文可改为：

The total antiplasmin level *increased significantly* after operation.

又如：

(458) 对124例原发性纵隔肿瘤的临床资料进行了**回顾性分析**。

A retrospective review of clinical data of 124 patients with primary mediastinal tumors *was made*.

这条英语译文是一个典型的头重脚轻句,主语部分由十三个单词组成,而谓语只有两个单词,结构极不平衡。译文可改为:

Clinical data of 124 patients with primary mediastinal tumors *were reviewed retrospectively*.

(ⅱ)不恰当地用名词化宾语表达句子的行为、动作。例如:

(459)给动物注射肥大细胞悬液导致肿瘤**生长加速**。

Injection of mast cell suspension into animals led to *acceleration of tumor growth*.

当动作涉及自变量和因变量时,句子主语应为自变量,宾语为因变量,谓语用行为动词表示,以显示其因果关系。译文可改为:

Injection of mast cell suspension into animals *accelerated tumor growth*.

(ⅲ)不恰当地使用含名词化的 there be 句型。例如:

(460)在此期间,iNOS 表达**明显升高**,缺血再灌注损伤 3 天后达到高峰,此后逐步恢复正常。

During this period, there was *a significant elevation* of iNOS expression, and reached its peak level at 3 days after ischemia reperfusion injury, and decreased to basal level.

there be 句型中的动词 be 在修辞上是弱词,用多了会使语言死板、无生气,影响文气。译文可改为:

During this period, iNOS expression *elevated significantly*, reached its peak level at 3 days after ischemia reperfusion injury, and decreased to basal level.

(ⅳ)不恰当地用含名词化的介词短语表达句子的行为、动作。例如:

（461）这些药剂有**抑制**肝脏合成胆固醇的作用。

These agents *exert their action by inhibition of* synthesis of cholesterol by the liver.

译文可改为：

These agents *inhibit/act by inhibiting* the synthesis of cholesterol by the liver.

由上可知，翻译中的名词化处理得好会为译文增色，处理不好就会产生负面影响。为此，英语名词化在英汉互译中翻译或使用时需要注意：① 文本结构的需要；② 非文本因素（如文化、认知、心理等）的需要；③ 虚实得当，不可极端；④ 文体（如诗歌、散文、剧本、新闻等）与语体（口语和书面语）的需要；⑤ 审美的需要。

6.9 小　　结

名词化表征对语言系统肯定有影响，只不过其影响可能有程度之异。它对语法结构、语义、语用和语体等所产生的影响或效果较为明显，影响到语言系统的整体动态建构与协调处理。以口语和书面语为例，名词化一般很少出现在前者，而多出现在后者，特别多见于法律和科技文献，以体现其正式性、客观性和严肃性等。当然，这种体现效果可会因语境而异，因语言系统而异。

第七章

名词化的应用：量化考察

7.1 引　　言

英语在理论上是以动词为中心，而实际上是名词占优势；汉语在理论上以名词为重点，而实际上是动词占一定优势（潘文国，1997/2002：376）。这一论断是否正确？我们认为事实胜于雄辩，通过量化考察语篇中的名词化就会得到一个令人信服的答案。

7.2 名 词 趋 向

名词增长的趋向主要体现在两个方面：一是名词手段，二是多重名词组构。Biber & Gray（2011）认为学术论文的显著特点在于其严重依赖名词性结构，这样必然导致动词相应减少。这一点可从特定语法功能表征几个世纪的历时演变得知，如图 33 所示：

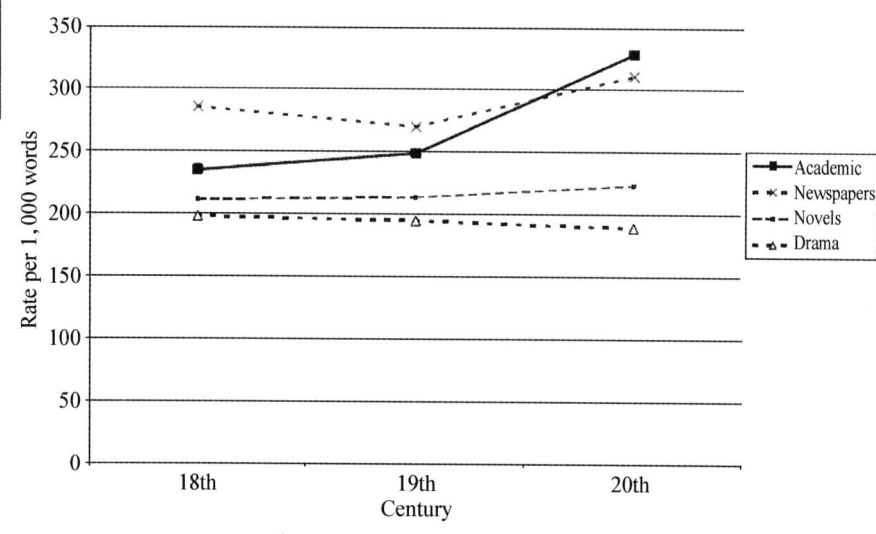

图 33 名词应用的历时演变(Biber & Gray, 2011)

从图 33 可以看出:19 世纪是名词应用的一个重要转折点,此后要么增加,要么减少;学术文体中名词的应用增长变化最明显,特别是 19 世纪以来;与此同时,戏剧中其应用则呈逐渐减少态势。实际上,近 20 年的语料库研究已经证实了这一点。Biber(1988)对多维语体变化的研究表明,书面语的语篇风格从根本上说不同于口语体,书面语在信息域方面更多关注名词、属性形容词、介词短语的应用,而口语则对带有代词、态度特征、简化结构的小句插入感兴趣。从历时角度来看,名词做名词性前置修饰语的比率在 19 世纪到 20 世纪变化最显著,之前变化不大,具体如图 34 所示。

名词做名词性前置修饰语的比率在学术文体和新闻体中出现了显著增长,在小说文体中只是小有增长。与此相反,该比率在戏剧方面则出现了一定的减少。然而,最为显著的变化发生于科技语篇中,特别是 20 世纪 30 年代以来,增长非常迅猛,如图 35 所示。

具体来说,19 世纪中叶开始出现了名词-名词序列,即名词既做中心语,也做前置修饰语。这些名词大部分指称过程或活动,主要源于动词,要么派生,要么转换,如 extradition treaty、government、inoculation experiment、insurance company、investigation department、publication house、service reform、taxation prospect、murder trial、research fund、trade legislation 等。这种扩张一直持续到 20 世纪,出现了大量的无形名词(intangible

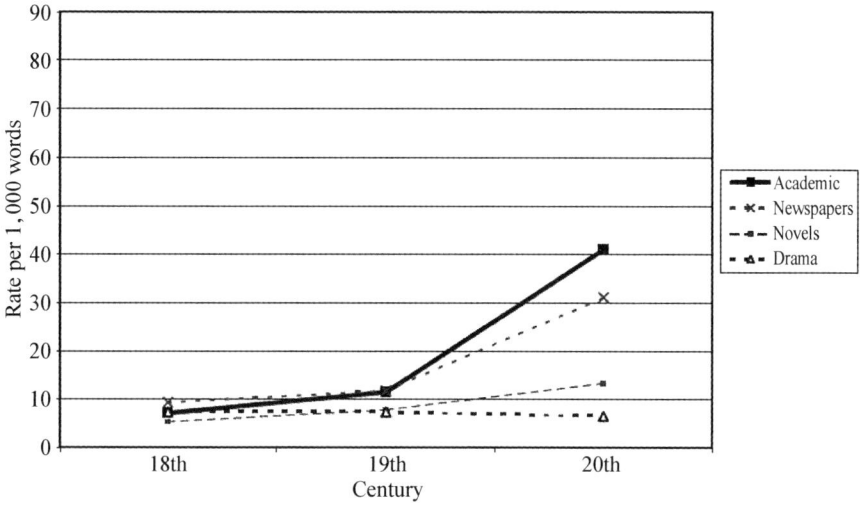

图 34 名词做名词性前置修饰语的历时演变(Biber & Gray, 2011)

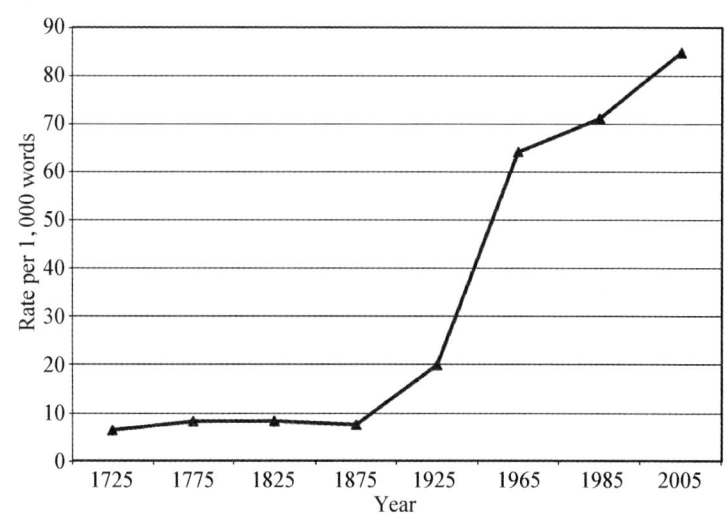

图 35 科技语篇中名词做名词性前置修饰语的历时演变(Biber & Gray, 2011)

noun)和名词化形式(nominalized form)做名词前置修饰语,如 casualty department、emergency power、income tax、news agency、peace conference、press conference、price commission、sector strike、sex difference、television interview、time interval、wage increase、correlation coefficient、population base、regression analysis、reprisal raid、terrorism centre、trade agreement、transport union 等。特别值得一提的是出现了多重名词前置修饰语。比

如,NNN序列出现在19世纪晚期和20世纪初(如army reorganization scheme、cancer research association、Dublin hospital report、home rule bill、interest charge amount、river colony politics、trade union leader),到20世纪下半叶则出现了明显增长态势,甚至有NNNN序列。请看下面1950—1990年新闻文体和医学文体中的这两种序列。

1950—1990年新闻文体中的名词序列:① NNN序列,如air force machine、aviation security committee、fighter pilot training、health department clinic、house personnel office、justice department intervention/official/spokesman、news agency correspondent/report、oil tanker driver、police motorcycle outrider、polio vaccination situation、road haulage association/driver/industry、settlements tax increase、task force officer、trade boycott campaign、transport labour union 等;② NNNN序列,如emergency cabinet committee meeting、peace treaties enforcement action 等。

1950—1990年医学文体中的名词序列:① NNN序列,如acid phosphatase activity/level/test/unit/value、air flow limitation、artery blood flow、assay dilution factor、blood glucose level、blood pressure clinic、body surface area、chromosome gene product、daytime serum concentration、granulocyte adhesion function、granulocyte surface membrane、haemoglobin digestion method、hazards regression analysis、hepatitis surface antigen、hill committee report、hill report recommendation、hospital record department、infarction blood pressure、insulin infusion test、life insurance table、morning urine specimen、mouse ascites fluid、nitrogen excretion supply、peak plasma concentration/level、pearson correlation coefficient、plasma concentration curve、plasma glucose level/profile/value、rabbit immunoglobulin fraction、resolution image intensifier、sinus node dysfunction 等;② NNNN序列,如life table survival curves、peak mean plasma concentration、mean plasma glucose value、plasma concentration time curve 等。

名词化作为名词的重要成员,18世纪以来同样得到了广泛的应用和重视。Halliday & Martin(1993)和Banks(2008)关注了动词表征的过程如何转化为静态意义的名词,认为名词化现象增长在现代科技语篇中成为一个最显著的特点,如图36所示。

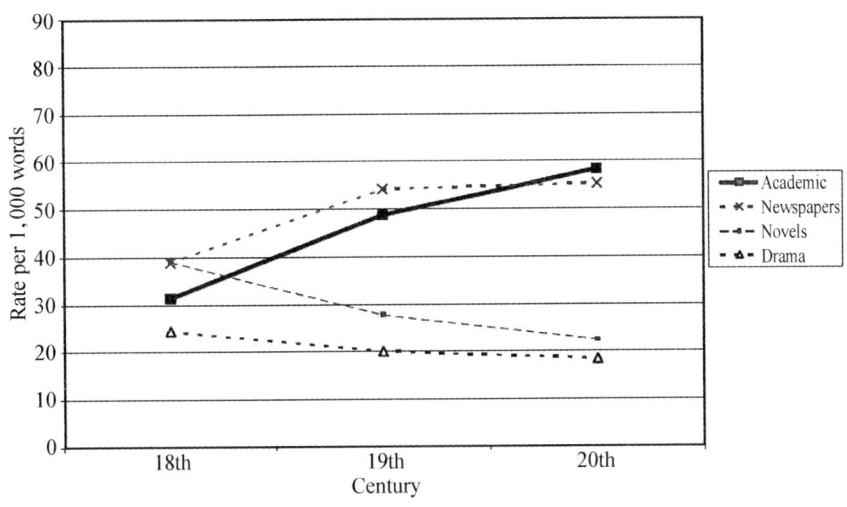

图 36 名词化应用的历时演变(Biber & Gray, 2011)

名词化比率在书面语,特别是学术文体和新闻体中上升明显,在学术文体中上升最为显著。然而,小说和戏剧中的名词化比率随时间降低,小说文体中下降最为明显,戏剧中则变化不太大。其实,汉语的名词比率也呈加强态势,因为大部分汉语动词都可转为名词,特别是现代汉语与古汉语相比,从单音节变为了双音节,而这是汉语名词化的重要条件和要求。不过,由动词转化为名词的过程不是一步到位的,其指称义也不是完全等同的。如吴怀成(2011)所言,指称化是动词向名词功能漂移的基础与起点,是一个连续发展的过程,因而动词的指称性具有等级差异。这样,由动词转化而来的名词具有概念指称义、具体事件指称义、类事件指称义和物化事件指称义,这些指称义分别对应动词向名词功能漂移的不同阶段。也就是说,动词的指称化是一个动态过程,在这个过程中动词的特征逐渐减少,名词的特征逐渐增加,如表 19 所示:

表 19 动词不同指称义的语法功能比较(吴怀成,2011,略有修正)

指称义类型	做谓语	带时体标记	带宾语	受副词修饰	带形容词定语、指量或数量修饰语	做主/宾语
具体事件指称义	-	-	+(-)	+(-)	-	+
类事件指称义	-	-	-	-	-	+
名词指称义	-	-	-	-	+	+

也就是说,动词指称化过程是一个非离散的连续统,从动词向名词功能漂移过程中,由动词的概念指称义到物化事件指称义,动词的指称功能逐渐增强。

7.3 名词化的"功"与"过"

名词化从基本内涵角度来看,是其他词类,特别是动词和形容词变为名词的过程,其结果是将动作过程或性状等进行"物化、固化"或"静态化"处理。名词化的过程从句法功能角度来看,实际上就是将动词等放在名词位置上,而原来的动词可能由一个虚义动词来代替,如英语的 propose 变为 make a proposal。名词化可以看作一种对语法结构和语义常规的偏离,以达到突显之目的(胡壮麟,2000:91—103)。目前对英语名词化的"功"与"过"进行系统论述者少且凌乱。在此我们旨在进行一场较为系统的讨论,以明了其是非曲直,更有效地指导我们掌握名词化的运用规律(参见刘国辉、余渭深,2007)。

对于名词化表达,有人认为好,有人认为不好。认为好的理由有:① 名词化写起来较容易,特别对那些爱写不爱说的人来说更是如此;② 名词化可减少不必要的人为主观性,科技文献中的被动结构便是其客观表述的代表;③ 名词化可满足那些深奥而严肃的专业性、技术性写作的特别需要。认为不好的理由有:① 名词化表达多为静态,没有动词来得生动、形象;② 带名词化的长句没有短句那么生动易懂;③ 如果语篇句子只用带名词的基本句型会显得单调,而动词结构则显得灵活多变(Wells,1988:60—68)。

7.3.1 名词化的"功"

以上看法似乎都有道理,我们先来看看名词化的"功"。侯维瑞(1988/1999:283—286)认为科学家对一些科学发现进行范畴定位或描述时就常常运用名词化手段。连淑能(1993:128—130)也认为英语的名词化往往导致表达的抽象化,而抽象思维则被认为是一种高级思维,是文明人的一种象征,可以表达复杂的理性概念。Halliday(2000:342—352)则认为语法隐喻在于一个概念在词汇语法层面可以有不同的体现方式:一致式和隐喻式,即同一所指,不同能指。而名词化手段正是语法隐喻最重要的资源,它是将关系、环境、过程等转化为名词、隐喻化为事物的过程,也就是把经验构建过程中非参与者建构成参与者的过程,从而把大量信息浓缩在名词短语中,增大小句的词汇密度,从而使语言更简洁、高雅,使结构更精悍而富有节奏感。例如:

(462) We accepted *what he requested*

→ We accepted *his request*.

(463) *The fact that he acknowledged the problem* impressed me.

→ *His acknowledgement of the problem* impressed me.

另外,名词化表达的语义偏模糊,可掩饰交际者含混或真实的思想,以迎合某种表达的特定需要。程晓堂(2003)就谈到名词化作为语用预设的重要手段之一,可使"过程"变为"物",同时改变语篇结构中的主位结构和信息分布,使非已知、非共有的信息在形式上变成已知或共有的信息,从而隐蔽地传递给读者或听者。例如(≫表示预设):

(464) Robust economic development in China will help to invigorate Asian economy.

≫ China's economy is developing robustly.

(465) The president's dishonesty was frowned on by the majority of Americans.

≫ The president has been dishonest.

名词化在语篇功能变体中也体现充分。正如肖建安、王志军(2001)所言,名物化结构的使用与功能变体有着十分密切的关系,直接关系到各种语言变体的功能体现,英语语体的正式与非正式度在很大程度上就取决于该手段使用频率的高低,如(466)(Bacon, Of studies)就属于正式语体,其中密集使用了名词化:

(466) *Studies* serve for *delight*, for *ornament*, and for *ability*. Their chief *use* for *delight*, is in *privateness* and *retiring*; for

ornament, is in *discourse*; and for *ability*, is in the *judgment*, and *disposition* of *business*. For expert men can execute, and perhaps judge of *particulars*, one by one; but the general *counsels*, and the plots and *marshalling* of affairs, come best, from those that are learned.

名词化在语篇过渡或衔接中同样发挥重要作用。例如,当其做主语时,可起前指逻辑连接作用:

(467) These *arguments* all depend on a single unproven claim.

(468) Mary refused to accept the five-stroke handicap. Ultimately, this *refusal* cost her the match.

因此,我们认为英语名词化主要有四大"功"绩,分别是:① 简洁,便于抽象信息处理,减少人为主观性;② 掩饰作者交际意图;③ 适应语篇功能变体;④ 实现语篇内部的过渡或衔接。

7.3.2 名词化的"过"

名词化也不可避免有一些"不足",其中一个主要原因是名词化手段转换而来的词多为抽象名词,使语篇信息密度增大,语义关系有时不明,导致出现歧义、难以理解甚至误解。

首先,名词化结构实际是一种类似复合名词结构,中心语与修饰语之间存在模糊的语义关系,其解读受语境和语用因素的影响。例如:

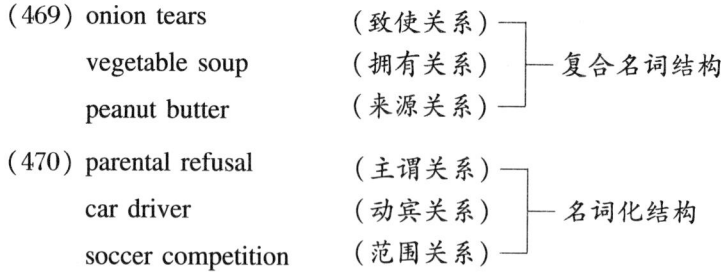

如果我们的语篇复杂又抽象,很可能就是抽象名词用得太多,特别是由动词或形容词派生的名词,如以词缀-tion、-ment、-ence 结尾的词。名词化形式在语法上或事实上可能是对的,但其语义表达模糊,没有具体的动

词或形容词那样生动形象和易于学习,如(471)(王逢鑫,1989/1996)中 a 就比 b 更难理解、解码更费时。

(471) a. In Oracle there appears an *exemplification* of a *prefiguring* of the entire *narrative*; the *result* is a close *correspondence* between the Biblical *account* of the *resurrection* and that of the protagonist. Also is seen a degree of *ambiguity* in the *treatment* of the mythic materials; a *reinterpretation* of the sources so that the protagonist's *subordination* to the *action* involved in the *creation* of the dystopia results.

b. Oracle *prefigures* the entire narrative; as a result, the protagonist's resurrection *corresponds* closely to Christ's. Also, the author *treats* mythic materials *ambiguously*; she *reinterprets* the sources so that the dystopia's creation overshadows the protagonist.

抽象名词如果用得过多,甚至可能是一种灾难。例如(连淑能,1993:134):

(472) For most Americans, irrespective of party *affiliation* and *predisposition*, *isolationism* is defunct, and *participation* and *cooperation* commonsensed and essential, in international *relations*.

Price & Price(2002)认为网络语篇存在严重的动词缺失,需要拯救,因为人们对于充满歧义和难以理解的网络语篇已失去耐心。把 suggest、define 之类的动词变为相应的名词(suggestion、definition)表面上似乎无伤大雅,但如果持续将这些行为变为物体,语篇就会凝结成一块,让人无法理解,也无法知晓谁在做什么,因为其中充满了物体对象。请看下面的句子:

(473) a. Our general *suggestion* is that your *definition* of the goal should probably have greater *precision*.

b. We *suggest* that you *define* the goal more *precisely*.

上面哪一句理解更快呢？可能是第二句,因为它告诉你谁在谈,也清楚他们要你做什么,因而更明确。也就是说,当你把动词变为名词时,你在实施名词化,通过加词缀使词汇变得更长,句子也可能更糟。名词化出现的地方总是动词做名词的事,甚至可能是相同的词,请比较:

(474) a. Upon *receipt* of our product, please conduct a *review* of the contents of the box.

b. When you *receive* our product, please *review* the contents of the box.

同时,我们需要解开名词之结,即名词串。为了将一串概念压缩成一个短语,专业人士通常将系列名词捆绑在一起,如 oace design management worksheet user manual。可非专业人员就很难将这个序列分开,难以确知整个表达意味着什么。这类名词串经常是行话的另一种形式或较长概念的速写,却要求读者解开它们(Bush & Campbell, 1995)。名词串经常有歧义,因为不同的人对名词串内的组合修饰关系有不同的理解,从而得到不同的视点。例如,对 oace design management worksheet user manual 就可能存在以下几种解读:

(475) a. the manual for people who use the worksheet that lets them manage the design of their oace

b. the oace copy of the manual explaining how to design the management of worksheet users

c. the manual for worksheet users who focus on design management in oaces

如果没有足够的背景知识,读者只能盲目拆解,导致写作的初衷难以达成。再比较:

(476) a. We're sorry, but the product specification of the selected *hardcopy output device* lacks the requested *status indicator liquid crystal displays*, as well as the *supply feed extension mechanism*.

b. We're sorry, but the selected *printer* lacks two things you asked for: *the LCD display* and *an extralarge paper tray*.

(477) a. There is a need for *annual testing* of both untreated water and treated water for a *determination* of contaminant levels.

b. *Every year* we should *test* both treated and untreated water to *determine* the level of contaminants.

因而,不少文体学家主张根据交际需要,采取具体与抽象相结合的表达方式才是最佳选择。具体而言就是要避免滥用名词化,即在英语中有些地方的名词化是不可取的,最好用动词形式。根据英语的实际运用,以下几种情形中的名词化应尽量避免:

(i) 没有实际意义的动词(如 be、make、have)后。例如:

(478) The agency *made an investigation* into the event.

→ The agency *investigated* the event.

(ii) there be 后。例如:

(479) There is *no need* for *further study* of this topic.

→ We *need not study* this topic *further*.

(iii) 主语最好不用名词化形式。例如:

(480) *Clarity* is the emphasis of *a composer*.

→ *A composer* emphasizes *clarity*.

(iv) 当谓语是空泛义的动词时,其主语不宜名词化。例如:

(481) The *intention* of CCTV *is* to show his ability in writing.

→ CCTV *intends* to show his ability in writing.

(v) 当两个名词化形式用介词连在一起时,宜将其中的一个变为动词。例如:

(482) There is first a *review of the evolution* of the dorsal fin.

→ He *reviewed the evolution* of the dorsal fin.

(vi) 如果句子主语和动词(包括 be、seem、have)补语是名词化形式,即当两个名词化形式用一个虚义的动词来连接时,这两个名词化宜改用相应的动词。例如:

(483) Our *increase* in revenues *is* a result of our *expansion* of outlets.
→ We *increase* revenues because we *expanded* outlets.

以上说明空泛义的谓语动词不能名词化，即拥有具体而实在意义的动词才能名词化，因为名词化后果是"物化"状态。另外，多个名词化不能连用，必须将其中之一变为动词，这主要是出于结构布局或平衡的考虑。

7.4 名词化的语篇量化考察

7.4.1 词性与文体

语篇实际上是众多语言学者感兴趣的课题，也有不少成果问世，如 Halliday & Hasan（1976）、Martin（1992）、Lemke（1995）、Titscher et al.（2000）等。任何语言材料，不管口语还是书面语，也不管长度如何，只要构成一个统一的有机整体就是语篇。既然名词化表征自身具有一些优势与不足，在语篇运用中就应特别注意。如果要用抽象名词，一定要明白其用意何在，欲达到什么样的目的。一般来说，初学写作者往往怕句子写不长或没有高深的词汇表征，而高级写作者在简洁方面老遇到麻烦，想简明而简明不了。已有的语言学和语法研究表明，最易读、最可读的作家往往是动词运用最多的作家。也就是说，在一个句子中动词与其他词类相比，所占比例越大，语句就越易懂；反之，则不易懂。例如，下面（486）就比（484）（485）容易理解。

(484) John *is* in love with Mary because of her inheritance of money. (1个动词/12个单词)

(485) John *loves* Mary because of her inheritance of money. (1个动词/9个单词)

(486) John *loves* Mary because she *inherited* money. (2个动词/7个单词)

现代语言学中的"词性"，其字面义是"言语的部分"（part of speech）

或"句子的部分"(part of sentence)。也就是说,它是口语和书面语不可或缺的基本组构要素。每个词性都反映一个概念类型,即词性所有的成员共享某些语义特征,或从原型角度看每类词性都有一个焦点,其周围有固定成员。词汇之义就是某种概念,而这种概念主要体现在普通名词、动词、形容词和副词等实词上,而不是体现在专有名词、功能词(如限定词、代词、系词、助词等)和小品词上。正如 Halliday(1985b)所言,句中通常由实词来传递大部分信息,因此如果一句话的词汇密度越大,则句中的实词越多,句子所载的信息量也越大。反之,信息量就越少。那么,影响词性系统最重要的参数是什么呢?Givón(1979b)和 Lehmann(1991)认为是"时间稳定性"(time stability)。而名词性成分则是时间稳定性的一个重要载体,这种成分所占比例的多少会直接影响文体类型表征及其转换,它们之间是一种共轨的同步关系,不是一种互不相关的独立运作关系。

因此,许多文体学家指出,写作一定要经济、清晰,在任何可能的正常情况下尽量用施为者做主语,尽量用动词表动作,这可以说是写作的第一原则。现实的自然语言一般都存在或体现为某种体裁归属,即便是最平淡的白话也是一种体裁。那么,何谓"体裁"?我们认为,语言之体裁是作者为特定读者和目的,就特定对象和呈现方式所进行的一种独特的语言处理方式。它既体现在语言不同层面或视角的选择上,也体现在思维和情感表达的个性化上。这样,恰当的文体可使人们之间的语言交际更准确、更直接,达到如闻其声、如见其人之最佳效果。然而,文体的建构首先离不开语言最基本的成分——词,词又离不开词性,因为词性是词的基本属性。也就是说,词都具有"词性",即词内在的语法、语义属性和外在的认知、功能属性,否则该词无法在语言系统中立足或发挥应有的功效,即便进入了系统,也会立即被淘汰,因为它没有任何属性编码或载荷,就不能被系统认可或接受。

不同词性会让文体呈现不同的特质,也会体现作者对事物的不同观察角度。比如,名词能就事物的性质、特点、内容等做出具体或抽象的、正式或非正式的处理,动词能够通过不同的时、体、态来生动形象地描述事件的性质、状态、过程或结果,形容词能很好地刻画具体事物的性质特征和评价事物,而副词则能清楚地表明作者的立场、态度并对相关命题内容进行评价(参见李逵六,2004:73—82,125—144 的论述)。同时,作为语法系统成员的词性本身具有非常强的稳定性。几千年来人类语言的词性类别基本不变,这为语言系统的稳定性提供了前提保证,否则语言系统会让人无法识别或辨认。古英语和现代英语、古汉语和现代汉语皆如此,它们之间虽有较大程度的差异,但没有脱离整个原有体系,也没有变为另一个完全不同的或没有一点关系的独立体系。也就是说,英语还是英语,汉语仍是汉语,没有出现英语变成汉语或汉语变成英语的状况。为此,Cyre(2005)通过语料进行了实证考察,结果发现人类语言之语法的确不是一蹴而就的,而是一代一代人逐渐累积而成的规则或规律,如图37所示:

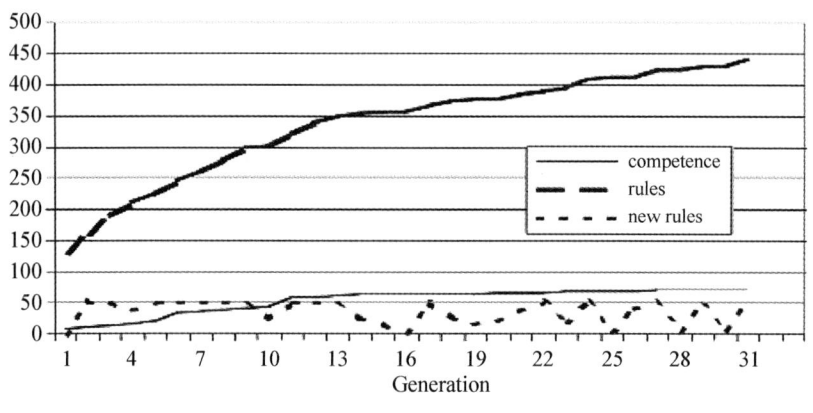

图37 语法规则演变的总态势(Cyre,2005)

  人类语言的总体知识构架不会随时间有多大变化,尽管总体而言人类语言的使用规则在不断增长。每代人对语法新规虽有所贡献,但都保持在一定范围,没有出现突变情况。也许正是这样,语言才能被人们传承并发展。否则,人们之间的正常交际会受到影响。同时,这些语法新规会一代一代地减少,呈递减态势,如图38所示(上下虚线表示新规最大和最少变化限度,中间实线表示平均状态)。

  因此,Szymanek(2005)也认为语言的发展变化总体来说是缓慢的,且呈连续统状态,不会出现突变。事实上,不可能每代人都有那么多新规出现,这样也可减轻后代掌握和学习的负担。不过,语言的使用总存在一定程度的倾向性或偏好。比如,英语中主动态比被动态更受欢迎(Svartvik,1966),双及物变换一般来说倾向于介宾结构(PO),如"The nun gave the jug to the monk.",而非双宾结构(DO),如"The nun gave the monk the jug."(Branigan et al.,2006)。这种偏好总与一定的文体相连,体现特定

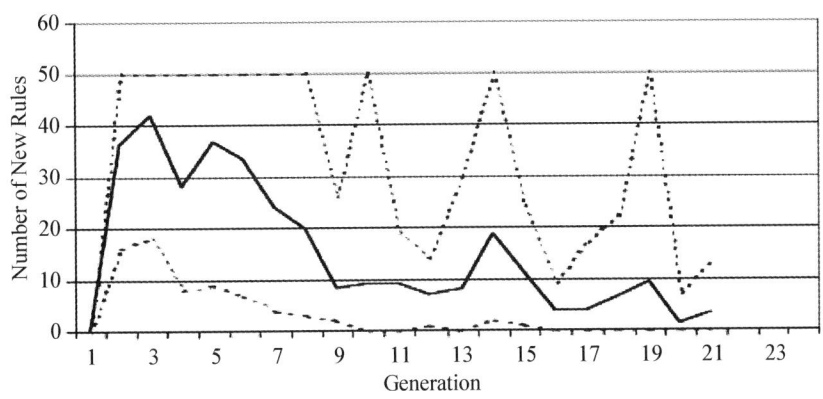

图38 每代人语法新规的发展态势(Cyre,2005)

的交际功能和意图。刘世生、朱瑞青(2006:99—105)认为,一段文字中如果某一种词性的单词比重超过了正常的水准,就可称为这种词性的文体。一般来说,开放词类(即名词、动词、形容词和副词)对文体影响较大:如果名词使用过多就是名词性文体,动词过多就是动词性文体,形容词过多就是形容词性文体,副词过多就是副词性文体。最后,就我们所了解的现有文献来看,绝大部分文体学论著主要关注词汇层面的正式度、专业性、词义、偏离、色彩、修辞和搭配等,很少学者(如 Biber,1993;Thornborrow & Wareing,2000/2004:49—80;李逵六,2004:73—82,125—144;刘世生、朱瑞青,2006:99—105)关注词性或词类与文体之关系。不少学者(如 Marcus,1987;Nirenburg & Nirenburg,1988;McDonald,1991)也认为人们对此重视不够。国内学者不仅只有极少数去关注词性与文体的关系,而且这些关注更多体现为关于名词化与语篇文体类型之间关系的个案研究,如王晋军(2003)、杨信彰(2006)和王立非(2012)等,其效果和说服力需要加强。

为此,我们借助大型英语语料库COCA和COHA(Corpus of Historical American English),从共时和历时两个不同角度,以五种不同文体——口语、小说、期刊、新闻和学术——中的词性使用情况为对象进行实证考察,以便全面把握词性与文体关系的实际情况。

首先,从共时角度对COCA中五种不同文体进行考察,关注英语中名词、动词、形容词和副词等实词与介词、冠词、代词和连词等虚词的表现,其结果如表20所示(使用频率以百万计,以下同):

表20 不同文体的词性使用频率

词性类别		Spoken（口语）	Fiction（小说）	Magazine（期刊）	Newspaper（新闻）	Academic（学术）	总均量
实词	名词	164 355.79	181 789.46	237 705.11	231 559.87	259 631.47	215 008.34
	动词	208 482.66	206 616.37	169 941.75	167 831.06	148 593.47	180 293.06
	形容词	53 292.41	57 171.36	79 848.16	70 888.18	96 065.39	71 453.10
	副词	74 440.29	70 280.77	55 360.68	48 080.89	46 275.37	58 887.60
虚词	介词	90 383.53	94 034.09	108 086.12	106 314.58	127 484.44	105 260.55
	冠词	71 558.04	79 467.88	82 804.70	81 785.53	87 906.52	80 704.53
	代词	94 172.63	98 366.14	47 957.02	45 033.29	24 079.60	61 921.74
	连词	61 300.20	54 919.11	57 905.28	52 039.00	60 551.35	57 342.99

由表20可知,实词和虚词的总均量分别为525 642.10和305 229.81,前者远高于后者的使用频率,相差约1.7倍。从实词方面看,口语文体与学术文体呈明显对立态势:从动词和副词看,口语中使用最多,分别为208 482.66和74 440.29,从名词和形容词看,学术中使用最多,分别为259 631.47和96 065.39,说明口语的动态性与学术的静态性差异突显。实词方面的使用频率从高到低可排列为名词>动词>形容词>副词,即名词(215 008.34)使用最多,副词(58 887.60)则最少,前者约是后者的3.7倍,说明有关物的表征在实词中占绝对优势。从不同文体所用的实词总量看,学术文体最多(550 565.70),口语体最少(500 571.15),这可能是因为学术文体更多关注物及物性所致。根据实词使用总量从多到少,文体模式可排列为学术>期刊>新闻>小说>口语。根据各文体中实词的具体使用情况,口语和小说文体内词性排列为动词>名词>副词>形容词,期刊、新闻和学术文体内词性排列为名词>动词>形容词>副词。这说明前两种文体很相近,动词使用最多,口语特色明显,而后面三种文体相近,名词使用最多,书面性较强。

虚词方面的总体使用频率从高到低可排列为:介词>冠词>代词>连词,介词总均量为105 260.55,而连词则为57 342.99,前者约是后者的1.8倍。这说明介词所体现的关系属性很重要。从不同文体所用的虚词总量来看:小说最多(326 787.22),而新闻则最少(285 172.40),这可能与两者对信息量的追求不同有关。虚词使用频率的文体模式可排列为小说>口语>学术>期刊>新闻。就各文体中虚词使用情况而言,口语和小说可排列为代词>介词>冠词>连词,期刊、新闻和学术则可排列为介词>冠词>连词>代词。口语文体与学术文体在虚词使用上也呈明显对立态势:从代词和连词看,口语中出现最多,分别为 94 172.63 和 61 300.20,而从介词和冠词看,学术中使用最多,分别是 127 484.44 和 87 906.52,这显示出口语的指称性与逻辑性和学术的严密性与限定性。也就是说,虚词中代词和介词成了口语体与学术体最重要的指标或差异所在。然后,基于 COHA,我们从历时角度考察,如表 21 所示:

表 21　不同时段的词性使用频率

词性类别		1810 年代	1850 年代	1900 年代	1950 年代	2000 年代
实词	名词	213 642.85	194 360.20	191 149.51	202 948.27	212 137.12
	动词	185 928.78	179 325.70	184 318.72	187 328.16	187 929.27
	形容词	69 092.16	71 915.45	65 984.38	68 726.04	69 451.75
	副词	53 351.45	61 627.71	63 829.26	63 542.75	61 184.37
虚词	介词	111 572.50	121 072.33	113 976.40	108 837.34	102 406.13
	冠词	82 863.69	92 018.60	91 812.53	87 794.94	81 885.31
	代词	66 891.01	68 254.13	74 509.56	71 730.58	71 241.93
	连词	60 237.64	70 345.72	64 699.44	57 782.10	56 251.26

从表 21 可知,不管是实词还是虚词,最近 200 年来都存在不同程度的发展变化,但变化不大(各种词类和总量都如此)。下面仍以实词为主、虚词为辅,说明英语语法结构系统基本上保持了其原有的正常稳定态势。就实词来说,总量有所增加,从 1810 年代的 522 015.24 到 2000 年的 530 702.51,增长了 8 687.27。这期间除了名词减少之外(从 213 642.85 到 212 137.12),其他三类实词都有所增加,特别是副词(从 53 351.45 到 61 184.37)。同时,不同词类的高峰期也有所不同,名词在 1810 年代,动词在 2000 年代,形容词在 1850 年代,而副词则在 1900 年代。但无论如何变化,实词四大词类的排序从多到少都是名词>动词>形容词>副词,名词居首位。就虚词而言,总量在减少,从 1810 年代的 321 564.84 到 2000 年

代的 311 784.63,减少了 9 780.21,这与前面的实词增长基本抵消(实词增,虚词减,互为动态状)。这期间虚词除了代词增加(从 66 891.01 到 71 241.93)之外,其他都在减少,而且不同词类出现的高峰期都基本相同,都在 1850 年代到 1900 年代这段时期,说明这段时间是英语结构系统一个比较大的调整期。最后,各时段四类虚词由多到少排序都是介词>冠词>代词>连词,介词居首位。这与前面的共时考察相同,再次表明语言系统自身的某种稳定性。

7.4.2 派生名词化与文体

上面对词性与文体进行了一个总体扫描,发现名词在实词中占有绝对优势。下面具体考察派生名词化,因为这种名词化只具有名词的部分语法功能,语义上具有一定的物化功能,而形态上则与典型的三维空间名词(如 table、tree、house)具有一定距离。基于 Biber et al. (2000a:322—323)的研究,我们通过 COCA 主要考察以-tion、-ment、-ity、-ness、-ism 结尾的五种常用派生名词化,它们在不同文体中做主语和宾语的表现如表 22 所示:

表 22 不同文体派生名词化的使用频率

派生名词化类别与功能		Spoken（口语）	Fiction（小说）	Magazine（期刊）	Newspaper（新闻）	Academic（学术）	总均量
-tion 名词	主语	830.91	391.37	1 006.91	975.34	2 211.02	1 083.11
	宾语	285.52	135.76	379.36	376.80	722.89	380.07
-ment 名词	主语	435.30	159.05	392.28	514.31	790.46	458.28
	宾语	87.44	38.34	107.86	138.65	214.87	117.43
-ity 名词	主语	235.87	149.14	355.21	376.80	714.33	366.27
	宾语	119.37	57.54	169.75	179.22	315.36	168.25
-ness 名词	主语	63.32	120.97	126.86	101.14	129.84	108.43
	宾语	52.04	50.70	75.38	69.36	74.70	64.31
-ism 名词	主语	43.67	16.52	88.69	58.01	204.83	82.34
	宾语	37.99	6.89	35.36	37.22	65.05	36.50

从总均量看,五种不同派生名词化的使用频率模式从高到低可排列为:-tion>-ment>-ity>-ness>-ism。-tion 最多,做主语时达 1 083.11,做宾

语时为 380.07;-ism 则最少,做主语时为 82.34,做宾语时只有 36.50。这样,-tion 是-ism 的十多倍。同时,这些名词化中的绝大多数在学术中使用最多,而小说中则最少,原因可能是学术更关注物,不管是抽象的还是具体的,而小说则更关注人物外在和内在活动的刻画而不太关注物。

此外,它们在不同文体中的使用频率模式从多到少可排列为:学术>新闻>期刊>口语>小说。从功能看,五种不同派生名词化做主语的比做宾语的多,前者为 2 098.43,后者为 766.56,前者约是后者的 2.74 倍。这在学术文体中尤为明显,因为人们已把各种抽象的物当作生命体处理,让它们具有施事行为,以使客观事物更具一些"人性"色彩。难怪 Adams(2001:15)认为派生词汇整体来说是书面文体的重要特征。那么,不同时段派生名词化的使用又如何呢?如表 23 所示:

表 23　不同时段派生名词化的使用频率

派生名词化类别与功能		1810 年代	1850 年代	1900 年代	1950 年代	2000 年代
-tion 名词	主语	1 153.06	938.22	1 012.78	1 034.72	749.00
	宾语	226.04	174.97	189.07	271.63	272.43
-ity 名词	主语	373.35	304.52	307.32	297.25	281.70
	宾语	118.52	77.71	76.21	102.63	121.62
-ment 名词	主语	427.53	365.66	399.32	499.98	301.89
	宾语	67.73	49.84	49.33	88.37	76.60
-ism 名词	主语	20.32	46.50	61.14	72.81	53.13
	宾语	2.54	13.30	16.56	25.02	23.61
-ness 名词	主语	281.07	187.72	183.55	141.66	115.84
	宾语	115.14	70.42	75.35	62.25	59.90

从表 23 可知,不同时期派生名词化做主语的都比做宾语的多,说明虽然它们多为抽象名词,但人们更愿意将其作为施事来处理。不过,这几种派生名词化做主语在 1810 年代达到高峰期,为 2 255.23;1850 年代左右做主语最少,为 1 833.62;而做宾语在 2000 年代左右达到高峰期,为 554.16。也就是说,它们做主语有所减少,而做宾语则有所增加,这可能是因为其做主语的能力在减弱,而做宾语的能力在增强,因为从语义角度看它们作为处置对象比作为施事似乎更合适。从表 23 可以看出:-tion、

-ity 做主语最多时都在 1810 年代,做宾语最多时都在 2000 年代;-ment 和 -ism 做主语和宾语最多时都在 1950 年代,-ness 做主语和宾语最多时都在 1810 年代。由此不难看出,名词化表征做主语与做宾语差异较大,这一方面可能与其语义内涵有关,另一方面可能与其施受(施事、受事)能力有关。

就同一文体而言,名词化的不同表征运用比例也各不相同,如学术文体中就是如此。根据 Biber et al. (2000a: 323—324)的语料库统计,学术文体中-tion 名词化形式用得最多,-ery 名词化形式用得最少。用于该文体的主要名词化表征按使用量的多少,可这样排列:-tion>-ity>-er>-ness >-ism>-ment>-ant>-ship>-age>-ery。由于名词化手段能很好表达和度量抽象的东西,因而在科技文献中得以大量运用。Guz(2009)通过 BNC 语料库和《牛津英语词典》(*Oxford English Dictionary*, OED)对此进行了验证,其中 BNC 语料涉及六种文体:口语(Spoken,约 1 033 万词)、小说(Fiction,约 1 619 万词)、学术(Academic,约 1 543 万词)、非学术(Non-academic,约 1 663 万词)、新闻(Newspapers,约 1 064 万词)和流行期刊(Popular Magazines,约 738 万词)。以 OED 这种综合而权威的词典作为词汇创新的参照标准,只要在其中未出现过的词汇都看作一种创新。调查结果显示:一些名词化后缀比另一些更流行,按词频排序从高到低为-ion>-ment>-ity >-ance/-ence >-ness >-(c)y >-al >-ship >-age >-dom >-ery >-hood。而且这些后缀在不同文体中的使用是不同的,从口语到学术依次呈递增状态:口语<小说<流行期刊<新闻<非学术<学术。具体来说,六个最常用名词化后缀的不同文体分布如图 39 所示:

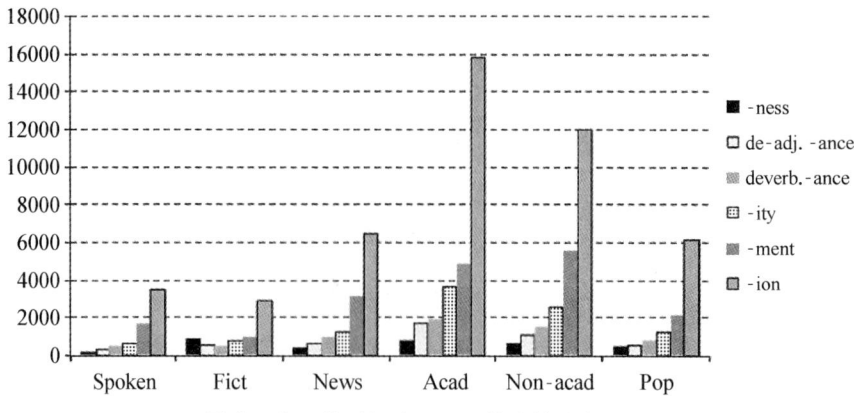

图 39　最常见名词化后缀在不同文体中的分布(Guz, 2009)

其中,后缀-ness 在小说中的分布特别突显,这可从图 40 中看得更清楚:

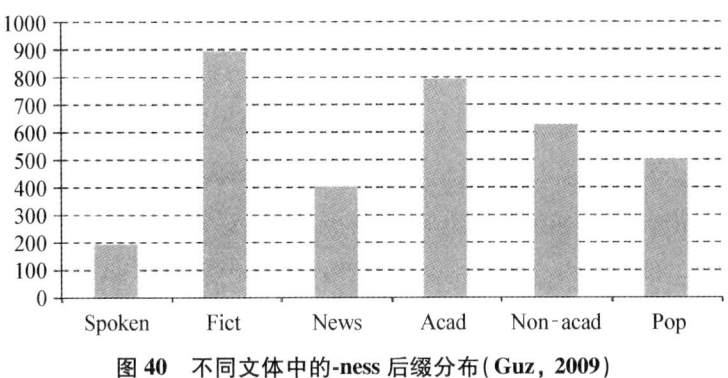

图 40　不同文体中的-ness 后缀分布(Guz, 2009)

名词化后缀-ness 在小说中使用频繁,一个原因可能是它使用起来较安全,不费力,且有明显的词素界线。另一个原因可能是它作为非正式表征,主要体现人的情感因素或个性描写。

如果从能产性看,不是任何词缀都可随意附加于词干之上,而是有诸多限制。比如,名词化后缀-al 只能附加在以重读音节结尾的动词后,如 propose 和 deny,而所有以-ize 结尾的动词则只能带名词化后缀-ation (Plag, 2003)。以名词化后缀-ness 为例,它与不同词根或词干组构,其能产性是不同的,如表 24 所示:

表 24　-ness 后缀的不同组构力(Guz, 2009)

	Spoken	Fict	News	Acad	Non-acad	Pop
simplex root+ness (fakeness)	148	711	298	416	393	356
simplex root+y+ness (creepiness)	3.7	25	11	6	11	25
-ful+ness (stressfulness)	1.8	18.8	6.4	25.4	17.7	12.4
-ish+ness (quirkishness)	0.3	3.5	1.6	0.9	1.7	2.5
-ous+ness (curvaceousness)	10	43	19	104	51	27

续 表

	Spoken	Fict	News	Acad	Non-acad	Pop
-ed+ness (datedness)	4	15	5	21	13	10
-ive+ness (declarativeness)	8	12	18	109	63	27
-less+ness (depthlessness)	7	29	17	32	28	13
-ing+ness (reassuringness)	3	5	10	20	19	9

再如名词化后缀-ity,其组构力也因不同情况而异,分别如表25所示:

表 25 -ity 后缀的不同组构力(Guz, 2009)

	Spoken	Fict	News	Acad	Non-acad	Pop
simplex root+ity (frailty)	243	350	563	1 306	1 079	598
-able+ity (deniability)	109	60	144	453	340	176
-al+ity (annuality)	60	97	117	549	260	150
-ous+ity (fibrosity)	20	81	54	166	112	64
-ile+ity (virility)	7	23	27	130	77	43
-ic+ity (crypticity)	58	34	89	100	115	64
-ive+ity (tentativity)	53	34	60	442	286	105

这里的-ity 在学术文体中占有比例最高,原因可能是它主要体现学术的客观性、严谨性,与上面的-ness 关注情感的主观性不同。

因篇幅所限,不再举例。总体来说,从词汇创新能力角度看,即把BNC 的语料调查结果与 OED 的词库比较,可得出如下结论(Guz, 2009):

（ⅰ）不同文体的新词建构是不同的，从学术到口语呈递减状态：学术>非学术>流行期刊>小说>新闻>口语。

（ⅱ）-ness 的能产性建构按以下方式呈递减趋势：-ed+-ness>-y+-ness>词根+-ness>-less+-ness>-ish+-ness>-ive+-ness>-ing+-ness>-ful+-ness>-ous+-ness。

（ⅲ）不同文体中-ness 的能产性建构按以下顺序呈递减状态：小说>流行期刊>学术>非学术>新闻>口语。

（ⅳ）-ity 的能产性建构按以下方式呈递减趋势：-able+-ity>-al+-ity>-ive+-ity>-ic+-ity>词根+-ity>-ous+-ity>-ile+-ity。

（ⅴ）不同文体中-ity 的能产性建构按以下顺序呈递减状态：学术>非学术>流行期刊>小说>新闻>口语。

（ⅵ）-ion 的能产性建构按以下方式呈递减趋势：-ize+-ation>-ate+-ion>词根+-ation>-ify+-cation>词根+-(it)ion。

（ⅶ）不同文体中-ion 的能产性建构按以下顺序呈递减状态：学术>非学术>新闻>口语/流行期刊>小说。

该调查结果与 Biber et al.(1998,1999)的研究结论基本一致。

7.4.3　名词化与学科

科研论文是最典型的学术语篇，其摘要的信息密集度更胜论文本身，因为摘要是论文内容的高度提炼。考察派生名词化在不同学科科研论文及其摘要中的分布，我们可以管窥派生名词化与学科的关系。我们借 Holtz(2009)对科技领域的研究性论文及其摘要的量化研究来具体探看名词化与学科的关系。该研究所用语料涉及 94 篇科技英语期刊论文、12 个来源、4 个科技领域(计算机科学、语言学、生物学和机械工程)，总词量达 42 万。而选择这些学科领域的理由是：语言学可代表人文学科，生物学可代表自然科学，机械工程可代表工程领域，而计算机科学则可代表其他领域。为了方便比较，Holtz(2009)都以千词为单位计算。结果显示，生物学和机械工程的名词化使用率最高，其次是计算机科学和语言学。这可看作名词化在前面两个学科比在后面两个学科的研究性论文及摘要中使用率高的一个明证，如图 41 所示。

虽同是科技语篇，但不同学科之间名词化类型的使用分布是不同的，

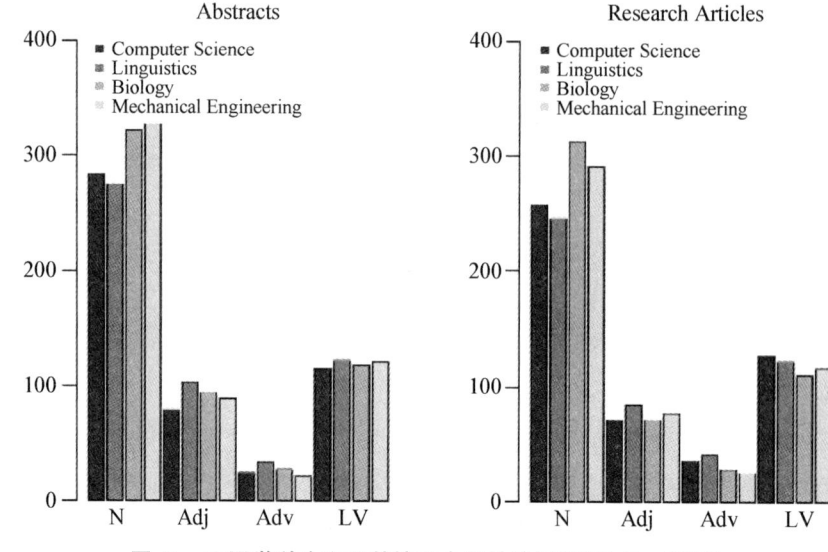

图 41　不同学科论文及其摘要中词性的使用(Holtz, 2009)

请见表 26。低的分布比例说明该学科词汇范围有限(如机械工程最窄),高的则具有相对广泛的选择(如计算机科学最广)。

表 26　不同学科论文摘要中的名词化类型及使用率(Holtz, 2009, 略有修正)

学　科	名词化类型	名词化数量	类型数量百分比
计算机科学	83	156	53.21
语言学	66	128	51.56
生物学	92	198	46.46
机械工程	120	317	37.85
学科总量	286	799	35.79

对照表 26 与表 27 可以看出,与研究性论文相比,摘要所用词汇范围还是比较广的,计算机科学最高,达 53.21,最低的机械工程也有 37.85,而表 27 中最高的生物学也只有 14.01。

表 27　不同学科论文中的名词化类型及使用率(Holtz, 2009, 略有修正)

学　科	名词化类型	名词化数量	类型数量百分比
计算机科学	334	4 123	8.10
语言学	516	4 703	10.97

续 表

学　科	名词化类型	名词化数量	类型数量百分比
生物学	424	3 027	14.01
机械工程	431	4 268	10.10
学科总量	1 026	16 121	6.36

计算机科学语篇中名词化类型重复率最高。有五个名词化在所有语料和领域中都出现，它们是 addition、analysis、distribution、information 和 solution。此外，有 102 个名词化同时出现在所有研究性论文中。摘要中使用最广的五个名词化是 analysis、temperature、approximation、structure 和 length。研究性论文也有五个使用最广的名词化——analysis、temperature、function、structure 和 priority。从表 28 可看出，在摘要和研究性论文中使用频率最高的名词化后缀都是-sion/-tion 和-ity，前者主要体现为动词名词化，而后者则主要体现为形容词名词化。这两个名词化后缀在摘要中（-sion/-tion,58.82%;-ity,13.52%）比在研究性论文中（-sion/-tion,58.24%;-ity,13.40%）使用率略高。在摘要和研究性论文中使用频率较高的名词化后缀是-ure 和-ment，且都是过程名词化。

表 28　摘要和论文中的名词化后缀使用率（Holtz，2009，略有修正）

名词化后缀	摘　要		研究性论文	
	频 次	百分比	频 次	百分比
-age	11	1.38	355	2.20
-al	18	2.25	180	1.12
-(e)ry	12	1.50	272	1.69
-sion/-tion	470	58.82	9 389	58.24
-ity	108	13.52	2 161	13.40
-ment	41	5.13	1 226	7.60
-ness	11	1.38	244	1.51
-sis	37	4.63	617	3.83
-ure	71	8.89	1 293	8.02
-th	20	2.50	384	2.38

名词化后缀在不同学科摘要和研究性论文中的分布分别如表29、表30所示:

表29 不同学科论文摘要中的名词化后缀使用率(Holtz,2009,略有修正)

名词化后缀	计算机科学		语言学		生物学		机械工程	
	频次	百分比	频次	百分比	频次	百分比	频次	百分比
-age	2	1.28	3	2.34	3	1.52	3	0.95
-al	1	0.64	10	7.81	3	1.52	4	1.26
-(e)ry	1	0.64	0	0.00	4	2.02	7	2.21
-sion/-tion	84	53.85	77	60.16	125	63.13	184	58.04
-ity	28	17.95	14	10.94	17	8.59	49	15.46
-ment	16	10.26	14	10.94	5	2.53	6	1.89
-ness	6	3.85	0	0.00	1	0.51	4	1.26
-sis	5	3.21	9	7.03	15	7.58	8	2.52
-ure	4	2.56	1	0.78	19	9.60	47	14.83
-th	9	5.77	0	0.00	6	3.03	5	1.58
总计	156	100.00	128	100.00	198	100.00	317	100.00

表30 不同学科论文中的名词化后缀使用率(Holtz,2009,略有修正)

名词化后缀	计算机科学		语言学		生物学		机械工程	
	频次	百分比	频次	百分比	频次	百分比	频次	百分比
-age	95	2.30	109	2.32	65	2.15	86	2.01
-al	52	1.26	103	2.19	12	0.40	13	0.30
-(e)ry	99	2.40	40	0.85	30	0.99	103	2.41
-sion/-tion	2 423	58.77	2 745	58.37	1 791	59.17	2 430	56.94
-ity	669	16.23	472	10.04	395	13.05	625	14.64
-ment	238	5.77	661	14.05	189	6.24	138	3.23
-ness	104	2.52	62	1.32	15	0.50	63	1.48
-sis	103	2.50	217	4.61	186	6.14	111	2.60
-ure	133	3.23	268	5.70	243	8.03	649	15.21
-th	207	5.02	26	0.55	101	3.34	50	1.17
总计	4 123	100.00	4 703	100.00	3 027	100.00	4 268	100.00

在所有学科的摘要中,名词化后缀-sion/-tion 占有绝对优势,且主要源于过程处理。其后是-ity,主要体现特性处理。有趣的是-al 在语言学中用得非常多(如 functional、external),而-ure 在机械工程中用得特别多(如 temperature)。名词化在摘要中的使用率远低于研究性论文,且摘要中所用名词化的范围也远低于研究性论文,说明摘要所含信息量并非人们所想的远高于研究性论文,其原因可能在于摘要中减少了大量专业概念词汇,自然名词化有所减少。

7.4.4 英汉不同文体中名词化的量化对比

前面已经确认名词化就是其他词语或小句变为名词性成分,并充当名词使用的现象,即将非名词性成分变为名词性成分,从而引发句子其他成分相应变化的现象。它是语法隐喻构建的最重要手段之一,同时也是口语与书面语区别的主要标志。这种区别在很大程度上就体现为名词或名词性成分的运用量。大致相同的内容,书面语与口语在表达上差异是很大的。例如(王璐,2005):

(487) In bridging river valleys, early engineers built many notable masonry viaducts of numerous arches. (书面语)

(488) In the early days when engineers had to make a bridge across a valley and the valley had a river flowing through it, they often built viaducts, which were constructed of masonry and had numerous arches in them, and many of these viaducts became notable. (口语)

(487)中共有 14 个词汇,实词 12,占 85.71%,而(488)中有 45 个词汇,23 个实词,占 51.11%。由此可见,前者的词汇密度超过后者。书面语中大量语法隐喻的使用使其结构紧凑、语言简洁而信息量大,汉语也如此。根据郭锐(2002:275)的语料统计:汉语口语中名词大概占 13%,动词占 26%;书面语中名词约占 34%,动词约占 25%。也就是说,名词在汉语口语和书面语中差别很大,书面语中是口语中的两倍多,而动词在两种语体中的差别则很小,只有 1%。具体如表 31 所示:

表 31　汉语口语与书面语中词类应用比例（郭锐，2002：275）

词类 数比	名词		动词		形容词		状态词		时间词		处所词		方位词	
	次数	比例	次数	比例	次数	比例	次数	比例	次数	比例	次数	比例	次数	比例
口语	845	13%	1 728	26%	302	4.5%	5	0.1%	44	0.7%	20	0.3%	48	0.7%
书面语	2 254	34%	1 676	25%	371	5.6%	5	0.1%	90	1.3%	13	0.2%	93	1.4%
总计	3 099	23%	3 404	26%	673	5.0%	10	0.1%	134	1.0%	33	0.2%	141	1.1%

Halliday（1999）认为我们的常识世界是用口语建构的，正是在这里奠定了"一致式"的基础，建立了语义与语法之间的对应。口语总是优先的，意义由此创建，范畴和经验关系得以定义。不过，书面语通过脱离这种一致式，经由语法隐喻创建新义，名词化正是语法隐喻的最重要来源（Halliday，2000：352）。这就难怪 Halliday & Martin （1993：39）指出，名词化降低了语义的语法地位，因为语义的功用从小句层面降到了短语或词的层面，这对语篇结构的展开产生了重大影响。

为进一步揭示英汉两种语言不同文体之间在名词化方面的异同，弄清两种语言中究竟是名词还是动词占优势，我们进行了一项量化研究，对比英汉两种语言在法律、演讲、新闻、散文、小说和会话这六种文体中的名词化使用情况。为保证结果可信、权威，本次研究所用语料均来自正规出版物，文学语料多为名家名作名译。在此英语名词化主要涉及三种常见的表征形式：词缀式（名词性词缀）、非谓语式（以 V-ing 形式为主）和零形转换（无须词形变化构成的名词化词/短语）。汉语名词化也主要表征为三个方面：词缀式（名词性词缀）、"的"字结构和零形转换（也指无词形变化的名词化）。所考察的六种不同文体按"正式度"这个连续统看，法律语言是各种文体中正式度最高的一种，它庄重严谨，要求用词准确，防止误解和歧义。这是法律文体稳定性和保守性的基本要求和体现。也正是这个原因，法律语言比一般语言要复杂得多、长得多，结构也严密得多。

法律语料我们选用李仲周等（2000）的《世界贸易组织——乌拉圭回

合多边贸易谈判结果法律文本》中的一条协定进行统计和考察。演讲文体的语言同样比较正式,我们采用王德华(1996)选编的《联合国论坛演说名篇》和王建华(2003)主编的《美国总统致世界名校大学生》,两份语料都具有权威性和可靠性。新闻报道由于时效性强,加上新闻业竞争激烈、节奏快,记者没有多少时间去推敲和打磨语言。另外,记者与读者之间很少直接交流,读者也不可能花太多时间去细读。以上因素都要求报刊语言简洁、省时、易懂(王佐良、丁往道,1987:244—245)。为了获取这一文体的语料,我们遴选出顾燕(2002)主编的《英语时文选读》中的20篇文章。文学语言体现生活气息,其语言自然,有随意性。我们从北大教育网下载了五部国外名著(均为英汉对照)——《80天环游地球》《傲慢与偏见》《金银岛》《简·爱》和《鲁宾逊漂流记》,并对每部名著的首尾章节和中间章节进行了考察。散文方面,我们从张培基(1999/2002)的《英译中国现代散文选》中选择了20篇进行统计分析。会话是人类语言中最自然、最具生活性的语言表征方式,从某种程度来说是一种非正式、随意性较强、易理解且主观性强的语言,我们选用高鹏等(2005)主编的《英语口语话题大全》中的五个话题(生活、购物、求职、商务和社会问题)进行了统计。这样,英汉不同文体中名词化的使用统计结果分别如表32和表33所示:

表32　不同文体名词化对比(英语原文)

文体类型	名词化类型			合　计
	词缀式	非谓语式	零形转换	
法　律	9.19%	1.06%	4.08%	14.33%
演　讲	5.98%	0.23%	3.82%	10.03%
新　闻	4.23%	0.73%	2.92%	7.88%
散　文	2.17%	1.42%	2.81%	6.40%
小　说	2.74%	0.75%	2.24%	5.73%
会　话	1.90%	0.57%	3.15%	5.62%
平均值	4.37%	0.79%	3.17%	8.33%

表 33　不同文体名词化对比（汉语译文）

文体类型	名词化类型			合　计
	词缀式	"的"字结构	零形转换	
法　律	0.45%	1.17%	2.26%	3.88%
演　讲	0.17%	1.11%	1.62%	2.90%
新　闻	0.26%	0.43%	0.59%	1.28%
散　文	0.02%	0.61%	0.64%	1.27%
会　话	0.07%	0.25%	1.04%	1.36%
小　说	0.01%	0.46%	0.35%	0.82%
平均值	0.16%	0.67%	1.08%	1.91%

统计结果发现,英语中法律语言的名词化比例最高,达 14.33%,会话中的名词化最低,只有 5.62%。英语中这几种文体的名词化运用模式可排列为:法律>演讲>新闻>散文>小说>会话。该结果基本符合我们的直觉印象。就名词化的具体表征形式而言,词缀式最多,达 4.37%,非谓语形式最少,只有 0.79%。这样,英语中名词化表征的运用模式可排列为:词缀式>零形转换>非谓语形式。汉语中也是法律语言的名词化比例最高,达 3.88%,小说最低,只有 0.82%。就名词化的运用率而言,汉语中不同文体可排列为:法律>演讲>会话>新闻>散文>小说。这大体上也符合我们的直觉印象。但从应用上看汉语的名词化率(1.91%)的确远低于英语(8.33%),前者只有后者的 1/4 左右。这从一个微观侧面证实了潘文国(1997/2002)的论断,汉语理论上是名词中心,英语是动词中心,但实际情况是汉语动词占有一定优势。

这些数据说明不同文体中名词化的不同运用比例的确有差异。Joos(1967)在其《五只时钟》中就提出了五个等级,它们是刻板体、正式体、协商体、随便体和亲密体,这五种文体该如何选用就取决于具体交际的时空、对象等物理语境和交际者的认知语境。这些文体也与名词化密切相关。一般来说,名词化越多或越密集,文中就越书面化、越正式化,反之亦然。这是因为名词性成分越多结构越稳定,而动词性成分越多结构越不稳定。口语往往处于不断变化的过程中,书面语则相对固化,这两种文体对名词化的需求也就相应不同。

7.5　中国大学生优秀作文所涉名词化

语篇写作或建构是一种非常重要的语言综合能力,其中涉及因素众多,比如年龄和认知能力的发展水平,这二者会让人在不同阶段有不同的语言水平表现。Berman(2008)对此进行了探讨:Level I 阶段只有最少的语言表征能力,Level II 时出现了部分扩展能力,Level III 时出现了结构完好状态,最后到 Level IV 时不仅结构完全好,而且出现了修辞能力和跨文体写作能力。具体如表34所示,研究所用语篇见(489):

表34　不同年龄的语篇建构维度比较(Berman, 2008)

	Level I	Level II	Level III	Level IV
Representation and cognitive processing	*Minimal representation*: only bottom-up or top-down	*Partial extension*: initial integration of top-down and bottom-up	*Well-formedness*: full integration top-down and bottom-up	*Beyond well-formedness*: creative synthesis of parts into whole
Structure and content	Only basic components	Initial reliance on genre-typical features	Overt structure – schematic or categorial	Genre-external material
Discursive features	Detached units	Initial anchoring	Relating opening and ending	Meta-cognitive inter-textual and/or meta-textual commentary

(489)

Level I 语篇(9 岁女孩):I do not think fighting is good. You do not make friends that way. If you do not fight, you can have many many friends. But when you fight, you can hurt the person's feelings you are fighting with. You should always be nice and respectful to other people. And if you are not nice, you will end up not having any friends. That is why you should not fight.

Level II 语篇(12 岁男孩): I think there are many problems and conflicts in the world. I also think different people handle these problems in different ways. Some people make little problems out to be big conflicts. The world has many huge problems that need to be dealt with a lot quicker than some people's little problems. Some problems can lead to many bad conflicts, which happens a lot at schools, on the street, and many other places. Little problems can be easily set aside, while big problems might take thinking and some action. Different people can lead to many problems and differences in opinions also lead to many problems. I think if you are a good person, you can overcome most problems in life.

Level III 语篇(17 岁男孩): Conflict is a large problem particularly in high School, although it never goes away. High School is a major focal point of conflict because of the extreme amount of new tension that students are confronted with. Coming from a sheltered environment with the close supervision and intervention of parents and teachers, students are thrust into realization of the so called "real world" where you must now make choices and resolve problems on your own. While you are never really on your own, this new freedom can give the overwhelming feeling of distancing yourself from your parents' control. Students are exposed to many new people and begin to form social cliques or groups. These groups not only follow racial and ethnic lines but also the class bracket that they are placed in such as advanced or remedial. This can have an impact on people because of the exposure or lack of it or jealousy and envy. Peer pressure is one of the main causes of conflict which never goes away but that students have a hard time learning to cope with. While conflict is not a necessarily bad thing, it does help prepare people for the real world which is full of conflict and problems.

Level IV 语篇(17 岁女孩): Conflict is opposing ideas or stances between two or more people. In many ways it is a necessary part of life. On the other hand, it can cause disruption and chaos in the relationships of those involved. When people have a difference of opinion, a conflict is usually the result. This is a good way for those differences to be put aside. For example, I recently started swimming under a new coach. I did not like him at all — his coaching styles, the swim sets he assigned, or his overall attitude. One day after practice, I approached him and told him what bothered me about him, and that it was affecting my attitude about swimming. Since then we have gotten along much better, and I have a new appreciation for his coaching style, because he further explained it to me. In that way, conflict can be a good thing. The results that were achieved were better than the situation beforehand. On the contrary, conflict can ruin a friendship. My friend was very close friends with two other girls. They had an argument over priorities. The other girls would make plans and then break them at the last minute. Since then my friend has not spoken with them. This is a situation in which conflict was a bad thing. If the conflict cannot be resolved, then the relationship will suffer. In my case, I avoid conflict at all costs. It sometimes gets to a point where I void my opinion or hide the truth in order to prevent a conflict. On one hand, I very seldom argue with people. On the other hand, my ideas may go unheard, or a friendship is based on a fake foundation. There is a happy medium somewhere though. Hopefully some day I will realize when a conflict is necessary and use it intelligently, not as a fight but as a discussion to solve a common problem.

下面以北京大学英语系大学英语教研室(2002/2003)编的《北京大学学生优秀英语作文选评》,邱东林、汪中平(2004)主编的《复旦大学学生优秀英语作文选评》和方家庆(2003)主编的《厦门大学学生优秀英语作文选评》中的议论文为例,各选两篇进行考察,以了解当代中国大学生的英语写作水平现状及问题所在。本次研究主要关注名词化的应用,不考虑其他。下面(490)(491)来自北大学生作文,(492)(493)来自复旦学生作文,(494)(495)则来自厦大学生作文。每例中加框处表示名词性句式成分(包括名词性小句、定语小句和做宾语的小句;定语小句被包括在内,因为它与所修饰的名词共同构成名词性成分),阴影处表示动词性较强的不定式和分词,下画线则表示派生名词化(包括零派生名词)。

(490) **Reading**

More than 200 years ago, the celebrated *essayist* Joseph Addison wrote, "Of all the *diversions* of *life*, there is *none* so proper to fill up its empty spaces as the *reading* of useful and entertaining authors." Addison might have also added *that* *reading* is challenging and eye-opening.

We may as well mark out the *difference* between two ways of *reading* expressed in *synonyms* *which* can be used interchangeably in Chinese. Here I'd like to interpret *one* as mechanical *reading* and *the other* as intelligent *reading*. In a like manner we can distinguish touring from *traveling*. *The former* is preferred to *the latter* so far as today's fashion goes. In terms of *education*, it is mechanical *reading* rather than intelligent *reading* *that* is prevailing.

School *life* can be likened to a *battle* *in which* all the *participants* are equipped with bags of schemes to achieve good *results* in their *examinations*. As soon as the *session* is over, they throw into oblivion all *that* they've mechanically memorized before they know what *grades* they are given. This mental *state* shows clearly *that* books are meant to be recited, no more no less. The moment their *purpose* is served, they are done away with. Nobody bothers to pay any *attention* to their *contents*, let alone digest them. It follows naturally *that* *reading* in this way won't lead anywhere near paradise, even if a great *amount* of books have been consumed.

On the other *hand*, intelligent *reading* never aims at *examination results*. It requires *devotion* of time and energies to *reading* extensively, *from which* one draws useful materials. Then one can proceed from *comparison* and *analyses* to *assimilation*. *Reading* this way is prompted by *interest* and done in *earnestness*. He may realize *that* at some *level* that *reading* gives him *access* to the colorful worlds *which* would otherwise remain closed. There may be *stopovers* on the way, but certainly no *end*. It's a long-distance *travel*, a *process* of opening up endless vista for the *mind*, while mechanical *reading* is but a short *tour* along the path of *worldliness* with one's *view* never beyond one's nose. *The former* enlivens one like life-giving spring breeze and *rain*, *resulting* in a well cultivated *mind* to last as long as one lives; *the latter* makes one muddle along, engages him in a *battle* of *examinations* to fight for diplomas, and ends up in fruitless.

There are too many people in the world engaged in mechanical *reading*, and only a few *reading* intelligently. That's because it demands two *requisites* — *interest* and stamina in order to *travel* far and wide.

(491) **On Examination**

As a student, no *matter* who you ask, "what gives you the deepest *impression* during your *studying*?" Most of them would firmly answer, "*Examinations*." Yes, there is no *doubt* |that| all *kinds* of *examinations* are |what| we students talk about most.

Examinations have become the nightmares for students. When they know |that| they will soon have an *examination*, they begin *to feel* so nervous that they can't fall asleep. They stay up all night *preparing* for the *exam*. The *mentioning* of the very word "*examination*" fills them with *fear*. The whole series of symptoms concerning examinations make *life* as a student hardly enjoyable. July, a month |in which| the National College Entrance *Examination* takes place, is called "Dark July", when the fate of millions of students is *determined* by a single *examination*.

Why are the *examinations* so important for students? Nowadays they are the only criterion *to judge* students' *achievement* in study. In primary school and high school, the *teachers* even separate students into "good" and "bad" ones according to their respective *scores*. However, it is not appropriate *to evaluate* students' *ability* only by *scores*. The fact |that| one gets high *scores* does not follow |that| he can put in *practice* |what| he has learned from books. In that case, what is the *use* of *scores*, of book *knowledge*?

Although the *examination* is not a good way *to evaluate* a student, still all the *teachers* and students need it. Why can it still exist? For *teachers*, they can learn about the *achievement* of their students and examine the *results* of their *study*. It is the best way, by far, in that it is the simplest, most controllable, and the most direct way to evaluate . Through *examinations*, *teachers* will know the weak *points* of their students, so they can improve their *teaching* accordingly. That is to say , *teachers* could adjust their teaching method according to the feedback they obtain from the *examinations*. On the other *hand*, *examinations* also make students know their weak *points*, their *mistakes*, etc. Consequently, *improvement* on their part could also be made. Moreover, if there were no *exams*, some students, would be very lazy and wouldn't even bother to study . In other words, they would lose incentives.

Since *examinations* are necessary, essential and unavoidable, why don't we see them in a positive *light*? To keep your mind calm and peaceful, why not regard every *examination* as every valuable opportunity for *evaluating* and *readjusting* themselves? Of course, too frequent and too difficult *exams* may exert great *pressures* on students, under which some students will resort to *cheating* . But the *solution* to this problem again lies in a right attitude toward *examinations*.

(492) **Adversity and Prosperity**

People tend to complain , "Why am I not a *president* but a most ordinary clerk?" "Why am I not a *millionaire* who doesn't have to work desperately with such a poor *salary*?" or "Why can't I invent something to change people's *life* and carve a place for myself in history?" The *answer* is somewhat simple: their *lives* are going too smooth. In other words, they have never undergone the true *adversity* which *prosperity* often has its *roots* in.

Adversity often leads to *prosperity*. Painful and difficult as it is, *adversity* requires courage to face , great courage that not all people have. Thus, when confronted by *adversity*, some people sink and *others* overcome it with constant painstaking *struggle*. *The latter* will henceforth have intense *passion* to achieve their goals and tremendous *determination* to overwhelm any *difficulties* on their way to the *destination*, for they believe *the worst* has gone by. Jiacheng Lee, who is said to be the wealthiest person in China, had suffered *a lot* before he made his *fortune*. Born in a small family, he had to earn a living to support his family without *finishing* his junior school *study*. He peddled near a plastic factory, *selling* plastic flowers he himself made. Gradually his hard *work* enabled him to save up enough money to run a real *business*. From then on, he often defeated his *opponents* by *investing* riskily in some huge *projects*, |which| rewarded him with considerable *profits*. When asked about *reasons* for such courage, Jiacheng Lee said laconically, "If I had failed, I would have at least gone back to be a *peddler* again. I would lose nothing." It is obvious |that| his *success* grows from the fertile soil of *adversity* of his early years.

On *the contrary*, those |who| haven't experienced the *adversity* are to some *extent* content with the present *life*, and they aren't determined to break up these pleasant days to venture into some unknown field. Therefore, they mostly couldn't bring their *potential* into full *play*. But it doesn't mean |that| none of the people *living* in *happiness* can succeed. Bill Gates, another *millionaire*, has a much more fortunate *experience* though. But besides his *ability* and his hard eye for *chances*, another *factor* also explains his *success* — a *sense* of being threatened. He knows clearly |that| he will be eliminated in the fierce *competition* if he slows down his *pace* of *innovation*. This *threat* makes him think as in *adversity* — at least not in a pleasant resting *place*. His story also shows |that| *prosperity* and *adversity*, in a *sense*, are interwined.

In *adversity*, while *pessimists* think there comes the *end* of the world and lose all *hope*, *optimists* remain cheerful. They will never be blinded by their *pain*, they know *hope* is there within, they keep *struggling*, and at last they will reach *prosperity*.

(493) **Women's Equality in China**

Most people, even women themselves, believe that women in China have achieved *equality*. They think women now "have held up half the sky". They can take up almost all the *professions* once only occupied by men, and can even receive equal *pay* for equal *work*. Despite the enormous *strides* women have made, I argue that Chinese women still have a long way *to go* in their *struggle* for real *equality* in every field of the society.

Needless to say, attitudes are more difficult *to change* than laws. In principle, women's *liberation* or *equality* is no longer a problem, and women are entitled *to compete with* men for jobs on equal *terms*. But in *practice*, women are still thought of as *inferior* that cannot take up responsible jobs. Cases of sexual *discrimination* are often heard of. The *situation* is even worse now when the market-oriented economy is adopted and personal *abilities*, both physical and intellectual, are increasingly stressed. No longer can the *government* influence the *employment* policies of enterprises, which are now in *favor* of male *applicants*. On the *job-market*, many *companies* and factories are unwilling *to employ* girl *graduates* because they don't want *to spend* time and money *training* them while *taking* the risk of their *leaving* *to have* children after they get married. When *employment* rate drops, women *workers* are usually *the first* *to be laid off*. In Shanghai, for example, many female *workers* merely over forty are forced *to return home or retire*. They account for nearly 90 *percent* of the people out of *work*. Even if they are allowed *to continue to work* until the legal age for *retirement*, their *chances* of *promotion* are much more slim than their male counterparts. Even in the *government*, despite its *commitment* to women's *equality*, women have progressed slowly in *gaining* *access* to political power. There is no woman among the seven members of the Standing Committee in the Political Bureau, no woman in the governmental ministerial *positions*. *Doubts* as to women's *capability* are deeply rooted in Chinese *culture*.

To be honest, in my opinion, women are no less competent than men.

But the double *burden* they have to carry inside and outside home renders it impossible for them to make full use of their knowledge and talents. Much of their energy is spent handling the conflicting demands of career and family. Even if they hold leadership positions, they are still expected to do most of the household chores. This leaves them less time than men for their duties at work. Tortured by self-fulfillment and family responsibility, Chinese women are always taught to sacrifice themselves.

The picture of women's liberty is not quite that rosy. Paid maternity leave or few cases of female leadership mean nothing. The resistance to treat women as equals of men is profound and stubborn so that equality continues to be the long-term goal of Chinese women.

(494) **English: A Culture or a Tool?**

Mastering a foreign language, as an access to better opportunity and higher payment, has come into a fashion in China. This prevailing mode has led to the roaring sales of language teaching materials and the springing-up of language training centers.

Facing this foreign language heat, we can obviously classify enthusiastic learners into the following two groups. The first considers foreign languages as a tool. Learners of this kind have a definite destination. That is, grades take precedence over other considerations. Therefore, they are blind to the classical foreign novels unless they are told the exam papers will embody them. They are, to a certain extent, what we call utilitarians. Nevertheless, they may gain a leap in grades.

In contrast, some learners deem language as a culture. They don't value temporary grades. Instead, they pay a lot more attention to the culture from which the language is stemmed. They often fill their leisure time with literature, philosophy, and history while their counterparts bury their heads in various test papers. Though some may fail an exam, their familiarity with culture will benefit them in the long run.

Suppose language is a thriving forest, then culture will be the soil that breeds it. Mr. Long Yongtu, vice mininster of Foreign Trade and Economic

Cooperation, once illustrated the *importance* of *culture* with the *image* of a dragon. A dragon, as we know, is always associated with heavenlines in China, whereas in *the West*, it invariably represents *guilt* and *evil*. When China finally joined the WTO after a long *march*, some western *press* used "The Dragon Is Coming" as a title to comment on this grand event. Some Chinese people perceive it as *hospitality* to China's *entrance*. Nevertheless, Long immediately pointed out the misunderstanding cultural *differences* brought about. He indicated that the title was equal to the Chinese idiom "The wolf is coming", which expressed some Westerners' *anxiety* about China's *development*.

Language therefore is more cultural than merely a tool. Only when language is viewed as a *culture* can it play a better role in communicating with people and *enhancing* their mutual understanding. We learn to communicate, don't we?

(495) **My View about Multimedia Instruction**

Nowadays, with the *help* of *computers* and *projectors*, more and more university courses adopt a brand-new teaching method — multimedia *instruction*. It demonstrates *plenty* of *advantages* compared with traditional blackboard *lecturing*.

The new multimedia *instruction* is welcomed by both *teachers* and students. For *teachers*, they no longer have to write painstakingly on the blackboard as they used to do. This remarkably reduces their *exposure* to chalk dust, which is harmful to their *health*. For students, multimedia *instruction* is more visually attractive. The *use* of various *colors*, beautiful *pictures* and even some music makes *learning* an enjoyable thing. Many students are cheering: "It's like enjoying a film!"

What's more, multimedia *instruction* offers much more *information* than traditional methods do within the same period of time. The *teacher* puts down his *notes*, examples, even a whole *passage* beforehand and then projects them onto the *screen* in class. In this way, he can cover all the given *contents* with *ease*, which is unlikely by using traditional methods.

Thus *efficiency* is greatly improved and students can learn more from class. Besides, some complicated *processes* that are difficult to describe in words can be easily understood when they are vividly presented as a three dimensional *animation* on the screen.

As a coin has two sides, multimedia *instruction* also has some *disadvantages*. Firstly, making good courseware is not easy work, especially for those elderly teachers who are not quite familiar with *computers*. Secondly, it is not convenient for students to go over lessons because they have to use computers to do so but not everyone owns one. Lastly, the *equipment* sometimes may go wrong, resulting in an *interruption* or even *cancellation* of the class.

However, these *disadvantages* cannot hamper the *popularity* of multimedia *instruction*, since it reflects the *trends* and *characteristics* of modern *education* — teaching by using a *variety* of resources in *combination* with *computer* *technology*. I believe in the near future, multimedia *instruction* will become the primary teaching method in universities.

从以上材料可以看出,当代大学生英语写作中使用了不少名词化表征,但多为派生名词化和零形名词化,而其他则用得很少,名词性小句(what 小句和 that 小句)更少。也就是说,我们的大学生在名词化应用上显得单一、生硬,没有本族语者自在、从容,导致语篇表征的结构布局不够灵活,信息突显也不够到位。那么,名词化的运用与语篇写作水平之间究竟有什么关联性?虽然名词化应用不能看作英语水平高低的唯一指标,但可看作一个重要指标、一个重要的评估参数。我们从邱东林、汪中平(2004)主编的《复旦大学学生优秀英语作文选评》中选出 20 篇记叙文和 20 篇议论文进行分析,其结果如表 35 所示:

表 35 复旦大学学生优秀英语作文的名词化使用率

文体	名词化类型			合计
	词缀式	非谓语式	零形转换	
记叙文	2.91%	0.72%	3.31%	6.94%

续表

文体	名词化类型			合计
	词缀式	非谓语式	零形转换	
议论文	3.79%	0.89%	3.17%	7.85%
平均值	3.35%	0.81%	3.24%	7.40%

复旦大学学生优秀英语作文中的名词化率平均为7.40%。为进一步调查大学英语写作中的名词化问题,我们选用北京大学、南京大学、清华大学和厦门大学学生的优秀作文共20篇,同时在一所普通高校选用20篇习作,体裁统一为小型议论文,统计出其中的名词化百分比,结果发现20篇优秀作文中名词化的使用频率为7%—8%,而普通习作中的使用频率仅为5%—6%。我们又选了20篇英语国家大学生相同题材的英语作文,以同样的方法统计出其中的名词化使用频率,结果为10%—15%。以上研究结果基本表明,一篇好作文一般情况下名词化出现率较高,同时也说明我国大学生的英文写作的确存在着名词化使用偏少的现象。

为了进一步证明这一结论,刘国辉、余渭深(2007)对大学英语四、六级作文中名词化运用情况进行了考察。首先统计的是大学英语四级作文(题目是"A Campaign Speech")中的名词化运用情况,主要看三类名词化形式:V-ing 形式,V-er、V-ence、V-tion 等派生性后缀形式和零转换(习语,如 take care of、have a look 等中的名词化不计算在内,因数量很小)。所用的四级作文语料是已评分作文的随机抽样,共1 085份,分五档,它们分别是:1—3分(64份)为一档,4—6分(399份)为二档,7—9分(411份)为三档,10—12分(189份)为四档,13—15分(22份)为五档。从这个样本可以看出,1—3分档和13—15分档人数最少,中间的4—6分档和7—9分档人数最多,这也符合学生英语水平的实际现状。四级作文考察结果如表36所示:

表36 大学英语四级作文中名词化的使用率(刘国辉、余渭深,2007)

名词化类型	一档 (1—3分)	二档 (4—6分)	三档 (7—9分)	四档 (10—12分)	五档 (13—15分)
V-ing	0.7%	0.8%	1%	0.9%	1.9%
派生性名词后缀	1.4%	1.3%	1.8%	2.1%	3%

续 表

名词化类型	一档 (1—3分)	二档 (4—6分)	三档 (7—9分)	四档 (10—12分)	五档 (13—15分)
零转换	1.5%	1%	1.4%	1.9%	1.7%
总计	3.6%	3.1%	4.2%	4.9%	6.6%

由表 36 可知,大学英语四级作文中名词化的平均使用率(就这三类名词化形式而言)为 4.48%,总体来说,档次越高(得分越高),名词化的应用率就越高,如五档中名词化的运用就大约是一、二档总量的一至两倍。这说明名词化的使用率与学生英语水平有关:水平高的,名词化使用也多。同理,我们又对大学英语六级作文(题目是"Your Help Needed")中的名词化运用情况进行了随机抽样考察,抽得六级作文共 673 份,分为四档,分别是:1—3 分(22 份)为一档,4—6 分(293 份)为二档,7—9 分(243 份)为三档,10—12 分(15 份)为四档,这也符合学生英语水平的实际现状。13—15 分档样本数量太小,意义不大,在此不予考虑。六级作文考察结果如表 37 所示:

表 37　大学英语六级作文中名词化的使用率(刘国辉、余渭深,2007)

名词化类型	一档 (1—3分)	二档 (4—6分)	三档 (7—9分)	四档 (10—12分)
V-ing	0.3%	0.2%	0.2%	1.1%
派生性名词后缀	1.1%	0.9%	1.3%	0.7%
零转换	1.5%	2.1%	2.3%	3.0%
总计	2.9%	3.2%	3.8%	4.8%

从表 37 可知,大学英语六级作文中的名词化平均使用率(就这三类名词化形式而言)为 3.68%。其中 V-ing 平均使用率为 0.45%,最少;派生性名词后缀为 1.00%;零转换为 2.23%,最多。纵观该表可以看出,名词化的使用与得分正相关:得分越多的,名词化运用比例就越大,从一档到四档,它们分别是 2.9%、3.2%、3.8%、4.8%。王立非、陈功(2008)就六个名物化(名词化)后缀(即-ance/-ence、-ment、-ion、-ity、-ness 和-th)对 1—4 年级大学生的英语议论文也做了对比研究,结果如表 38 所示(万分率):

表 38　不同年级中国大学生的名词化使用比较(王立非、陈功,2008)

名物化	Year 1	Year 2	Year 3	Year 4
-ance/-ence	15.63	31.03	21.63	40.03
-ment	15.12	23.40	24.14	36.96
-ion	200.60	268.58	275.65	311.04
-ity	17.14	39.17	30.18	24.64
-ness	14.62	6.61	13.58	6.16
-th	15.63	5.60	12.07	5.13
总计	278.74	374.39	377.25	423.96

结果发现1—4年级中国大学生写作中名物化(名词化)的使用频率呈上升趋势,即随着年级的升高,名物化使用总量逐渐增加。但与本族语者相比还不够,正如蔡基刚(2003:435)所指出的那样,英语作文口语化现象是中国学生写作的一个普遍特点,其中一个主要原因就是名词或名词词组用得太少。赵秀凤(2004)的研究也证明了这一点;她通过调查发现,中国学生英语写作口语化倾向主要是受汉语名词短语结构的影响,名词修饰成分多以前置为主、后置为辅,而后置修饰成分又以定语从句为主,缺少短语修饰成分。导致我国大学生英语写作中名词化使用不足的另一个重要原因可能在于汉语是一种缺乏形态变化的语言,为此我们得借用句位功能来判定词类运用。受此影响,中国学生在英语写作时经常会滥用名词(即不该用名词处用了名词),还会用虚义动词(如 make、have、do)加名词。例如(Pinkham,2000/2003:2—12):

(496) a. to accelerate *the pace of* economic reform
　　→ b. to accelerate economic reform
(497) a. we *make an investigation* of …
　　→ b. we investigate …

王立非、陈功(2008)通过调查还发现,中国大学生英语作文中名物化(名词化)总体上的确使用不足,每万词中名物化的频数为324.02,比本族语学生作文中的每万词335.68少11.66频次。这验证了以前研究发现的中国学生作文中普遍存在名物化偏少的现象(刘国辉、陆建茹,2004),但该差异无统计学意义(卡方检验 $\chi^2=0.25$,小于卡方理论值3.84, df=1, p<0.05),如表39所示(万分率):

表39 中国大学生与英语本族语学生的名词化使用比较(王立非、陈功,2008)

名物化	本族语学生	中国学生	标准频数差异	卡方值
-ance/-ence	46.80	32.11	14.69	2.74
-ery	2.74	0.83	1.91	1.02
-ment	46.42	34.17	12.25	1.86
-ion	132.75	181.29*	-48.54*	7.50*
-cy	12.48	8.59	3.89	0.72
-ity	55.56	39.00	16.56	2.90
-ness	14.84	10.89	3.95	0.61
-th	24.09	17.14	6.95	1.17
总计	335.68	324.02	11.66	0.25

* $p<0.05$

Gao(2012)也就英语本族语学者与中国学者在医学研究论文中的名词化使用情况做了比较,结果发现中国学者在名词化使用频率上也远不如本族语者,如表40、表41所示(N 表示英语本族语学者,C 表示中国学者,1/12 表示每 12 个词中出现 1 次,Frequency 行数据以此类推)。而且本族语者在语言隐喻性表征方面远超中国学者,在词汇密度方面也超中国学者,如表42、表43所示。这说明我们的学者英语熟练度和灵活度不够,与本族语者存在一定的距离。

表40 英语本族语学者的名词化使用率(Gao, 2012)

	N1	N2	N3	N4	N5	N6	N7	N8	N9	N10
Nominalization	21	34	50	17	56	49	48	19	43	37
Total words	253	480	597	266	897	923	916	233	780	745
Frequency	1/12	1/14	1/12	1/16	1/16	1/19	1/19	1/12	1/18	1/20

表 41　中国学者的名词化使用率（Gao, 2012）

	C1	C2	C3	C4	C5	C6	C7	C8	C9	C10
Nominalization	29	23	14	29	19	20	20	21	12	15
Total words	399	532	286	469	489	521	390	535	236	411
Frequency	1/14	1/23	1/20	1/16	1/26	1/26	1/20	1/25	1/20	1/28

表 42　英语本族语学者的词汇密度（Gao, 2012）

Discourse No.	N1	N2	N3	N4	N5	N6	N7	N8	N9	N10
Total words	253	480	597	266	897	923	916	233	780	745
Lexical items	103	249	251	128	502	544	503	118	366	326
Ranking clause	12	30	27	14	51	55	55	14	42	38
Lexical density	8.6	8.3	9.3	9.1	9.8	9.9	9.1	8.4	8.7	8.6

表 43　中国学者的词汇密度（Gao, 2012）

Discourse No.	C1	C2	C3	C4	C5	C6	C7	C8	C9	C10
Total words	399	532	286	469	489	521	390	535	236	411
Lexical items	231	271	169	258	288	312	222	315	130	231
Ranking clauses	32	38	27	38	38	42	28	42	17	33
Lexical density	7.2	7.1	6.3	6.8	7.6	7.4	7.9	7.5	7.6	7.0

另外，并非每个人在名词化使用上都会随着学龄和教育的改变而有明显增长。Baratta(2010)通过对曼彻斯特大学六个大学生连续三年的调研证明了这一点，其结果如表 44 至表 49 所示（以每千词计，由笔者修改而来）：

表 44　Janet 的名词化使用率（Baratta, 2010）

	Nominalizations	Derived	Gerunds
Year 1	17.6	10.7	6.9
Year 2	26.3	17.5	8.8
Year 3	22.2	15.6	6.6

表 45　Gladys 的名词化使用率(Baratta, 2010)

	Nominalizations	Derived	Gerunds
Year 1	22.1	17.7	4.4
Year 2	19.5	15.8	3.7
Year 3	41	37.6	3.4

表 46　Collette 的名词化使用率(Baratta, 2010)

	Nominalizations	Derived	Gerunds
Year 1	23.3	17.5	5.8
Year 2	22.9	19.5	3.4
Year 3	37.7	34.7	3

表 47　Wendy 的名词化使用率(Baratta, 2010)

	Nominalizations	Derived	Gerunds
Year 1	18.8	14.8	4
Year 2	16.5	13	3.5
Year 3	33	24	9

表 48　Dorothy 的名词化使用率(Baratta, 2010)

	Nominalizations	Derived	Gerunds
Year 1	40.1	29.1	11
Year 2	42.6	29.5	13.1
Year 3	39.4	31.1	8.3

表 49　Sarah 的名词化使用率(Baratta, 2010)

	Nominalizations	Derived	Gerunds
Year 1	23.5	18.1	5.4
Year 2	24.9	20	4.9
Year 3	24.2	17.7	6.5

从上面各表可知：随着时间的过去，这些学生在名词化的使用上并非都出现了明显增长，如 Dorothy 还出现了减少趋势，Sarah 变化不大，只有前面四位同学变化较大，有较大增长；在派生词方面，Sarah 出现退化，其他人都有一定程度增长；动名词方面，只有 Wendy 和 Sarah 增长，其他人都出现了一定程度的减少。也就是说，年龄的增长和教育程度的提高并不一定会提升或改变语言运用能力。

7.6 小　　结

通过以上量化考察可知，影响名词化应用的因素很多，比如文体/语体、年龄、教育、文化等等，但这些因素的影响都是相对的，不是绝对的，关键还是要看特定的交际目的/意图、交际方式、交际渠道和语境等。随着量化考察粒度的细化，我们可能会得到某个特定领域中更为准确的名词化应用态势或趋势。不过，受材料来源、语料量以及量化手段等因素制约，要想得到绝对精确的量化数据较为困难。

第八章 名词化与动词化的关联

8.1 引 言

为了更好地理解名词化现象,我们有必要认知动词化(verbalization),因为动词化与名词化刚好相反,但又相互依存。为此,我们从名词转动词、名动互含、名词化与动词化整合机制等方面考察,以探明名词化与动词化的异同点。

8.2 名词转动词

8.2.1 名词转动词的特点

Plag(2002)认为名词用作动词,即名词动用,是形态/词汇层面上的过程,因为名词本身必须满足一定的条件才能够被用作动词,而这样的限制条件主要与词汇规则有关。名词动用常与词项空白(lexical gap)有关,且表现出个体句法义(idiosyntactic meaning),同类词一般不能够这样使用。

国内学者也有类似研究,如王冬梅(2001)认为名词动化本质上是一种概念转喻,由部分转指整体的概念转喻机制生成。牛保义(2002)认为它是一种新颖简约的信息强化手段,强化名词转动词的动作语义信息,同时弱化或隐化其受事名词的语义信息。周领顺(2003)将其视为脱离语法常规的变异。何星(2006)则认为,某一特质的域激活和隐喻来源域的转喻扩展共同建构名词动用的隐喻用法。

根据周领顺(2001)的研究,英语中的名转动大致有以下主要特点:① 因修辞而存在,既有修辞意识,也有修辞效果的,如 to *elbow*(推挤)、to *thumb*(用拇指拨弄);② 词性石化,如莎士比亚作品中的 friend 动词词性石化了,只存名词词性,动词词性现仅用于诗歌中;③ 因词汇先占而使语义分化,如莎士比亚作品中的 foot(踢)被 kick 先占,语义分化为"在……上走"和"结账",转义的如 to *bottle*(用瓶装→用瓶击打);④ 有修辞意识,但效果不明显,如 head for→leave for→make for 和 seat→accomodate→hold;⑤ 虽已名转动,但尚未大众化,如 to *fire*(开火/发射)、to *OK*(同意);⑥ 弥补词汇缺项,如 to *lock*(锁上);⑦ 新创名转动,因尚存歧义而未被广泛使用,如 to *teapot* the policeman(用茶壶给警察倒茶);⑧ 因新潮而创,但尚未被词典收录,如 to *Watergate*(像水门事件那样窃听);⑨ 从产生时就具有两种恒定词性,如 clone(克隆物) — to *clone*(克隆复制)。

周领顺(2001)还认为,从名词到动词的转化过程中有的已完成转化(如 house — to *house*),有的尚处于过渡状态。这在词汇使用的连续统中看得很明白,如 wolf 的名词喻义为"残暴的人、阴险狡猾的人、贪婪的人、追逐女性的人、色鬼",但只衍生出一个动词义"贪婪地吃",所以 to *wolf* the food 可以接受,to *wolf* a woman 还不可接受。为此,Clark & Clark(1979)认为新创名转动和定型的名转动(well-established verb)分处于一个连续统的两端,之间并没有明确的分界线。

那么,汉语中的名转动情况如何呢?竞成(1985)认为从汉语发展史角度看:一方面有不少名词过去可用作动词,现在不可以了,如古代汉语的"农、侯、田、雨、友、县"等;另一方面又新出现了一批名做动用的现象,如"宝贝、痴心、电疗、代表、恶作剧、废话、意味、关系、规划、麻醉、伤风、平方、哑巴、风光、排场"等。与古汉语相比,现代汉语里名词一般都只用作普通的及物或不及物动词,而使动和意动用法则很少。不过,名词一旦活用为动词后,常常表现出自己的语法特点,与普通动词不同:① 某些动词后必须带补语,如"霸→霸住、拳→拳起、猫→猫下";② 动词的时态表示法不完整,如"仗"用作动词时,一般说"仗着",很少说或不说"仗了、仗过";③ 某些动词后必须跟介宾结构,如"痴心于、来源于、忠于、源于、醉心于、作用于";④ 动词的宾语也有一定限制,如用作动词时,"梗"的宾语只能是"脖子","圆"的宾语只能是"梦","步"的宾语只能是"后尘","坑"的宾语只能是人名,"板"的宾语只能是"脸","将"的宾语只能是"军"。

汉语里从名词转换来的动词有些可及物,有些不可及物:① 做及物动词,后跟宾语,或用"把"字将宾语提前,如"咽、罪、伴、帮、表、步、掌、意味、赋、铁、光、仗、圆、猫、片、谱、铺、光、刃、题、文、硝、欢宴";② 只能做不及物动词,后面不可跟宾语,如"电疗、恶作剧、隔膜、哑巴、风、光、病、伤风、感冒、将军、结巴、言语"。为何许多名词发展到今天已不像古汉语那样活用为动词呢?这与汉语词汇的双音节化和句法的复杂化有直接关系;也就是说,当一个词单音节时可做动词,而做名词时一般要双音节或多音节。这说明名词的多音节化趋向比动词显著,如"将:勇将、猛将、将了他一军;络:橘络、丝瓜络、头上络个发网;极:南极、阳极、极力、物极必反;颠:山颠、塔颠、车颠得厉害;费:水费、医药费、费了不少心血"。这些特点都离不开具体的语言和语用环境,否则,难以实现有效的名动转换。

8.2.2 名词转动词的类型

一般来说,名词动词化后具有动词的一些重要语法特征,如时、体、态等。同时,由于名词转来的动词内涵丰富、外延具象、表征经济省力,因而具有较强的表征力和特有的具象交际效果,可使言语表征易于准确理解与把握。与前面所涉名词化相比,名转动现象相当普遍。以英语为例,名转动就特别丰富多样。英语中表人体部位的常见名词就有几十个,如:brain(脑)、head(头)、face(脸)、cheek(面颊)、eye(眼)、eyeball(眼球)、eyelash(睫毛)、eyelid(眼皮)、eyebrow(眉毛)、ear(耳)、nose(鼻)、beard(胡须)、moustache(小胡子)、mouth(嘴)、lip(嘴唇)、tougue(舌头)、tooth(牙齿)、throat(喉咙)、neck(脖子)、arm(手臂)、hand(手)、palm(手掌)、finger(手指)、fingerprint(手印)、thumb(拇指)、elbow(肘部)、skin(皮肤)、vein(血管)、bone(骨头)、heart(心脏)、breast(乳房)、flesh(肉体)、

stomach(胃)、shoulder(肩膀)、rib(肋骨)、blood(血)、body(身体)、limb(肢)、hip(臀部)、leg(腿)、skin(皮肤)、knee(膝盖)、ankle(踝关节)、foot(脚)、heel(脚后跟)、tiptoe(脚尖)等,其中经常转为动词用的就有 head、face、eye、nose、hand、thumb、elbow、skin、back、shoulder、knee、tiptoe 等(周领顺,2001)。根据陆锦林(1981)的研究,从语义方面看英汉名转动现象可归为如下几类:

(ⅰ)以原名词所指事物作为工具或物质手段从事某种活动,如 comb→to *comb* one's hair(梳头)、lock→to *lock* the door(锁门)等。汉语中也有此类性质的转化,如"走时请把门**锁**上""把这些肉**冰**起来"。

(ⅱ)将身体部位作为完成动作的手段。有些这样转化而成的动词词义与原名词接近,比较形象具体,如 face、hand、elbow 等;有些体现原名词的某些抽象属性,因而与原名词语义相差甚远,如 the *head* the delegation(率领代表团)、to *back* your just struggle(支持你的正义斗争)等。但这种现象在汉语中较少见,如"看远些,别这么**近视眼**!""他每天**背**一首诗"。

(ⅲ)实施原名词所指人或物特有的行为,含有"充当、像……那样行动"等意义,如 mother→to *mother* an orphan(照看一个孤儿)、father→to *father* a plan(主持一个计划)、pilot→to *pilot* a ship(驾驶一条船)、referee→to *referee* a match(担任一次比赛的裁判)等。汉语中这类转化并不普遍,如"此人横行乡里,**鱼肉**百姓""这真是十年**树**人啊!"。

(ⅳ)表示为某人或某物提供原名词所表示的东西,如 oil→to *oil* a machine(给一台机器加油)、manure→to *manure* the fields(给农田施肥)等。汉语中也有类似转化,如"她回家**奶**孩子去了""语法被**定义**为研究词的变化规则和用词造句规则的科学"等。

(ⅴ)进入原名词所指的状态,如 cash→to *cash* the cheque(兑现支票)、group→to *group* the data(给数据分组)等。汉语中的"请**规矩**一点,好吗?"也是同类转化。

(ⅵ)做与原名词相关的动作,如 to *lunch*(吃午饭)、to *sun* oneself(晒太阳)、to *summer*(度夏)等。汉语中这类转化相当普遍,如"别**废话**!这些人饱**食**终日,无所**事**事""那些孩子忽**东**忽**西**,忽**南**忽**北**,跑个不停"。

英语中以下几种名转动现象在汉语中不多见:

（ⅰ）用原名词所指的交通工具或通勤手段来表征采用这些方式或手段实施的出行或传送行为，如"I am a day student, I *bicycled* to school every morning." "Shall we *foot* it or *bicycle* it?"

（ⅱ）去掉原名词所指的东西，如 core→to *core* a pear（挖梨）、husk→to *husk* rice（淘米）。

（ⅲ）把某人或某物放在或记入原名词所表示的东西里，如 can→to *can* fish（把鱼装罐保存）、list→to *list* sb's name（把某人列入名单）。

（ⅳ）有些英语缩写名词也可暂时活用成动词，但从语义角度看它们不构成独立类。

也就是说，原名词所指事物的所有特征在转换为动词时一并带入，使转化成的动词的表征内容具体、生动，具有可感性。但注意：只有指具体事物的名词转化为动词时才会这样；指抽象事物的名词转化为动词时，不具备原名词的语义特征。张鑫友（2004:40—43）对此做了更为细致的分类考察：

（ⅰ）人的身份或职位名词转化为这类人的典型行为动词。例如：

(498) The nurses are *nursing* their patients carefully.

(499) You are quick at *spying* her faults.

（ⅱ）动物名词转化为具有该动物习性特点的行为动词。例如：

(500) Spies were *dogging* his steps then.

(501) A long wagon train was *snaking* its way along the slope.

（ⅲ）生物器官名词转化为利用其才能实施的动作动词。例如：

(502) Somebody *tiptoed* through the yard.

(503) Our armed forces are *rooted* in the masses.

（ⅳ）生活用品和具体物件名词转化为借助其实施的动作动词。例如：

(504) He grinned as he *pocketed* the coin.

(505) He hurriedly *penciled* the time on it.

（ⅴ）交通、通信工具或其组件名词转化为借助其实施的动作名词。例如：

(506) Please *wheel* the rubbish out to the dump.

(507) They are *trucking* to the town.

(ⅵ) 自然现象名词转化为具备其性质或特征的动作动词。例如:

(508) Little fishing boats began *winding* their conches.

(509) He jumped into his clothes and *stormed* over to the office.

(ⅶ) 地点或处所名词转化为相应的活动动词。例如:

(510) I hope we can *room* together.

(511) We decided to *dam* the river.

(ⅷ) 时间或季节名词转化为度过这段时间之行为动词。例如:

(512) We *summered* at Qingdao.

(513) Fifteen minutes before, having picked up the last of its 34 *weekending* passengers, the bus had been heading back to the Seranton school.

不过,西方学者对动词化的分类还没完全统一起来,都按自己的研究目的或意图进行分类,如表 50、表 51 和表 52 所示:

表 50　Clark & Clark(1979) 的英语动词化语义分类

Class	Meaning	N Class	Examples
Locatum	"cause it to come about that something has N on/in it"	Coverings: Temporary	*blanket* the bed, *bedspread* the bed, *slipcover* the cushion, *carpet* the floor, *newspaper* the shelves
		Permanent Solid	*roof* the house, *cobblestone* the road, *tarmac* the road, *gravel* the driveway, *pad* the cell, *panel* the room
		Fuels	*gas* the car, *Quaker State* the car [ad], *fuel* the 747, *coal* the ship, *fire* the kiln
		Viscous	*marmalade* the toast, *butter* the bread

续 表

Class	Meaning	N Class	Examples
Location	"cause it to come about that something is in/on N"	Storage Places	*ground* the planes, *beach* the boats, *land* the boat, *bench* the players, *doormat* the boots, *shelve* the books, *spool* the thread, *rack* the plates
		Strings	*string* the beads, *spit* the chicken, *skewer* the meat, *tender* the balloon, *leash* the dog
		Habitat	*headquarter* the troops, *bivouac* the soldiers, *lodge* the guests, *bed* the stones in mortar
		Containers	*pot* the begonias, *can* the fruit, *tin* the peaches, *jug* the hare, *creel* the trout, *sack* the potatoes
Agent	"do the act that one would normally expect N to do"	Occupations	*butcher* the cow, *jockey* the horse, *referee* the game, *umpire* the match, *nurse* the patient, *doctor* the victim, *nursemaid* the baby, *tutor* the boys, *valet* the squire, soldier, maid, butler, clown
		Special Roles	*monitor* an exam, *referee* the game, *champion* the cause, *partner* the host, *usher* the people to their seats, *flunkey* for someone, soprano, fool around
Goal	"cause it to come about that something is N"	Human Roles	*fool* the man, *orphan* the children, *baby* the student, *knight* Gawain, *sucker* the public
		Groups	*group* the actors, *pod* the seals, *regiment* the crowd, *parade* the troops, *line up* the class, *sequence* the lessons, *array* the jewelry

Class	Meaning	N Class	Examples
Miscellaneous		Meals	lunch, luncheon, breakfast, brunch, snack, cheeseburger, supper, picnic, banquet, feast (somewhere on something), nightcap, liquor, grub, nosh
		Parts	His ball *lipped* the cup (failed to go in, golf), the shot *rimmed* off the basket (basketball), *wing* the bird, *kneecap* the businessman, *rim* the glass with salt, *bean* the catcher (baseball)

表51　Quirk et al. (1985) 的英语动词化语义分类

Meaning	Examples
"To put in/on N"	bottle, carpet, corner, catalogue, floor, garage, position, shelve
"To give N, to provide with N"	butter, coat, commission, grease, mask, muzzle, oil, plaster
"To deprive of N"	core, gut, peel, skin, top-and-tail
"To … with N" ("to use the referent of the noun as an instrument for whatever activity is particularly associated with it")	brake, elbow, fiddle, hand, finger, glue, knife
"To be/act as N with respect to …"	chaperon, father, nurse, parrot, pilot, referee
"To make/change … into N"	cash, cripple, group
"To send/go by N"	mail, ship, telegraph, bicycle, boat, canoe, motor

表52　Plag (1999) 的英语动词化语义分类

Class	Clark and Clark (1979) Class	Meaning	Examples
locative	location	"put (in) to X"	jail
ornative	locatum	"provide with X"	staff

续 表

Class	Clark and Clark (1979) Class	Meaning	Examples
resultative	goal	"make into X"	bundle
performative	—	"perform X"	counterattack
similative	agent	"act like X"	chauffeur, pelican
instrumental	instrument	"use X"	hammer
privative	locatum	"remove X"	bark
stative	experiencer/agent	"be X"	hostess

8.2.3 名词转动词的功能

名转动具有与众不同的一些特殊功能,正如刘正光(2000)所言:名词在转换为动词的过程中由静态、指称义变为了动态、性质、描写义,也就是放弃其理性义,利用附加其上的深层内在语义特征;这种特征由名词所称谓的人或事物的性质、特点决定,说话人以名词概念义作为交际的前提,以内涵义作为交际功能的承担者,从而达到交际目的。这种语义功能的变化具体体现在:

(ⅰ)所指转为描述。当语言以最直接、最合适的方式映射经验世界时,名词一般指称事物,动词描述状态与过程,形容词表达事物特征,副词表达过程特征,而介词则表达事物间的关系(Goatly,1997)。由于名词所称谓的人或客观事物往往具有各种不同的特征或标志,这些特征的客观现实性在一定语言环境中有可能传递更多语义信息而使名词具有动态性质。

(ⅱ)转换中意义具体化名词将某一领域的指称转为另一领域的描绘。这必然引起词义的扩展或具体化。具体化在词义扩展过程中起着十分重要的作用,体现了思维从抽象到具体的结果,即一种具象性和实体性。两个领域之间通过联想所揭示的焦点或思维意象主要集中在相似点上,具体化取其一点引申开来。

(ⅲ)转换中的物相化。使用名词表达一个动词短语传达的事件,就是将一个概念性行为转而体现为一个具有某一特定物质形态的、清晰可见且形象的动作。

（iv）转换中的映射与类比。从认知角度看,名转动是隐喻思维的一种方式,即在不同事物间创造出相似性,从而把它们关联起来。在很多情况下名转动是通过联想达到此目的的,因为人类在认识世界时总喜欢把它比作一个空间,其他活动和事物则在这个空间中进行或存在。例如：

(514) The building was a visual delight with its entrance *prefaced* by pools and fountains and water plants.

(515) Julia *islanded* him from the rest.

(516) He or she may be a worrier, who *bottles* up problems so that tensions increase.

除了上述语义功能变化外,名转动时还会有语法功能转化（从名词到动词的词性变化）和语体功能转换,即从严肃、正式的书面体演变为随意的口语体,因为口语体中动词所占比重较高,体现生活化特色。从信息功能角度看,名转动时所含信息存在一定程度的降低或减少,因为动作很大程度上是名词的附属物。

8.3 名动互含

动词的词汇语义范畴在世界上几乎所有语言中都存在,也得到了认可,那就是认知语言学家 Langacker(1991b)所提出的：动词体现一种有限时间过程的"过程扫描",表现一种动态关系。Givón(1979a)和 Hopper & Thompson(1984,1985)也提到动词缺乏"时间稳定性"(time-stability)。而名词则似乎刚好相反,英语的名词 noun 源于希腊语 Πnoma,根据传统定义,是表示人、事物或概念的名称（哈特曼、斯托克,1981/1984：235）。Langacker(1991b)将其界定为某语域内事件的侧面突显(profile),Croft(1996)认为名词为事物与指称之和。在语言的各大词类中,名词和动词之间的差异恐怕最大,但它们之间仍有不少中间语法范畴。当名词表现其最基本的典型三维空间意义时,其功能是稳定的;当它丧失明显的空间意义或具有了一定的时间意义时,就可能发生功能游移现象,即从名词变为其他词类,如形容词、动词等。不过,这种游移有"度"的差异,即名词→非谓形容词→形容词→不及物动词→及物动词(张伯江、方梅,1996/2001:209)。从语法角度看,名词的空间特征最强,及物动词的时间特征最强,中间的是过渡。靠近名词的空间性强一点,靠近动词的时间性强一点。空间特点可用名量词来测量,时间特点则可见于时、体、态对时间延续性的量度。由于交际需要,功能会发生游移,词类与功能往往出现交叉对应现象,如图42所示(粗线表主要功能,细线表次要功能,虚线表局部功能):

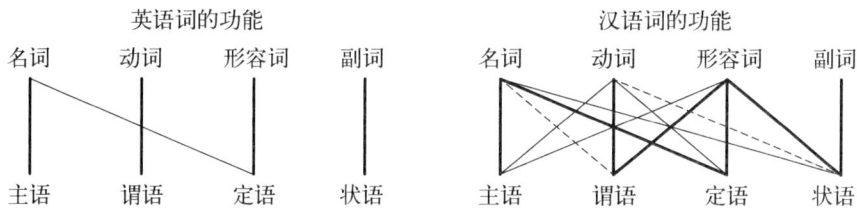

图42 英汉词类与功能比较(黄伯荣、廖序东,1991/2002:56)

英语的功能游移相对于汉语较少。汉语在名、动、形之间的游移较多。另外,还有一些非典型转换,在英语中我们也会偶尔碰到。例如(张韵斐,1987:100—101):

(517) Tom went *home* early. (n. → adv.)

(518) I will take a *through* train. (prep. → adj.)

(519) My father was the *then* president. (adv. → adj.)

(520) He knows all the *ins* and *outs* of the whole business. (adv. → n.)

为何会出现功能游移呢?从语音角度看,英语中双音节名词和动词的区别在于重音,名词一般重读第一个音节,构成扬抑格模式(trochaic pattern),而动词一般重读第二个音节,构成抑扬格模式(iambic pattern)。根据Kelly(1988)的实证研究,当人们遇到双音节时,只要是扬抑格模式,就当名词处理,只要是抑扬格模式,就当动词处理。这说明语音模式会影响语法类别的使用。

另外,根据高芳、徐盛桓(2000a)和徐盛桓(2001)的研究,从语义上看,名词的语义内容含有表动作的语义成分,同时动词的语义内容也含有表事物的语义成分。名动转用正是有赖于名词和动词中包含的对方的语义成分,即"名动互含"。也就是说,某一类动作会以某一类事物为其"对象",那么表这一类动作的动词就会含有以某一类事物为"对象"这一语义成分;反之,这类事物名词也含有表这一类动作的语义成分。不过,同类事物对不同动作的依存度不一样,有的密切,有的疏远。一般来说,依存度大的转换可能性更大,如人们提到"花",可能首先想到"赏花、栽花、摘花",然后可能想到"买花、卖花、送花",再后才会想到其他。不同类事物对同一动作的依存度也不一样,这方面的例子太多,不再列举。从哲学高度来看,物质的确离不开运动,运动也离不开物质。也就是说,世界上不存在没有物质的运动,也不存在没有运动的物质。物质与运动之间的依附度只是量的差异,而非质的区别:有的可能运动量大一些,有的可能物质性更强一些。

8.4 名词化与动词化的整合机制

根据 Collins & Loftus(1975)的"语义表征激活扩散网络"思想,一个语义模型的运作就如同一个大电网,一旦某个概念被激活,其效应就会像电流一样迅速扩散到毗邻的概念,然后从毗邻的概念进一步扩散到下一级概念体系中,然而电流的强度则随着扩散的进行而逐渐减弱。这只是粗略交代了激活的路径,但这种激活扩散效应的度究竟如何,不得而知。根据 Ariel(1990)的研究,激活度与可及性(accessibility)密切相关,可及性分三个等级:低可及性、中可级性和高可及性。一般来说,低可及性实体在大脑的记忆中难以提取,而高可及性的实体则非常易于从大脑中提取。比如通过输入刺激,RED 概念被激活,与此相关的节点概念,如 FIRE、SUN、SUNRISE、ORANGE、FLAG 等会在不同程度上被激活。第二次激活,FIRE 可能激活 CLOUD,但如果第三次激活,RED 与 CLOUD 之间的关联就会显得非常松散。

那可及性的理据又是什么呢？我们认为是徐盛桓（2002）提出的"常规关系"。他认为：

> 从本体论来说，常规关系是事物自身的关系，为语言的表达所利用；从话语的理解特别是含意推导来说，常规关系被提炼为"常规范型"（stereotype），在话语中体现为含意或称隐性表述（implicit expression）的具体内容，对语句的显性表述（explicit expression）作出阐释或补足，使话语得以理解为相对完备的表达，达至交际的理解；从认识论来说，常规关系是社会群体以关系来把握世界的认知方式的存在形式和传播媒介；从方法论来说，常规关系作为认知世界的一种方式方法，是对人认识事物的具体方法的反思后形成的一种思维方法，成为自觉或不自觉的认识事物的一种视角、一种图式、一种框架、一种模型。

正是这种"常规关系"为"激活扩散"和"可及性"提供了现实、可操作的认知经验基础。比如，我们日常生活中遇到的很多事情/事件，都跟动作和物体有关。以"移动"这个动作为中心，我们就会发现很多相关的物体：① 低级动物，如马、狗、猫、兔；② 高级动物，如长跑运动员、足球运动员；③ 交通工具，如客车、拖拉机、自行车、赛车；④ 气候，如乌云、飓风、云雾、太阳、月亮。以"货车"这个物体概念为中心，我们又会发现与此相应的动作或活动：① 运输，如发动、转弯、上坡、下坡、换挡、加油、到达；② 装载，如装、卸、搬等等。也就是说，任何物体都有与此相应的活动或动作，不可能只见物体，而不见它的运动（含显性和隐性两种），或只见活动或运动，而不见其载体，因为我们的大脑一旦提取某物体，自然会激活其相应的活动或存在形式。也正是这种物体与动作的常规关联为语言中的名动转换提供了客观现实基础（刘国辉，2005b）。

至于名词化与动词化是如何产生的？我们认为是名词与动词进行语法、语义整合的结果。根据 Fauconnier（1994）和 Fauconnier & Turner（1998）的研究，从心理空间发展而来的概念整合（conceptual integration）框架具有较强的理论阐释力，它强调将不同认知域的框架整合起来，而这个整合又涉及两个不同认知域的输入空间，即一个共享共存空间和一个整合生成空间。名词化与动词化的语法、语义具体整合过程如图43所示

（"──▶"表投射关系，"◀---▶"表虚拟关系）：

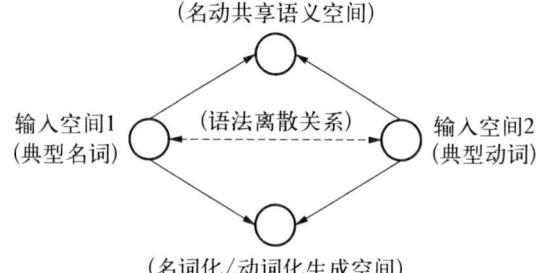

图43　名词化与动词化的语法、语义整合

首先，从语法形态结构看，典型名词与典型动词似乎没有多大联系，因此它们相互之间用虚线连接，表示两个输入空间关系松散。然而，在语义上它们却可以共享一个空间，即名动共存语义空间，在这里谁也离不开谁，相互依存。但只有应特定语境空间（如文本语境或非文本语境）、语篇结构布局或作者交际意图之需，它们之间才可能发生转换，生成相应的形态结构，以实现特定交际功能。也就是说，名词化或动词化不是任意的，而是应主客观环境的要求才得以产生，并引起相关结构的系统性动态变化，从而使整个语篇结构出现适应性调整。以动词化为例，名词的动词化实际上就是语法范畴失去指称意义从而获得动作意义的过程。朱德熙（1983）也指出："语言的基本形式是指称和陈述，而指称形式在语法上的对应体是句子中的体词成分，陈述形式（在语法上的对应体）是谓词成分。"他进而指出指称可以转化，而促使转化的机制则是"语义成分提取"。为何是"语义成分提取"？朱德熙没有给予正面回答，我们认为是认知语言学所涉的范畴化，因为它是人类最重要的认知能力之一，如果没有这种范畴化能力，我们就根本不可能在外界或社会生活以及精神生活中发挥作用（Lakoff, 1987）。而范畴化首先从基本范畴开始，向上有上位范畴（super-category），向下有次范畴（subcategory）、次次范畴（sub-subcategory）。为什么会这样？主要是因为基本范畴是自然、社会最直接、最相关、最易感知的范畴，人们可以借以向上进行抽象理解，向下获取新知识，来充实或修正基本范畴概念的内涵。

　　名词化与动词化从基本内涵看，刚好相反。名词化强调从其他词类，特别是从动词和形容词变为名词的过程，其结果是将动作过程或性状等进行"物化、固化"或"静态化"处理。这样似乎可以达到：① 便于抽象信息处理,减少人为主观性、显得简洁；② 掩饰作者交际意图；③ 适应语篇功能变体；④ 便于语篇内部之间的过渡或衔接。不过,名词化也存在一些不足,其中的一个主要原因是名词化手段转换而来的词多为抽象名词,使语篇信息密度增大,语义关系不明,加大了理解难度,易出现歧义甚至误解。因此,一些语法学家,如 Strunk & White(1972,1979),认为应尽量避免名词化。而动词化的一个最基本的认知语义功能就是标记性、陌生化语法、语义功能。为什么会有这种现象呢？众所周知,语言文字是人类大脑用来记载客观存在或客观事物的一种符号,但语言符号是有限的,而表征的内容是无限的,这样表征的方式自然会多样化。总体来说,有两种最基本的选择：平实化规则(即非标记性)和陌生化规则(即标记性),前者是一种静态表征,而后者则更多是一种动态表征,具有暂时的具象性动感效果,如下面(521)中的 fish、(522)中的 mother、(523)中的"雷锋"和(524)中的"绅士"。

(521) Don't *fish* in the troubled water.
(522) The investigation *mothered* the baby on her.
(523) 别雷锋了！
(524) 绅士一点,好吗？

我们从词汇层面看看这种机制的具体运作情况,也可略知全貌。Langacker(1991a)认为范畴化按经验域(简单和复杂)来组构,比如名词主要通过空间来显示,而动词则主要通过时间来展示。请见下面图44,(a)的时间没有表征出来,而(b)则通过箭头把时间表征出来(tr = trajector,lm = landmark)：

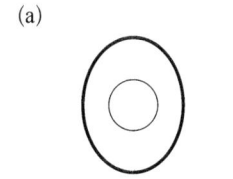
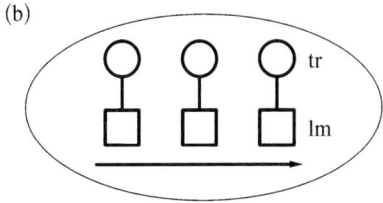

图44　名词与动词的认知比较(**Langacker, 1991a**)

名词突显事情或物体,而动词则突显关联或两个甚至更多事物之间的时间性。由于动词是关系概念,所以它被看作主要的射体(trajector),相对于次要的地标(landmark)而运作;动词还被看作一般认知图形-背景下的第二个重要突显(Inglis, 2004)。动词进而被描绘成分布在连续时间链上的系列静态关系,如图 44(b)所示,行为观察的概念者因而需要以序列的方式来扫描构成成分的状态,这就是序列扫描(sequential scanning),也是动词概念通过时间扫描的认知过程。而名词则刚好相反,采取整体扫描(summary scanning)或格式塔扫描(gestalt scanning)。认知语法中一个符号复杂的表征(构式)通常被描述成符号结构的组构,其中的成分结构如图 45 所示(tr = trajector, lm = landmark):(a)和(b)整合成为一个复合结构(c)。注意,这种复合结构不是其构成成分的简单相加,而是形成一个有机完形结构。成分结构主要是个体的语义概念重叠整合的产物,如图 45 中(a)是两个构成成分之一,是动词(如 write、dance 等),而第二个构成成分(b)是名词化标记。虽然(b)是语法标记,但它也具有概念内容。在此名词概念被突显,是相对于背景地标的射体。正因为这种突显仅限于某个方面而非整体关系,如图 45(a)所示,所以名词化标记成为一个抽象的名词概念。当然,图 45(a)和(b)有重叠的语义部分。也就是说,射体与地标相互依存,谁也离不开谁。

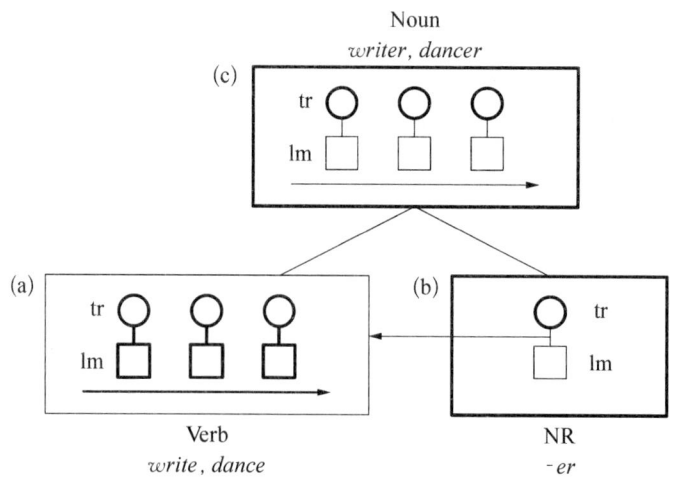

图 45　名词化的建构过程(Inglis, 2004)

正是这种关系使构成成分的复合成为可能,复合体(c)包含了前面两个构成成分的所有语义内容,这样整个结构突显并依存了构成成分的某些方面。具体到图45,复合结构(c)继承了名词化标记(b)的突显,因此复合的结果是名词而非动词概念。然而,偶性名词化是一种较复杂的名词化类型,其概念过程与图45有所不同,见图46(tr = trajector, lm = landmark):

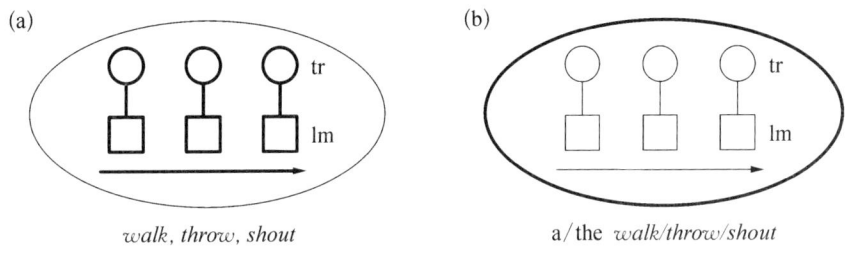

walk, throw, shout　　　　　　　　　　a/the walk/throw/shout

图46　名词化过程的序列扫描与整体扫描(Inglis, 2004)

图46的简单名词化(即零派生名词化)被分析为名词,其过程中的主要图形是整体扫描,动词概念和派生名词概念之间没有语义内容增添,从理论上看只启动了序列潜在意义的中心语义。

(a) 完全动词	(b) 偶性名词化
(525) He will *walk* to the market.	He will go for *a walk* to the market.
He will *throw* the ball to first base.	He will make *a throw* to first base.
He will *shout* the signal to the players.	He will give *a shout* to the players.

分析偶性名词化要区分序列扫描和整体扫描,因为这种名词化中的过程概念不能再当成过程,而是要视为单一情节或整体。概念的变化在于过程中所突显的相互联系已被视为一个整体,而非时间性的序列扫描。换言之,概念化过程中出现的序列扫描已变为名词概念化的整体扫描。图(46)中(a)的每一个体的状态都对过程有所贡献,因为它们是通过时间序列来扫描的,而(b)则不同:同一个过程按一个完形或整体进行扫描,即个体的不同状态不是按时间分别扫描,而是将

建构在动词基础之上的复杂名词作为单一个体进行整体扫描。Langacker(1991b:24—25)进而分析了英语中简单的和情节性的名词化和动词化,并讨论了这两个过程中的语义直觉建构,认为语义单位就是说话人通过固化所掌握的结构,它们是言语社区习惯化的语言单位。请看图47:

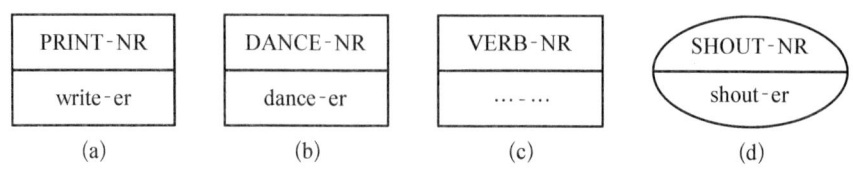

图 47　名词化图式化与扩散过程(Inglis,2004)

图47中(a)和(b)来自语言应用,对英语本族语者来说很普遍。作为英语的习惯性单位,这些表征方式已经固化了。而(c)则是一个较抽象的语法构式,它是建构在前两个表征基础之上的。认知语法认为,像这些名词化形式(如writer、dancer)那样可以像简单的动词那样固化起来。也就是说,语言使用者通过使用可以形成一个习惯——将复杂单位当成简单的单位使用。这种复杂单位像简单单位那样自动化,这两种单位在语境中都可使用。且语法构式 VERB-NR 作为构式图式(construction schema),可以在更抽象的语言层面使用,以延伸和容纳更多的词汇,如singer、painter、swimmer 等。这些固化的复杂单位使用时不需要额外的努力,这种构式图式在建构新用法时显得特别重要,比如上面图47(d)的shouter,shout作为动词,是 VERB-NR 构式图式的一个潜在目标。这种非同寻常或新奇的shouter可以用在某个特定语境中,比如人们看体育赛事时,其中有一个球迷突然大叫起来,另外的球迷可能说"Who is the shouter?"。这可能是动词shout名词化形式的一种奇怪而陌生的用法,但特定语境中它特别有用。这种使用可能是语言单位的一种非固化用法,因此用椭圆标记,以与前面区分开。这表明像shouter这样的词有一种潜在固化的能力,只要它在语言社区重复使用并扩散开来,最终会成为习惯用语,语言总是会经历这样一个"创新"扩张的过程。

英语某些名词的动词化过程与上面的偶性名词化相似,不过识解发生了变化,即识解从整体性名词扫描变为时间序列过程扫描,派生过程中

没有出现概念内容的增添。例如(Langacker,1991b:24—25):

名词	动词化
(526) salt	He will *salt* the food.
water	She will *water* the flowers.
glue	He will *glue* the two pieces together.

名词从概念上看是独立存在的,即人们可以将名词独立于行为。例如,一个男孩就是一个男孩而已,独立于其他相关概念。而动词则不同,从概念上看是依存性的,因为它们不能独立于它们所依存的事物而存在。例如,kick 不能脱离相应的生命体,而 explode 则不能没有相应的物体而发生。图48(a)不需要相应的联想物来帮助概念化处理就能理解,而(b)则需要额外的语义内容以帮助其概念化。也就是说,(b)意味着某些东西需要加盐、加水或黏合。认知在解读这种现象时认为需要增加语义内容,才能使其成立。为了使名词动词化,地标或射体都需要。

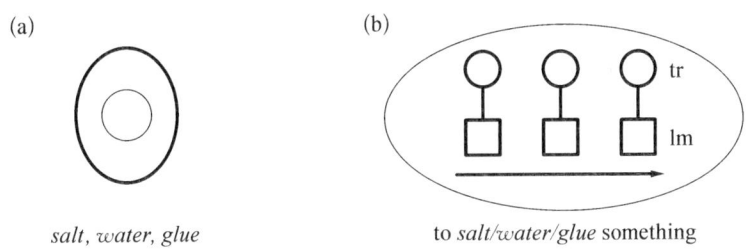

图48 名词的动词化过程(Langacker,1991b)

这些增添的语义内容意味着核心意义的变化。这些增添的概念内容从词典学上看应作为一个词的两个义项,但在实际应用中,则可作为同一词项的语义变化处理。

动词所体现的时间流是抓不住的,瞬间即逝。比如三个心理时间框架——一般过去时、过去进行时和现在完成时,是就说话时间来表征的三个不同时段所发生的事件 E1、E2、E3。E1 是过去某个时段所发生的事,只是一种回忆而已;E2 是过去某个特定时刻在发生的事,多少与说话时有一定关联;而 E3 则表征过去所发的事,但与说话时有密切关联,而且影响到说话时。同时,名词一旦成为动词,就必然带有动词的特征。Harley(1999,2005)认为这样的动词具有时间终结性,即有一个界

的问题。例如:

(527) a. John *saddled* the horse # for five minutes/in five minutes.
b. Sue *boxed* the computer # for five minutes/in five minutes.
c. Mom *blindfolded* a 6-year-old # for five minutes/in five minutes.

(528) a. Susan *watered* the garden # for an hour/in an hour.
b. Bill *greased* the chain # for five minutes/in five minutes.
c. Jill *painted* the wall # for an hour/in an hour.
d. Adelaide *buttered* the bread # for two minutes/in two minutes.

(529) a. The mare *foaled* # for five minutes/in five minutes.
b. Susan *drooled* # for five minutes/in five minutes.
c. The salmon *spawned* # for five minutes/in five minutes.

为此,Acquaviva(2009)认为像 to dance 这样的非作格动词,to saddle 这样的定位动词和 to shelf 这样的方位动词都各有一种结构:

(i) 名词转化而来的非作格动词做及物结构(即实施行为 N)

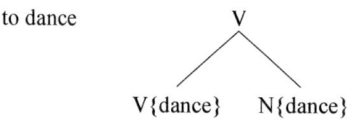

(ii) 名词转化而来的定位动词做带两个论元的结构(即 DP 与 N 同现)

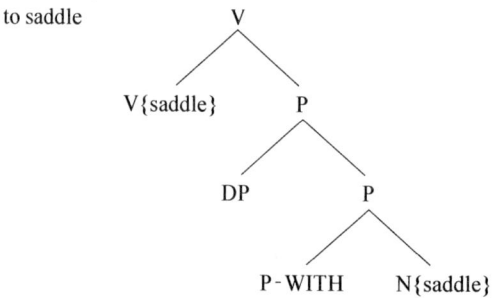

(iii) 名词转化而来的方位动词做带两个论元的结构(即 DP 在 N 范畴之内)

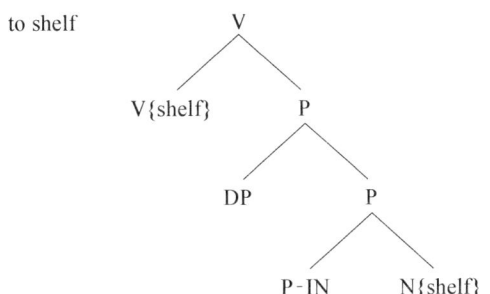

上面的大括号"{ }"是指动词的语音形式并非原来就出现于 N 范畴,而是在 V 范畴下 V 与 N 之间词汇选择的一种连通体现。为此,Kenneth & Keyser(2002,2005)修正了她们对 N 至 V 的中心语提升解读,认为这样的动词从名词转化而来,不是因为它们整合了一个实际名词,而是因为它们把 N 包含在其结构之中。Kiparsky(1997)特别提到致使定位动词和方位动词的典型使用限制:上面(ⅱ)(ⅲ)这些用法并不是说使 DP 与 N 同现或处于 N 范畴之内,而是基于意向和习惯功能整合了典型目的概念而已。下面定位动词和方位动词的语境就体现了这种功能目的之应用(这样偏离了词汇原义):

(530) a. She *saddled* the floor for a moment.
   (to saddle 即把一定重量的工具放到生物体上)

  b. The rain *watered* the spectators.
   (to water 即把水倒在生物体上)

(531) a. The mayor *jailed* the homeless for the night as emergency accommodation.
   (to jail 即把人抓进监狱作为一种司法惩罚手段)

  b. He had absent-mindedly *shelved* the screws and forgot where he'd put them.
   (to shelve 即把东西放到一个像架子的地方进行保存)

实际上,Aronoff(1980)早已指出这些由名词转化而来的零派生动词主要体现名词所涉的能力或功能,而不在于该名词的真实含义如何。比如,下面(532a)的 to nurse 植入了护士的能力概念,而(532b)接入了语境解读,to bottle 之义在此不再关注指称对象,而是突显特定语境中的使用。

(532) a. He *nurses* well (but he's not a nurse).

b. We were stoned and *bottled* by the spectators.

Aronoff 进一步指出,这种转化还可从名词语义内容与 good 的全能修饰整合中得到证实。例如:

(533) a. He's a *good nurse* (good at nursing).

b. a *good knife* (good for cutting)

c. a *good lash* (good for fastening, or for beating)

(533)中 good 语义的明显变化并不涉及词汇构成信息,因而上面这些用法不能归于某种词汇化问题,而是其中的名词包含了使用、目的和习惯活动等信息。这些信息远超名词的词汇意义,正是 good 作为修饰语所带来的影响。当然,转化还可从词汇组构方面得到证实。例如,形容词可与后面的名词组构成一种构式,其中名词概念的原义完全改变,整个构式产生了一种新物品。比如,plastic flower 中的 flower 不是人们所认知的自然界生长的物种,而是一种塑料物品。同样的例子还有(Katz & Pitt, 2000):

(534) a. kosher bacon (不是真 bacon)

b. stuffed animal (不是真 animal)

汉语也如此,我们不妨引用高航(2008b)的研究来说明名词动词化同样是需要一定条件的,特别是认知语义基础。根据他对汉语语料的统计分析,名词不同语义角色的动词化频率排前三位的是工具(45.7%)、产物(23.3%)和移动者(12.9%),如表53所示:

表53 汉语名词语义角色的动词化频率(高航,2008b)

语义角色	频率	比例
施事	12	4.9%
严格意义上的受事	5	2.0%
产物	57	23.3%
零角色	2	0.8%
移动者	31	12.9%
工具	112	45.7%

续 表

语义角色	频率	比例
地点	18	7.3%
源头	3	1.2%
路径	1	0.4%
目的地	4	1.6%
合计	245	100%

以工具类为例,由于工具在日常生活中使用非常普遍,有各种各样的用途,包括打击、切割、刺杀、生产、捕捉、固定、保护等。例如:

(535) 于水立刻**鞭**马从旁边冲过去。(打击类工具)

(536) 当时北桥河上游两岸为农田,下游两岸多鱼塘,每于台风或暴雨过后,河水上涨,常有渔民在河中**罾**鱼。(捕捉类工具)

(537) 船一靠码头,大家七手八脚**锚**好船,收拾一下就上岸了。(固定类工具)

汉语中决定一个工具能否转喻事件主要取决于三个因素:该工具的可操控程度、对受事的影响程度和与其他工具的相似程度。一个工具在这三个参数量度上的位置制约着它转喻事件的可能性:参数值越高,表示该工具的名词就越容易转类为动词。首先来看可操控程度。典型的工具相对人体而言尺寸较小、易操控,如锯、斧、刨等,而交通工具就不属于典型的工具,因为它们相对人来说是一个很大的实体或容器,难以任意操控。其他地点或容器名词也很难动词化,如"瓶、罐、橱、柜、箱、袋、缸、桶、港、斗、杯、筐、篮、臼、壶、兜、斛、瓮、瓢、勺、篓、盆、囊、煲、堂、坛、窝、锅、钵、钟"这一大堆名词中,只有"盆、囊、兜、钟"在古汉语中有动词用法,只有"兜、钟"在现代汉语中有动词用法,方言中"煲"也可用作动词。为什么这些表示容器的名词大都也难以动词化?这就涉及上面所说影响名转动的第二个因素,即工具对受事的影响程度。这些容器名词不会对受事产生显著影响。当我们把受事置入容器时,它除了位置并无其他变化。例如,我们把一本书放到箱子里或用瓢舀起一瓢水,书和水都无明显变化。容器名词难以转类为动词的第三个原因是它们彼此相似之处较多,因此它们所参与的事件自然也有不少共同点。人们会从各种容器所参与的事件中提取出一个概念图式,其意义是"将某个事物置于……中",然后通过表达式"放到……里"或"用……装起来"来编码这一概念。这一做法的优点在于能极大减少受话人认知处理的负担,但这种认知方式也让容器名词失去转为动词的必要。因此,即使某个容器名词最初能够转喻把事物放入它的过程,这样的动词用法也很少能在汉语中固定下来。

名转动这种概念转喻(conceptual metonymy)的认知机制就是通过概念映射来实现概念之间部分与整体的连通,从而更好地认知和理解另一个概念域。比如下面(538)中工具转喻为有关该工具的行为(instrument for the action involving that instrument)、(539)中行为对象转喻为该行为(object of motion for the motion)、(540)中行为目的地转喻为该行为(destination of the motion for the motion)(Martsa, 2012):

(538) a. *scooter/helicopter/stretcher/wheelbarrow/snowshoe/tanker* the oil to the US

b. *nail* the silk, *tack* the book, *staple* the button, *screw* the door, *paper-clip* the testing question, *rivet* Thomas, *wire* Tonney

c. *cement* all materials, *glue* this paper, *gum* the dress, *tape* the sound, *scotch-tape* the envelope, *cello-tape* my finger

d. *chain* the boy, *clamp* the pen, *handcuff* a slave, *fetter* a baby, *gag* a cat, *seat-belt* the dog

e. *bar* the entrance, *latch* Mary, *lock* a monkey, *padlock* an ox, *tether* a puppy, *cable* your brother, *anchor* the ship

f. *buckle* his belt, *clasp* his belt, *hook* her dress, *strap* on skis

g. *mop* the floor, *floor-sweeper* the carpet, *Hoover* the rug

h. *sponge* the window clean, *flannel* one's face, *steel-wool* the pan

i. *shampoo* his hair, *Vim* the bath, *Windex* the pain

j. *hammer* the nail, *club* the man over the head, *lance* the armour

k. *knife* the man, *bayonet* the enemy, *tomahawk* the settlers

  l. *bomb* the village, *torpedo* the ship, *shell* the fort

  m. *trap* the gopher, *bear-trap* the man, *lasso* the calf

(539) a. *blanket* the bed, *slipcover* the cushion, *camouflage* the tents

  b. *paper* the wall, *spray-paint* the door, *whitewash* the fence

  c. *roof* the house, *tarmac* the road, *forest* the land

  d. *marmalade* the toast, *grease* the pan, *cold-cream* one's face

  e. *powder* her nose, *talc* the baby, *sawdust* the floor

  f. *chrome* the knife, *silver* the dish, *tin* the tray

  g. *man* the ship, *people* the earth, *mob* the speaker

  h. *ice* over, *fog* up, *cloud* over

  i. *glove* her hands, *shawl* the child, *fig-leaf* the statue

  j. *saddle* the horse, *muzzle* the dog, *yoke* the oxen

  k. *date* the check, *zip-code* the letter, *licence-plate* the car

  l. *festoon* the room, *sequin* the dress, *tin-can* the wedding car

  m. *crown* the tooth, *bait* the hook, *feather* the hook

(540) a. *ground* the planes, *beach* the boat, *shelve* the books

  b. *string* the beads, *book* the flight, *inventory* the goods

  c. *screen* the movie, *map* the area, *curb* the dog

  d. *headquarter* the troops, *jail* the prisoner, *room* at the Waldorf

  e. *cellar* the wine, *garage* the car, *file-cabinet* the letters

  f. *pot* the begonias, *sack* the potato, *tin* the peaches

  g. *picture* the man, *film* the action, *photograph* the children

  h. *mine* the gold, *quarry* the gold, *pod* the peas

  i. *centre* the picture, *dock* the boat, *station* the troops

另外,概念之间还可通过隐喻(metaphor)手段来实现其相似性映射,从而实现不同词类之间的连通。例如(Martsa, 2012):

(541) a. The kids *beetled* off home.

   (People moving quickly are beetles.)

  b. The people were *cowed* by the execution of their leaders.

   (People who are scared into doing something are cows.)

c. The chairman *droned* on for hours.

(A person talking in a boring way and for a long time is a drone.)

人们会问为何会发生名转动现象？除了上面讨论的因素之外，从语言自身看，现代英语词尾变化的消失是其重要原因：名词的各种变化大为减少，只剩下单复数，这样它和动词之间相互转化就容易、方便多了。其次，名词和动词都数量多，它们之间不少形义基本相似，故相互转化更自由，特别是名词大多可以毫无拘束地转为动词用。第三，从社会角度看，科学技术的发展与进步催生了大量名词，这也为名词转为动词提供了重要的外部条件。例如，公元 1000 年出版的 Clark-Hall 古英语词典共收了 14 500 个词，其中动词占 30%，名词 46%，形容词 16%，副词 5.4%。但 1900 年出版的 *Collins' Graphic* 词典的总词汇量共 63 000 个，而动词只占 14%，名词增至 54%，形容词也增加到 25%。

语言系统内词性占比发生变化最重要的原因是，语言在很大程度上表达了人们对客观世界的认识，词的意义并非其本身所固有，而是与人自身的体验、认知角度及注意力的选择与突显相关。名词、动词等句法形式来自并反映不同的语义侧重或突显，体现意义的意象，是语义内容的重组和象征化。正是由于语言的意义植根于人类与客观世界互动的认知，语法则反映了人们感知的现实与语言符号之间的基本关系，所以人们观察和认识事物的方式决定了语言的形式。这样，名词、动词的划分自然也植根于语言使用者对客观世界的感知和理解，与人的认知识解能力息息相关，折射出人类对客观世界的认知过程和认知结果。

8.5　名词化与动词化的比较

名词化与动词化在语言学研究中是两个不容忽视的重要课题，已引起国内外学者的高度重视，并得到大量研究。动词化是一种比较活跃的构词法，20 世纪 70 年代以来这方面的研究成果出版了不少，如 Quirk et al. (1972,1985)、Clark & Clark(1979)、Kelly(1988)、Halliday(2000)、Ravid & Cahana-Amitay(2005)等。但与名词化研究相比,其研究深度和广度都大为逊色,国内这方面的研究更是如此,成果很少,如高芳、徐盛桓(2000a,2000b)和徐盛桓(2001),且多为古汉语研究,如张忠达(1995)、陈涛(1996)和杨雪丽(1999)等。因篇幅所限,在此主要比较名词化与动词化的认知语义基础及功能,以寻求两者的共性与个性。

名词化大体可分为两类:一类是不完全名词化,还保留着动词的身份,可携带副词、时态等,如 Tom's having danced;另一类则是完全名词化,不能携带副词、时态等,如 Tom's death,death 之前可加形容词进行修饰,如 Tom's painful death,但不能说 Tom's death painfully。不管是词汇层面还是句法层面的名词化,其表征形式的选择完全取决于语言结构整体布局或交际意图之需。一般来说,名词化主要源于实义动作动词,如 fall、attend、separate,而非虚义动词,如 have、be、seem。英语名词化的转换主要靠词汇手法,句法手段次之;汉语则主要靠句法手段来实现(刘国辉、陆建茹,2004),如"这本书的出版让她高兴"中的名词"出版"就是句位功能所致。

至于动词化现象,特别是名词动词化则是现代英语发展的一种新趋势。例如(张定兴,1998):

(542) Mary and Dick will *747* to Paris this evening for honeymoon.

(543) Susan *Christmas'd* at Harvard last year.

(544) Let's *chopstick* for dinner again.

动词化可能出现在任何文体中,但使用频率最高的莫过于新闻报道,特别是政治新闻和体育新闻(王威,1999)。现在人名、商标名、动植物名、地名、身体器官名、交通工具名、社会身份名以及科技术语名等名词都可直接用作动词,如 to radio、to sugar、to ballon、to fax、to X-ray、to bus、to taxi、to train、to ship、to coach、to truck 等(张定兴,1995)。不过,在具体使用时需注意两类情况:① 做动词,语义不变,如 to chair(主持)、to fish(钓鱼)、to visa(签证)、to doctor(行医)、to mother(关爱)等;② 做动词,语义改变,如 to paper(隐瞒)、to storm(愤然离去)、to crab(抱怨)、to collar(逮捕)和 to dress(掩饰)等。另外,还需注意动词化在此主要是指其他词类,特别是名词转换为动词的过程或现象,如 to water the flower(浇花)、to rain the heavy rain(下大雨)和 to head the team(带队),而不是把时间、因果、条件、让步等关系看作过程。例如(朱永生,2006):

(545) a. The strike took place last Monday. The party conference was held *at the same time*.

b. The strike was timed to *coincide* with the party conference.

(546) a. *Because* he was careless, a traffic accident occurred.

b. His carelessness *caused* a traffic accident.

(547) a. I felt he was wrong, *although* I didn't say so at the time.

b. My silence *didn't mean* that I felt he was right.

名词用作动词在古汉语中特别普遍,时间上从《左传》越往前这种现象越普遍。但名词用作动词不是随意的主观行为,它有语法结构限制。根据张忠达(1995)的研究,古汉语中名词用作动词主要受如下限制:

(ⅰ)副词后边的名词用作动词,主要是由于副词不能修饰名词而只能修饰动词的缘故。例如:

(548) 秦师遂**东**。(《左传·僖公三十二年》)

(ⅱ)能愿动词后边的名词用作动词,主要是由于能愿动词不能与名词结合,而只能与动词结合。例如:

(549) 寡人欲**相**甘茂,可乎?(《史记·甘茂传》)

(ⅲ)两个或三个名词连用,如果不是并列、修饰和判断关系,句子中又没有谓语动词,则前一个名词为动词。例如:

(550) 左右欲**刃**相如,相如张目叱之,左右皆靡。(《史记·廉颇蔺相如列传》)

不过,动词化的限制更多来自认知语义,正如郭焰坤(1994)所言,形式与内容相比,内容永远是第一位的,即便形式有一定的作用,但语义内容是本质的。古汉语名词的动词化主要体现在工具、身体器官、衣冠、方位、建筑物、身份、运动状态和动作对象等八个语义范畴上,也就是体现在与物质、运动密切相关的语言表征上。例如:

(551) 左右欲**刃**相如。(《史记·廉颇蔺相如列传》) (工具)

(552) 君其耳而未之目邪？(《韩非子·外储说上》)　(身体器官)

(553) 老父曰:"履我!"(《史记·留候世家》)　　　(衣冠)

现在可将名词化与动词化现象的认知语义及功能大致总结为：从共性认知语义来看，两种特殊语言现象都跟名词、动词相连，相互包含、相互依存、相互转化，存在一定的相互排斥性；从共性功能看，两者都具有特殊的语篇结构或交际功能，即实现原有名词或动词无法实现的特定标记性、陌生化语法、语义功能。两者的个体差异如表 54 所示：

表 54　名词化与动词化的差异比较

范　畴	名　词　化	动　词　化
语境及表征	一般要求文本语境和一些词缀添加；以动词为主，多为派生，但因语言而异，汉语中一般以零转换双音节较多。	大多要求有具体语境（含文本语境和交际语境），孤立判定其转换词性较难，如英语的 round，它可能是名词、动词、形容词或副词；以名词为主，一般不需词缀的添加，多为零转换。
整合方向及时效性	N←V 逆向，长时性、语体性、文本语篇性较强，多用于书面语。	N→V 顺向，临时性、交际语境性较强，多用于口语。
语法特征及功能	具备了一些名词特征，能做主语、宾语，一般有单复数变化。	具备了一些动词特征，能做谓语，一般有时、体、态要求。
语义特征及功能	静态物化义增强，时间义向空间义转化，指称功能显著，抽象性强。	动作过程义增强，空间义向时间义转化，事件描述功能增加，具象性效果好。
限制条件	一般以实义动作动词为主，如英语的 fall、rain、fly，轻动词难以名词化，如英语的 be、seem、have；汉语中多以双音节为主。	以人名、商标名、动植物名、地名、身体器官名、交通工具名等名动关联度大的具体名词为主，抽象名词一般较难动词化；汉语中多以单音节为主。

8.6　小　结

名词化的反向操作就是动词化，因为动词化之结果与名词化刚好相反,出现具象化,可使我们的表征更生动、更具可感性、更具生活气息。同时,我们还需注意,动词与名词形影不离,你中有我,我中有你,形成一种依存状态。

第九章 名词化的动态整合

9.1 引言

名词化现象是一个复杂的动态整合系统,不仅涉及词法、句法问题,还涉及语篇问题。也就是说,它不仅影响词和小句的组构与选择,还影响语篇的布局。为此,我们需要从名词化的三个不同维度来具体考察其整合状态,以明了其动态表现。

9.2 词汇层面的名词化

名词化在词汇层面的整合不可避免涉及词缀问题,特别是后缀,因为它带来词性的改变,这在西方语言中体现较为充分,英语中就是如此。不过,不同语言存在不同的构词方式。汉字形体的组合需要同时兼顾各组成部分之间左右、上下、内外、左中右、上中下等空间的配置关系,其偏旁部首和字根都是独立完整的字,本身没有形态特征,在不同方位做意符时又基本没有形体变化,只要能整合在一起就行,并不妨碍它们成字。例如"山",原形未变,却放在四个不同方位:在左,如"屿、嵋"等;在上,如"岑、嵩"等;在下,如"密、岱"等;在右,如"仙、汕"等。由于词缀(affix)或叫词的附加成分,在汉语里找不到对应的东西,因而从西方"拿来"的词缀是现代汉语中最小而争议最大的语法单位。也就是说,汉语与英语属于完全不同的两种语言,前者是象形文字,用偏旁部首构字,记形表义,而后者则是拼音文字,以词根加词缀构词,记音表义(张吉生,2000)。这样,以西方语言学理论来研究汉语词汇学,往往没有汉字偏旁部首的一席之地,因为词汇学研究的词素是词的构成成分,而汉语的词素是字,字下才是偏旁。也就是说,汉语中比字小的意义单位是偏旁,而偏旁是汉语构字的主要部件,其功能相当于英语中的词缀。英语的词缀和汉字的偏旁都是构词(字)的最活跃形式,都是最小的意义单位,从这个意义上看,它们是相似的。汉字的偏旁大多来自独体字,如"木"为"树",可做偏旁,与"树木"有关的字大都带"木",如"枝、杈、根、枫、柳、椅、棺"等。汉字的偏旁与英语的词缀所不同的是:偏旁多出自独体字,即自由语素;与此相反,英语词缀一般都是黏着语素。这样,汉语形象地用同一偏旁表示的同类字基本无法用英语的同一词缀来表达。例如:

(554) A. 都要用手的(扌):打、抢、抓、捉、摸

英语对应词:beat、rob、grab、catch

B. 都要用足的(足):踢、跑、跳、跨、踩

英语对应词:kick、run、jump、stride、tread

C. 都是昆虫类(虫):蚁、蚊、蛾、蛆、蝉

英语对应词:ant、mosquito、moth、maggot、cicada

关于这一点,Saussure(索绪尔,1980:47)早就提到,英语和汉语属于两种不同的文字体系,英语是表音文字,而汉语则是表意文字。布龙菲尔德(1980:360)称之为"表词文字"(word-writing)和"言词文字"(logographic writing)。具体来说,英语的 word 一般都可切分到词素(morpheme),而词素则是由字母组成的"最小音义单位"(张维友,2007b)。例如,globalization(全球化)可以分出 globe(球)和-al(形容词后

缀)、-ize(动词后缀,表示"……化")和-ation(名词后缀,表示"过程、范围、动作"等)。词素不可再分,否则就是毫无意义的字母。但汉语不是拼音文字,许多词由一个汉字构成,每个"字"都是"一体三相",即形、音、义结合体。字还可再分,分出的单位仍有音、有义。从语音上讲,汉语每个字都是一个音节(联绵字有两个音节),故称汉语是"音节文字"不无道理。然而,汉语语法分析把"字"称为"语素",避免用"字",主要原因是想与国际语言学理论接轨。印欧语的语言分析层级是"词—短语—小句—句子",而汉语的字是书写符号,是文字的产物,不是语言的单位,故把"字"改为"语素",使之成为语言单位。另一个原因是汉语的字可以直接用于构词,相当于英语里的词素,改用"语素"则避开了"字"与"词"的纠缠。但汉字是汉语的本体特征,在词汇研究中不能一笔勾销,而应作为一个研究层级。事实上,汉语学习历来首先是识字。尽管现在汉语有各类词典,但最古老、最传统的仍然是字典;即使在词典中,构词也是围绕字展开的。查"词"首先必须找出其首"字",然后才能找到所构成的词。汉语的"字素"(俗称"部件")大致与英语的"词素"在音义功能上相似。部件由笔画组合而成,如果把笔画比作英语字母的话,部件就是英语中的词素。部件是由一个或一个以上笔画相接或相交而构成的组字单位,一般大于笔画而小于或等于单体字或偏旁(胡裕树,1987:197)。钱乃荣(1990)认为,字素义或词素义在整字或单词中不显示的情况不仅汉语有,英语也有,如 cranberry(蔓越莓)、huckleberry(美洲越橘)、boysenberry(博伊森莓)中的 cran、huckle、boysen 就没有意义。这些形式最初也许是有意义的,但在构词过程中由于形式和意义的不断变化,形义演变得不能一一对等,词素义也日渐模糊,甚至消失。

张维友(2007b)认为:英语是拼音文字,词是词素的线形配制品,表面上看好像没有层级,其实词素在词中的位置固定,层级分明;所有由一个以上的词素构成的词,尤其是派生词,即通过添加前后缀于词根或词干构成的词,其构成成分无论是自由词素还是黏附词素,添加时孰先孰后,都有严格的规律,不能随意变动。比如 globalization 一词通过添加-al、-ize、-ation 三个后缀于词根 globe 而成,其顺序可描述为[[[globe+-al]+-ize]+-ation]。又如 deconstructionalism(解构主义)一词由 de-、construct、-ion、-al、-ism 构成,其组合顺序是[de-+[[[construct+-ion]+-al]+-ism]]

或[[[[de-+construct]+-ion]+-al]+-ism]。如果用树型图表征(见图49),其层级更是一目了然:

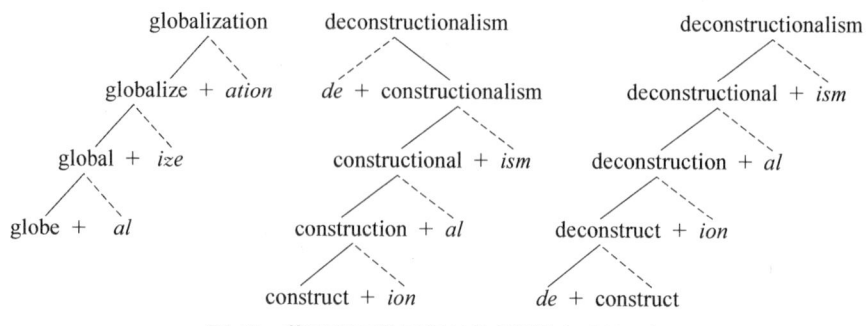

图 49　英语词汇的层级结构(张维友,2007b)

由于汉字为方块形,字素在字中的层级位置也是固定的。傅永和(1986:8)把汉字的结构描述为八类,即左右(如"林")、左中右(如"树")、上下(如"章")、上中下(如"器")、全包围(如"国")、半包围(如"风、凶、匡")和穿插(如"串"),字素的位置不能置换和更移。同时,字素在字中的层级也不同。崔永华(1997:512,523)根据直接成分(immediate component)分析理论,在《汉字部件和汉字教学》一文中将"照"和"糊"用树形图展示为图50:

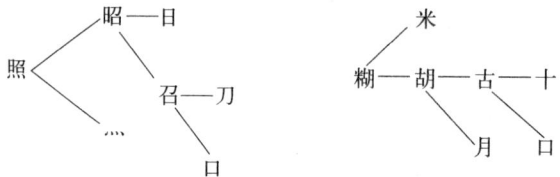

图 50　汉语词汇的层级结构(崔永华,1997:512,523)

汉字构成也可用英语线型表示法进行分析:照=[[日左+[刀上+口下]右]+灬下];糊=[米左+[[十上+口下]左+月右]]。由此可见,汉语字素与英语词素在组字构词上结构层级极为相似。但英语和汉语属于不同的语系,其词汇整合路径和方式各不相同:英语利用线型序列,汉语利用空间序列;英语是平面,汉语是立体;英语利用词缀,汉语无法利用所谓的"词缀";英语有显性标识,汉语无显性标识。因此,英语在词汇层面的名词化整合较易识别,汉语则不易识别,因为它是非形态语言,只能通过句法层面来定位,如下面(558)中"研究"的词性及功能:

(555) a. **研究**是必要的。　　　　（名词做主语）
　　　b. 我们很快**研究**这个问题。　（动词做谓语）
　　　c. **研究**计划必须周密。　　　（形容词做定语）

不管如何,名词化的词汇整合不是无序的或任意的,会受到诸多限制。比如英语形容词 atomic 可带名词化后缀-ity,而形容词 atomless 不能带名词化后缀-ity,却可带名词化后缀-ness。为此,Kiparsky(1982)和 Mohanan(1986)认为,英语中绝大多数后缀的这种组构限制主要在于词汇的不同层次,而这种层次又体现为复杂的语音和形态互动。据此,英语的后缀可分为两类(Spencer,1991:79):

（ⅰ）Ⅰ类后缀:-ion、-ity、-y、-al、-ic、-ate、-ous、-ive、-able、-ize
（ⅱ）Ⅱ类后缀:-ness、-less、-hood、-ful、-ly、-y、-like、-ist、-able、-ize

这两种不同层次的后缀特性是不同的:Ⅰ类后缀多为外来词源(特别是拉丁语),而Ⅱ类后缀则多来自日耳曼语;Ⅰ类后缀经常依附于黏着词根,在语音和语义上没有Ⅱ类后缀那么显性;Ⅰ类后缀会致使重音改变、音节重置、形态改变,而Ⅱ类后缀则没有这些问题出现;Ⅰ类后缀与Ⅱ类后缀相比,能产性不足,语义组构也不到位;最为关键的是Ⅰ类后缀不会出现在Ⅱ类后缀的外围。因此,词汇后缀的唯一组构方式就是它们依附于同层或低层的后缀,这就是 *atomlessity 不成立的原因所在。但问题并没这样简单地得到解决,Hay（2000,2002）基于"可分析性"(parsability)提出了"复杂层级性"(complexity-based ordering)分析法,认为:词缀可按处理复杂度来恰当分层,可分的词缀为一端,不那么可分的为另一端;一些词缀具有高度可分性,这可通过言语的感知了解到;另一些词缀则不那么可分,多为一个整体。实情是否果真如此？Hay & Plag(2004)通过 15 个英语后缀和 210 个双后缀组构对此进行调查验证,采用的语料来自 BNC、CELEX 词汇数据库和《牛津英语词典》以及网络,最后得出了词汇后缀的层级组构模式,如图 51 所示(每个箭头所指后缀直接用于箭末后缀前,所有缀位都建立在已实证的组构基础之上)。

表 55、表 56 呈现了 Hay & Plag（2004）揭示的英语词缀组构限制,从中可以看出:词汇的组构从结构上看是可能的,但可能受到多方面的限制,如语义和语音等;有时也很难找到一个统一的规则或规律来解读所有现象;最重要的是,特定后缀选择限制(selectional restriction)排除了大量

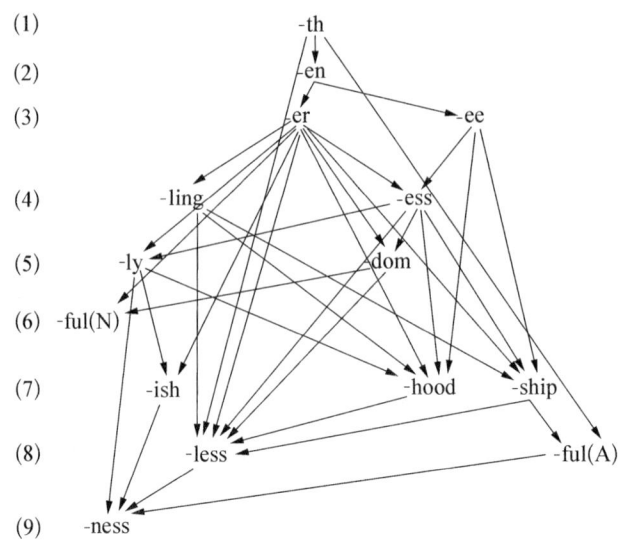

图 51　词汇后缀的层级组构（Hay & Plag, 2004）

组构。几乎同样的层级出现在后缀的语法特征上：表 56 中 yes 表明词缀组构从结构上看是可能的，并得到了证实；YES 表示词缀组构从结构上看是可能的，但没得到证实；问号表示限制是否允许该组构尚不可知，空白则表示从结构上看不可能的组构。

表 55　词汇后缀及其语义和语音限制（Hay & Plag, 2004）

Suffix	Examples	Derived category	Base category	Semantic restriction on base	Semantic category of derivative	Phonological restriction on base
-dom	*freedom stardom*	N	N/(ADJ)	?	"status, realm, collectivity"	?
-ee	*employee*	N	V/N	?	sentient being (non-agent)	–
-en	*deepen*	V	ADJ/N	?	change-of-state verb	– monosyllable – obstruent-final
-er	*baker Londoner*	N	V/N	?	person/instrument/etc.	–

续 表

Suffix	Examples	Derived category	Base category	Semantic restriction on base	Semantic category of derivative	Phonological restriction on base
-ess	*princess*	N	N	(male?) person/animal	female person/animal	—
-ful	*careful*	ADJ	N	abstract noun	qualitative adjective	—
-ful	*cupful*	N	N	concrete noun	partitive noun	—
-hood	*childhood* *falsehood*	N	N/(ADJ)	person noun	"state of being X"	—
-ish	*Jewish* *schoolboyish* *greenish* *fortyish*	ADJ/Num	N/ADJ/Num	N=person noun	similative	?
-less	*careless*	ADJ	N	?	"without X"	—
-ling	*duckling*	N	N	animate noun	young animal, (young) human being	?
-ly	*fatherly* *deadly*	ADJ	N/(ADJ)	N = person and time nouns	similative	?
-ness	*kindness*	N	ADJ/(any)	?	quality noun	—
-ship	*friendship*	N	N	person noun	status, collectivity	—
-th	*depth* *growth*	N	ADJ/V	?	quality noun	— monosyllable

表 56　词汇后缀组构的各种可能性限制(Hay & Plag, 2004)

	-th	-en	-er	-ling	-ee	-ess	-ly	-dom	-hood	-ship	-ish	-less	-ful(a)	-ness	-ful(n)
-th	-	yes										yes	yes		
-en		-	yes	yes											
-er			-	yes	yes	yes	yes	yes	yes	yes	yes				yes
-ling				-	YES	YES	yes		yes	YES	yes				
-ee			?		-	yes	?	YES	yes	yes	?	YES			
-ess			?			-	yes	yes	yes	yes	?	yes			
-ly							-	yes		yes				yes	
-dom								-			yes				yes
-hood									-		yes				
-ship										-	yes	yes			
-ish											-			yes	
-less												-		yes	
-ful(adj)													-	yes	
-ness												YES	?	-	
-ful(n)															-

这样,Hay & Plag(2004)通过调查明晰了后缀组构的复杂层级性和选择性特征,结果表明绝大多数情况下选择性限制和分析性限制一致,即当选择性限制不足以说明可能组构时,复杂层级性则做出正确的预测。只有易分解的组构才是可能的组构,可能组构的范围因此受到选择性限制的阻止。

9.3　句法层面的名词化

通常小句的表层结构(句法)与语义结构之间没有完全的对应关系,即同一或相同语境在表层结构上会有不同的句法体现,而同一或相同语义功能也可通过不同句法功能来体现。名词化一旦发生（即当过程变为参与者），就可能扮演其他语义和句法功能。正如 Lester（1971：24）所言，名词化过程会产生具有相同潜在意义的不同表层形式。也就是说，名词化过程产生了具有相同潜在动词义的不同参与者。名词化的出现大大增加了小句或句子所表征的信息总量，即名词化越多，句子所表征的信息量越大。名词化在句法层面的整合很复杂，我们主要从以下几个方面考察。

9.3.1 不同语言的名词化与限定性小句

Givón（2009）认为，从跨语言的类型学角度看，世界上的语言有极端名词化与极端限定语之分。就前者来说，至少从历时角度看所有从属小句都可名词化，只有主句存在限定结构；而后者就没有小句名词化，即所有小句都呈完全限定性，下面分别看这两种极端情况：

（i）极端名词化语言

世界上绝大多数语言在某种程度上都存在小句名词化，而一些语言的名词化可能走向了极端，以致所有非主句都出现了某种名词化现象，结果使语言整个处于非限定状态，如藏缅语（Tibeto-Burman）、突厥语（Turkic）、加勒比语（Carib）、克丘亚语（Quechuan）和犹他-阿兹特克语（Uto-Aztecan）等。以犹他-阿兹特克语为例，其小句名词化具有三个显著特征：主语的领属格标、动词的名词性后缀和整个小句的宾语格标。现将限定动词小句（556a）与其相应的各种名词化比较（Givón, 1993）：

（556）a. 限定性小句

　　　　ta'wach 'u　　　　yoghovɨch-I pakha-qa-'u
　　　　man/SUBJ DEF/SUBJ coyote-OBJ kill-PERF-he/him
　　　　"The man killed the coyote."

　　　b. 名词化小句做主句论元

　　　　ta'wach-I 'uway　　　　yoghovɨch-I pakha-qa-na-y
　　　　man-GEN　DET/GEN coyote-OBJ　kill-PERF-NOM-OBJ
　　　　ka-'áy-wa-t　　　　　'ura-'ay
　　　　NEG-good-NEG-NOM　be-IMM

"It was bad that the man killed the coyote."

字面为：*The man's killing (of) the coyote* was bad.

c. 认知动词的补语

mamach   'u   pucucugwa-pɨga
woman/SUBJ DEF/SUBJ know-REM
   ta'wach-**I** 'uway   yoghovɨch-I pakha-pɨga-**na-y**
   man-**GEN** DET/**GEN** coyote-OBJ kill-REM-**NOM-OBJ**

"The woman knew that the man (had) killed the coyote."

字面为：The woman knew *the man's killing (of) the coyote*.

d. 宾语关系小句

yoghovɨch'u   [ta'wach-**I**   'uwáy   pakha-
pɨga-**na**] ...
coyote/SUBJ DEF/SUBJ [man-**GEN** DET/**GEN** kill-REM-
NOM]

"the coyote that the man killed ..."

字面为：The coyote *of the man's killing* ...

e. 主语关系小句

ta'wach 'u   [yoghovɨch-I pakha-qa-**t**] ...
man/SUBJ DEF/SUBJ   [coyote-OBJ kill-PERF-**NOM**]

"The man who killed the coyote ..."

字面为：The *coyote-killer* man

f. 情态动词补语

na'acich yoghovɨch-**I**   pakha-vaa-**ch**   'ásti'i-pɨgay-'u
girl/SUBJ coyote-**OBJ**/**GEN** kill-IRR-**NOM** want-REM-she

"The girl wanted *to kill the coyote*."

g. 操控动词补语

mamach   na'acich-I   yoghovɨch-**I**   pakha-**vaa-ku**
máy-pɨga woman/SUBJ girl-OBJ   coyote-**OBJ**/**GEN**
kill-**IRR-NOM/DS**   tell-REM

"The woman told the girl *to kill the coyote*."

h. if/When 副词小句

ta'wach-**I** 'uwa-**y** kani-naagh yʉga-**khw**, …

man-**GEN** DEF-**GEN** house-in enter-**SUB**

"When the man entered/enters the house … "

字面为：(*Upon*) *the man's entering the house*, …

（ⅱ）极端限定性语言

在另一端，人们会发现有的语言中所有小句类型都是限定性的，甚至包括词汇名词化。南美印第安人的阿拉瓦克语（Arawak）和阿萨巴斯卡语（Athabaskan）就是这种典型。下面的材料源于托洛瓦阿萨巴斯卡语（Tolowa Athabaskan），其中动词的补语全是限定性的，即带时、体、态，与典型主句模式对应（Bommelyn，1997）：

(557) a. 主句（非完成体）

nn-tʉ-sh-'i

2s-TH-1s-observe

"I observe you."

b. 主句（完成体）

nn-tee-s-ii-'i-'

2s-TH-PERF-1s-observe-PERF

"I observed you."

c. 动词-补语（隐含的非完成体）

nn-tʉ-sh-'i xa-sh-t□-sri

2s-THM-1s-observe INCEP-1s-L-do

"I begin to observe you."

字面为：I begin-do I observe you

d. 动词-补语（隐含的完成体）

nn-tee-s-ii-'i-' xaa-gh-ii-□-sri

2s-TH-PERF-1s-observe-PERF INCEP-PERF-1s-L-make/PERF

"I began to observe you."

字面为：I began-did I observed you

e. 动词-补语（非隐含的非完成体）

nn-tɨ-sh-'i   '-uu-sh-t□-te
2s-TH-1s-observe   TH-DES-1s-L-want
"I want to observe you."
(字面为：I want I observe you)

f. 动词-补语(非隐含的完成-非完成体)
nn-tɨ-sh-'i   'aa-w-ii-l-te
2s-TH-1s-observe   TH-DES/PERF-1s-L-want
"I wanted to observe you (but maybe didn't)."
字面为：I wanted I observe you

g. 动词-补语(非隐含的完成-完成体)
nn-tee-s-ii-'i-'   'aa-w-ii-□-te
2s-TH-PERF-1s-observe-PERF   TH-DES/PERF-1s-L-want
"I wanted to observe you (and did)."
字面为：I wanted I observed you

虽然(557)有些小句限制了体态组构的分布，但补语小句仍显示了和主句一样的限定结构。该语言中的关系小句同样存在限定性，因为无从属关系，只有并列结构(Valenzuela, 1996)：

(558) a. 主句
tr'a a xe   0-s-ii-ts'ɨms
woman   3s-PERF-1s-kiss
"I kissed the woman."

b. 主句
tr'a axe   te-s-0-ch'a
woman   TH-PERF-3s-leave
"The woman left."

c. 主语关系小句
tr'a a xe [0-s-ii-ts'ɨms]   te-s-ch'a
woman   [3s-PERF-1s-kiss]   TH-PERF-leave
"The woman *I kissed* left."
字面为：I kissed the woman she left

d. 主句

Tr'**Error**! **Error**! xe ch'**Error**! sne y**Error**! -s-0-ts'**Error**! ms

woman　man　　TR-PERF-3s-kiss

"The woman kissed the man."

e. 宾语关系小句

Ch'ʉsne [Tr'a axe yʉ-s-0-ts'ʉms]　　te-s-ch'a

man　　[woman TR-PERF-3s-kiss] TH-PERF-away

"The man *the woman kissed* left."

字面为：The man kissed the woman and left.

  句法方面的这种极端限定性得到词汇名词化完全限定性结构的突显,只是在某些施事名词化方面会找到名词化后缀。如果动词是及物的,那么现在已消失的反被动(非人称宾语)前缀还会用。假如意识到限定性是整个小句的一种特征而非动词特征时,那么影响上述小句组构的结构手段就会显示出对限定性处理的强烈参与。首先,限定性与名词化之间是一种相互依存的关系。因为从句法过程来看,名词化可描述为这样一种句法行为:通过这个过程,限定动词小句会转换为不那么限定的名词短语。动词小句如果在另一个小句内占据了典型的名词位置或功能——主语、直接宾语、间接宾语或名词性谓语,那么它就最易名词化。而通过名词化产生的 NP 短语之句法复杂性在绝大多数情况下反映了其原有动词小句的结构特征。在名词化 NP 内,以前的动词会承担中心名词的句法角色,而其他小句成分(如主语、宾语、动词补语或副词)则承担各种修饰语功能,名词化因此被描述为从限定动词小句原型向名词性原型的句法调整(Hopper & Thompson, 1984; Givón, 2001)。这种调整的主要内容涉及从典型的限定动词小句向典型的名词短语调整,其中动词变为中心名词并获得名词性形态,时、体、态标识消失,代词一致性标志消失,主语或宾语出现属格标记,限定语可能增加,副词变为形容词等,如限定性动词小句 she *knew* mathematics extensively 变为非限定性名词化 her extensive *knowledge* of mathematics。因此,限定性从本质上说是小句的一种聚合语法特征,而其对应的非限定性从派生或转换角度看则是 NP 短语的一种聚合语法特征。这样,该模式可表征为限定性层级关系(scalarity of finiteness),如(559)所示(越往下限定性增加):

(559) a. Her good *knowledge* of math [helped a lot.]
  b. Her *knowing* math well [helped.]
  c. *For* her *to know* math so well [surely helped.]
  d. She wanted *to know* math well.
  e. *Having known* math well since highschool, she …
  f. *Knowing* math as well as she did, she …
  g. He wished that she *would know* math better.
  h. Had she studied harder, she *would have known* math better.
  I. She *knew* math well.

为此,Givón(1971:413)根据句法的历史演变和当代语言形态来源提出了一个著名论断,即"今日之形态就是昨日之句法"(Today's morphology is yesterday's syntax),这是很有道理的。朱德熙(1985:5—6)认为在印欧语言里,以英语为例,其动词和形容词只有通过构词手段或句法手段转化为名词性成分之后才能在主、宾语位置上出现。拿动词来说,限定形式只能做谓语,若要把动词放到主、宾语位置上,必须把它变成不定形式或者分词形式。英语非限定动词的三种形式——分词、不定式和动名词——都可用于消除动作行为的时间性。比如,用作主语的动词自身不能带有与时间信息有关的语法标记,其时间信息只能靠谓语中心动词来表示:

(560) a. He *moved* the table yesterday.
  b. *To move* the table is difficult.
  c. *Moving* the table is difficult.
  d. The *movement* of the table is difficult.

(561) a. Mary *reads* the book carefully
  b. *To read* the book carefully is Mary's manner.
  c. *Reading* the book carefully is encouraged here.
  d. Mary's careful *reading* is welcome.

汉语的动词和形容词无论是做谓语还是做主、宾语,形态都相同。传统汉语语法认为主、宾语位置上的动词、形容词已名词化了,这是拿印欧语的眼光来看待汉语。就汉语本身的实际情况而言,动词和形容词既能做谓语,又能做主、宾语。做主、宾语的时候,动词、形容词还是动词、形容词,并没有改变性质,这是汉语区别于印欧语言的一个非常重要的特点。这不但影响我们对整个汉语词类问题的看法,而且还关系到对汉语句法结构的看法。然而,石毓智(2001b)根据句子动词的广义定义认为:汉语动词也毫不例外地存在限定和非限定之分;汉语的动词也有自己一系列语法变化形式,在能否具有这些形式上谓语中心动词和担任句子其他成分的动词形成鲜明的对立。限定动词和非限定动词划分的实质是动作行为的时间信息表达,非限定动词各种语法形式的共性是非时间性。汉语虽没有稳定的表示绝对时间位置——时态的语法标记,但具有表示相对时间位置的体标记"了"和"过",以及表示小时间量的重叠形式,它们都与时间信息的表达有关。跟其他语言一样,汉语句子中如果有多个表示动作行为的概念时,只有谓语中心动词具有以下两个特点:一是可以带"了"或"过";二是可以重叠。例如:

(562) a. 我**看了**一会儿电视。

　　　b. 我**看过**电视了。

　　　c. 我**看了看**电视。

(563) a. **看**电视很费眼睛。

　　　b. ***看了**电视很费眼睛。

　　　c. ***看过**电视很费眼睛。

　　　d. ***看看**电视很费眼睛。

(564) a. 我**看了**他打球。

　　　b. 我**看过**他打球。

　　　c. 我**看了看**他打球。

　　　d. *我**看了**他打了球。

　　　e. *我**看过**他打过球。

　　　f. *我**看了**他打了打球。

(565) A. a. 我**陪过**孩子看电影。

　　　　 b. 我**陪**孩子**看过**电影。

　　　　 c. *我**陪过**孩子**看过**电影。

B. a. 我陪陪孩子看电影。
　　b. 我陪孩子看了看电影。
　　c. *我陪陪孩子看了看电影。
C. a. 我陪孩子看了一场电影。
　　b. *我陪了孩子看一场电影。
　　c. *我陪了孩子看了电影。

实际上,只有第一个动词才具有各种与时间信息表达有关的语法特征。同时,汉语限定动词和非限定动词的使用也是非常有规律的。主、宾语位置上的动词只能采用非限定形式,介词短语里的动词也是如此,如下面(566)(567)中的"看"和"征求":

(566) a. 依我看,这个问题不难理解。
　　　b. *依我看了/过,这个问题不难理解。
　　　c. *依我看看,这个问题不难理解。
(567) a. 通过征求大家的意见,我们才做出了最后的选择。
　　　b. *通过征求了/过大家的意见,我们才做出了最后的选择。
　　　c. *通过征求征求大家的意见,我们才做出了最后的选择。

由上可知,限定动词和非限定动词划分的理据是时间信息的表达,汉语动词最重要的语法范畴——体标记和重叠——也有完全一致的限制或分布规律。我们认为这可看作汉语句子里的动词同样存在限定和非限定之分的理据。

9.3.2　名词化的论元结构

Alexiadou & Grimshaw(2008)认为名词化论元结构产生的原因在于由动词而来的名词继承了相应动词的特性。为此,他们利用两种名词化理论进行解读:一是名词化的动词特性源于动词的句法结构(即结构模式),一些名词化包含了 VP 或动词的功能;二是名词化的动词特性源于它们引导的事件结构和 DP 论元结构(即事件模式),所有派生而来的名词都可用相同的句法结构来表征,其差异在于论元结构。其实,Grimshaw(1990)认为由动词而来的名词不可能完全组成同质之类,即一些名词化允许论元结构而另一些则不允许。不过,我们在此主要关注从动词派生而来的复杂事件名词所带的论元,这一特性被许多带歧义的名词化淹没了,甚至出现不同解读。例如：

(568) a. The *examination* of the patients took a long time. （复杂）
　　　b. The *examination* took a long time. （简单）
　　　c. The *examination* was on the table. （结果）

像 examination 这样的名词化具有三种歧义：① 可以表征为(568a)这样的"复杂事件"；② 表征为(568b)这样的"简单事件",即只表征事件,不与事件结构连通,因而无论元结构；③ 可表征为(568c)这样的"事件结果"或参与结果。但只有复杂事件名词化在允许事件相关的介词短语(如 in an hour、for an hour)时才像动词(Zucchi, 1993),其结果就是它们能像动词那样带有自己的论元,且是必需的。同时,复杂事件名词还可能带有某些副词。例如：

(569) a. The arrival of the trains *promptly* at the station …
　　　b. His careful destruction of the documents *immediately* …
　　　c. *His explanation of the problem *fortunately* to the tenants …

其论元逻辑通常情况下为副词修饰动词成分,但副词也要大致区分为 VP 修饰语(即只修饰动词或动词短语的副词)和句子(S)修饰语(即修饰命题的副词)。前者如"The trains arrived *promptly* at the station.",后者如"*Fortunately* he explained the problem to the tenants."。像(568a)中 examination 这样的复杂事件名词,除了允许复杂事件解读外,还是个体独立的名词性成分,认可(570)中的 payment、replacement 都是合法的：

(570) a. The frequent *payment* of your bills keeps your credit rating good.
　　　b. We demanded the *replacement* of the broken cups in no more than three days.

简单事件名词既不允许带事件相关的介词短语,也不允许带论元结构,可表征事件,但从句法角度看它们与个体独立的名词性成分相似。例如：

(571) a. The *event* was well organized.
　　　b. The *race* lasted one hour.

363

而结果名词和参与者名词同样不允许带事件相关的介词短语,没有论元结构,也根本没有事件解读。除了源于动词外,个体独立的名词与非动词相关的名词(如 dog、house、event、trip)具有相同的句法结构。结果名词和复杂事件名词的区别请见表 57:

表 57 结果名词和复杂事件名词比较(Alexiadou & Grimshaw, 2008)

序号	类型	
	结果名词	复杂事件名词
i	非 θ 指派者	θ 指派者
ii	不必要论元	必要论元
iii	无事件解读	有事件解读
iv	无施事修饰语	有施事修饰语
v	主语具有领属性	主语是论元
vi	by 短语是非论元	by 短语是论元
vii	无隐含论元控制	有隐含论元控制
viii	无体修饰语	带体修饰语
ix	frequent、constant 之类的频率修饰语只带复数	frequent、constant 之类的频率修饰语可带单数
x	可以是复数	必须单数

因此,所有复杂事件名词(即带论元结构的名词)都是动词派生的,因为名词自身绝不会带论元结构。复杂事件名词内允许出现副词,因为它们有动词功能投射或表征事件。光杆名词化绝不带论元,因为零派生绝不保留事件结构或零派生后缀能产性太低。显性后缀名词化显示了复杂事件名词特性,因为其词缀保留了事件结构或在动词功能投射方面能产性高。

9.3.3 名词化的论元实现度

语法范畴改变的过程不可避免会减少句法层面的论元实现度。例如(McIntyre, Manuscripts):

(572) a. She is a fast *opener of bottles*.
　　　b. The *bottle opener/opener* (*of bottles*) is in the drawer.
　　　c. *the *discoverers* that the world is round

  d. *a *maker* of linguists angry

（573）a. the *breaking* of his leg

  b. the *break* (*of his leg)

  然而，非词汇研究者则认为继承了动词论元的名词化涉及中心语移位（Baker & Vinokurova, 2009; Alexiadou & Schäfer, 2010）。且所有研究方法中名词化建构都涉及选择一个含有动词 V 的短语成分及其论元，而这个成分可能是(574)中 VP 或更大的扩展式动词投射，动词经过中心语移位至名词化位置，形成 reading 和 reader。

（574）a. [NP -er [VP *read* [DP (*of*) *novels*]]]

  b. [NP -ing [VP *read* [DP (*of*) *novels*]]]

  也就是说，中心语移位这种方法能较好地解读名词化所涉动词投射。Fu et al.(2001)认为某些名词化的确是支持副词的出现，如下面(575)各句就至少包含了一个 VP。与此相反，如果我们通过词汇附加-ing 来派生 the washing of hands 和通过名词 washing 对 wash 动词语义的继承来允许动词论元选择，那么(575d)就比较沉重了，因为副词修饰动词，而非名词：

（575）a. his *announcement* of their conversion publicly

  b. the *punishment* of them too frequently

  c. the *destruction* immediately of the conservative movement

  d. the *washing* thoroughly of hands

9.3.4　过程名词性成分与结果名词性成分

  根据 Grimshaw(1990)，过程名词性成分（process nominal，以下称"过程名词"）和结果名词性成分（result nominal，以下称"结果名词"）的主要不同可从论元结构的呈现与否上得到体现：

  （ⅰ）过程名词表示事件，而结果名词表示事件之结果。如果名词 examination 和 exam 都指向事件，但分别定位时间和实体，则前者可与时间组构。例如：

（576）a. the *examination* of the students *at noon*

  b. the *exam*

（ⅱ）过程名词必须带内在论元，而结果名词永远不能带。因此，前者可进行题元角色分派（如介词 of 可担当此功能），而后者不能。例如：

(577) a. the *examination* of the papers

　　　b. *the *exam* of the papers

（ⅲ）过程名词可带施事性修饰语，而结果名词不能。例如：

(578) a. the instructor's intentional *examination* of the student

　　　b. *the intentional *exam* is desirable

（ⅳ）过程名词可带动词的体修饰语，而结果名词不允许。例如：

(579) a. the *examination* of the papers in three hours

　　　b. The teacher *examined* the papers in only two days

　　　c. *the *exam* for three hours

（ⅴ）过程名词是确定的，而结果名词是不确定的，可带 a、one 修饰语。例如：

(580) a. *one *examination* of the papers

　　　b. an *exam*

（ⅵ）过程名词是物质名词，而结果名词是可数名词，有复数。例如：

(581) a. the *examination* of the papers

　　　b. *the *examinations* of the papers

　　　c. two *exams*

（ⅶ）frequent 类修饰语要与单数过程名词同现，但要与复数结果名词同现。例如：

(582) a. the *frequent examination* of the papers

　　　b. *the *frequent examinations* of the papers

　　　c. the *frequent exams*

　　　d. *the *frequent exam*

（ⅷ）与结果名词同现的名前领属是领属关系，而与过程名词同现的名前领属则是施事。注意这种解读并不排除领有者就是事件的引发者。

例如：

(583) a. *the instructor's *examination*

b. the instructor's *examination* of the papers

(583a)的 NP 如果解读为领属修饰语，那就是合法的；如果解读为施事主语，则不合法，即 instructor 在此不可能是 examination 的施事。然而，(583b)的 instructor 则必须解读为 examination 的引发者。

（ix）by 短语与过程名词同现表明论元，而与结果名词同现时不存在论元关系。例如：

(584) a. the *destruction* of the city *by* the enemy

b. a *picture by* a painter

（x）过程名词有可能存在隐含论元控制，而结果名词不存在。例如：

(585) a. the *assignment* of easy problems in order to pass all the students

b. *the *exam* in order to pass all the students

（xi）过程名词不可能做谓述，而结果名词可以。例如：

(586) a. *This is an *examination* of the students.

b. This is an *exam*.

9.3.5 词的论元角色

从论元角度看，名词化通常是词汇或短语表征，只不过较为特殊，因转化或变化而来，这种转化或变化不可避免会引起原有结构或语义的变化或调整。这样，词与名词化表征就是共性与个性之别，讨论词的论元角色自然也涵盖了名词化的论元角色。

词的论元角色，比如施事名词（agentive）、结果名词（result）和受事名词（affectee），往往通过句法层面来体现。例如（Bowers, 2011）：

(587) a. The *consignor* (to Sotheby's) (of this major painting collection) (*by N. R.) was later revealed to be N. R.

b. The collection's *consignor* (to Sotheby's) was later revealed to be N. R.

(588) a. The *consignment* (to Sotheby's) (by N. R.) was revealed to be a Rembrandt.

b. N. R. 's *consignment* (to Sotheby's) was revealed to be a Rembrandt.

以(587)的施事名词为例,其解读与相应动词的论元结构密切相关。因此,Burzio(1986)认为-or/-er 名词只能通过有外在论元的动词来建构。也就是说,它们必须指向外在论元。这样,当词根 consign 与-or/-er 靠近时就会组成施事名词 consignor,该名词随后通过不断的中心语移位到主题和名词性范畴。为此,Levin & Rappaport(1988)、Rappaport & Levin(1992)认为非宾格状态会拒绝-er 后缀,比如*arriver、*dier、*appearer、*happener 等。-er 派生后缀自然也就只与施事范畴连通。Levin & Rappaport(1988)发现非作格动词通常允许-er 后缀,比如 walker、runner、climber、beeper、blinker 等。(588a)是结果名词,其名词后缀-ment 除了建构事件,还可用于轻名范畴的实现。正如施事后缀-er/-or,后缀-ment 不会选择一个 DP,因此不可能与一个显性主题 DP 同现。同时,它从语义上满足了主题论元,将事件功能映射到与主题相关事件的个体上,这样(588b)可派生为:

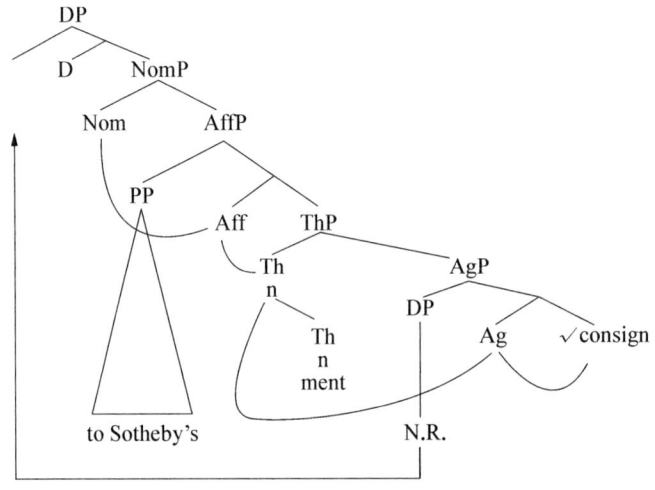

现在看看施事名词的受事论元是如何整合的。以(589)为例:

(589) N. R. was considered a good auction house *consignor*.

将施事名词 consignor 进行提升,使名词 auction house 与受事中心语 N. R. 相邻,则可以将主题名词 consignor 和受事论元 auction house 进行合并:

(590) N. R. was considered a good auction house painting *consignor*.

painting 在此可理解为 consign 的论元,auction house 则作为受事论元。注意,与此相反的序列是不合法的:

(591) *N. R. was considered a good painting auction house consignor

这种解读很直接。现假定(591)中合并名词从右向左的序列必须反映语言的共性序列,那么主题论元 painting 必须直接到提升施事名词 consignor 的左边,受事论元 auction house 则必须到提升名词 painting consignor 的左边。这样,受事论元可以合并到主题名词中去:

(592) That painting was the best auction house consignment (by N. R.) that I know of.

然而,任何通过提升主题或受事后缀将论元进行合并的努力都可能有点尴尬,因为词缀不在恰当的位置上进行施事后缀的形态处理:

(593) a. ?The best collector *consignments* (to auction houses) are paintings.
     b. ?The best painting *consignee* is Sotheby's.
     c. *The most popular painting collector *consignee* is Sotheby's.

与此相反,普通事件名词中论元的任何合并或组构都是可行的。例如(Bowers, 2011):

(594) a. The FBI is investigating *consignments to auction houses of painting collection by museum curators*.
     b. The FBI is investigating *auction house consignments of painting collections by museum curators*.
     c. The FBI is investigating *painting collection consignments to auction houses by museum curators*.
     d. The FBI is investigating *museum curator consignments to*

auction houses of painting collections.

e. The FBI is investigating *auction house painting collection consignments by museum curators.*

f. The FBI is investigating *auction house museum curator consignments of painting collections.*

g. The FBI is investigating *painting collection museum curator consignments to auction houses.*

h. The FBI is investigating *auction house painting collection museum curator consignments.*

这说明事件性后缀-ment 与其他非事件性后缀不同:除了事件论元外,它不能满足任何谓词论元。因此,事件名词可随意携带任何显性论元,且每个论元都可体现为完整的 DP 或合并的光杆名词。就基本论元结构而言,事件名词的派生,如 the consignment of a large art collection to Sotheby's by N. R. 完全等同于"N. R. consigned a large art collection to Sotheby's."。在引入论元范畴——施事、主题和受事后,派生名词被名词性范畴和限定范畴封闭了,名词化不仅涉及句法范畴变化,且涉及整个句法派生处理。

9.3.6 名词化的组构方式

表面形态结构相似的名词化结构不一定具有完全相同的组构方式或功能。Baker & Vinokurova(2009)认为,形态派生的两种常见类型就是从动词派生而来的事件名词和从动词派生而来的施事名词,其形态句法很相似,对照(595)和(596):

(595) The *finding* of the wallet took all afternoon.

(596) The *finder* of the wallet returned it to the front desk.

上面 finding 和 finder 都包含一个动词词根和一个名词化后缀,中心语短语都占据 NP 短语的正常位置(在此为限定小句的主语),都带限定词 the,都有一个带介词 of 的领属宾语。与英语和许多其他语言中的派生行为或事件名词相似的还有(595)这样的动名词。它也包含了一个词缀动词,并占据正常的 NP 名词位置;也就是说,它包含了像(596)一样的词缀。但在其他方面,动名词的内部结构更像小句。如(597)finding 没有限定词,其宾语也不用 of 标记,且是一个宾格的光杆 NP 短语。这种派生名词也包含副词,而简单名词则受形容词修饰,不受副词修饰。

(597) *Finding* the wallet (so quickly) was a big relief.

虽然像(597)这样带有名词和动词特性的结构存在,但我们不能将两种特性任意组合,如英语中不能有像名词那样的限定语和宾格那样的宾语(如 *the finding the wallet),也不能有没有限定词的 of 标记宾语(如 *finding of the wallet)。讨论(595)和(597)这两种结构及其相互关系的文献很多,我们认为一种广受认可的生成语言学观在某种程度上是对的,那就是(595)有一个名词词缀-ing 在结构的相对低层引入,以致该短语整体在大多数情况下是名词性的,而(597)则在短语结构的相对高层引入词缀-ing。结果是,如果 the finding of the wallet 这种表征存在任何动词功能投射,那一定是名词性投射,但实际上投射几乎不存在。与此相反,finding the wallet 这种表征存在多种动词功能投射,只有在高层才会出现明显的名词性,如图 52 所示:

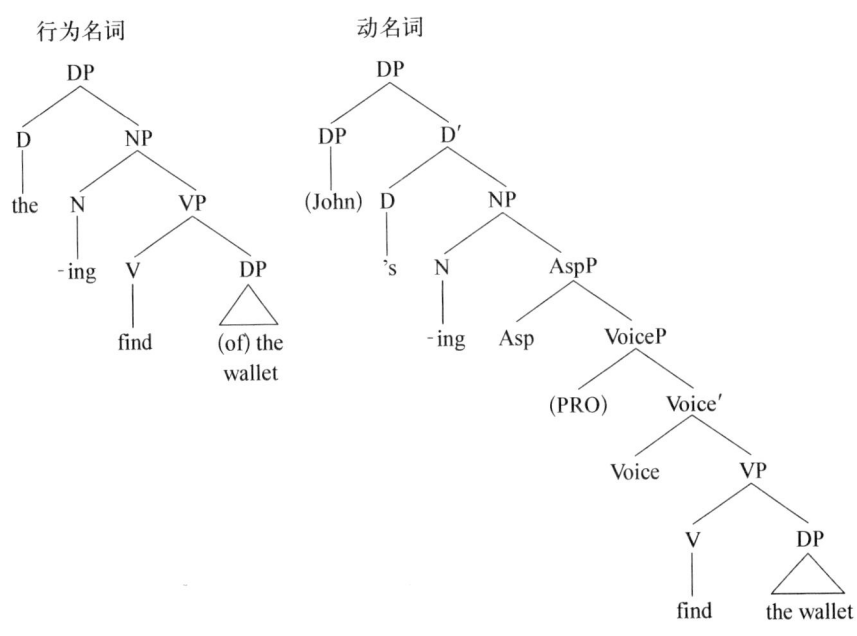

图52 两类事件名词化的结构比较(Baker & Vinokurova, 2009)

如果宾格受主动语态中心语指派,那么宾语 the wallet 在(597)中是宾格。此外,如果像 quickly 这样的副词是通过比 VP 高一层的短语来生成,那么动名词有生成空间,而行为名词则没有这样的空间。生成语言学者普遍认为,像这样的差异大量存在于(595)和(597)之中。不过,人们还很少关注像(598)这样的混合类:

(598) a. *The finder the wallet (so quickly) returned it to the front desk.

b. *Finder the wallet returned it to the front desk.

c. *I gave a reward to [the finder of the wallet so quickly].

(方括号表示 quickly 修饰 finder,不是修饰本句谓语动词)

不同于一些事件名词化:施事名词化不可能只有一个光杆宾语,如(598a);不可能没有限定语出现,如(598b);也不可能受副词修饰,如(598c)。也就是说,施事名词化没有动词结构特性(Alexiadou, 2001)。如果从结构来看,我们认为图 53 的第一个结构在英语中得到了证实,类似于图 52 中的行为名词结构,但图 53 中的第二个结构没证实:

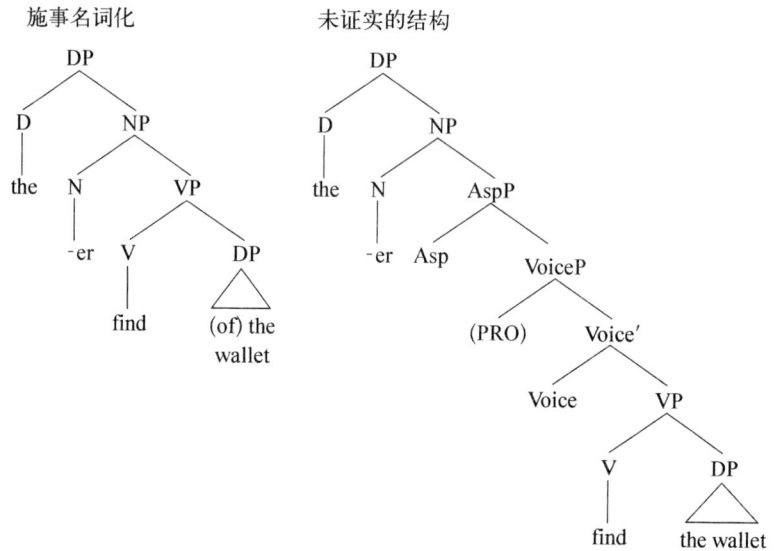

图 53 施事名词的可能和不可能结构(Baker & Vinokurova, 2009)

9.3.7 名词化的功能、语义的体现

不管何种形式的名词化,其功能、语义等问题都需要在句法层面来体

现。例如(Baker & Vinokurova, 2009)：

(599) John's *criticizing* the book　　　　（动名词）

(600) the barbarian's *destruction* of the city　　（派生名词）

(601) Belushi's *mixing* of drugs led to his demise. （混合名词化）

当然，它们之间也有一些差异，如(599)最具能产性，因为Lees(1960)认为几乎所有动词都有相应的动名词形式，这并非派生。(599)和(601)的唯一差异在于动名语境下助动词的合理存在。例如：

(602) John's *having criticized* the book

关键是形态-ing词缀只有在动名词情况下才是显性的，由介词of引入的派生名词主题论元则是一种混合名词化，如(601)。而Vendler(1967c)则认为that小句和fact-NPs不能与is slow、is sudden、takes a long time等谓述同现，因为这些谓述与of结构整合体现事件性。例如：

(603) a. John's *performance* of the song was slow.

　　　b. John's *performance* of the song was sudden.

　　　c. John's *performance* of the song took a long time.

(604) a. *John's *performing* the song was slow.

　　　b. *John's *performing* the song was sudden.

　　　c. *John's *performing* the song took a long time.

以上是英语句法方面的名词化处理。如果涉及其他语言的相关现象，是否会出现不同的结论？以德语为例，Esau(1971)认为德语名词化在某一些方面与英语不同，比如不定式名词化通过句法转换生成而来，而Fahrt、Zug、Wurf之类的派生名词从语义和句法上看，则更多是词汇派生而来。现在来看看德语的不定式名词化：

(605) a. Peter singt ein Lied.

　　　　（彼德唱一首歌。）

　　　b. *Peters Singen* des Liedes …

　　　c. *Das Singen* des Liedes …

(606) a. Er schnarcht jede Nacht.

　　　　（他每晚睡觉时都打鼾。）

b. *Sein Schnarchen* jede Nacht ...

   c. *Das Schnarchen* des Mannes jede Nacht ...

(607) a. Er zerstört die Stadt.

   （他毁掉了这个城市。）

   b. *Sein Zerstören* der Stadt ...

   c. *Das Zerstören* der Stadt ...

这种名词化现象在德语中具有十全的能产性，几乎所有实义动词都可这样处理。而且在表层结构上它们都是中性的，同时只能做单数处理。另一方面，它们与普通名词一样，可带限定性成分进行定位处理。例如（Esau, 1971）：

(608) a. *Ein Werfen* des Balles war nicht nötig.

   （把这个球扔掉不必要。）

   b. *Jedes Werfen* des Balles ...

   c. *Alles Werfen* der Bälle ...

   d. *Jenes Werfen* der Bälle ...

   e. *Dieses Werfen* des Balles ...

(609) a. *Dein Werfen*, das ich beobachtete ...

   （我注意到你扔的球。）

   b. *Dein Wurf*, den ich beobachtete ...

除了这些可预测的句法特征外，不定式名词化还与动词共享语义特征，可带持续性进行体。例如：

(610) a. Er kommt an.

   （他到了。）

   b. *Sein Ankommen* beobachten wir.

   （我们注意到他的到来。）

   c. *Seine Ankunft* überraschte mich.

   （他的到来让我吃惊。）

(611) a. Er wirft den Ball.

   （他把那球扔了。）

   b. *Sein Werfen* des Balles erregte Aufsehen.

（他把那球扔了引起大家注意。）

c. *Sein Wurf* war der weiteste von allen.

（他扔的球是所有人中最远的。）

(612) a. Er singt laut.

（他大声唱。）

b. *Sein Singen* ist draussen zu hören.

（他的歌声在远处都能听得到。）

c. *Sein Gesang* war laut.

（他的歌唱是大声的。）

(610)至(612)中的(b)分别表征"到达、扔、唱"的过程,具有明显的持续性,而其中(c)则表征完成体,可具抽象义。这些例子说明德语的不定式名词化完全可以从句法结构的转换方面得到有效解读,但派生名词则不能这样处理。

9.4 语篇层面的名词化

Halliday(1988:195)认为,科技语篇中名词化作为一个过程,主要用来创建专业分类,帮助作者将一个过程与另一个过程相连,建构理由链。Sušinskienė(2009)通过有关科技语篇中动词名词化逻辑语义衔接的定量和定性考察,认为语篇是句子的功能整合,而句子则是逻辑语义、结构和信息语用的高度整合。逻辑语义和信息语用整合构建语篇的连贯,而通过语言手段实现的连贯则是语篇的衔接,名词化只是大量的衔接手段之一,参与了一般和特殊两种衔接。带有显性或隐性潜在命题的名词化在语篇中做衔接的词汇语法手段,证明了其更广泛的指称过程——潜在命题在前,而名词化命题则在后回指。也就是说,名词化一方面作为一种经济方式大大增加了信息量,而另一方面对语篇的逻辑语义衔接起了重要作用。注意潜在命题(即名词化的潜在结构)与相应的名词化之间的转换关系：命题是名词化的矩阵,它不是一个抽象的建构;从语言学角度看,命题体现为一个小句,名词化在实体上与小句相连,在语义上与小句的命题内容相连。因此,名词化的功能分析涉及从命题到名词化、从名词化到语篇功能的处理。

语篇是一个功能性整合的句群。在其底层,语篇是一个功能性整合的命题单位,语言上通过小句来体现。小句在语篇中体现为句子,句子是语篇处理的最后阶段(最终产品)。与句子相似,语篇也由三个层面构成:语义(逻辑)、句子和信息语用。语义-句法层是语篇的底层,而信息语用层则是其表层。在语义-句法层,语篇由命题构成,命题由句子表达,因此句子是语篇的构件。然而,语篇不是简单的句子堆积,因为语篇中的句子不仅有逻辑语义整合,还有信息语用整合,这两种整合共同构成语篇的连贯,而连贯的语言实现就是语篇的衔接。因此,语篇既有连贯,也有衔接。

逻辑语义整合意味着两方面的意义:① 语篇相邻句子必须通过意义相关的成分联结起来,即随后出现的句子成分必须在语义上与先前的句子相关;② 句间意义在语义上必须兼容共处,即构建语篇的句子不能表征相互矛盾的语义内容,且意义不能重复,必须互补。而表层结构层面,句间的语义关系需通过恰当的结构标记来体现,这些标记就是语法、词汇语法和词汇衔接手段。语法衔接手段包括替代、省略和词序;词汇语法衔接手段包括冠词、代词、连词、连接性形容词、小品词、情态词、数量词、名词化,还包括迂回法和插入语;词汇衔接手段则包括词汇重复、同义词、反义词、上下义词、同源词和转换词(Halliday & Hasan, 1976; Verikaitė, 1999)。

为此,Bello(2010)对 Coruña 语料库中英语科技语篇写作历史(1700—1900)进行了研究,根据形态、句法、信息结构、社会语言学和认知等参数将名词化分为四大类型:条件名词化(conditioned nominalization)、词汇名词化(lexical nominalization)、文体名词化(stylistic nominalization)和术语名词化(term nominalization)。其中条件名词化认为语法结构决定名词短语的使用,即作者必须选择是否保持一致式的动词功能体现,围绕语篇结构运作,保持一个较简单的结构但寻求隐喻体现。例如:

> (613) (…) nor will the centrifugal power be sufficient to compensate the different gravitations of such an assemblage of bodies as constitute the solar system, which would come to ruin of itself,

without some new regulation and adjustment of their original motions. (1756, Ferguson)

条件名词化结构是高度不可预测的,原因主要是它不得不满足所处句子的要求。同理,这种名词化语义转移的范围也很难确定,因为语法隐喻中任何细微的语义差别都会受到语法需求的阻止。条件名词化既便于使信息符合语境需要,也是复杂语法结构的一种简化器,使其内容更易理解。因此,此类名词化多出现在演讲、教材、研究论文等文体中,被借以避免语法结构的复杂化。

词汇名词化通常出现在高频同义词或先前段落有相同词汇的语境中。例如:

(614) (…) then, the index remaining fixed, bring their limbs to the other wire, and if the same limbs be in contact, the axis is properly adjusted; but if they lap over, the object end of the telescope is inclined from the plane of the quadrant, and must be altered by the *adjustment* for that purpose; but if the limbs be separated, the object end is inclined to the quadrant, and must be adjusted accordingly, and repeat the operation till the limbs coincide at both wires, and the *adjustment* is made. (1790, Vince)

词汇名词化满足了功能主义者所描述的所有特征(Banks, 2005):过程编码为动词词组(一致式编码)并在段落最后的句子主位中作述位,变为名词化(语法隐喻)。这种名词化也可做衔接手段,重复并总结信息。但有时名词化仅仅是为了避免词汇重复,如果一个动词出现多次,通常这个动词将会被一个同义动词或语法隐喻所替代。

文体名词化是指这样的情形:在语篇中没有功能或形式来帮助彻底解读语法隐喻的使用,在没有增添复杂度的情况下,使用动词编码是完全可能的;然而其相同语义家族的词汇频率很低(即无高频同义词),故不宜采用同义动词或近义动词等词汇衔接手段,而只有采用同一动词的名词化形式。总体而言,词汇名词化具有更多中性色彩,使用范围更广,而文体名词化总与特定的文体或语体要求有关,其应用范围相对有限。例如:

(615) If we were to pause upon the interesting and sublime facts which

even this superficial view discloses, we should be filled with an *amazement* at their grandeur and beauty, to which no words can do justice, because we cannot either convey or entertain any adequate conception of their magnificence. (1817, Philips)

作者原本可能写成 we should be amazed at their grandeur and beauty。但这种情况下,除非有另一个表征出现,否则 be filled 的细微差异会丢失。为了文体需要,作者在此求助于名词化 amazement 来表达这种差异。这种名词化的功能总是与语篇的定位相连,因为不同个体(学者)带有特定的读者群。文体名词化增加了语篇的复杂度,更可能出现在研究论文、学术论文和正式文中,主要是满足特定人群需要。Ventola(1996)在处理学术写作时直接将其与科技社区相连,因为这样的社区容易接受此类语篇。语法复杂度在此被认为是一种"行会编码"(guild codification),即一种为特定社区成员所掌握,并将局外人区别开来的一种编码。

当然,有些语境只需相同词汇家族少量的词汇和恰当的语法结构就可促成过程的动词体现,然而有些语境名词化编码具有优先性,是其语义内容起了作用。如果考虑把一致式动词/过程编码>隐喻性名词/过程编码>一致性名词/实体这样的过程编码为一个连续统,那么,这种名词化就应处在最后两个阶段之间,而其他类型则处在中心阶段。这种名词化作为名词更靠近实体的语义编码,可称为"术语",它是通过系列的区别和前沿考察,用来创建和研究现实的认知手段(Lakoff,1990)。在科技领域术语名词化特别有用,因为它们将实体的语义轨迹提供给了过程和实体。事实上,大量术语的使用就是语言中科技域的界定性特征。Banks(2005)将这种现象称为"物化"(reification)。另一个有助于辨识术语名词化的证据是空语义动词的使用,它与名词化组构成一个搭配,如下例中的 perform 与 revolution:

(616) THE Earth which we inhabit, is one of those Planets which moves round the Sun, *performing* its *Revolution* in the Space of a Year, or 365 Days, 5 Hours, and 49 Minutes, (…). (1726, Gordon)

这种术语名词化的动因在于,动词变为名词有助于读者了解所要研究的过程和事件确认；也就是说，与 the fact that the Earth revolves around the Sun 相比，我们研究的 the REVOLUTION of the Earth 更容易确认。从认知角度看，这个过程很像我们借助书末的索引反向检索正文内容，不仅与科学的物化相连，而且与我们大脑中的信息结构相通。因而，Sušinskienė(2008)认为，名词化的确是科技语篇意义建构中一个强有力的标记。他利用系统功能语言学理论，通过语料库语篇分析，发现英语科技语篇中名词化可从句法和语义两个方面来充分展示：句法上可做主语、直接/间接宾补和时空修饰语，语义上可做施事、受事、方位、来源、经历、路径、受益等。句法上出现最多的情形是做直接宾补，最少的是做间接宾补；而语义上出现最多的是受事(patient)，最少的是效果(effect)，如表 58 和表 59 所示：

表58 科技英语语篇名词化的语义功能(Sušinskienė, 2008)

语 义 功 能	语料库原始频率	百分比(%)
受事(P)	450	38
方位(L)	300	25
施事(A)	150	12
经历(E)	100	8
来源(S)	80	7
受益(B)	50	4
接受(R)	40	3
路径(P)	20	2
效果(E)	10	1

表59 科技英语语篇名词化的句法功能(Sušinskienė, 2008)

句 法 功 能	语料库原始频率	百分比(%)
直接宾补	600	50
时空副词附加语	400	33
主语	150	13
间接宾补	50	4

具体来说,语篇名词化的句法和语义功能如以下各例所示:

(617) Around the turn of the century, the *construction of central power stations* in cities brought the operating benefits of electric power to small, urban manufacturers such as apparel makers and printers. (主语,施事)

(618) In 1529 King Henry VIII, angered by the *refusal of the pope* to grant him a divorce from his Spanish wife, broke England's ties with the Catholic Church and established himself as the head of the Christian faith in his country. (间接宾补,施事)

(619) Alongside *the celebrations of competition*, *the justifications for great wealth* and *the legitimization of the existing order* stood a group of alternative philosophies, challenging the corporate ethos and at times capitalism itself. (时空附加语,方位)

(620) And Benjamin, who continues about the same ratio of spending to saving, not only provides more jobs than ever, because his income, through *investment*, has grown, but through *his investment* he has helped to provide better-paying and more productive jobs. (介词宾语,路径)

语篇衔接通常通过语言手段来体现,有助于读者弄清楚其中的逻辑语义关系,如 Sušinskienė(2009)的具体例证分析研究:

(621) To block the approaching fleet, the American garrison had sunk several ships in the Patapsco River (the entry to Baltimore's harbor) thus forcing the British *to bombard* the fort from a distance. Through the night of September 13, Francis Scott Key <...> watched *the bombardment*.

(621)的整合或相互连通主要通过意义来实现。bombarding 过程在语篇开头第一句中通过不定式 to bombard 来体现,随后在句子中通过动词 bombard 的名词化 bombardment 来体现。这样,可以清楚地看到语篇连通的方式。该语篇可以看作一个线性连通过程,开头第一句的部分意义在随后的语篇发展句中得到体现:bombard —— bombardment。然而,在其底层包含名词化的句子提供了两个命题,一个嵌入另一个,因为包含名词化的命题是矩阵命题。当名词化提供了一个大家或多或少熟悉的结构,那么潜在命题(即一致式)不能用,即名词化的意义不必求助一致式就可以得到理解。例如:

(622) Because the worldwide demand for wool was growing rapidly, landowners were converting their land from fields for crops to pastures for sheep. The result was a significant *growth* in the wool trade — and a reduction in the amount of land available for growing food.

显然,作者在此可能忽略一致式,进而使用名词化 growth。注意潜在命题的缺失不能当作语篇的衔接缺口,读者在阅读此类语篇时需要求助潜在命题来填补这个缺口。既然如此,我们需涉及两个层面的衔接——深层和表层(或隐性和显性),但深层衔接可能无法在表层结构全面体现。Gorrel & Laird(1972:54)认为语篇建构过程不是那么简单,在某个阶段它好像就是将一词接着一词、一句接着一句那样的实际操作而已,但实际上每个词或句需要以某种方式与前面的语篇保持联系,同时指向后面的语篇。若我们以概述开始,接着提供对概述的反应,即从一般概述到具体信息处理,这种语篇就是一种整合性语篇。例如:

(623) [a] The mechanization of cotton production pushed blacks off the farms and the lure of jobs pulled them to the cities. [b] Over a million would leave the South in the 1940s, and another million and a half in the fifties. [c] *This mass migration* fundamentally altered the configuration of race problem.

(623)的[a]和[b]提供了一个概述,[c]则是对此的具体反应。前后意义相关,主要通过词位来表征这个过程:pushed off — pulled to — would leave — migration。名词化 migration 则是 pushing off、pulling to、leaving 的一种替代,其目的是想利用前面命题作为后面命题的主题。当然,语篇也可以从相对具体的命题开始,然后走向相对概括的命题。这种语篇一般是分析性的,即以事实运作启动,再到后面的概述。从逻辑角度看,我们应期待在概述命题上找到动词性名词或名词化表征。请看：

(624) The heroic and artistic types dedicate themselves to ideals of their own making. They are antibourgeois. Value here serves those who are looking for fresh inspiration, for new beliefs about good and evil at least as powerful as the old ones that have been disenchanted, demystified, demythologized by scientific reason. *This interpretation* seems to say that dying for values is the noblest of acts and that the old realism or objectivism led to weak attachments to one's goals.

名词化参与了两种类型的衔接：概述和具体。就概述衔接而言，名词化会以部分标题的形式出现。潜在命题会出现在语篇某个位置，名词化不会将一个命题与另一个命题连通，但它可以与随后的命题组构成一个超短语单位（大致上等同于段落）。例如：

(625) The *Creation* of State Governments — At the same time that Americans were struggling to win their independence on the battlefield, they were also struggling to create new institutions of government to replace the British System they had repudiated.

有时部分标题可能不包含名词化，即名词化的存在只是一种隐含。请看下例：

(626) Preparedness Versus Pacifism — The question of whether America should make military and economic preparations for war provided a preliminary *issue* over which pacifists and interventionists could debate.

显然，标题 Preparedness Versus Pacifism 隐含了名词化问题，即和平主义者和干涉主义者可能争论的 preliminary issue。就具体衔接而言，名词化要么在相应的命题之前，要么在其后。例如：

(627) Locke believed, and the events of our time seem to confirm *his belief*, that women have an instinctive attachment to children that cannot be explained as self-interest or calculation.

(628) *The promise of a better world* in the next one would not suffice. The urban black would not wait for his rewards until the afterlife, and enfranchisement promised all in this life that religion did in the next.

这两种衔接模式的使用大大地增强了科技语篇的总体连贯,而不管语篇延伸是否包含潜在命题,名词化的出现很大程度上被看作一个语篇整合因素。读者可自动将名词化(表层结构成分)与潜在命题(名词化的深层结构)连接起来。因此,这两种模式都是衔接性的:与显性潜在命题共现的名词化和与隐性潜在命题共现的名词化。语料库统计发现,75%的名词化没有显性潜在命题,只有25%的名词化与它们的潜在命题一起使用。当名词化与其源结构一起使用时,语篇延伸之间的逻辑语义关系就是标记性的。但当名词化不与其源结构一起使用时,语篇延伸之间的逻辑语义关系就会呈现不同的特性:逻辑语义关系就建构在"前语篇"(pre-text)或"深层语篇"(deep text,即没出现的语篇)和实际出现的语篇延伸之间。然而,可能是名词化的出现,不管有没有显性源结构,对语篇的整体连贯起了作用。请比较:

(629) Without traditional *constraints or encouragements*, without society's *rewards* and *punishments*, without *snobbism* or *exclusivity*, some Americans discovered that they had a boundless thirst for significant awareness, (…). (非标记性)

(630) Slavery, more than any other single factor, isolated the South from the rest of American society. And as *that isolation* increased, so did the commitment of southerners to defend the institution. (标记性)

词汇组构 that isolation 提供了前面命题"Slavery, more than any other single factor, isolated the South from the rest of America society."的名词化。这样的词汇组构起到了命题间的桥梁作用,即在它们之间建构起了语义联系:前面命题的部分意义置入后面的命题之中(Valeika & Buitkienė, 2004:56)。此外,名词化的使用也是一个更泛的指称过程明示,在此潜在命题起先行词功能,而名词化命题则起回指功能。回指名

化通常跟着先行词。不过,反过来的情形(前指或预期回指)也有,请比较:

(631) From there people migrated north into Oregon or south (along the California Trail) to the northern California coast. *Other migrations* moved along the Santa Fe Trail, southwest from Independence into New Mexico. (回指)

(632) In 1942, the government threatened to charge him with treason, and his bishop offered him *the choice* of keeping silent on social issues or leaving the priesthood. Coughlin chose to remain a priest and continued to serve his parish until his retirement in 1968, *but he was never again involved in politics, even on a local level.* (前指)

根据语料库统计,回指和前指这两种指称模式的频率分别是:前者占65%,而后者则占35%。这样,动词名词化在科技语篇中扮演了重要角色:它以一种经济方式极大地增加了信息总量,同时对语篇的语义逻辑衔接也有重要贡献。

9.5 小 结

根据以上考察可知,名词化现象具有特定的词法、句法和语篇结构、语义功能,使其在表征上具有与一般名词不同的特质。只要应用得当,名词化可灵活多变,适应不同交际需求,使整个表征充满生机与活力。名词化现象作为一种非范畴化概念,是指在一定条件下某类词一方面丧失了原有范畴的某些典型特征,另一方面又同时获得了新范畴的某些特征。这些特征不仅影响词法、句法表征,还影响语篇层面的整体布局与协调,每个部分的细微变化或变异都会在一定程度上影响全局,即"牵一发而动全身"。这是因为:从语法角度看,名词化是词类的一种转换;从语法隐喻角度看,它是一种强有力的结构转换操作平台;从语义角度看,它是一种指称义突显,物化度的一种强化;从认知角度看,它是一种非范畴化识解,一种图形-背景展示;从语用角度看,它是语体正式度的一种提升;从文体角度看,它是一种书面语表征,是科技、法律等强客观性文体的常用表征;从语篇布局看,它则是一种显性连贯或衔接手段。

第十章 名词化的类型学基础

10.1 引言

对于名词化这样一种重要的语言现象,国内外学者都很重视,从不同视角进行了探讨,但从类型学视野探讨者不多,国内这种尝试更少。我们认为 Chomsky 在谈到语法的评价标准时所提出的三个充分——观察充分(observational adequacy)、描写充分(descriptive adequacy)和解释充分(explanatory adequacy)——用在这里很合适,因为任何语言的研究,首先应充分占有材料,然后对其进行充分描述、分析和归类,最后才是寻求语言现象背后简单而具有概括力的理据和运作机制。实际上,这是我们做任何事都需要遵循的基本思路和模式。还是 Bresnan(2005)说得好:"语言直觉能判断不合法性,但它不太能导向可能的合法性,而语言使用产生的数据能够揭示我们有时看不到的规律。类型学就是帮助我们发现和评估语言使用数据中的型式。"也就是说,类型学为我们的研究提供了一个 TG 语言学那种内省思维方式无法解决的有效工具。

10.2 类型学表征

最早从事语言类型学研究的人也许要算 1786 年英国东印度公司的殖民官员 William Jones,因为他将梵语、古希腊语和拉丁语进行比较,以寻求其始源语。正是在他的导向和影响下,19 世纪的历史比较语言学家从历时角度对语音、词汇进行考察,以确定印欧语言之间的亲属和谱系关系(刘国辉,2000)。由于时代的局限和主客观环境条件的制约,这些研究的深度和广度必然受限。20 世纪 60 年代以 Greenberg 为代表的跨语言句法特征相关性规律研究真正开启了现代意义上的语言类型学研究,如 SOV、SVO 等语序的研究。第三个阶段在 20 世纪八九十年代,以 Comrie(1981)、Croft(1990)和 Diessel(1999)等为主导。第四个阶段则是近年来与认知语言学、语用学和语法化等理论交叉的类型学研究,其成果最为突出,突破了形式主义和功能主义语言学的界限,如 Penke & Rosenbach(2004)和 Newmeyer(2004)的研究就是如此。实际上,我国在这方面的研究已有 100 年历史了,最早的莫过于马建忠 19 世纪末所著中国第一部系统的汉语语法著作《马氏文通》,随后是赵元任(1926)的《北京、苏州、常州语助词的研究》。然而,只有少数学者在从事或倡导这方面的研究,如陆丙甫(1993)、曹聪孙(1996,2001)、沈家煊(1997)、刘丹青(2003)、石毓智(2004)、徐杰(2005)和金立鑫(2006)等,这种门庭冷清的状况近年来有所改观。

根据徐杰(2005:2)的研究,语言类型学既是语言学的一个分支,又是语言学的一个流派。我们持相同观点,因为一方面语言类型学从跨语言角度来揭示人类语言的共性,与其他研究语言内部结构的学科互补,另一方面它有自己独特的研究理念、对象和手段。同时,它与功能语言学、形式语言学也存在交叉、互补或沟通,因为它们都有一个共同的理想——揭示人类语言的共性实质及其理据所在,但其理论范式差异也不可忽视(刘丹青,2003:18—29)。语言类型学作为当代语言学的三大显学之一,它与另外两门显学——形式语言学和功能语言学——在研究范式上的异同如表 60 所示:

表 60　主流语言学派的研究范式比较

学　派	研　究　范　式
形式语言学	以单一理性语言为对象,以科学假设为出发点,以演绎数理逻辑为手段,以母语说话者内省式的测试(test)为思维模式,以"原则与参数"为操作平台,以句法层面为主导,探讨人类语言的共性遗传理据及运作机制问题。
功能语言学	以具体语言的真实语篇(text)(口语或会话)为对象单位,不管其纯正与否,以语境参数变量为依据,以交际功能为目标,强调信息结构和使用频率,进行量化统计,以揭示人类语言在功能使用方面的社会语用共性。
语言类型学	以跨语言研究(不同语系语言之间、同一语言内部方言之间的共时、历时比较)为手段,在语言的不同层面(如语音、词汇、语法、语用、语体等)进行操作,以验证(attest)某一语言结构在不同语言中表征和分布的静态存在方式为目标,最终寻求人类语言的共时表征原则与参数差异,从而进行科学而合理的分类,为进一步阐释其背后的认知理据提供真实可信的自然语言支撑材料。

人们对语言类型学会有不同的理解,但都离不开一个"跨"字,必须有一种跨语言(不管是语系之间,还是同一语言内部不同方言之间)的研究视角,也就是跨越单一语言系统的研究,以寻求人类语言共性背后的运作机制和理据,从整体上定位该语言与其他语言之间的共性与个性,即原则与参数之别。不过,这里的"原则与参数"与 20 世纪 80 年代生成语言学者就普遍语法假设所提出的"原则与参数"(principles and parameters)不同:"原则"在此是自然语言现实中客观存在的共性,"参数"是现实中自然语言变体的诱因,变体是参数影响的结果。可以用一个简单的例子来说明。假设每种语言中都有三个单词 X、Y、Z,并可以自由组合,最后达到相同交际功能(原则)。由于不同语言的表征手段和具体客观环境不同(参数),因而可能出现以下不同组构表征模式(变体):① XYZ、YXZ、ZYX;② XXY、XXZ、YYX、YYZ、ZZX、ZZY、ZZZ;③ XY、XZ、YX、YZ、ZX、ZY;④ XX、YY、ZZ;⑤ X、Y、Z。这种用尽可能少的原则来阐释更大范围的语言事实,以找出其实质所在的方式,与形式语言学的做法有异曲同工之妙。

众所周知,Chomsky 理论语言学派可以说一直在寻找人类语言共性及核心——普遍语法(universal grammar)。由于它从假话出发,进行演绎推理,其结果自然令人质疑,因为缺乏足够且必要的经验证据。寻找人类语言共性之路实际上早就开始了,因为世界上有几千种语言,它们之间是否有关联或相似性一直是语言学家们感兴趣的事,于是他们对大量的语言事实进行归纳、总结,自觉不自觉地在做类型学之事。绝大多数语言学家认为语言有共同之处,即"共性"(universal)。Jäger & Rooij(2007)认为这种共性体现为:从句法角度看,都有名词、动词和修饰语;从语义角度看,都有颜色词"黑色"和"白色";从表征的简单词项看,都能表否定、连接、分离、语气、简单过去时、比较关系和全称词量化等。然而,Greenberg(1963)认为类型学框架内的绝大多数共性都是表层的,也是隐含的,以倾向性梯度来表征。如果一种语言有三个元音,那一定是/i/、/a/、/u/;如果有五个元音,那可能是/i/、/e/、/a/、/o/、/u/(Maddieson, 1982)。这些共性都是范畴性的或有关语言结构的,还有语言使用上的共性,即语用共性(pragmatic universal)。

从形态学角度看,名词化都会在语言中找到一定的形态表征,只不过表征数量和方式不同而已。一般来说,欧洲语言,如英、法、德等都可通过添加后缀进行词性转换。例如,英语中的动词可以添加这些后缀变为名词:-ation(exploration,探索)、-ment(arrangement,安排)、-al(refusal,拒绝)、-ee(trainee,受训者)、-er(teacher,教师)和-age(coverage,覆盖)等(章振邦,1997:31)。法语动词后面加上-ment、-tion、-ure、-e 和-age 等后缀,也可转为名词,如 changement(变化)、réparation(修理)、morsure(腐蚀)和 arrivée(到达)(毛意忠,2002/2006:394)。德语在动词后加上-er、-ling 和-tum 后缀同样可进行词性转换,如 Verfasser(作者)、Lehrling(学徒)和 Reichtum(财富)。在这些印欧语基础之上构造的世界语(Esperanto)也不例外,同样有形态标记:动词转名词一般将词尾的-i 变为-o,如 beni→beno(祝福)、dormi→dormo(睡眠)、kulturi→kulturo(文化)和 zorgi→zorgo(关心)等(魏原枢、徐文琪,1982/1984:234—235)。除了上面的形态标记外,名词化一般多涉动词,尤其是动作或行为动词(action verb)。例如(转引自 Chomsky, 1970):

(633) The *collapse* of the Germans is unlikely.

(634) John's *singing* "La Marseillaise" caused the riot.

(635) I heard the *singing* of "La Marseillaise".

(636) His *criticism* of the book is to be found on page 15.

为何名词化多涉及动词？一方面是因为句法结构、句法功能和抽象物化语义的表征需要，另一方面是因为受句法结构的限制。名词化有一定的限制条件，一般要实义动词，特别是带有名词性指称的动词（如 face、book）才可名词化。例如（Alexiadou, 2001: 83—84）：

(637) a. *la destruction* de la ville des soldats （法　　语）
     (the destruction of the city of the soldiers)

　　b. *la destruction* de la ville par des soldats
     (the destruction of the city by the soldiers)

　　c. **la captura* de los fugitivos de los soldados （西班牙语）
     (the capture of the fugitives of the soldiers)

　　d. *la captura* de los fugitivos por los soldados
     (the capture of the fugitives by the soldiers)

　　e. **la cattura* del soldato del enemico （意大利语）
     (the capture of the soldier of the enemy)

　　f. *la cattura* del soldato da parte del enemico
     (the capture of the soldier by the enemy)

德语中名词化与前置领属关系也如此（Bierwisch, 2009）：

(638) a. *Luthers Übersetzung* der Bibel
     (Luther's translation of the Bible)

　　b. *Seine Übersetzung* der Bibel
     (his translation of the Bible)

　　c. *Sein Porträt* seiner Mutter
     (his portrait of his mother)

　　d. *Luthers Übersetzung*
     (Luther's translation)

　　e. *Ihre Übersetzung* von/durch Luther
     (its translation by Luther)

　　f. *Dürers Porträt* seiner Mutter

（Dürer's portrait of his mother）

g. *Dürers Porträt*

（Dürer's portrait）

h. *Des Reformators Übersetzung

i. *Der Bibel Übersetzung

j. *Der Bibel Übersetzung Luthers

k. *Ihre Übersetzung Luthers

l. *Des Künstlers Porträt

m. *Seiner Mutter Porträt

n. *Seiner Mutter Porträt Dürers

o. *Ihr Porträt Dürers

此外，名词化往往会导致补语前置的"受动性限制"（affectedness constraint），但需要一个条件，即补语所指必须受事件影响，否则不合法。例如（Bresnan，2005）：

(639) a. the city's *destruction*

b. the boy's *removal*

c. the picture's *defacement*

(640) a. *the event's *recollection*

b. *the problem's *perception*

c. *the picture's *observation*

Koptjevskaja-Tamm（1993）对名词化的类型学研究表明，较高指称论元（如代词、限定成分或生命体）倾向于领属性名词成分前置，而较低指称论元（如实义性名词、不确定成分和非生命体）则倾向于领属性名词成分后置。例如：

(641) a. The lighting *gives me a headache*.

b. *The lighting *gives a headache to me*.

(642) a. The boss *refused Tony the promotion*.

b. *The boss *refused the promotion to Tony*.

10.3 类型学模式

Greenberg 于 20 世纪 60 年代通过对 30 种语言语序的语言类型学研究,发现大多数语言以 SVO、SOV、VSO 语序为主,少数以 VOS、OSV 和 OVS 为主(其中 S 代表主语,V 代表动词,O 代表宾语)。另外,还有几个重要参数:Pr = 前置词,Po = 后置词,N = 中心名词,G = 所有者,A = 形容词。三种主要语序具体表现为:

(ⅰ) SVO/Pr/NG/NA
(ⅱ) SOV/Po/GN/AN 或 SOV/Po/GN/NA
(ⅲ) VSO/Pr/NG/NA

这三种语序中又以前两种为主导,这两种如果将 S 取消,只剩下 VO 和 OV,在此动词处于核心地位。为说明动词名词化的各种可能性及表现方式,我们借用 Koptjevskaja-Tamm(1993)在这方面的研究成果,因为他就世界上 70 种语言中行为动词名词化进行了详尽而系统的研究,得出了很有意义的研究成果。他发现 70 种语言名词化表征大多以这几种模式为主:① SENT(句法类型,如朝鲜语);② POSS-ACC(领属宾格类型,如西格陵兰语);③ SENT-POSS(句法领属类型,如汉语);④ OBL-POSS(间接领属类型,如德语);⑤ POSS-ADN(领属形容词性名词类型,如阿拉伯语);⑥ DBL-POSS(双重领属类型,如英语);⑦ MIX(混合类型,如泰语)。这些类型之间并非泾渭分明、相互排斥,实际上一种语言的名词化表征可能出现几种模式,如图 54 所示:

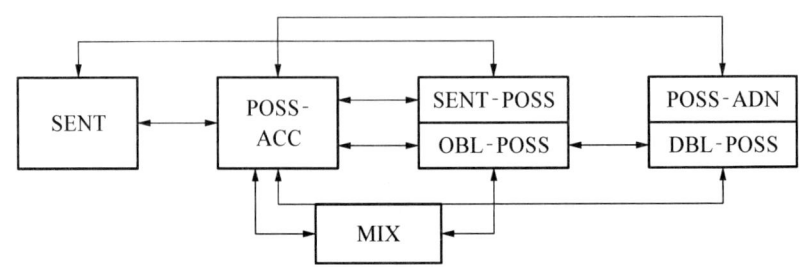

图 54 名词化的类型学模式(**Koptjevskaja-Tamm,1993:216**)

如果将这些名词化类型按 SENT 象似性和 NP 象似性进行排列,可简单表示为(Koptjevskaja-Tamm,1993:255):

$$SENT>POSS\text{-}ACC>ERG\text{-}POSS>NOMN$$
←更像句子 …… 更像名词短语→

这样,名词化多涉领属结构关系以及中心语的转移定位。按 Greenberg 的看法,不同语序的语言其领属建构模式是不同的。例如:

(ⅰ) SVO 语言倾向前置,即

$[_{VP}[_{V'}[_{V} V][_{NP} O]]]$ 或 $[_{PP}[_{P'}[_{P} P][_{NP} O]]]$ →
$[_{XP}[_{X'}[_{X} X][_{NP} O]]]$

(ⅱ) SOV 语言倾向后置,即

$[_{VP}[_{V'}[_{NP} O][_{V} V]]]$ 或 $[_{PP}[_{P'}[_{NP} O][_{P} P]]]$ →
$[_{XP}[_{X'}[_{NP} O][_{X} X]]]$

当然,同一种语言也可能有不同的名词化领属表征模式,如汉语可这样表征:

(ⅰ)"NP+的+VP"结构,如"春天的到来、长城的伟大"(陆俭明,2005:229—234)。

(ⅱ)"VP+的"结构,如"吃的、送的、玩的"。

(ⅲ)"PRN+的+VP"结构,如"我的管理、他的劳动、我的要求"。

英语的名词化领属表征模式也不止一种:

(ⅰ)'s 结构,如 bird's fly、my performance、the house's collapse 等。

(ⅱ) of 结构,如 the publication of the book、the contribution of the company 等。

10.4 类型学模式的认知语义特征

从以上讨论可知,名词化现象具有一些深层的认知语义特征,即领属-中心关系和抽象的语义物化表征。根据 Heine(1997)的研究,领属-中心关系分不同的类型。一般来说,永久性领属(PERM)最具领属原型特征

(即它展示出最大限度的原型特性),物理(PHYS)、时间(TEMP)和不可分领属关系(INAL)次之,抽象(ABST)和无生命(IN/I 或 IN/A)的领属关系离原型属性最远,如图55所示:

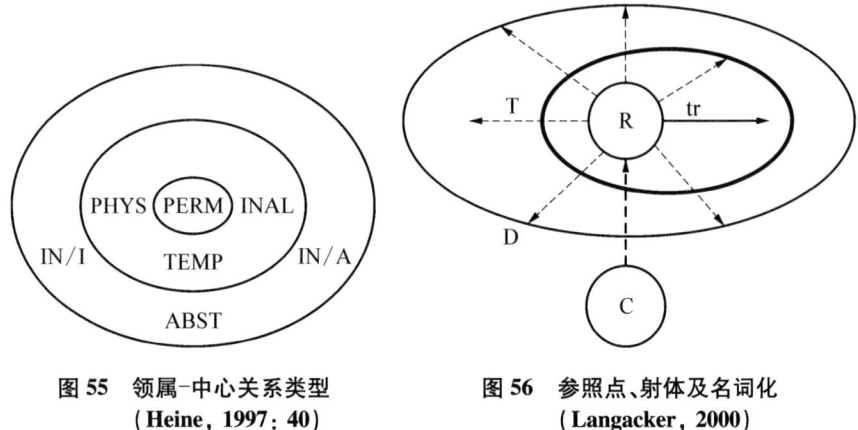

图55　领属-中心关系类型　　　　图56　参照点、射体及名词化
　　　(Heine, 1997:40)　　　　　　　　(Langacker, 2000)

尽管名词化语言类型学模式多变,其核心实质体现为一种抽象的物化表征,如图56所示(C = conceptualizer, R = reference point, T = target, D = dominion, tr = trajector, ---→= mental path)。在一个确定的认知域中(不同的认知域中,名词化过程和手段各不相同),一个动词需要名词化时,先选择好参照点,然后通过射体来实现其目标,这就是抽象的"物化"状态,其过程突显概念的转化,即从过程到抽象状态。

10.5　小　　结

语言类型学所扮演的角色的确非常重要,正如金立鑫(2006)所言,语言学作为一门严格意义上的经验科学,其研究目标和其他经验科学完全一样,即追求隐藏在各种外表形态背后的普遍共性规律,并用这些规律来阐释人们之所以这样表征的理据及其运作机制。既然名词化现象是人类语言的一种普遍现象,那么它自然具有一些类型学特征,比如结构、语义和功能等方面。但具体语言的名词化也有各自的要求和规则需遵循,否则就会出乱子,给交际带来麻烦。

第十一章 名词化转换的深层理据

11.1 引　言

名词化过程所涉的一个核心问题就是转换，一种不同于 TG 中的转换。对此，我们从俗经验、心理现实性、认知神经基础和哲学基础等方面进行探讨。名词化转换之所以可能，除了语言表达和交际需要之外，其深层的动因还在于现实世界的本体是由物质和运动构成的，物质和运动相互依存，相互转换，共同遵守着能量守恒定律，形成丰富多彩的物质世界。对"转换"二字需要做一说明：从字面看，它既强调"转"，又强调"换"；也就是说，它既强调过程，也注重结果，包括了"转化"和"转变"两种意思。汉语中的"转换"二字似乎对应英文中的 shift 和 transformation，这可从陆谷孙 (1991) 主编的《英汉大词典》（下卷）看出来。但根据《朗文现代英语词典》(*Longman Modern English Dictionary*, 1976) 的定义，英语中的这两个词概念完全不同：shift 的定义是 a change of position, place, direction or condition（位置、处所、方向或条件的变化），而 transformation 则强调 the form or appearance being changed（形式或外观的变化），即后者更多注重形式方面的问题。由此也就不难理解当年 Chomsky 的句法学研究要用 transformation 而不用 shift 的原因,因为他更多重视语言结构方面的问题。而"名词化"不仅仅是形式结构的问题,还涉及语义、语用和认知等方面的问题,所以它所涉的是 shift 概念层面上的"转换"(详见刘国辉,2005b)。

11.2 俗经验基础

众所周知,我们在日常生活中所遇到的很多东西,不管是事情还是事件,都跟动作和物体有关。也就是说,物体与活动不可分。假如以"移动"这个动作为中心,我们就会发现很多相关的物体:① 低级动物,如马、狗、猫、兔;② 高级动物,如长跑运动员、足球运动员;③ 交通工具,如客车、拖拉机、自行车、赛车;④ 气候,如乌云、飓风、云雾、太阳、月亮。假如以"卡车"这个物体为中心,我们又会发现与此相应的动作或活动:① 运输,如发动、转弯、上坡、下坡、换挡、加油、到达;② 装载,如装、卸、搬等等。这即是说,任何物体都有相应的活动或动作,不可能只见物体而不见它的运动(含显性和隐性两种),也不可能只见活动或运动而不见其主体,因为我们的大脑一旦提取某一物体,自然会激活其相应的活动存在形式。这种物体与动作相连的关系为语言中的名词化转换提供了现实基础。

11.3 心理现实性

幼儿在学语言初期,词和物基本上是一一对应的。婴儿没有类推能力,这是因为他们以直觉感知为中心,思维带直觉性。但随着年龄的增长,他们发现现实生活五彩缤纷,什么都有,变化万千,那么如何用有限的交际资源去应对无限的生活需求就成为他们首先要考虑的问题。他们为此采用的语言转换手段大致有:

（ⅰ）泛化，比如幼儿起初把一切成年女性都叫"妈妈"，见到很多不同的阿姨之后，才在实践经验中意识到，"妈妈"以外那些女青年都应叫"阿姨"（称呼可能因地域而不同）。再如，妈妈指着动物园里的鸽子、鹦鹉、八哥、老鹰，告诉孩子这是"鸟"，幼儿就得出关于鸟的形象（常宝儒，1990），出现了类别范畴概念。

（ⅱ）语义矛盾，如"小的大老虎、死老虎跑了、黑色的花猫"。

（ⅲ）比附，小朋友唱歌经常出现一些好笑的事，如把"学习雷锋好榜样"唱成了"学习雷锋好朋友"，因为他们了解周围的朋友，而不了解"榜样"这个抽象概念。

（ⅳ）指代不明，如候车时，小朋友看见"到上海的车走了"就说："妈妈！妈妈！快！快！上海走了。"

这些早期言语行为说明小孩在大脑中天生存在着转换机制，以满足生存需要。但他们的转换为什么经常出问题呢？我们认为主要原因就是幼儿的认知水平和语言表达能力非常低下，不足以准确应对现实的多样性。

发展心理语言学通常认为，与名词相连的可控对象范畴比与行为、事件相连的过程范畴习得更早，对此的一个通行解读是可控对象范畴成员比过程范畴成员在感知上更易独立定位（Piccin & Waxman，2007）。为了说清这个问题，不妨将 chair 这样的个体对象处理与 convince 这样的过程处理作比较。像 chair 这样的个体对象往往有明晰的物理和感知边界，以致它们很容易进入我们的视野。这种对象不管时空如何变化，始终处于相对稳定状态（包括其形状、构成成分以及行为等），易于管控和处理，属于相对简单的可触及的因果链。与此相反，过程在感知上就相对无形，其物理或感知边界经常不清，会随时空变迁有较大变化，处理也比管控对象复杂得多，且过程还经常处于一种复杂的、有意识的因果关系链上。正因为如此，像 chair 这样的可控对象范畴在感知上比 convince 这样的过程范畴易于做个体化处理。因此，这种范畴对小孩来说更易学会，因为在复杂的感知域中这样的对象易于识别。此外，可控对象范畴的物理特性不仅使其容易得到个体化处理，而且有其生物的先天倾向（predisposition）。这样，当人们处理名词或名词化过程时，可控对象范畴的特征就自然显得很活跃，会自动进入我们的认知建构。一旦有关名词的直觉印象运用到过程，其概念就会简化和客观化，即不再被看作漫无边界的、不稳定的、难以控制的复杂因果链,而是离散的、相对稳定的、易于控制的简单因果链。

11.4 认知神经基础

名词化整合的认知神经理据可从词类和名词、动词及兼类词这两个方面考察。

11.4.1 词类处理

Nobre & McCarthy(1994)进行了词汇的 ERP 实验。首先,用横向长方形将一串字母进行相对独立的凹形排列。刺激持续 500 毫秒,时间间隔从 2 100 毫秒到 2 200 毫秒,被试的任务就是在 fruits and vegetables 样本范畴出现时尽可能快而准确地按下反应键。然后,测试人员将书写不合法的"非词"(NONWORD)、合法的"假词"(PSEUDO)、语法功能词(FUNCTION)、有语义内容的实词(CONTENT)和范畴样本(EXEMPLAR)等词类进行任意排列,测试不同被试对它们的反应。本次 ERP 实验发现,峰值正常的大脑皮电极点分布在 250—500 毫秒之间:288 毫秒时,大脑皮左前焦点与功能词和假词有关(见图 57 空心箭头);316 毫秒时,实词和

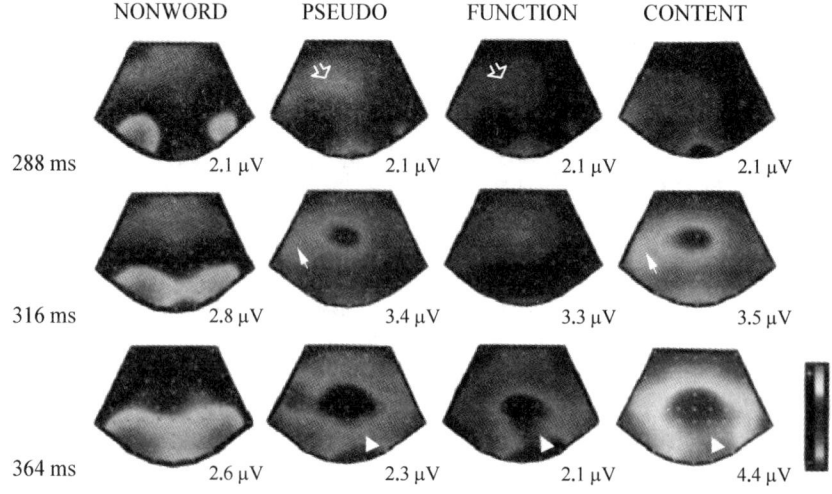

图 57　不同类型词汇的 ERP 反应比较(Nobre & McCarthy, 1994)

假词显示出左额颞焦点(见图57白箭头)和中线前面焦点;364毫秒时,合理的刺激会产生一个大范围的中线分布(见图57白三角形)。

最后,看看这种语言刺激在不同点的突显情况,见图58:

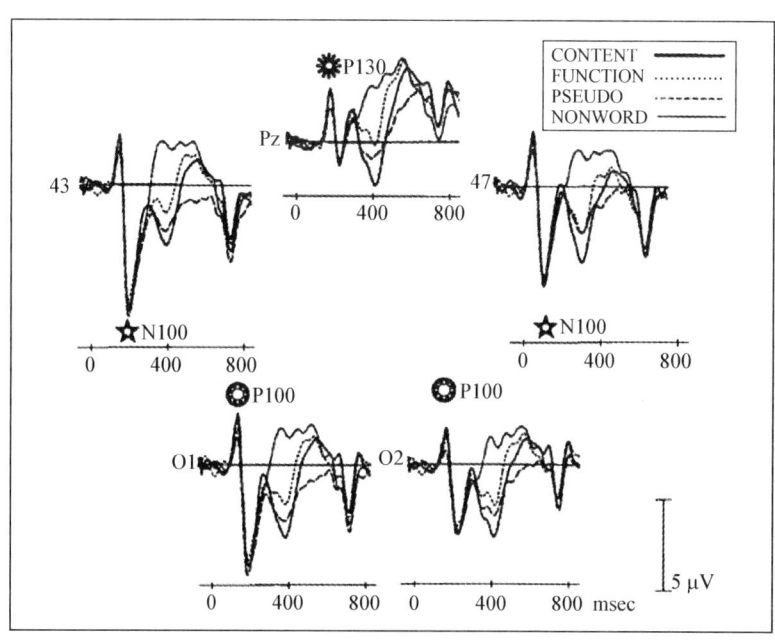

图58 不同类型词汇的突显峰值比较(Nobre & McCarthy, 1994)

在侧枕骨 O1 和 O2 处 P100 为最大值,峰值出现在 104 毫秒;越过 Pz,P130 为最大值,峰值出现在 128 毫秒;N100 在侧后 43 和 47 处为最大,峰值出现在 168 毫秒。通过这个 ERP 实验可知,受试对不同类型词汇及其语义的心理反应是不同的,比如对语法功能词和对实词的反应差异是很大的,即便没有语境,功能词与实词相比仍会显示 N400 变动。该发现支持了这样一个假设:实词与功能词存在不同心理处理过程。在此所涉名词化现象应属于实词之列,一般不会属于功能词(因为前面已提到,功能词之类因无所指,一般不可能转化为名词),更不可能列入假词或非词范畴。因此,名词化的 ERP 反应或效果应与实词相近,但不等同,因为名词化的结果多为实词的抽象化处理。

11.4.2 名词、动词及兼类词处理

Miceli et al.(1984)首次实证了名动双重分离(double dissociation)现

象,即大脑左半球下额叶区(left inferior frontal region)受损的病人,其动词的脑加工机制受损,表现出动词提取困难,而名词提取则保持相对完好;然而,前颞叶区(anterior temporal region)受损的病人,名词的脑加工机制受损,表现出名词提取困难,动词提取则保持相对完好。名动分离现象似乎说明在大脑中名词和动词确实对应不同的神经机制,这一发现极大地鼓舞了语言学家和脑科学家。后面的研究也证实了这样的事实:一些病人使用动词比使用名词困难(Caramazza & Hillis, 1991; Breedin et al., 1998),而另一些病人则使用名词比使用动词困难(Bates et al., 1991; Robinson et al., 1999)。那么,事实是否真的如此? 杨亦鸣等(2002)认为,大多数名动分类实验的结果支持名词和动词的语义特征不同,这是人们区分二者的依据,但这些实验的研究方案只是从语义角度来设计,大大制约了其结论的语言学价值。为此,他们从语法角度来设计研究方案,通过 ERP、fMRI 两种实验手段证明语法确实可作为名动分类的依据。名词重叠的激活脑区为双侧纹外区、颞叶、双侧基底节、扣带回前部、额中回、左侧后顶叶、左侧额上回,但动词重叠未见扣带回、基底节区的激活。另外,在左侧额叶动词重叠比名词重叠的激活范围小,如图 59 所示(N 显示名词重叠的脑区激活情况,V 显示动词重叠的脑区激活情况,L 指示图像中大脑左侧半球的方向):

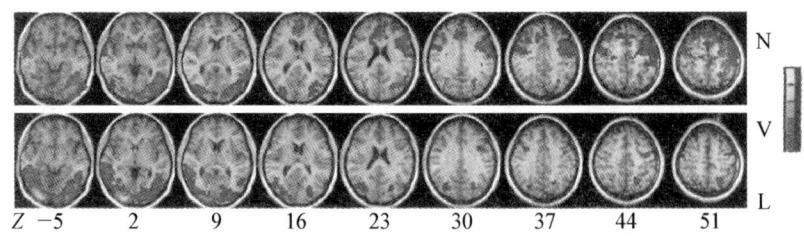

图 59 名词和动词脑区激活比较(杨亦鸣等,2002)

此外,名形组合、动形组合的激活脑区都包括双侧纹外区、左额叶上回,但前者还有左侧后顶叶、左侧额叶中回、右侧额叶被激活,如图 60 所示(AN 显示名形组合的脑区激活情况,AV 显示动形组合的脑区激活情况,L 指示图像中大脑左侧半球的方向)。

最后,根据不同的刺激任务可计算出被试在不同条件下的激活脑区的体积。名形组合的激活脑区体积比动形组合的小,名词重叠的激活脑

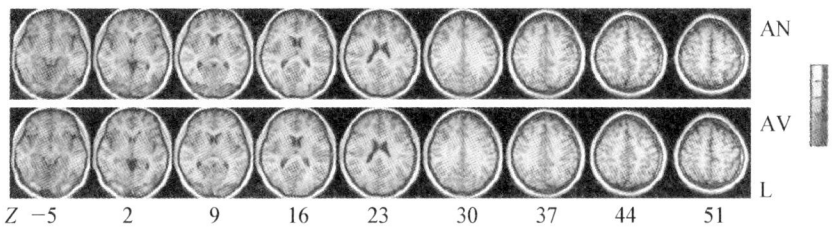

图 60　名形组合和动形组合的脑区激活比较(杨亦鸣等,2002)

区体积比动词重叠的大;词汇重叠的激活脑区体积比词汇组合的要大得多。

张钦等(2003)通过词汇判断任务进行 ERP 实验,探讨了名词与动词语义之间的差异以及词汇的具体性对这种词性效应的影响。该研究结果表明:在 200—300 ms、300—400 ms(即 N400)时窗,词性与具体性的交互作用在两侧电极上达到显著水平,在两半球上具体名词所诱发的 ERP 比具体动词更负;在 N400 上词性与电极位置有显著的交互作用,名词与动词的差异主要存在于左、右半球的额叶和颞叶。也就是说,抽象名词与具体名词、具体动词之间存在着显著不同的神经活动模式,如表 61、表 62 所示:

表 61　抽象与具体名动电极位置上 200—300 ms 时窗的平均振幅值(张钦等,2003)

实验材料	F3	FZ	F4	FT7	FT8	T7	T8	C3
抽象名词	2.74	2.25	2.38	2.50	2.34	2.23	1.33	2.91
抽象动词	2.52	2.04	1.93	2.19	1.91	2.00	1.08	2.56
具体名词	1.94	1.68	1.62	1.90	1.73	1.54	0.92	2.22
具体动词	2.76	2.24	2.38	2.51	2.34	2.10	1.31	2.46
实验材料	CZ	C4	P3	PZ	P4	O1	OZ	O2
抽象名词	2.50	1.61	1.88	2.72	3.10	2.56	2.70	2.65
抽象动词	2.05	1.31	1.53	2.12	2.74	2.08	2.17	2.03
具体名词	1.95	1.18	1.38	1.86	2.47	1.82	1.89	1.85
具体动词	2.22	1.53	1.34	1.97	2.64	1.76	1.83	1.93

表62　抽象与具体名动电极位置上 N400 的平均振幅值(张钦等,2003)

实验材料	F3	FZ	F4	FT7	FT8	T7	T8	C3
抽象名词	0.35	-0.33	0.48	0.42	1.08	0.36	0.62	0.70
抽象动词	0.26	-0.44	0.06	0.28	0.65	0.33	0.29	0.38
具体名词	-1.17	-1.64	-0.82	-0.62	-0.03	-0.75	-0.09	-0.67
具体动词	0.05	-0.85	0.12	0.23	0.78	0.03	0.40	-0.35
实验材料	CZ	C4	P3	PZ	P4	O1	OZ	O2
抽象名词	0.11	0.52	0.63	0.95	0.96	0.40	0.52	0.43
抽象动词	-0.19	0.25	0.29	0.42	0.60	-0.10	-0.01	-0.19
具体名词	-1.32	-0.29	-0.19	-0.59	-0.21	-0.64	-0.64	-0.64
具体动词	-0.88	0.11	-0.14	-0.28	0.23	-0.59	-0.57	-0.48

刘涛等(2008)运用 ERP 技术从语法角度进一步考察汉语名词和动词加工的脑神经机制,结果如图61、图62所示:

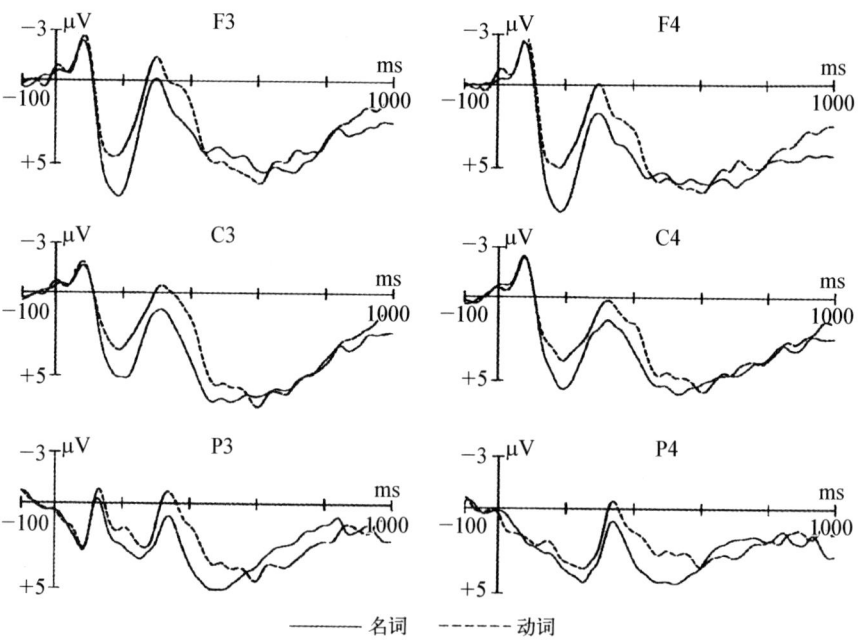

图61　正确语境中名词和动词的 ERP 波形(刘涛等,2008)

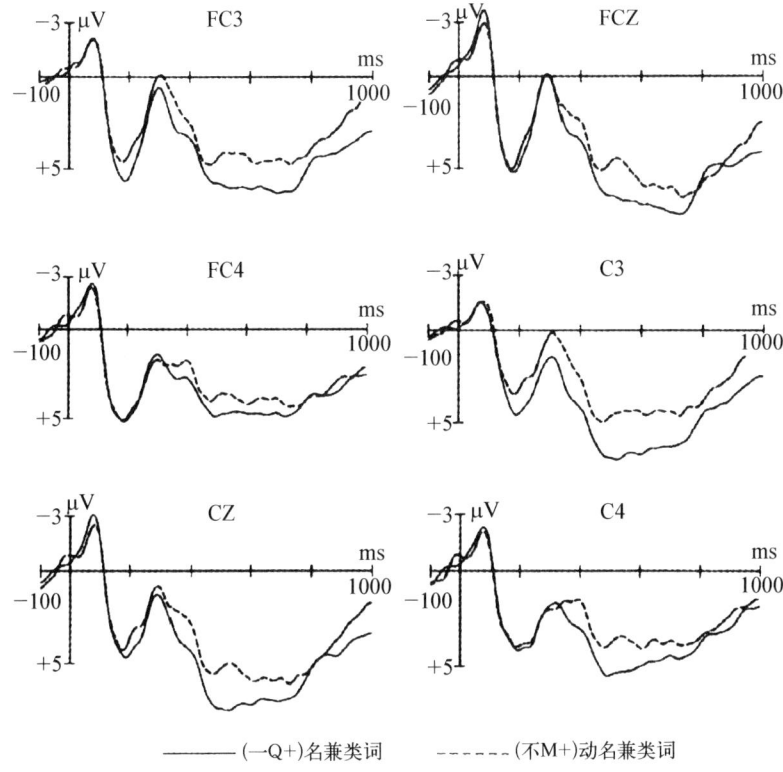

──── (一Q+)名兼类词　------ (不M+)动名兼类词

图62　名词语境和动词语境中动名兼类词的ERP波形(刘涛等,2008)

　　在合适的语法语境中,名词、动词和动名兼类词所诱发的ERP差异主要反映在P200、N400和P600三个成分上。在正确语境中名词诱发更大的P200,而动词则诱发出比名词更大的N400和减小的P600;当动名兼类词分别用作名词和动词时,虽二者的N400没有显著差异,但前者诱发一个增大的P600。这表明汉语名词和动词具有不同的神经表征和加工机制,名词和动词的语法功能在汉语名动分离中起了重要作用。实验对于动名兼类词的研究发现,同正确语境中名词和动词的比较相类似,与动词语境中作为动词使用的动名兼类词相比,名词语境中作为名词使用的动名兼类词也诱发出一个增大的P600,且分布的脑区更加广泛。这是因为动名兼类词用在名词语境和动词语境中时,分别相当于名词性词语和动词性词语。同时,P600是与语法加工相关的成分,所以实验结果表明,名词性词语和动词性词语在语法加工上并不相同。

与正确语境中名词、动词比较结果不同的是,动名兼类词作为名词使用和作为动词使用时N400并没有表现出差异,这可能同动名兼类词的性质有关。动名兼类词是主要根据词的语法功能标准划分出来的词类,兼有名词和动词的语法特征。因此,当分别当作名词和动词使用时,它更能体现出类似于名词和动词的语法特征上的对立。但两种语境中的动名兼类词在语义特征上相同或十分相近,所以实验显示在与语义加工相关的N400成分上并没有表现出显著差异。但与动词语境中的动名兼类词相比,名词语境中的动名兼类词诱发了增大的P600成分,这个增大的P600效应也和名词、动词的比较结果一致,表明二者在语法加工上存在差异。由于两种语境中的动名兼类词分别相当于名词性词语和动词性词语,所以实验结果表明:大脑对动词性词语和名词性词语的加工是不同的;没有显著差异的N400效应和增大的P600效应显示,大脑在加工名词性词语和动词性词语时产生的差异不是语义原因造成的,而是词语的语法功能起了主要作用。以上的语义和语法实证考察大致说明名词与动词的确对应不同的神经机制,名词化现象作为一种转类现象自然受其影响。

夏全胜等(2014)将ERP技术和半视野技术相结合,采用词汇判断任务,对汉语名词、动词和动名兼类词在左脑和右脑中的加工机制进行了考察。结果发现,不同词类在大脑中线电极上的ERP波形相差无几,如图63所示。其中63(a)列是右视野/左脑下的中线电极波形图,63(b)列是左视野/右脑下的中线电极波形图。对名词和动词来说,名词和动词的N400在右视野/左脑中没有显著差别,表明它们在词汇判断过程中语义激活程度大致相同。因此,名词与动词在左视野/右脑中的N400主要体现具体差异。这主要是因为:在语义特征上,典型名词一般指称事物,包含较多感觉信息;典型动词一般表示动作,包括较多动作信息;动名兼类词表示行为动作时,其动作信息少于典型动词,因为动名兼类词大多没有具体对应的动词图式,动性较弱(齐沪扬,2004)。

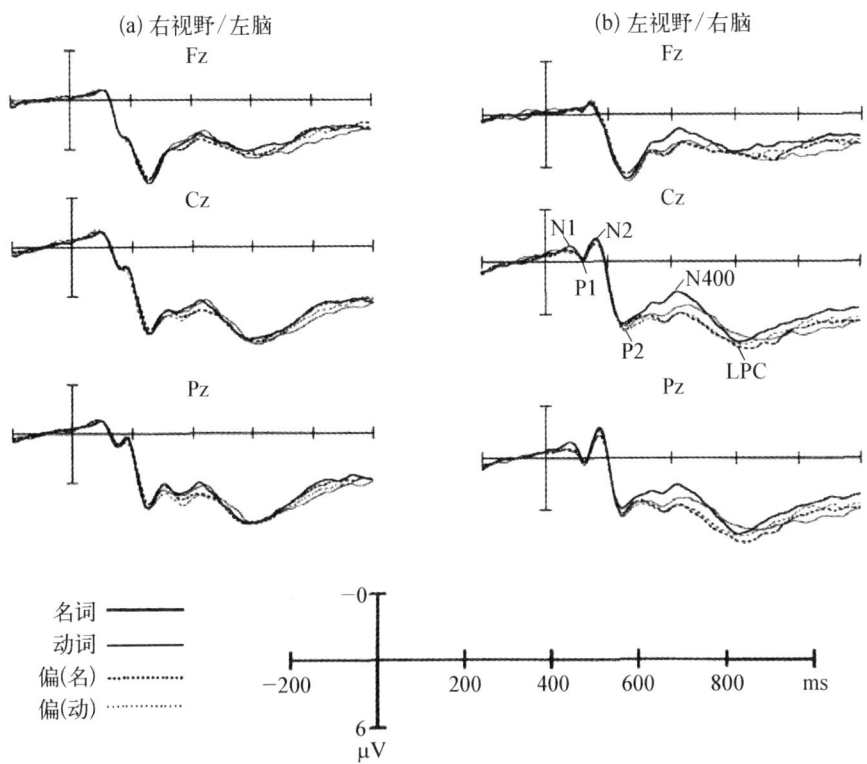

图63 名词、动词、偏(动)和偏(名)在大脑中线电极上的
ERP 波形(夏全胜等,2014)

11.5 哲 学 基 础

11.5.1 亚里士多德的范畴观

哲学思考是最高层面的思考,更为宏观,更具指导性。因此,我们需要从宏观的哲学视野来考察名动转换的哲学基础。古希腊哲学家亚里士多德(1997)的范畴学说认为现实世界由十大范畴组成,它们分别是:① 本体(也称"实体"),如"人、狮";② 数量,如"一米长、三米宽";③ 性质,如"红的、懂英语的";④ 关系,如"五倍、较高";⑤ 地点,如"在城里、在某个地方";⑥ 时间,如"今天、明年";⑦ 姿态,如"坐着、站着";⑧ 状

况,如"跳舞的、武装的";⑨ 动作,如"动手术、开采";⑩ 遭受,如"被动手术、被开采"。这些范畴之间不是并列的,其中本体占有特殊地位,它是指现实世界中不依赖任何其他事物而独立存在的各种实体及其所代表的类,其他范畴则只存在于本体之中,是本体的属性。也就是说,本体是实实在在的,是看得见、摸得着、可以分类的事物。它是其他一切东西的基础,而其他一切东西或是被用来述说本体,或是存在于本体之中。正是本体自身的变化(如先前热的东西后来变成了冷的),使这个东西已进入了一种不同的状态。也正是本体自身的改变才导致本体能够具有相反的性质。但本体自身不能有程度上的不同,如"人"这一本体就不能比另一时候的自己或比另一个人多些或少些人的实质,即不能说本体更是它自身或更不是它自身。上述范畴反映到语言结构中就是本体表现为主语,本体的其他属性范畴则表现为谓语,从而形成一个判断式。因此,主语总是和名词相连,谓语总是和动词、形容词相连,这也是传统语法的基础。把语言中的主语和谓语的本质关系归于现实世界本体及其属性的关系,是古希腊哲人对人类语言的朴素而深刻的辩证思维。这样,谓语不但可以陈述主语,也可指称主语,因为谓语所体现的是主语代表的事物的属性。当然,只有那些能体现客观世界"本体-属性"关系的主谓结构,其谓语才能指称主语(姚振武,1996)。

11.5.2　怀海特的过程哲学观

正如英国著名过程哲学家怀海特(2003)所言:宇宙是活生生的,有生命的机体始终处于永恒的创造进化过程之中;构成宇宙的不是所谓原初的物质或客观的物质实体,而是由性质和关系所构成的有机体;有机体的根本特征是活动,活动表现为过程,过程则是构成有机体的各元素相互联系、持续创造的过程,它表明一个有机体可以转化为另一个有机体,因而整个宇宙表现为一个生生不息的活动过程。也就是说,活动过程体现物质的存在属性,是物质的表现形式之一。同时,活动能充分体现物质之间的时间或过程依存关系,如暂时关系、常规固有关系。语言中的主被动关系和领属关系可能是暂时的,也可能是常规的。当然,物质之间还有其他各种关系,如六维外部空间关系(上下、左右、前后)和一个内外关系,这些关系也可用语言的其他词类或短语来表征,如介词:

(643) The book _____ the desk is mine.
- (a) inside / outside 〕内外关系
- (b) under / over / below 〕上下关系
- (c) in front of / behind 〕前后关系
- (d) on the right of / on the left of 〕左右关系

而名词化本身就体现为一种过程关系,这可从各种不同语言学词典对该概念的界定上看出来。比如根据《现代语言学词典》(克里斯特尔,2000:240)的界定,名词化是"指从其他某个词类形成名词的过程,或指从一个底层小句得出一个名词短语的派生过程"。

11.5.3 拉兹格的系统适应观

著名美籍匈牙利系统哲学家拉兹格(1997)认为,信息流是一种系统适应调节,从噪声源(E)发出,经过输入(P),随后通过编码控制中心(C),最后进入输出(R),如果令其一直按此顺序,即按 E→P→C→R→E 顺序流动,会呈现出一种连续不断的循环流动状态。无论什么时候,只要 P 过滤出来自 E 并与 C 一致的信息,系统就能产生与它协调的反应。也就是说,密码经过 P 而输入的信息不是确定不变的,而是会应变性地适应。这种系统不仅是自稳的,更重要的是自组的,即对于它所倾向接受的输入形式是可以调节其系统密码的。只有当输入与系统密码相适应时,已知密码才通过反应使系统持续下去,否则它会通过 R 和 E 来改变输入,并且系统不断地测定出自身密码适应环境的变化域。以上讨论的信息流程可表示为图64(虚线表示适应性信息,实线表示变化中不变的信息,箭头表示流动方向,C_1 表示不适应信息流,C_2 表示适应信息流)。

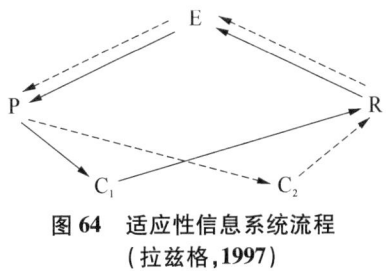

图64 适应性信息系统流程
(拉兹格,1997)

语言中的名词化实际上也是一种系统适应性表现,主要是因为在具体的语言环境中,语言各个不同层面的结构、语义和语用等因素会要求语言做出相应调适,以符合语言系统本身的要求和交际的需要。名词化从语篇布局或结构分布来看,是一种生成性适应或平衡码,使语言表达式显得灵活、多变;从语用功能看,它使文体或文本更显正式、庄重或权威。

11.5.4　维特根斯坦的语言游戏观

1929年当维特根斯坦重返剑桥大学的时候,他不再把语言看作整齐划一的,不再希望以逻辑语言去规范实际语言。他把注意力转到实际运用的语言上,认为语言是变色龙一类的东西——同一符号或语词可以展示出相当不同的应用可能性。语词不是孤立的实体,不仅仅是单独对象的名称,而是人类行为网络的部分,语言的功能决不局限于给出种种或真或假的描述,而是具有多样性。使用同一个词并不必然是同一种意义,因为语词就像一个个杠杆,可以被用到不同的目的上:可用作机器的曲柄,可用作开关,可用作水泵的把手。离开了它们的运用,它们就不是杠杆,而仅仅是一些形状相同的棒子而已。也就是说,只有当我们亲手拿起这些工具使用,或仔细地观察技术工怎样使用它们,它们的意义才会变得清晰起来。同样,语词要在其用法的全部联系中才能获得意义,语词的意义并不依赖于它们对某些对象的意指,而是依赖于游戏的规则。维特根斯坦的后期著作认为,语言变得远为灵活、微妙和多样化,在可以言说和不可言说的东西之间的区别已不再那么泾渭分明了。人们在各种不同的语言游戏中发现了被维特根斯坦称为"家族相似性"的东西(范坡伊林,1988),语言中的名词化实际上也是一种语言游戏体现:它是处于名词和动词之间的一种中间状态,与类典型的名词家族相似;它是根据不同的交际需要而做出的不同语言形式、语义和语用等功能调适,是语言运用的一种多样化体现。

11.5.5　万德勒的语言事件与事实哲学观

让我们从哲学角度看看名词化转换的结果。万德勒(2002)指出,在空间意义上物体(object)显然存在于世界之中,一顶帽子有形状、有位置,可以移动,可以放在帽盒里面。然而,我们却很难说物体在时间之中。帽子并没有开始、持续、结束状态。事件(event)主要是时间性的存在,一件事情可能会发生、持续、结束,可能是突然的、长久的或逐渐的。但事件并不直接处在空间之中,如德国人的崩溃可能发生在2 000英里长的战线上,但不能说德国人的崩溃有2 000英里长。而事实(fact)则主要不处在时空中,它没有处所,不能移动、分割或扩展,也不在任何意义上出现、发生、持续,也不能说它们是巨大的或快速的。名词化的指称对象并非完全一样,有可能是事件,也有可能是事实。事件或事实不管在语言学还是哲学中都是两个不同的概念,不能混在一起。事件一般较为具体,涉及时间或空间等,而事实则相对较为抽象,不涉时空问题。例如:

(644) Fred's *performance* took three hours. (事件)
(645) Fred's *performance* surprised me because I didn't think he could be persuaded to play in public. (事实)

11.6 小 结

以上从俗经验基础、心理现实性、认知神经基础和哲学方面对名词化现象的理据做了分析,认为名词化转换具有坚实的经验基础、心理感知、神经反应和哲理基础。哲学方面的讨论尤为全面,分别从五个不同侧面触及了名词化转换问题:亚里士多德从本体与属性范畴方面、怀海特从物质之间的活动过程方面、拉兹格从系统适应方面、维特根斯坦从语言游戏规则方面、万德勒则从事件与事实方面进行了探讨。也就是说,名词化现象不是空中楼阁,更不是无源之水、无本之木,而是具有现实基础和心理神经反应,更具哲理特性。

第十二章 结 语

12.1 总 结

本研究发现,语言系统是一个动态整合的整体,词、句、篇是互动连通的三个不同层面,名词化现象作为一种特殊现象在其中扮演了重要角色。首先,动态整合观是本研究的理论基点。原子结构主义研究范式主导的时代已结束,而以认知科学为基础的动态整合视角为学科发展带来了新的生机与活力。语言研究也不例外(这可从1816年德国学者葆朴所发表的印欧语研究论文到当代语言学的发展轨迹中得到充分印证),我们不能孤立地看待或静态地处理语言系统中的任何个别现象,即只见树木,而不见森林。语言整合研究必然涉及五个方面:

(ⅰ)语言系统是一个多维、多层面、多视点的复杂动态整合系统,其动态整合必须满足一些基本前提,否则无法运作。这些前提是主观性、开放性、互补性、渐进性、功能性、自主性、稳定性、整体性、复杂性,它们是动态整合所需的内部环境、外部环境及内外交流环境。

(ⅱ)语言的动态整合分为历时演变和共时变轨两种

方式。就其性质来说,前者更多是宏观的、渐进的、系统性的,而后者则更多是微观的、暂时的、零星的;就其动因来说,前者更多是社区的、社会性的、文化性的或时代性的,而后者则更多是个体心理的、交际性的、功能性的。我们基于范畴认知、图形-背景、认知识解、经济-整合和功显原则进行了考察,因为这些原则充分体现了人们的认知发展路径。

(ⅲ)动态整合可以说无处不在:从结构看,分词、句、篇三个层面;从语相看,分语法、语义和语用三个平面;从时空看,分即兴、短期和长期三种时段;从显示度看,分显性和隐性两个层面;从整合度看,分凌乱、松散和紧密三个梯度;从结果角度看,分瞬间、暂时和永恒三种状态。

(ⅳ)语言系统中的语音、语法、语义、语用等离散的元素或成分需要一种内力或外力,或内外力之间的合力来整合,从而形成一个有机整体。这种合力是一种优化处理,不是混乱的组构或拼凑,其结果必然出现整合压制状态,运用起来经济省力。不过,经济省力具有度的限制,即不管从编码还是解码角度看,要便于认知理解,即这个表征必须显示和担当特定的功能角色。

(ⅴ)世界上任何事物的运动、变化都有动因,名词化现象也不例外。

综上所述,我们不能孤立地看待或静态地处理语言系统中的任何个别现象,因为语言系统是一个混沌有秩的有机系统,同时也是一个复杂的动态整合系统,每个部分的细微变化或变异都会在一定程度上影响到全局,即"牵一发而动全身"。这个整合是一个相对契合过程,它不是暂时的,而是永恒的;不是个别的,而是整体的。从整合表征看,从词到句再到篇是一种调适-优化组构关系;反之,从篇到句再到词则是一种压制-整合的协统关系,以适应系统自上而下的生成方式。整合度因词、句、篇这三个不同层面而异:越靠近语言系统中心的词汇层,其整合度越大,反之亦然。这种整合既有物理、认知、神经心理基础,同时也有哲学根基,但整合的结果不可超越人类现有的认知能力和认知范畴。

其次,名词化的地位及特性是本研究的具体内容。从前面的考察与研究可看出,名词化所涉范围之广(比如音、形、义、体、功),远超想象,几乎包括了语言学所涉基本层面或维度。抓好这个关键点有助于改善相关方面(特别是结构、文体和语用方面)的处理,从而提升我们的语言表征能力和应对能力。更为重要的是,只要通过类型学考察找到它,我们就能为最终认知人类思维特性和有效通道提供强有力的支持。名词化现象是人类语言中一种"普遍"而"特殊"的现象:"普遍"是指它几乎存在于所有自然语言之中,"特殊"是指这种现象不仅涉及词,还涉及句和篇,即整个语言系统。借这"冰山之角",也许我们能认知语言背后所隐含的一些规律特点和实质。为此,我们考察了名词化的研究现状及其框架体系,名词化现象的定位,名词化的生成路径,名词化的生成后效应,名词化的量化考察与分析,名词化与动词化的认知语义基础及功能比较,名词化在词、句、篇上的动态整合与名词化的类型学基础,最后我们思考了名词化的理据。我们发现名词化具有如下特征:从语法角度看,名词化是词类的一种转换;从语法隐喻角度看,它是一种强有力的结构转换操作平台;从语义角度看,它是一种指称义突显、物化度的一种强化;从认知角度看,它是一种非范畴化识解、一种图形-背景展示;从语用角度看,它是语体正式度的一种提升;从文体角度看,它是一种书面语表征,是科技、法律等强客观性文体的常用表征;从语篇布局看,它是一种显性连贯或衔接手段;从主客体角度看,它是主体意识的一种客体化处理。但名词化并非任意的词类转换,而是一种跨类多层表征,有自己的性质特征、生成机制、生成功效、限制条件和整合方式,还有自己的文化规约、认知心理与哲学理据等。

最后,"名词化"正名问题。有关英语术语 nominalization 的汉语翻译存在一定的分歧,"名词化"和"名物化"两种译文在中国语言学界较为流行。前者较多关注词性或词类的转换,即跨类处理,属于语法范畴;后者则较多关注所涉语义内容的变化,属于语义范畴。换言之,两个译法虽都涉及变化状态,但其识解角度有所不同。这两种译法实际上都不完全符合实际,因为 nominalization 既涉及语法,也涉及语义,还涉及语用、文体和功能等。如果用"名化"来译又如何呢?表面上可以避开前两种译法所引起的尴尬,但学界对此的应用仍较少。根据中国知网 CNKI 哲学与人文科学方面近 40 年篇名的模糊搜索(1979—2019):涉及"名词化"的达 513 篇,其中核心期刊 70 篇;涉及"名物化"的有 152 篇,其中核心期刊 27 篇;涉及"名化"的只有 47 篇,其中核心期刊 12 篇。而且,这些研究成果绝大多数都发表在外语类期刊上,中文类期刊上较少见。为了便于读者的理解,根据从众原则和习惯性用法,本研究仍援用"名词化"这一译法。

12.2 展　　望

本研究对名词化现象进行了一次较为系统而深入的探讨,但因主客观方面因素的限制,不可避免存在一些不足,主要体现为量化考察力度、跨语言比较、跨文体比较和语言共性考察不够充分。我们期待这些问题的最终解决,因为这会大大推进对人类语言本质特征的揭示。相应地,今后的相关研究似可以如下几个方向为重点:① 语料库研究,如汉语语料库、英语语料库、德语语料库或平行语料库等;② 跨语言对比研究,如英汉、德汉或东方语言与西方语言;③ 语体研究,口语和书面语;④ 文体研究,如法律语言、学术语言、新闻语言、报刊语言和会话语言;⑤ 共时与历时比较研究,如某一具体语言内比较;⑥ 类型学研究,比较世界不同语言体系。实证方面的类型学、语料库和 ERP 等心理实验研究特别值得重视,因为它们对于我们全面而深入地认知名词化是不可缺少的。

目前,语言学研究主要有两种方法——形式和功能,针对这两种方法主要有四种不同观点(Croft, 2009):

（ⅰ）形式和功能基本上是互补的,即认为形式主义者和功能主义者考察语言的不同方面,从理论上说它们是兼容的。这是最调和的观点,使两种方法有可能整合为一种语言研究理论。

（ⅱ）形式和功能是竞争性的,即认为就同一语言现象的语法方面,形式比功能的研究似乎更深入,而功能研究的类型学成果则可用来补充形式研究的不足。

（ⅲ）形式和功能基本上是矛盾的,即认为它们处理同一语言现象的方法是不协调的,双方都不认可对方,除非有第三种更好的方法。

（ⅳ）形式和功能是不可通约的,即认为它们所做的完全是两回事,不相容,也不可比较,这是最悲观的看法。

我们认为形式与功能这两种方法之间可以也能够互补,因为一个从逻辑形式上严格推导语言法则的理论和应用,而另一个则从认知或功能方面探讨语言的本质特性,这样它们从不同侧面或视角来解读或阐释语言现象,互为补充,形成一个整合之力。换言之,它们一个从"硬"面研究,一个从"软"面研究,其目的是共同的——揭示人类语言之本质特性和规律。然而,语言系统的动态整合是一个非常复杂的系统工程,我们的研究只能起到一种抛砖引玉的功效。期待更多这方面的佳作或大作问世,共同为探讨和揭示语言之实质与规律添砖加瓦。同时我们相信,随着研究的不断深入和科技的向前发展,这一天必将到来。

参考文献

巴涅特,1989,《相对论入门》,仲子译,北京:生活·读书·新知三联书店。

波特,1987,《英语的变化》,杨希都、周开玩译,成都:四川大学出版社。

布龙菲尔德,1980,《语言论》,袁家骅等译,北京:商务印书馆。

蔡基刚,2003,《英语写作与抽象名词表达》,上海:复旦大学出版社。

蔡曙山、邹崇理,2010,《自然语言形式理论研究》,北京:人民出版社。

曹聪孙,1996,语言类型学与汉语的 SVO 和 SOV 之争,《天津师范大学学报(社科版)》第 2 期,第 75—80 页。

曹聪孙,2001,世界诸语言的新类型学研究,《天津师范大学学报(社会科学版)》第 5 期,第 77—80 页。

曹德明,1994/1996,《现代法语词汇学》,上海:上海外语教育出版社。

常宝儒,1990,《汉语语言心理学》,北京:知识出版社。

常晨光,2004,语法隐喻与经验的重新建构,《外语教学与研究》第 1 期,第 31—36 页。

陈昌来,2002,《现代汉语动词的句法语义属性研究》,上海:学林出版社。

陈建民,1986,《现代汉语句型论》,北京:语文出版社。

陈建民,1999,《中国语言和中国社会》,广州:广东教育出版社。

陈平,1988,论现代汉语时间系统的三元结构,《中国语文》第 6 期,第 401—422 页。

陈平,1994,试论汉语中三种句子成分与语义成分的配位原则,《中国语文》第 3 期,第 161—168 页。

陈其荣,2004,《自然哲学》,上海:复旦大学出版社。

陈涛,1996,上古汉语某些名词活用为动词质疑,《天津师范大学学报

(社会科学版)》第 5 期,第 66—69 页。

陈腾澜,1998,语言的建构性,朱永生编《弦歌集——外国语言文学论丛》,上海:复旦大学出版社。

陈锡麟,1984,《英语词语知识二十讲》,上海:上海译文出版社。

陈英和,1996/1997,《认知发展心理学》,杭州:浙江人民出版社。

陈勇,2002,词类理论的历史流变,《解放军外国语学院学报》第 5 期,第 41—45 页。

陈振尧,1992/2001,《新编法语语法》,北京:外语教学与研究出版社。

陈治安,1991,英汉词缀法构词比较,《四川外语学院学报》第 1 期,第 37—45 页。

程工,1999,名物化与向心结构理论新探,《现代外语》第 2 期,第 131—144 页。

程晓堂,2003,名词化与语用预设,《外语研究》第 3 期,第 19—23+80 页。

程依荣,2007,《法语词汇学概论》,上海:上海外语教育出版社。

崔刚,2002,《失语症的语言学研究》,北京:外语教学与研究出版社。

崔丽娟,2002,《心理学是什么》,北京:北京大学出版社。

崔永华,1997,汉字部件和汉字教学,《词汇文字研究与对外汉语教学》,北京:北京语言文化大学出版社。

邓思颖,2010,《形式汉语句法学》,上海:上海教育出版社。

丁声树,1961,《现代汉语语法讲话》,北京:商务印书馆。

范龙,2004,大学学科综合化过程中应正确处理的三个关系,《中国大学教学》第 7 期,第 35—36 页。

范坡伊林,1988,《维特根斯坦哲学导论》,刘东、谢维和译,成都:四川人民出版社。

范文芳,1999,名词化隐喻的语篇衔接功能,《外语研究》第 1 期,第 9—12 页。

范文芳、汪明杰,2003,论三大流派对英语名词化的研究,《外语研究》第 3 期,第 15—18 页。

范晓,2007,语法结构的规律性和灵活性,《汉语学习》第 2 期,第 3—11 页。

范晓晖,2005,医学论文英译的名词化问题,《上海翻译》第 4 期,第 36—39 页。

方格等,1994,学前儿童对短时时距的区分及其认知策略,《心理科学》第 1 期,第 3—9 页。

方家庆,2003,《厦门大学学生优秀英语作文选评》,北京:北京大学出版社。

方经民,2000,《汉语语法变换研究》,郑州:河南人民出版社。

方立,2002,序言,王艾录、司富珍著《语言理据研究》,北京:中国社会科学出版社。

方梅,2008,由背景化触发的两种句法结构——主语零形反指和描写性关系从句,《中国语文》第 4 期,第 291—303 页。

方梦之,2004,《译学辞典》,上海:上海外语教育出版社。

冯敏萱等,2006,带后缀"者"的派生词识别,《语言文字应用》第 2 期,第 139—144 页。

冯胜利,2000,《汉语韵律句法学》,上海:上海教育出版社。

傅永和,1986,《字形辨析和识字》,北京:语文出版社。

傅雨贤,1997,《现代汉语语法学》,广州:广东高等教育出版社。

高芳、徐盛桓,2000a,名动转用与语用推理,《外国语》第 2 期,第 7—14 页。

高芳、徐盛桓,2000b,名动转用语用推理的认知策略,《外语与外语教学》第 4 期,第 13—16 页。

高更生、王红旗等,1996,《汉语教学语法研究》,北京:语文出版社。
高航,2007,概念物化与名词化,《解放军外国语学院学报》第 6 期,第 14—17 页。
高航,2008a,现代汉语名动互转的认知语法考察,博士论文,洛阳:洛阳解放军外国语学院。
高航,2008b,动词化机制的认知语法考察,《解放军外国语学院学报》第 5 期,第 20—25 页。
高航,2009,名词化的概念组织层面:从认知语法的视角,《解放军外国语学院学报》第 3 期,第 7—12 页。
高航,2010,汉语单音节动词的名词化机制:基于认知语法的考察,《外语研究》第 1 期,第 28—34 页。
高航、严辰松,2008,概念物化的心理现实性与认知语法中名词范畴的界定,《外语学刊》第 6 期,第 34—38 页。
高鹏等,2005,《英语口语话题大全》,大连:大连理工大学出版社。
葛本仪,2004,《现代汉语词汇学》(修订本),济南:山东人民出版社。
辜正坤,2001,当代翻译学建构理路略论——《文学翻译学》序,《中国翻译》第 1 期,第 9—13 页。
古川裕,1989,"的"字结构及其所能修饰的名词,《语言教育与研究》第 10 期,第 10—25 页。
顾乡,2009,英语历史语篇的历时演变——语法隐喻的语料库研究,《复旦外国语言文学论丛》(春季)。
顾燕,2002,《英语时文选读》(1),南京:东南大学出版社。
桂诗春,2000,《新编心理语言学》,上海:上海外语教育出版社。
郭垒,2000,视觉时间与内禀时间,《科学技术与辩证法》第 5 期,第 10—13 页。
郭锐,2002,《现代汉语词类研究》,北京:商务印书馆。
郭绍虞,1934/1985,中国诗歌中的双声叠韵,《照隅室语言文字论集》,上海:上海古籍出版社。
郭绍虞,1979,《汉语语法修辞新探》,北京:商务印书馆。
郭焰坤,1994,古汉语名词动用的词义特征初探,《黄冈师专学报》第 4 期,第 74—76 页。
哈特曼、斯托克,1981/1984,《语言与语言学词典》,黄长著等译,上海:上海辞书出版社。
何星,2006,*A Study of Denominal Verbs in English and Chinese: From the Perspective of Cognitive Linguistics*,博士论文,上海:上海外国语大学。
侯维瑞,1988/1999,《英语语体》,上海:上海外语教育出版社。
胡明扬,1996/1997a,现代汉语词类问题考察,胡明扬主编《词类问题考察》,北京:北京语言文化大学出版社。
胡明扬,1996/1997b,动名兼类的计量考察,胡明扬主编《词类问题考察》,北京:北京语言文化大学出版社。
胡曙中,2012,《语篇语言学导论》(修订版),上海:上海外语教育出版社。
胡裕树,1987,《现代汉语》(增订本),上海:上海教育出版社。

胡裕树、范晓,1994,动词形容词的"名物化"和"名词化",《中国语文》第2期,第81—85页。

胡壮麟,2000,《理论文体学》,北京:外语教学与研究出版社。

怀海特,2003,《过程与实在》,杨富斌译,北京:中国城市出版社。

黄伯荣、廖序东,1991/2002,《现代汉语》(增订三版),北京:高等教育出版社。

黄国文,1988,《语篇分析概要》,长沙:湖南教育出版社。

黄国文,2009,系统功能语言学研究中的整合,《中国外语》第1期,第17—23页。

黄锦章,1997,《汉语格系统研究——从功能主义角度看》,上海:上海财经大学出版社。

黄希庭等,1980,5至9岁儿童时间观念发展的实验研究,《西南师范大学学报(自然科学版)》第1期,第67—76页。

黄忠廉,2002,变译的七种变通手段,《外语学刊》第1期,第93—96页。

贾昌朝,1934,《群经音辨》,北京:商务印书馆。

姜玲、郭明,2002,《英语系统对应说研究》,开封:河南大学出版社。

姜望琪,2011,《语篇语言学研究》,北京:北京大学出版社。

金成星,1999,科技英语动名词的语用特征及其传译,《中国科技翻译》第3期,第22—24页。

金立鑫,1987,关于"向心结构"定义的讨论,《语文导报》第7期,第30—32页。

金立鑫,1992,句法研究中的一个基础理论问题,《汉语学习》第5期,第8—11页。

金立鑫,2006,语言类型学——当代语言学中的一门显学,《外国语》第5期,第33—41页。

竟成,1985,现代汉语里的名作动用,《语言教学与研究》第1期,第69—74页。

卡格,2001,《优选论》,马秋武、王嘉龄导读,北京:外语教学与研究出版社。

卡勒,1989,《索绪尔》,张景智译,北京:中国社会科学出版社。

亢世勇,2004,《面向信息处理的现代汉语语法研究》,上海:上海辞书出版社。

柯杜霍夫,1987,《普通语言学》,常宝儒等译,北京:外语教学与研究出版社。

克里斯特尔,2000,《现代语言学词典》,沈家煊译,北京:商务印书馆。

克洛斯,1983,《英语学习者参考语法》,陈举凤译,福州:福建人民出版社。

孔令达等,2004,《汉语儿童实词习得研究》,合肥:安徽大学出版社。

拉兹格,1997,《系统、结构和经验》,李创同译,上海:上海译文出版社。

冷惠玲,2002,试论语境与英汉翻译中增略译的互动关系,《西安外国语学院学报》第2期,第101—103页。

黎锦熙,1924/1992,《新著国语文法》,北京:商务印书馆。

李白楼,1992,关于 of 结构的翻译,《中国科技翻译》第3期,第12—14页。

李赋宁,1992,《英语史》,北京:商务印书馆。

李金凤,2008,从认知"识解法"看新闻叙事客观性之相对性,《复旦外国语言文学论丛》(秋季)。

李逵六,2004,《德语文体学》,北京:外语教学与研究出版社。

李兰霞,2011,动态系统理论与第二语言发展,《外语教学与研究》第3期,第409—421页。

李兰霞,2013,印证、挑战和开拓:读司显柱《现代汉语转类词研究——语料库视角》,《山东外语教学》第 4 期,第 106—112 页。

李维光,1989,论英语传统语法的局限性,《华中师范大学学报(人文社会科学版)》第 3 期,第 133—142 页。

李小平,2004,试论汉语词汇在魏晋六朝时的复音化发展,《山东科技大学学报(社会科学版)》第 6 期,第 89—94 页。

李学平、潘欢怀,1987,《当代英语语法概论》,北京:北京师范大学出版社。

李永,2003,"一个动词核心"的句法限制与动词的语法化,《河南师范大学学报(社会科学版)》第 3 期,第 53—56 页。

李宇明,1986,所谓"名物化"现象新解,《华中师范大学学报(人文社会科学版)》第 3 期,第 117—120 页。

李仲周等,2000,《世界贸易组织——乌拉圭回合多边贸易谈判结果法律文本》,王磊等译,北京:法律出版社。

李佐丰,2003,《上古汉语语法研究》,北京:北京广播学院出版社。

利奇、斯瓦特威克,1987,《交际英语语法》,张婉琼、葛安燕译,北京:北京出版社。

连淑能,1993,《英汉对比研究》,北京:高等教育出版社。

廖巧云,2008,基于"心理模型"的语篇识解模型,《外语学刊》第 3 期,第 38—43 页。

廖振佑,2001,《古代汉语特殊语法》,呼和浩特:内蒙古人民出版社。

林承璋、刘世平,2009,《英语词汇学引论》(第 4 版),武汉:武汉大学出版社。

林从纲,2007,《新编韩国语词汇学》,北京:北京大学出版社。

林克难,2005,增亦翻译,减亦翻译——萧乾自译文学作品启示录,《中国翻译》第 3 期,第 44—47 页。

林克难、籍明文,2002,法律文书中"的"字结构翻译探讨,《上海科技翻译》第 3 期,第 20—22 页。

林汝昌、李曼珏,1998/1999,中西哲学观对英汉语言之影响,刘重德主编《英汉语比较与翻译》,青岛:青岛出版社。

林汝昌、李曼珏,2004,英汉文字比较实验报告,王菊泉、郑立信编《英汉语言文化对比研究》(1995—2003),上海:上海外语教育出版社。

林正军、杨忠,2010,语法隐喻的语义关系与转级向度研究,《外语教学与研究》第 6 期,第 403—410 页。

刘大椿、杨会丽,2011,哲学学科的分化、整合与方法创新,《哲学分析》第 2 期,第 172—185 页。

刘丹青,2003,《语序类型学与介词理论》,北京:商务印书馆。

刘丹青,2005,语法调查与研究中的从属小句问题,《当代语言学》第 3 期,第 193—212 页。

刘国辉,2000,《历史比较语言学概论》,成都:四川大学出版社。

刘国辉,2001,间接言语行为取向的隐含动因探讨,《山东外语教学》第 4 期,第 49—51 页。

刘国辉,2004a,《认知文体学——语篇分析中的语言与认知》评介,《外语教学与研究》第 5 期,第 398—400 页。

刘国辉,2004b,名词和动词的认知问题以及转换效用,《外语教学》第5期,第36—41页。

刘国辉,2005,语言"转换"概念多维度诠释——以名词化为视点,《北京第二外国语学院学报》第4期,第9—17页。

刘国辉,2006a,略论语言符号的象似性与经济性——以名词化为视点,《中国外语》第6期,第28—32页。

刘国辉,2006b,图形-背景空间概念及其在语言中的隐喻性表征,《外语研究》第2期,第23—29页。

刘国辉,2007,动词名化的两性特征:动词性与名词性共存表征及其理据,《国外外语教学》第3期,第9—15页。

刘国辉,2009,向心结构还是领属结构——以英语"of"结构和汉语"的"字结构为视点,《外语学刊》第3期,第35—39页。

刘国辉、陈香兰,2009,"事实"如何胜于"雄辩"?——基于语料库量化之"功、过"考察,《外语电化教学》第129期,第19—25页。

刘国辉、陆建茹,2004,国外主流语言学派对名词化的研究,《外语与外语教学》第9期,第17—22页。

刘国辉、石锡书,2005,花园幽径句的特殊思维激活图式浅析,《外语学刊》第5期,第5—11页。

刘国辉、汪兴富,2005,名化、级差转移、原型范畴及名化研究框架体系的思考——诠释 Heyvaert 的 *A Cognitive-Functional Approach to Nominalization in English*(2003),《外国语》第4期,第37—43页。

刘国辉、余渭深,2007,英语名词化的"功过"论辩及其在语篇运用中的量化考察,《外语教学》第1期,第22—26页。

刘海涛,2009,《依存语法的理论与实践》,北京:科学出版社。

刘华文,2009,汉英翻译中非事件化的名词化方式,《外语与外语教学》第10期,第53—56页。

刘露营、刘国辉,2008,英汉互译的双向语量"增生"及其量化理据略考,《外语与外语教学》第4期,第57—60页。

刘润清、刘正光,2004,名词非范畴化的特征,《语言教学与研究》第3期,第1—13页。

刘世生、朱瑞青,2006,《文体学概论》,北京:北京大学出版社。

刘顺,2003a,现代汉语动词的零形式名词化,《山东师范大学学报(社会科学版)》第1期,第32—37页。

刘顺,2003b,《现代汉语名词的多视角研究》,上海:学林出版社。

刘涛等,2008,语法语境下汉语名动分离的 ERP 研究,《心理学报》第6期,第671—680页。

刘岩,2013,现代汉语运动事件表达模式研究,博士论文,天津:南开大学。

刘宇红,2001,Congruence 浅议,《外国语》第6期,第43—48页。

刘正光,2000,名词动用过程中的隐喻思维,《外语教学与研究》第5期,第335—339页。

刘正光,2008,非范畴化与汉语诗歌中的名词短语并置,《外国语》第4期,第22—

30页。

刘正光、刘润清,2006,语言非范畴理论的意义,文旭、徐安泉主编《认知语言学新视野》,北京:中国社会科学出版社。

陆丙甫,1985,关于语言结构内向、外向分类和核心的定义,中国语文杂志社编《语法研究和探索》(三),北京:北京大学出版社。

陆丙甫,1993,《核心推导语法》,上海:上海教育出版社。

陆谷孙,1991,《英汉大词典》(下卷),上海:上海译文出版社。

陆国强,1999,《现代英语词汇学》(新版),上海:上海外语教育出版社。

陆国强,2004,《现代英语词汇学》(新版),上海:上海外语教育出版社。

陆俭明,2005,《现代汉语语法研究教程》,北京:北京大学出版社。

陆锦林,1981,英汉名词转动词比较,《山东外语教学》第4期,第10—12页。

陆镜光,2006,论小句在汉语语法中的地位,《汉语学报》第3期,第2—14页。

陆志伟,1951/1971,《北京话单音词词汇》,香港:崇文书店。

陆志伟等,1957,《汉语的构词法》,北京:科学出版社。

吕叔湘,1941,《中国文法要略》(上卷),上海:商务印书馆。

吕叔湘,1963,现代汉语单双音节问题初探,《中国语文》第1期,第10—22页。

吕叔湘,1980a,《语文常谈》,北京:生活·读书·新知三联书店。

吕叔湘,1980b,《现代汉语八百词》,北京:商务印书馆。

吕叔湘,2001,《现代汉语八百词》,北京:商务印书馆。

马建忠,1898/1983,《马氏文通》,上海:商务印书馆。

马清华,2000,《文化语义学》,南昌:江西人民出版社。

马真,2004,《现代汉语虚词研究方法论》,北京:商务印书馆。

麦独孤,1997/1998,《社会心理学导论》,俞国良等译,杭州:浙江教育出版社。

毛丹,1997,人文学科与社会科学的分合,《浙江大学学报》第1期,第1—8页。

毛意忠,2002/2006,《法语现代语法》,上海:上海译文出版社。

梅德明,2008,《现代句法学》,上海:上海外语教育出版社。

梅洛-庞蒂,2003,《知觉现象学》,姜志辉译,北京:商务印书馆。

苗兴伟、董素蓉,2009,从句法—语篇界面看语言学的整合研究,《中国外语》第3期,第20—24页。

缪海涛,2010,英语名词化限制的认知功能研究,《外语学刊》第3期,第47—50页。

闵斯特伯格,1998,《基础与应用心理学》,杭州:浙江教育出版社。

木再帕尔,2007,论维吾尔语的名词化短语,博士论文,北京:中央民族大学。

聂仁发,2009,汉语语篇研究回顾与展望,《宁波大学学报(人文科学版)》第3期,第40—45页。

宁春岩,2011,《什么是生成语法》,上海:上海外语教育出版社。

牛保义,2002,名转动结构式中的功能代谢问题研究,《外语学刊》第1期,第57—62页。

牛保义,2011,《构式语法理论研究》,上海:上海外语教育出版社。

潘文国,1997/2002,《汉英对比纲要》,北京:北京语言文化大学出版社。

潘文国等,2004,《汉语的构词法研究》,上海:华东师范大学出版社。

庞人骐,1985/1986,《英语转换修辞句法》,北京:北京师范大学出版社。
裴邦贵,1987,科技英语名词化结构翻译琐议,《中国翻译》第6期,第27—30页。
彭德固,1992,语言单位的粒、波、场性质,《现代外语》第2期,第10—14页。
齐沪扬,1998/1999,《现代汉语空间问题研究》,上海:学林出版社。
齐沪扬,2004,《与名词动词相关的短语研究》,北京:北京语言大学出版社。
钱冠连,1986,语言冗余信息的容忍度,《现代外语》第3期,第1—6页。
钱乃荣,1990,《现代汉语》,北京:高等教育出版社。
强增吉,1984,英语动词+-ing分词结构剖析,《外国语》第6期,第20—24页。
邱东林、汪中平,2004,《复旦大学学生优秀英语作文选评》,北京:北京大学出版社。
邱述德,1998,《英语歧义》,北京:商务印书馆。
裘荣棠,1999,"动+的"短语的表意功能,《修辞学习》第1期,第43—44页。
曲英梅,2009,基于语料库的英汉动名化对比研究,博士论文,长春:东北师范大学。
屈承熹,2006,《汉语篇章语法》,潘文国译,北京:北京语言大学出版社。
任学良,1981,《汉语造词法》,北京:中国社会科学出版社。
任鹰,2008,"这本书的出版"分析中的几个疑点——从"'这本书的出版'与向心结构理论难题"说起,《当代语言学》第4期,第320—328页。
邵慧君,1995,韶关本城话中的变音,《暨南学报(哲学社会科学版)》第3期,第135—140页。
邵敬敏、刘焱,2001,论名词的动态性及其鉴测方法,《汉语学习》第6期,第1—6页。
申小龙,1986,汉语动词的分类角度,《语言教学与研究》第1期,第66—78页。
申小龙,2001,《汉语句法学———一种文化的结构分析》,南京:江苏教育出版社。
沈家煊,1997,类型学中的标记模式,《外语教学与研究》第1期,第1—10页。
沈家煊,1998,实词虚化的机制——《演化而来的语法》评价,《当代语言学》第3期,第41—46页。
沈家煊,1999,转指与转喻,《当代语言学》第1期,第3—15页。
沈家煊,2006,概念整合与浮现意义——在复旦大学"望道论坛"报告述要,《修辞学习》第5期,第1—4页。
沈阳,1995,领属范畴及领属性名词短语的句法作用,《北京大学学报(哲学社会科学版)》第5期,第85—92页。
沈阳,1998,领属范畴及领属性名词短语的句法作用,邵敬敏主编《句法结构中的语义研究》,北京:北京语言文化大学出版社。
沈宇澄、周星,2012,《现代日语词汇学》(修订本),上海:上海外语教育出版社。
施关淦,1981,"这本书的出版"中的"出版"的词性——从"向心结构"理论说起,《中国语文通讯》第4期,第8—12页。
施关淦,1988,现代汉语的向心结构和离心结构,《中国语文》第4期,第265—273页。
石定栩,2003,动词的"指称"功能和"陈述"功能,中国语文杂志社编《语法研究和探索》(十二),北京:商务印书馆。
石毓智,2000a,《语法的认知语义基础》,南昌:江西教育出版社。
石毓智,2000b,论"的"的语法功能的同一性,《世界汉语教学》第1期,第16—27页。
石毓智,2001a,《语法的形式和理据》,南昌:江西教育出版社。

石毓智,2001b,汉语的限定动词和非限定动词之别,《世界汉语教学》第2期,第23—27页。

石毓智,2004,《汉语研究的类型学视野》,南昌:江西教育出版社。

舒伟、丁素萍,2001,虚实之间——英译汉过程中语义的"虚实"转换,《北京第二外国语学院学报》第6期,第24—30页。

水野江文,2002,"X+的+VP"结构考察,硕士论文,北京:北京语言文化大学。

司富珍,2004,中心语理论和汉语的DeP,《当代语言学》第1期,第26—34页。

司显柱,2013,《现代汉语转类词研究——语料库视角》,上海:复旦大学出版社。

司显柱,2014,《英语转类词研究——语料库视角》,北京:清华大学出版社。

斯诺,1987,《对科学的傲慢与偏见》,陈恒六、刘兵译,成都:四川人民出版社。

苏培成,2000/2002,《一门新学科:现代汉字学》,北京:语文出版社。

孙丽冰,2010,名词化视角下"八荣八耻"译文的再思考,《中国科技翻译》第2期,第52—55页。

孙玉文,2007,《汉语变调构词研究》,北京:商务印书馆。

孙增耀,2011,英语本族语者与中国英语学习者的名词动词化对比研究——基于语料库,《东华大学学报(社会科学版)》第3期,第230—233页。

索绪尔,1980,《普通语言学教程》,高名凯译,北京:商务印书馆。

唐青叶,2009,《语篇语言学》,上海:上海大学出版社。

万德勒,2002,《哲学中的语言学》,陈嘉映译,北京:华夏出版社。

汪洪澜,1997,汉英派生词比较研究,《宁夏大学学报》第4期,第18—21页。

汪榕培,1997,《英语词汇学教程》,上海:上海外语教育出版社。

汪榕培,2001,他山之石,可以攻玉——国外英语词汇学研究给汉语词汇学研究的启示,《外语与外语教学》第2期,第7—13页。

汪榕培、卢晓娟,1997/1998,《英语词汇学教程》,上海:上海外语教育出版社。

王艾寻、司富珍,2002,《语言理据研究》,北京:中国社会科学出版社。

王德华,1996,《联合国论坛演说名篇》,上海:上海世界图书出版公司。

王冬梅,2001,现代汉语动名互转的认知研究,博士论文,北京:中国社会科学院。

王冬梅,2003,动名互转的不对称现象及成因,中国语文杂志社编《语法研究和探索》(十二),北京:商务印书馆。

王冬梅,2004,动词转指名词的类型及相关解释,《汉语学习》第4期,第5—11页。

王逢鑫,1989/1996,《英语意念语法》,北京:北京大学出版社。

王国栋,2004,《英语深层语法》,北京:商务印书馆。

王浩然,1994,古汉语单音同义词双音化问题初探,《河南大学学报(社会科学版)》第3期,第52—55页。

王洪君,2001,音节单双、音域展敛(重音)与语法结构类型和成分次序,《当代语言学》第4期,第241—252页。

王建,2005,法律英语中的名物化结构及其汉译探析,《山东外语教学》第6期,第38—41页。

王建华,2003,《美国总统致世界名校大学生》(汉英对照),南昌:江西人民出版社。

王晋军,2003,名词化在语篇类型中的体现,《外语学刊》第2期,第74—78页。

王靖潭,2018,意义发生视角的中国英语学习者学位论文英文摘要中的名词化研究,博士论文,长春:东北师范大学。
王静,2012,英语名化的语法转喻研究,博士论文,上海:上海外国语大学。
王珏,2004,《汉语生命范畴初论》,上海:华东师范大学出版社。
王克非等,2004,《双语对应语料库:研制与应用》,北京:外语教学与研究出版社。
王力,1936,《中国文法学初探》,上海:商务印书馆。
王力,1958,《汉语史稿》(下册),北京:科学出版社。
王力,2002,《古代汉语》,北京:中华书局。
王立非,2012,商务英语词汇名化的语料库考察及批评分析,《外语电化教学》第145期,第3—9页。
王立非、陈功,2008,大学生英语写作中的名物化现象研究,《中国外语》第5期,第54—60页。
王璐,2005,书面语中的名词化,《西安外国语学院学报》第1期,第1—3页。
王茂春,2003,现代汉语"VP+者"成立的几个条件,《四川师范大学学报》第6期,第68—73页。
王明华,1989,能带小句宾语的动词,《杭州大学学报》第2期,第110—121页。
王威,1999,英语名词动词化现象论略,《安庆师范学院学报(社会科学版)》第3期,第121—124页。
王文格,2008,类型学视角下的汉语小句和英语小句,《广西大学学报(哲学社会科学版)》第6期,第119—121页。
王寅,2005,《认知语言学探索》,重庆:重庆出版社。
王寅,2007,《认知语言学》,上海:上海外语教育出版社。
王佐良、丁往道,1987,《英语文体学引论》,北京:外语教学与研究出版社。
魏原枢、徐文琪,1982/1984,《世界语语法》,上海:上海外语教育出版社。
温宾利,2002,《当代句法学导论》,北京:外语教学与研究出版社。
文炼、胡附,2000,词类划分中的几个问题,《中国语文》第4期,第298—302页。
文旭,2007,语义、认知与识解,《外语学刊》第6期,第35—39页。
文旭、刘润清,2006,汉语关系小句的认知语用观,《现代外语》第2期,第111—119页。
吴怀成,2011,关于现代汉语动转名的一点理论思考——指称化与不同层面的指称义,《外国语》第2期,第39—46页。
吴怀成,2014,《现代汉语动词的指称化研究》,上海:学林出版社。
吴启主,2001,《汉语构件语篇学》,长沙:岳麓书社。
吴为善,1986,现代汉语三音节组合规律初探,《汉语学习》第5期,第1—2页。
吴贻翼等,2003,《现代俄语语篇语法学》,北京:商务印书馆。
夏全胜等,2014,汉语名词、动词和动名兼类词语义加工的偏侧化现象——来自ERP的研究,《心理科学》第6期,第1333—1340页。
肖建安、王志军,2001,名物化结构的功能及变体特征,《外语与外语教学》第6期,第9—11页。
萧乾,1994,文学翻译琐议,《读书》第7期,第87—89页。
邢福义,1998,汉语小句中枢语法系统论略,《华中师范大学学报(人文社会科学版)》

第 1 期,第 1—7 页。

熊学亮,2004,管窥语言界面,《外语研究》第 4 期,第 17—19 页。

熊仲儒,2001,零成分与汉语"名物化"问题,《现代外语》第 3 期,第 229—236 页。

熊仲儒,2005,以"的"为核心的 DP 结构,《当代语言学》第 2 期,第 148—165 页。

熊仲儒,2006,生成语法学中的"的"字结构,《暨南大学华文学院学报》第 4 期,第 49—57 页。

徐宏亮,2006,基于语料库的"DO+限定词+V-ing"结构研究,《外语学刊》第 3 期,第 74—78 页。

徐杰,2005,《汉语研究的类型学视角》,北京:北京语言大学出版社。

徐莉娜,2005,共性与个性:词类转译解释,《外语教学与研究》第 4 期,第 308—314 页。

徐烈炯,2004,《生成语法概论》,上海:上海教育出版社。

徐盛桓,2001,名动转用的语义基础,《外国语》第 1 期,第 15—23 页。

徐盛桓,2002,常规关系与认知化——再论常规化,《外国语》第 1 期,第 6—16 页。

徐阳春,2005,也谈"NP+的+VP"结构,《南昌大学学报(社会科学版)》第 5 期,第 128—131 页。

徐玉臣,2009,名词化的生成机制、类型及功能的新视界,《外语教学理论与实践》第 2 期,第 32—38 页。

徐智儿,1997,《德语词汇学》,上海:上海外语教育出版社。

许渊冲,2006,《翻译的艺术》,北京:五洲传播出版社。

薛旭辉,2002,英语抽象名词的搭配轨迹透视,《西安外国语学院学报》第 1 期,第 70—76 页。

亚里士多德,1997,《范畴篇·解释篇》,方书春译,北京:商务印书馆。

杨成凯,1991,词类的划分原则和谓词"名物化",中国语文杂志社编《语法研究和探索》(五),北京:语文出版社。

杨杰、卜云燕、顾鸿飞,2009,《俄语词汇学教程》,上海:上海外语教育出版社。

杨信彰,2003,话语中的识解因素与语境,《外语教学与研究》第 2 期,第 97—101 页。

杨信彰,2006,名词化在语体中的作用——基于小型语料库的一项分析,《外语电化教学》第 108 期,第 3—7 页。

杨雪丽,1999,名词用作动词的内在理路,《河南大学学报(社会科学版)》第 3 期,第 15—18 页。

杨亦鸣等,2002,名动分类:语法的还是语义的——汉语名动分类的神经语言学研究,《语言科学》第 1 期,第 31—46 页。

杨亦鸣、李大勤,1994,试析主语槽的"NP 的 VP"结构,邵敬敏主编《语法研究与语法应用》,北京:北京语言学院出版社。

杨月蓉,2001,《现代汉语》,重庆:重庆大学出版社。

杨云升,2006,《英语重音研究》,上海:复旦大学出版社。

杨忠、张绍杰,1998,认知语言学中的类典型论,《外语教学与研究》第 2 期,第 1—8 页。

姚振武,1996,汉语谓语性成分名词化的原因及规律,《中国语文》第 1 期,第 31—39 页。

叶斯柏森,1988,《语法哲学》,何勇等译,北京:语文出版社。
于鑫,2006,《俄语生成句法学》,哈尔滨:黑龙江人民出版社。
俞东明,1999,意义和所指的语用研究,《浙江大学学报》第6期,第90—96页。
喻云根,1989,《英美名著选读与翻译》,西安:西安交通大学出版社。
袁毓林,1995,词类范畴的家族相似性,《中国社会科学》第1期,第154—170页。
岳丽艳、吕国忱,2006,西方哲学整合观初探,《辽宁大学学报(哲学社会科学版)》第5
　　期,第36—41页。
曾亦沙,2000,论有标记抽象行为名词的语义特征,《外语教学》第2期,第15—18页。
张斌,1998,《汉语语法学》,上海:上海教育出版社。
张伯江,1993,"N的V结构"的构成,《中国语文》第4期,第252—259页。
张伯江,1994,词类活用的功能解释,《中国语文》第5期,第339—346页。
张伯江,1998,名词功能游移研究,邵敬敏主编《句法结构中的语义研究》,北京:北京
　　语言文化大学出版社。
张伯江、方梅,1996/2001,《汉语功能语法研究》,南昌:江西教育出版社。
张传燧,2012,和而不同——课程与教学整合的实践呼唤与理论审思,《课程教学研
　　究》第2期,第15—19页。
张道真,1982,《实用英语语法》,北京:商务印书馆。
张定兴,1995,英语名词动词化新探,《安徽大学学报(哲学社会科学版)》第6期,第
　　24—26页。
张定兴,1998,略论动词化的新趋向及其翻译,《上海科技翻译》第4期,第8—10页。
张高远,2006,认知语法理论关照下的V-ing三构式,《外国语言文学》第3期,第150—
　　157页。
张高远,2008,《英汉名词化对比研究》,北京:中国社会科学出版社。
张高远、王克非,2008,X-ER派生词的构造类型、语义扩展及其指称功能实现的理据,
　　《外国语》第6期,第9—15页。
张国宪,1989,"动+名"结构中单双音节动作动词功能差异初探,《中国语文》第3期,
　　第186—190页。
张国宪,1997,"$V_双+N_双$"短语的理解因素,《中国语文》第3期,第176—186页。
张洪芹,2011,主客体同构:词义动态识解的新视角,《辞书研究》第4期,第17—
　　29页。
张吉生,2000,从汉字的偏旁部首和英语的词根词缀看不同的思维形式,《汉语学习》
　　第2期,第33—37页。
张建理,2008,新奇隐喻的动态识解研究,《外语与外语教学》第5期,第1—4页。
张今、姜玲,2005,《英语句型的动态研究》(修订版),北京:清华大学出版社。
张克定,2001,句式变化的认知语用理据,张后尘、胡壮麟主编《中国外语博士论坛》,
　　北京:外语教学与研究出版社。
张美琪,2000/2002,英汉领属关系类名词短语中心词的省略替代问题,杨自俭主编
　　《英汉语比较与翻译》(3),上海:上海外语教育出版社。
张敏,1998,《认知语言学与汉语名词短语》,北京:中国社会科学出版社。
张明,2004,《打开认识世界的窗口——知觉与错觉》,北京:科学出版社。

张念武,2006,"的字词组"的句法分析,《外语学刊》第 2 期,第 71—76 页。

张培基,1999/2002,《英译中国现代散文选》(英汉对照),上海:上海外语教育出版社。

张普,2004,基于动态流通语料库的语感模拟和新词语提取研究,《外国语言文学研究》第 2 期,第 23—31 页。

张钦等,2003,名词与动词加工的 ERP 差异,《心理学报》第 6 期,第 753—760 页。

张权,2001,英语动词名词化的认知结构分析,《外国语》第 6 期,第 29—34 页。

张巍媛,1998,论空间知觉的视错觉,《装饰》第 3 期,第 52—53 页。

张维友,2007a,英汉语缀合构词法比较,《外语与外语教学》第 2 期,第 37—40 页。

张维友,2007b,WORD 与"字"的形态结构对比研究,《湖北大学学报(哲学社会科学版)》第 5 期,第 83—89 页。

张鑫友,2004,《英语语法难题探微词典》,武汉:华中师范大学出版社。

张韵斐,1987,《现代英语词汇学概论》,北京:北京师范大学出版社。

张湛、王相锋,1998,"Tom's writing of the book/Tom's writing the book"的异同分析,《外语与外语教学》第 6 期,第 12—14 页。

张正军,1991,论认识主客体同一的根据,《西北大学学报》第 3 期,第 61—67 页。

张政,1999,试论信息增补性翻译,《解放军外国语学院学报》第 1 期,第 84—86 页。

张忠达,1995,名词活用为动词识别刍议,《学术交流》第 3 期,第 129—131 页。

章振邦,1997,《新编英语语法》(第三版),上海:上海外语教育出版社。

章振邦等,1985,《新编英语语法概要》,上海:上海译文出版社。

赵静、张德禄,2009,对转类动名化意义整合的初步探讨,《现代外语》第 4 期,第 369—377 页。

赵军峰,2006,法律英语名词化剖析及汉译英策略,《中国科技翻译》第 4 期,第 10—13 页。

赵奎英,2000,中国古代时间意识的空间化及其对艺术的影响,《文史哲》第 4 期,第 42—48 页。

赵丽君,2002,试论翻译研究中的等值理论,《上海大学学报(社会科学版)》第 3 期,第 52—55 页。

赵霞,2008,论隐喻识解中认知语境的制约性,《外语与外语教学》第 9 期,第 22—24 页。

赵秀凤,2004,英汉名词词组结构差异对英语写作语体风格的影响——一项实证研究,《外语教学》第 6 期,第 55—57 页。

赵彦春、黄建华,2001,后现代语境下的学科兼容和学科交叉,北京:全国研究生教育论坛。

赵元任,1926,北京、苏州、常州语助词的研究,《清华学报》第 2 期,第 865—917 页。

赵元任,2001,《汉语口语语法》,吕叔湘译,北京:商务印书馆。

郑开琪、林维汉,1984,《德语名词各格的意义和用法》,上海:上海外语教育出版社。

中国社会科学院语言研究所词典编辑室,1996,《现代汉语词典》(修订本),北京:商务印书馆。

钟平,1990,现代英语中的人称后缀,《外语学刊》第 3 期,第 26—27 页。

钟书能,2005,中国英语学习者英语名词化习得的认知语言学实证研究,博士论文,广州:广东外语外贸大学。

周斌武、张国梁,1996/1998,《语言与现代逻辑》,上海:复旦大学出版社。

周光亚,1985,英语传统语法的由来和发展,《现代外语》第3期,第1—5页。

周恒,1998,谈英语中动词派生的名词,《厦门大学学报》第1期,第120—126页。

周领顺,2001,名转动词再研究,《外语学刊》第2期,第49—53页。

周领顺,2003,名转动词变异的本与度,《外语与外语教学》第4期,第14—17页。

周频,2008,对语法隐喻与科学及真理相对论相关论题的反思,《外国语》第5期,第44—54页。

周文巨、陈杰,2010,《阿拉伯语词汇学》,上海:上海外语教育出版社。

周志培,2003,《翻译对比与翻译中的转换》,上海:华东理工大学出版社。

朱德熙,1966,关于《说"的"》,《中国语文》第1期,第3—16页。

朱德熙,1983,自指和转指——汉语名词化标记"的、者、所、之"的语法功能和语义功能,《方言》第1期,第16—31页。

朱德熙,1984,关于向心结构的定义,《中国语文》第6期,第401—403页。

朱德熙,1985,《语法答问》,北京:商务印书馆。

朱德熙,1997,《现代汉语语法研究》,北京:商务印书馆。

朱德熙等,1961,关于动词形容词"名物化"的问题,《北京大学学报》第4期,第51—64页。

朱茂汉,1984,汉语名词后缀的特点及其发展趋势,《阜阳师范学院学报》第4期,第155—158页。

朱永生,2006,名词化、动词化与语法隐喻,《外语教学与研究》第2期,第83—90+160页。

朱志方,2002,认知科学对现代哲学的挑战,《中国矿业大学学报(社会科学版)》第1期,第36—43页。

Abney, S. 1987. *The English Noun Phrase in Its Sentential Aspect*. PhD dissertation, Massachusetts Institute of Technology.

Acquaviva, P. 2009. The roots of nominality, the nominality of roots, http://ifla.uni-stuttgart.de/institut/mitarbeiter/florian/workshop%20and%20conferences/Roots/acquaviva.pdf.

Adams, V. 2001. *Complex Words in English*. Harlow: Longman.

Akinnaso, F. N. 1985. On the similarities between spoken and written language. *Language and Speech*, 28 (4): 323-358.

Alexiadou, A. 1999. *Functional Structure in Nominals*. Amsterdam: Michael Benjamins.

Alexiadou, A. 2001. *Functional Structure in Nominals: Nominalization and Ergativity*. Amsterdam: John Benjamins.

Alexiadou, A. & F. Schäfer. 2010. On the syntax of episodic vs. dispositional -er nominals. In A. Alexiadou & M. Rathert (eds.) *The Syntax of Nominalizations across Languages and Frameworks*. Berlin: Mouton de Gruyter.

Alexiadou, A. & J. Grimshaw. 2008. Verbs, nouns and affixation. In F. Schäfer (ed.) *SinSpeC (1): Working Papers of the SFB 732*, 1–16. http://www.uni-stuttgart.de/linguistik/sfb732/.

Anderson, E. R. 1998. *A Grammar of Iconism*. London: Associated University Presses Inc.

Anshen, F. & M. Aronoff. 1988. Producing morphologically complex words. *Linguistics*, 26 (4): 641–655.

Anttila, A. & V. Fong. 2003. Variation, ambiguity, and noun classes in English. ROA–589, Rutgers Optimality Archive, http://roa.rutgers.edu/.

Anttila, A. & V. Fong. 2004. Variation, ambiguity, and noun classes in English. *Lingua*, 114 (9): 1253–1290.

Ariel, M. 1990. *Accessing Noun-Phrase Antecedents*. London: Routledge.

Aronoff, M. 1978. Testing morphological productivity. *Annals of the New York Academy of Sciences*, 318: 106–114.

Aronoff, M. 1980. Contextuals. In T. Hoekstra & M. Moortgat (eds.) *Lexical Grammar*. Dordrecht: Foris.

Aronoff, M. & F. Anshen. 1981. Morphological productivity and phonological transparency. *Canadian Journal of Linguistics*, 26 (1): 63–72.

Aronoff, M. & J. Rees-Miller. 2001. *The Handbook of Linguistics*. Beijing: Foreign Language Teaching and Research Press.

Bach, E. 1977. Review article: On Raising: One Rule of English Grammar and Its Theoretical Implications by Paul M. Postal. *Language*, (53): 621–654.

Bach, K. 2003. *Encyclopedia of Cognitive Sciences*. San Francisco: Nature Publishing Group.

Bacon, F. Of studies. http://www.authorama.com/essays-of-francis-bacon-50.html.

Baker, M. C. & N. Vinokurova. 2009. On agent nominalizations and why they are not like event nominalizations. *Language*, 85 (3): 517–556.

Baltin, M. & C. Collins. 2001. *The Handbook of Contemporary Syntactic Theory*. Beijing: Foreign Language Teaching and Research Press.

Banks, D. 2005. On the historical origins of nominalized process in scientific text. *English for Specific Purposes*, 24 (3): 347–357.

Banks, D. 2008. *The Development of Scientific Writing: Linguistic Features and Historical Context*. London: Equinox.

Baratta, A. M. 2010. Nominalization development across an undergraduate academic degree program. *Journal of Pragmatics*, 42 (4): 1017–1036.

Barker, C. & D. Dowty. 1993. Non-verbal thematic proto-roles. In A. Shafer (ed.) *Proceedings of NELS*, 23, Vol. 1. GLSA, Amherst.

Bates, E., et al. 1991. The noun-verb problem in Chinese. *Brain and Language*, 41 (2): 203–233.

Bello, I. 2010. *An Initial Analysis of Nominalizations in Scientific Texts (1700–1900)*.

ESSLLI 2010 Student Session.
Berman, R. A. 2008. The psycholinguistics of developing text construction. *Journal of Child Language*, (35): 735–771.
Biber, D. 1988. *Variation across Speech and Writing*. Cambridge: Cambridge University Press.
Biber, D. 1993. The multi-dimensional approach to linguistic analyses of genre variation: An overview of methodology and findings. *Computers and the Humanities*, 26 (5–6): 331–345.
Biber, D. & B. Gray. 2011. Grammatical change in the noun phrase: The influence of written language use. *English Language and Linguistics*, 15 (2): 223–250.
Biber, D. & B. Gray. 2013. Nominalizing the verb phrase in academic science writing. In B. Aarts et al. (eds.) *The Verb Phrase in English: Investigating Recent Language Change with Corpora*. Cambridge: Cambridge University Press.
Biber, D., et al. 1998. *Corpus Linguistics: Investigating Language Structure and Use*. Cambridge: Cambridge University Press.
Biber, D., et al. 1999. *Longman Grammar of Spoken and Written English*. Harlow: Pearson Education Ltd.
Biber, D., et al. 2000a. *Longman Grammar of Spoken and Written English*. Beijing: Foreign Language Teaching and Research Press.
Biber, D., et al. 2000b. *Corpus Linguistics*. Beijing: Foreign Language Teaching and Research Press.
Bierwisch, M. 2009. Nominalization — lexical and syntactic aspects. In A. Giannakidou & M. Rathert (eds.) *Quantification, Definiteness and Nominalization*. Oxford: Oxford University Press.
Biese, Y. M. 1941. *Origin and Development of Conversions in English*. Helsinki: Annales Academiae Scientiarum Fennicae, B 45–2.
Billig, M. 2008. The language of critical discourse analysis: The case of nominalization. *Discourse & Society*, 19 (6): 783–800.
Bommelyn, L. 1997. *Prolegomena to the Grammar of Tolowa Athabaskan*. MA thesis, University of Oregon.
Bouchard, D. 1995. *The Semantic of Syntax: A Nominalist Approach to Grammar*. Chicago: The University of Chicago Press.
Bowers, J. 2011. Non-event nominals and argument structure. *Lingua*, 121 (7): 1194–1206.
Branigan, H. P., et al. 2006. The role of global and local syntactic structure in language production: Evidence from syntactic priming. *Language and Cognitive Processes*, (21): 974–1010.
Breedin, S., et al. 1998. Semantic factors in verb retrieval: An effect of complexity. *Brain and Language*, 63 (1): 1–31.
Bresnan, J. 2005. A few lessons from typology. Linguistic Society of America 79th

Annual Meeting, Mariott Oakland City Center, January 9.
Burzio, L. 1986. *Italian Syntax: A Government-Binding Approach*. Dordrecht: Reidel.
Bush, D. W. & C. P. Campbell. 1995. *How to Edit Technical Documents*. Phoenix, AZ: Oryx.
Bybee, J. L. 1985. *Morphology: A study of the Relation between Meaning and Form*. Amsterdam: John Benjamins.
Cannon, G. 1985. Functional shift in English. *Linguistics*, (23): 411-431.
Caramazza, A. & A. Hillis. 1991. Lexical organization of nouns and verbs in the brain. *Nature*, 349 (6312): 788-790.
Chafe, W. 1980. The deployment of consciousness in the production of a narrative. In W. Chafe (ed.) *The Pear Stories: Cognitive, Cultural, and Linguistic Aspects of Narrative Production*. Norwood, NJ: Ablex.
Chalker, S. & E. Weiner. 2001. *Oxford Dictionary of English Grammar*. Shanghai: Shanghai Foreign Language Education Press.
Chamberlin, E. R. 1982. *The World of the Italian Renaissance*. London: Book Club Associates.
Chambers, C. G., et al. 2008. When hearsay trumps evidence: How generic language guides preschoolers' inferences about unfamiliar things. *Language and Cognitive Processes*, 23 (5): 749-766.
Chappell, H. & W. McGregor. 1995. Prolegomena to a theory of inalienability. In H. Chappell & W. McGregor (eds.) *The Grammar of Inalienability: A Typological Perspective on Body Part Terms and the Part-Whole Relation*. Berlin/New York: Mouton de Gruyter.
Chomsky, N. 1968. *Language and Mind*. New York: Harcourt Brace Jovanovich.
Chomsky, N. 1970. Remarks on nominalisation. In R. Jacobs and P. Rosenbaum (eds.) *Readings in English Transformational Grammar*. Waltham, MA: Ginn.
Clark, E. V. & H. H. Clark. 1979. When nouns surface as verbs. *Language*, 55 (4): 767-811.
Collins, A. M. & E. F. Loftus. 1975. A spreading activation theory of semantic processing. *Psychological Review*, 82 (6): 407-428.
Comrie, B. 1981. *Language Universals and Linguistic Typology*. Oxford: Blackwell.
Comrie, B. 1989. *Language Universals and Linguistic Typology*. Beijing: Huaxia Publishing Press.
Comrie, B. & S. A. Thompson. 1985. Lexical nominalization. In T. Shopen (ed.) *Language Typology and Syntactic Description, Vol. 3: Grammatical Categories and the Lexicon*. Cambridge/New York: Cambridge University Press.
Croft, W. 1990. *Typology and Universals*. Cambridge: Cambridge University Press.
Croft, W. 1991. *Syntactic Categories and Grammatical Relations: The Cognitive Organization of Information*. Chicago: The University of Chicago Press.
Croft, W. 1996. Markedness and universals: From the Prague School to typology. In K.

R. Jankowsky (ed.) *Multiple Perspectives on the Historical Dimensions of Language*. Munster: Nodus.

Croft, W. 2007. The origins of grammar in the verbalization of experience. *Cognitive Linguistics*, 18 (3): 339-382.

Croft, W. 2009. Methods for finding language universals in syntax. In S. Scalise et al. (eds.) *Universals of Language Today*. Berlin: Springer.

Croft, W. & A. Cruse. 2004. *Cognitive Linguistics*. Cambridge: Cambridge University Press.

Cruse, D. A. 2004. *Meaning in Language: An Introduction to Semantics and Pragmatics*. Oxford: Oxford University Press.

Cyre, W. 2005. Evolving natural language grammars. In Xindong Wu et al. (eds.) *Information Processing with Evolutionary Algorithms: From Industrial Applications to Academic Speculations*. London: Springer.

Diessel, H. 1999. Demonstratives: Form, function and grammaticalization. *Typological Studies in Language*, 42. Amsterdam: John Benjamins.

Dik, S. C., et al. 1977. *Transformational-Generative Grammar*. Amsterdam: North-Holland.

Dirven, R. & M. Verspoor. 1998. *Cognitive Exploration of Language and Linguistics*. Amsterdam/Philadelphia: John Benjamins.

Dixon, R. W. 1991/2005. *A Semantic Approach to English Grammar*. Oxford/New York: Oxford University Press.

Dixon, R. W. 1994. *Ergativity*. Cambridge: Cambridge University Press.

Downing, A. & P. Locke. 1992. *A University Course in English Grammar*. London: Prentice Hall Inc.

Dowty, D. 1991. Thematic proto-roles and argument selection. *Language*, 67 (3): 547-619.

Du Bois, J. 1985. Competing motivations. In J. Haiman (ed.) *Iconicity in Syntax*. Amsterdam: John Benjamins.

Eberle, E., et al. 2011. Approximating the disambiguation of some German nominalizations by use of weak structural, lexical and corpus information. *Procesamiento del Lenguaje Natural*, Revista n° 46 marzo de: 67-74.

Eggins, S. 1994. *An Introduction to Systemic Functional Linguistics*. London: Pinter Publishers.

Esau, H. 1971. Some facts about German nominalization. *Neophilologus*, 55 (1): 150-156.

Evans, V. 2007. *A Glossary of Cognitive Linguistics*. Edinburgh: Edinburgh University Press Ltd.

Fairclough, N. 1992. *Discourse and Social Change*. Cambridge: Polity Press.

Fang, Y., et al. 1995. On theme in Chinese: From clause to discourse. In R. Hasan & P. Fries (eds.) *On Subject and Theme: A Discourse Functional Perspective*.

Amsterdam: John Benjamins.

Fauconnier, G. 1994. *Mental Spaces: Aspects of Meaning Construction in Natural Language*. Cambridge: Cambridge University Press.

Fauconnier, G. & M. Turner. 1998. Conceptual integration networks. *Cognitive Science*, 22 (2): 269–283.

Fowler, R. 1991. *Language in the News*. London: Routledge.

Fowler, R., et al. 1979. *Language and Social Control*. London: Routledge.

Frajzyngier, Z. 2004. Principle of functional transparency in language structure and language change. In Z. Frajzyngier et al. (eds.) *Linguistic Diversity and Language Theories*. Amsterdam: John Benjamins.

Frajzyngier, Z. & E. Shay. 2002. *A Grammar of Hdi*. Berlin: Mouton de Gruyter.

Frajzyngier, Z. & E. Shay. 2003. Explaining language structure through system interaction. *Typological Studies in Language*, 55. Amsterdam: John Benjamins.

Fromkin, V. & R. Rodman. 1978/1983. *An Introduction to Language*. New York: CBS College Publishing.

Frydenberg, G. & C. Boardman. 1990. *You Are in Charge: Writing to Communicate*. Irvine: Addison-Wesley Publishing House.

Fu, J., et al. 2001. The VP within process nominals: Evidence from adverbs and the VP anaphor do-so. *Natural Language and Linguistic Theory*, 19 (3): 549–582.

Fukui, N. 2000. Phrase structure. In M. Baltin & C. Collins (eds.) *The Handbook of Contemporary Theory*. Oxford: Blackwell Publishers Ltd.

Gao, Wenyan. 2012. Nominalization in medical papers: A comparative study. *Studies in Literature and Language*, 4 (1): 86–93.

Garner, M. 2012. The typology of nominalization. *Language and Linguistics*, 13 (4): 803–844.

Garretson, G., et al. 2002. Mapping out the English possessive: Using corpora to differentiate the senses of 'of'. Poster presentation at ICAME 23, Göteborg, Sweden, May.

Givón, T. 1971. Historical syntax and synchronic morphology: An archaeologist's field trip. *Chicago Linguistic Society*, (7): 394–415.

Givón, T. 1979a. *On Understanding Grammar*. New York/San Francisco/London: Academic Press.

Givón, T. 1979b. *Syntax and Semantics 12: Discourse and Syntax*. New York: Academic Press.

Givón, T. 1993. Nominalized clauses in Ute: The diachronic seesaw of finite structure. *II Encuentro de Linguistica en el Noroeste*, Hermosillo: University of Sonora.

Givón, T. 2001. *Syntax*. Vols. 1–2, Amsterdam: John Benjamins.

Givón, T. 2009. Multiple routes to clause union: The diachrony of syntactic complexity, http://www.ruf.rice.edu/~lingsymp/Givon_paper.pdf.

Goatly, A. 1997. *The Language of Metaphors*. New York: Routledge.

González-Álvarez, D. & J. Perez-Guerra. 1998. Texting the written evidence: On register analysis in late Middle English and early Modern English. *Text*, (3): 321-348.

Gorrell, R. & C. Laird. 1972. *Modern English Handbook*. New Jersey: Prentice-Hall Inc.

Greenberg, J. H. 1963. Some universals of grammar with particular reference to the order of meaningful elements. In J. H. Greenberg (eds.) *Universals of Grammar*. Cambridge, Mass.: The MIT Press.

Greenberg, J. H. 1966. *Language Universals, with Special Reference to Feature Hierarchies*. The Hague: Mouton.

Grimshaw, J. 1990. *Argument Structure*. Cambridge, Mass.: The MIT Press.

Guz, W. 2009. English affixal nominalizations across language registers. *Poznań Studies in Contemporary Linguistics*, 45 (4): 461-485.

Haiman, J. 1983. Iconic and economic motivation. *Language*, 59 (4): 781-819.

Haiman, J. 1985a. *Natural Syntax*. Cambridge: Cambridge University Press.

Haiman, J. 1985b. *Iconicity in Syntax*. TSL6, Amsterdam: John Benjamins.

Halliday, M. A. K. 1985. *An Introduction to Functional Grammar*. London: Edward Arnold.

Halliday, M. A. K. 1988. *New Developments in Systemic Linguistics*. London/New York: Pinter.

Halliday, M. A. K. 1999. The grammatical construction of scientific knowledge: The framing of the English clause. In R. Rossini et al. (eds.) *Incommensurability and Translation*. Chelterham: Elgar.

Halliday, M. A. K. 2000. *An Introduction to Functional Grammar* (2nd ed.). London: Edward Arnold/Beijing: Foreign Language Teaching and Research Press.

Halliday, M. A. K. 2004. *The Language of Science*. London: Continuum.

Halliday, M. A. K. & J. R. Martin. 1993. *Writing Science: Literacy and Discursive Power*. London: Falmer Press.

Halliday, M. A. K. & M. I. M. Matthiessen. 1999. *Construing Experience through Meaning: A Language-based Approach to Cognition*. London: Continuum.

Halliday, M. A. K. & R. Hasan. 1976. *Cohesion in English*. London: Edward Arnold.

Harley, H. 1999. Denominal verbs and aktionsart. In Liina Pylkkänen, Angeliek van Hout and Heidi Harley (eds.) *MITWPL 35: Papers from the UPenn/MIT Roundtable on the Lexicon*.

Harley, H. 2005. How do verbs get their names? Denominal verbs, manner incorporation, and the ontology of verb roots in English. In N. Erteschik-Shir & T. Rapoport (eds.) *The Syntax of Aspect*. Oxford: Oxford University Press.

Harris, A. & L. Campbell. 2007. *Historical Syntax in Cross-Linguistic Perspective*. Beijing: World Publishing Corporation.

Hartmann, R. R. K. & F. C. Stork. 1981. *Dictionary of Language and Linguistics*.

Shanghai: Shanghai Lexicographical Press.

Haspelmath, M. 1993. More on the typology of inchoative/causative verb alternations. In B. Comrie & M. Polinsky (eds.) *Causatives and Transitivity* (Studies in Language Companion Series, 23). Amsterdam: John Benjamins.

Haspelmath, M. 2007. Creating economical morphosyntactic patterns in language change. In J. Good (ed.) *Language Universals and Language Change*. Oxford: Oxford University Press.

Hawkins, J. A. 1981. *Definiteness and Indefiniteness: A Study in Reference and Grammaticality Prediction*. London: Croom Helm.

Hawkins, J. A. 1999. Processing complexity and filler-gap dependencies across grammars. *Language*, 75 (2): 244 – 285.

Hawkins, J. A. 2001. *Efficiency and Complexity in Grammars*. Oxford: Oxford University Press.

Hawkins, J. A. 2003. Efficiency and complexity in grammars: Three general principles. In J. Moore & M. Polinsky (eds.) *The Nature of Explanation in Linguistic Theory*. Stanford: CSLI Publications.

Hay, J. 2000. *Causes and Consequences of Word Structure*. PhD dissertation, Northwestern University.

Hay, J. 2002. From speech perception to morphology: Affix-ordering revisited. *Language*, 78 (3): 527 – 555.

Hay, J. & I. Plag. 2004. What constrains possible suffix combinations? On the interaction of grammatical and processing restrictions in derivational morphology. *Natural Language & Linguistic Theory*, 22 (3): 565 – 596.

Heine, B. 1997. *Possession — Cognitive Sources, Forces, and Grammaticalization*. Cambridge: Cambridge University Press.

Heine, B., et al. 1991. *Grammaticalization: A Conceptual Framework*. Chicago: The University of Chicago Press.

Heyvaert, L. 2003. *A Cognitive-Functional Approach to Nominalization in English*. Berlin/New York: Mouton de Gruyter.

Hilferty, J. 2011. Cognitive linguistics: An introductory sketch, http://citeseerx.ist. psu.edu/viewdoc/download?doi=10.1.1.197.2196&rep=rep1&type=pdf.

Holtz, M. 2009. Nominalization in scientific discourse: A corpus-based study of abstracts and research articles. Talk at Corpus Linguistics Conference, 21 – 23 July, Liverpool, UK. In Book of Abstracts of the 5th Corpus Linguistics Conference.

Hopper, P. J. & S. A. Tompson. 1980. Transitivity in grammar and discourse. *Language*, 56 (2): 251 – 299.

Hopper, P. J. & S. A. Thompson. 1984. The discourse basis for lexical categories in universal grammar. *Language*, 60 (4): 703 – 752.

Hopper, P. J. & S. A. Thompson. 1985. The iconicity of the universal categories 'noun' and 'verb'. In J. Haiman (ed.) *Iconicity in Syntax*. Amsterdam: John

Benjamins.
Hudson, R. A. 1984. *Word Grammar*. Oxford: Basil Blackwell.
Hunston, S. 2006. *Corpora in Applied Linguistics*. Beijing: World Publishing Corporation.
Hunston, S. & G. Francis. 1999. *Pattern Grammar*. Amsterdam: John Benjamins.
Inglis, D. 2004. *Cognitive Grammar and Lexicography*. Payap University Graduate School.
Jackendoff, R. 1983. *Semantics and Cognition*. Cambridge, Mass.: The MIT Press.
Jackendoff, R. 1994. *Patterns in the Mind: Language and Human Nature*. New York: Basic Books.
Jacobs, R. A., et al. 1968. *English Transformational Grammar*. London: Ginn and Company Ltd.
Jäger, G. & R. van Rooij. 2007. Language structure: Psychological and social constraints. *Synthese*, 159 (1): 99 – 130.
Jespersen, O. 1924. *The Philosophy of Grammar*. New York: W. W. Norton & Company.
Jespersen, O. 1937. *Analytic Syntax*. Chicago: The University of Chicago Press.
Jespersen, O. 1959. *Essentials of English Grammar*. London: Allen & Unwin.
Joos, M. 1967. *The Five Clocks*. New York: Harcourt, Brace & World.
Katz, J. & D. Pitt. 2000. Compositional idioms. *Language*, 76 (2): 409 – 432.
Keenan, E. L. & B. Comrie. 1977. Noun phrase accessibility and universal grammar. *Linguistic Inquiry*, 8 (1): 63 – 99.
Kelly, M. H. 1988. Phonological biases in grammatical shifts. *Journal of Memory and Language*, 27 (4): 343 – 358.
Kenneth, H. & S. J. Keyser. 2002. *Prolegomenon to a Theory of Argument Structure*. Cambridge, Mass.: The MIT Press.
Kenneth, H. & S. J. Keyser. 2005. Aspect and the syntax of argument structure. In N. Erteschik-Shir & T. Rapoport (eds.) *The Syntax of Aspect*. Oxford: Oxford University Press.
Kiparsky, P. 1982. Lexical morphology and phonology. In The Linguistic Society of Korea (ed.) *Linguistics in the Morning Calm*. Seoul: Hanshin Publishing.
Kiparsky, P. 1997. Remarks on denominal verbs. In A. Alsina et al. (eds.) *Argument Structure*. Stanford: CLSI.
Koptjevskaja-Tamm, M. 1993. *Nominalizations*. London/New York: Routledge.
Kornfilt, J. & J. Whitman. 2011. Afterword: Nominalizations in syntactic theory. *Lingua*, 121 (7): 1297 – 1313.
Lakoff, G. 1987. *Women, Fire, and Dangerous Things*. Chicago: The University of Chicago Press.
Lakoff, G. 1990. *Women, Fire and Dangerous Things: What Categories Reveal about the Mind*. Chicago: The University of Chicago Press.

Lakoff, G. & M. Johnson. 1999. *Philosophy in the Flesh: The Embodied Mind and Its Challenge to Western Thought*. New York: Basic Books.

Langacker, R. W. 1987a. Nouns and verbs. *Language*, 63 (1): 53-94.

Langacker, R. W. 1987b. *Foundations of Cognitive Grammar, Vol. I: Theoretical Prerequisites*. Stanford: Stanford University Press.

Langacker, R. W. 1991a. *Foundations of Cognitive Grammar, Vol. II: Descriptive Application*. Stanford: Stanford University Press.

Langacker, R. W. 1991b. *Concept, Image and Symbol: The Cognitive Basis of Grammar*. Berlin: Mouton de Gruyter.

Langacker, R. W. 1993a. Reference-point constructions. *Cognitive Linguistics*, 4 (1): 1-38.

Langacker, R. W. 1993b. Grammatical traces of some "invisible" semantic constructs. *Language Sciences*, (15): 323-355.

Langacker, R. W. 1999. *Grammar and Conceptualization*. Berlin/New York: Mouton de Gruyter.

Langacker, R. W. 2000. *Grammar and Conceptualization*. Berlin: Mouton de Gruyter.

Langacker, R. W. 2004. *Foundations of Cognitive Grammar, Vol. I: Theoretical Prerequisites*. Beijing: Peking University Press.

Langacker, R. W. 2008. *Cognitive Grammar: An Introduction*. Oxford: Oxford University Press.

Langacker, R. W. 2013. On grammatical categories. *Foreign Studies*, (4): 1-23.

Lazard, G. 2001. Le marquage différentiel de l'objet. In M. Haspelmath et al. (eds.) *Language Typology and Language Universals: An International Handbook*. Vol. 2. Berlin: de Gruyter.

Lee, D. 2001. *Cognitive Linguistics: An Introduction*. Oxford: Oxford University Press.

Leech, N. 1981. *Semantics*. Haimondsworth: Penguin.

Lees, R. 1960. *The Grammar of English Nominalizations*. The Hague: Mouton Press.

Lefebvre, C. 1989. Some problems in defining syntactic variables: the case of wh-questions in Montreal French. In R. W. Fasold & D. Shiffrin (eds.) *Language Change and Variation*. Amsterdam: John Benjamins.

Lehmann, C. 1991. Predicate classes and participation. In S. Hansjakob & P. Waldfried (eds.) *Partizipation: Das sprachliche Erfassen von Sachverhalten* (Language Universals Series, 6). Tübingen: G. Narr.

Lehmann, C. 1998. Possession in Yucate Maya: Structures-functions-typology. Unterschleissheim: LINCOM Europa, *LINCOM Studies in Native American Linguistics*.

Lehmann, C. 2002. New reflections on grammaticalization and lexicalization. In I. Wischer & G. Diewald (eds.) *New Reflections on Grammaticalization*. Amsterdam/Philadelphia: John Benjamins, 1-18.

Lehmann, C. 2013. The nature of parts of speech. *STUF*, Akademie Verlag, 66 (2):

141-177.

Lemke, J. L. 1995. *Textual Politics, Discourse and Social Dynamics*. London: Taylor and Francis.

Lester, M. 1971. *Introductory Transformational Grammar of English*. New York: Holt, Rinehart & Winston Inc.

Lester, M., et al. 1985. The rhythmic structure of mother-infant interaction in term and preterm infants. *Child Development*, 56 (1): 15-27.

Levin, B. & M. Rappaport. 1988. Nonevent -*er* nominals: A probe into argument structure. *Linguistics*, 26 (5): 1067-1083.

Li, C. N. & S. A. Thompson. 1981. *Mandarin Chinese: A Functional Reference Grammar*. Berkeley/Los Angeles: The University of California Press.

Lieber, R. 2004. *Morphology and Lexical Semantics*. Cambridge: Cambridge University Press.

Lightfoot, D. W. 2010. *Principles of Diachronic Syntax*. Beijing: World Publishing Corporation.

Lock, G. 1996. *Functional English Grammar*. Cambridge: Cambridge University Press.

Maddieson, I. 1982. *Patterns of Sounds*. Cambridge: Cambridge University Press.

Malouf, R. P. 2000. *Mixed Categories in the Hierarchical Lexicon*. Stanford CA: CSLI Publications.

Marchand, H. 1969. *The Categories and Types of Present-Day English Word-Formation* (2nd ed.). München: Beck.

Marcus, M. 1987. Generation systems should choose their words. In Y. Wilks (ed.) *Theoretical Issues in Natural Language Processing*. Las Cruces: New Mexico State University.

Martin, J. R. 1992. *English Text: System and Structure*. Amsterdam: John Benjamins.

Martsa, S. 2012. *Conversion in English: A Cognitive Semantic Approach*. PhD dissertation, Institute of English, University of Pécs.

Matthews, P. H. 2000. *Oxford Concise Dictionary of Linguistics*. Shanghai: Shanghai Foreign Language Education Press.

McCawley, J. D. 1988. *The Syntactic Phenomena of English*. Vol. 2. Chicago: The University of Chicago Press.

McDonald, D. D. 1991. On the place of words in the generation process. In C. L. Paris et al. (eds.) *Natural Language Generation in Artificial Intelligence and Computational Linguistics*. Kluwer: Dordrecht.

McIntyre, A. Constraining argument structure in nominalizations: The case of English -*er*, Manuscripts.

Miceli, G., et al. 1984. On the basis for the agrammatic's difficulty in producing main verbs. *Cortex*, 20 (2): 207-220.

Mohanan, K. P. 1986. *The Theory of Lexical Phonology*. Dordrecht: Reidel.

Moltmann, F. 2007. Events, tropes, and truthmaking. *Philosophical Studies*, 134 (3):

363 – 403.

Moltmann, F. 2008. Intensional verbs and their intentional objects. *Nat Lang Semantics*, 16 (3): 239 – 270.

Moulton, K. 2007. Cases markedness and case domains within nominalizations, Unpublished manuscript.

Newmeyer, F. J. 2004. Typological evidence and universal grammar. *Studies in Language*, 28 (3): 527 – 548.

Nichols, J. 1988. On alienable and inalienable possession. In W. Shipley (ed.) *In honor of Mary Haas: From the Haas Festival Conference on Native American Linguistics*. Berlin: Mouton de Gruyter.

Nida, E. A. & C. R. Taber. 1982. *Theory and Practice of Translation*. Leiden: E. J. Brill.

Nirenburg, S. & I. Nirenburg. 1988. A framework for lexical selection in natural language generation. In *Proceedings of the 12th International Conference on Computational Linguistics* (COLING – 88). Budapest.

Nobre, A. C. & G. McCarthy. 1994. Language-related ERPs: Scalp distributions and modulation by word type and semantic priming. *Journal of Cognitive Neuroscience*, 6 (3): 233 – 255.

Ohnishi, H. Nominalization in English, https://core.ac.uk/download/pdf/144458101.pdf.

Panther, K.-U. & L. Thornburg. 2001. A conceptual analysis of English -er nominals. In M. Pütz & S. Niemeier (eds.) *Applied Cognitive Linguistics: Theory, Acquisition and Pedagogy*. Berling/New York: Mouton de Gruyter.

Penke, M. & A. Rosenbach. 2004. What counts as evidence in linguistics?: The case of innateness. *Studies in Language*, 28 (3): 480 – 526.

Piantadosi, S. T. 2014. Zipf's word frequency law in natural language: A critical review and future directions. *Psychon, Bull Rev*, 21: 1112 – 1130.

Piccin, T. B. & S. R. Waxman. 2007. Why nouns trump verbs in word learning: New evidence from children and adults in the human simulation paradigm. *Language Learning and Development*, 3 (4): 295 – 323.

Pinkham, J. 2000/2003. *The Translator's Guide to Chinglish*. Beijing: Foreign Language Teaching and Research Press.

Pires, A. 2006. *The Minimalist Syntax of Defective Domains: Gerunds and Infinitives*. Amsterdam: John Benjamins.

Plag, I. 1999. *Morphological Productivity: Structural Constraints in English Derivation*. Berlin/New York: Mouton de Gruyter.

Plag, I. 2002. *Word-Formation in English*. Cambridge: Cambridge University Press.

Plag, I. 2003. *Word-Formation in English*. Cambridge: Cambridge University Press.

Pomerantz, J. P., et al. 1977. Perception of wholes and their component parts: Some configural superiority effects. *Journal of Experimental Psychology: Human*

Perception and Performance, 3 (3): 422 – 435.

Price, J. & L. Price. 2002. *Hot Text: Web Writing That Works*. Indianapolis: New Riders Press.

Quirk, R., et al. 1972. *A Grammar of Contemporary English*. London: Longman.

Quirk, R., et al. 1985. *A Comprehensive Grammar of the English Language*. London: Longman World Publishing House.

Radford, A. 2009. *Minimalist Syntax: Exploring the Structure of English*. Beijing: Foreign Language Teaching and Research Press.

Ramchand, G. 2008. *Verb Meaning and the Lexicon*. Cambridge: Cambridge University Press.

Ramchand, G. & C. Reiss. 2007. *The Oxford Handbook of Linguistic Interfaces*. Oxford: Oxford University Press.

Rappaport, M. & B. Levin. 1992. -Er nominals: implications for a theory of argument structure. In T. T. Stowell & E. Wehrli (eds.) *Syntax and Semantics 26: Syntax and the Lexicon*. New York: Academic Press.

Ravid, D. & D. Cahana-Amitay. 2005. Verbal and nominal expressions in narrating conflict situations in Hebrew. *Journal of Pragmatics*, 37 (2): 157 – 183.

Robins, R. H. 1979. *A Short History of Linguistics*. London/New York: Longman.

Robinson, G., et al. 1999. Selective sparing of verb naming in a severe case of Alzheimer's disease. *Cortex*, 35 (3): 443 – 450.

Romaine, S. 1984. On the problem of syntactic variation pragmatic meaning in sociolinguistic theory. *Folia Linguistica*, 18 (3/4): 409 – 437.

Rosch, E. H. 1972. Universals in color naming and memory. *Journal of Experimental Psychology*, 93 (1): 10 – 20.

Rosch, E. H. 1973. On the internal structure of perceptual and semantic categories. In T. E. Moore (ed.) *Cognitive Development and the Acquisition of Language*. New York: Academic Press.

Rosch, E. H. 1975. Cognitive representations of semantic categories. *Journal of Experimental Psychology: General*, 104 (3): 192 – 233.

Rosch, E. H. 1978. Principles of categorization. In E. H. Rosch & B. Lloyd (eds.) *Cognition and Categorization*. Hillsdale, NJ: Erlbaum.

Ross, C. 1983. On the functions of Mandarin *de*. *Journal of Chinese Linguistics*, 11 (2): 214 – 246.

Sauciuc, M. C. 2010. *Morphological Productivity and the Decomposition of Complex Words*. MA thesis, University of Kansas.

Schmid, H. 1999. Cognitive effects of shell nouns. In K. van Hoek et al. (eds.) *Discourse Studies in Cognitive Linguistics*. Amsterdam: John Benjamins.

Schmid, H. 2000. *English Abstract Nouns as Conceptual Shells*. Berlin/New York: Mouton de Gruyter.

Schwanenflugel, P. J. & E. J. Shoben. 1983. Differential context effects in the comprehension of abstract and concrete verbal materials. *Journal of Experimental Psychology*, 9 (1): 82 – 102.

Searle, J. R. 1979. *Expression and Meaning: Studies in the Theory of Speech Acts*. Cambridge: Cambridge University Press.

Seiler, H. 1983. *Possession as an Operational Dimension of Language*. Tubingen: Gunter Narr Verlag.

Simone, R. 1995. Under the sign of Cratylus. In R. Simone (ed.) *Iconicity in Language*. Amsterdam: John Benjamins Publishing Company.

Simons, P. 1987. *Parts: A Study in Ontology*. Oxford: Claredon Press.

Spencer, A. 1991. *Morphological Theory*. Cambridge: Basil Blackwell Inc.

Stadler, K. 2012. Chunking constructions, In L. Steels (ed.) *Computational Issues in FCG*, LNAI 7249, Springer-Verlag Berlin Heidelberg.

Steels, L. 2005. The emergence and evolution of linguistic structure: From lexical to grammatical communication systems. *Connection Science*, 17 (3 – 4): 213 – 230.

Strunk, W. & E. White. 1972. *The Elements of Style*. New York: Macmillan.

Strunk, W. & E. White. 1979. *The Elements of Style* (3rd ed.). New York: Macmillan.

Sušinskienė, S. 2004. Grammatical metaphor in scientific discourse. *KALBOTYRA*, 54 (4): 76 – 83.

Sušinskienė, S. 2008. *The Systemic-Functional Approach to Nominalization in English Scientific Discourse*. Third International Conference, Nation and Language Modern Aspects of Socio-linguistic Development, 9 – 10 October 2008, KTU Panevėžys Institute Centre of Languages.

Sušinskienė, S. 2009. Textual functions of nominalizations in English scientific discourse. *žmogus ir žodis III:* 59 – 63.

Svartvik, J. 1966. *On Voice in the English Verb*. The Hague: Mouton de Gruyter.

Sweet, H. 1898. *A New English Grammar: Logical and Historical*. Part II. Oxford: Clarendon Press.

Szymanek, B. 2005. The latest trends in English word-formation. In P. Štekauer & R. Lieber (eds.) *Handbook of Word-Formation*. Netherlands: Springer.

Talmy, L. 2000. *Towards a Cognitive Semantics*, Vol. 1: Concept Structuring Systems. Cambridge, MA.: The MIT Press.

Tao, Hongyin. 1996. *Units in Mandarin Conversation: Discourse, Grammar and Prosody*. Amsterdam: John Benjamins Publishing Company.

Tashakkori, A. & C. Teddlie. 1998. *Mixed Methology*. London: Sage.

Taverniers, M. 2006. Grammatical metaphor and lexical metaphor: Different perspectives on semantic variation. *Neophilologus*, 90 (2): 321 – 332.

Taylor, J. R. 1989. *Linguistic Categorization: Prototypes in Linguistic Theory*. Oxford: Oxford University Press.

Taylor, J. R. 1995/2001. *Linguistic Categorization: Prototypes in Linguistic Theory*

(2nd ed.). Beijing: Foreign Language Teaching and Research Press.
Thompson, G. 1997. *Introducing Functional Grammar*. London: Arnold.
Thompson, G. 2000. *Introducing Functional Grammar*. Beijing: Foreign Language Teaching and Research Press.
Thompson, G. 2004. *Introducing Functional Grammar*. London: Arnold.
Thornborrow, J. & S. Wareing. 2000/2004. *Patterns in Language: Stylistics for Students of Language and Literature*. Beijing: Foreign Language Teaching and Research Press.
Titscher, S., et al. 2000. *Methods of Text and Discourse Analysis*. London: Sage Publications Inc.
Trauth, G. P. & K. Kazzazi. 2000. *Routledge Dictionary of Language and Linguistics*. Beijing: Foreign Language Teaching and Research Press.
Tuggy, D. 1980. Ethical dative and possessor omission sí, possessor ascension. In J. P. Daly & M. H. Daly (eds.) *Work Papers of the Summer Institute of Linguistics, University of North Dakota*. Vol. 24, Summer Institute of Linguistics, Huntington Beach, CA.
Ungerer, F. & H. J. Schmid. 1996/2001. *An Introduction to Cognitive Linguistics*. Beijing: Foreign Language Teaching and Research Press.
Urbanavičienė, I. 2004. Political speeches: Exertion of power through linguistic means. *Studies about Languages*, (5): 52–59.
Valeika, L. 1998. *An Introductory Course in Semantic Syntax*. Vilnius: Vilnius University Press.
Valeika, L. 2001. *An Introductory Course in Communicative Syntax*. Vilnius: Vilnius Pedagogical University Press.
Valeika, L. & J. Buitkienė. 2004. *An Introductory Course in Theoretical Syntax*. Vilnius: Vilnius Pedagogical University Press.
Valenzuela, P. 1996. Relative clauses in Tolowa Athabaskan, University of Oregon, Manuscript.
Van Dijk, M. 1993. Principles of critical discourse analysis. *Discourse & Society*, 4 (2): 249–283.
Vendler, Z. 1967a. Facts and events. In *Linguistics in Philosophy*. Ithaca: Cornell University Press.
Vendler, Z. 1967b. Verbs and times. In *Linguistics in Philosophy*. Ithaca: Cornell University Press.
Vendler, Z. 1967c. *Linguistics in Philosophy*. Ithaca: Cornell University Press.
Vendler, Z. 1968. *Adjectives and Nominalizations*. The Hague and Paris: Mouton Press.
Ventola, E. 1996. Packing and unpacking of information in academic texts. In E. Ventola & A. Mauranen (eds.) *Academic Writing: Intercultural and Textual Issues*. Amsterdam: John Benjamins.
Verikaitė, D. 1999. *Formal and Functional Characteristics of Cohesive Devices in the*

Science Research Article in English. Vilnius Pedagogical University.

Voeltz, E. F. K. 1976. Inalienable possession in Sotho. *Studies in African Linguistics*, 6. (Suppl.): 255-266.

Wales, K. A. 2001. *Dictionary of Stylistics* (2nd ed.). Harlow, England: Pearson Education Limited.

Watson, Owen. 1976. *Longman Modern English Dictionary*. London: Longman Group Limited.

Weinreich, U., et al. 1968. Empirical foundations for a theory of language change. In W. P. Lehmann & Y. Malkiel (eds.) *Directions for Historical Linguistics*. Austin: The University of Texas Press.

Wells, R. 1988. Nominal and verbal style. In Cheng Yuming (ed.) *Readings in Stylistics*. Shanghai: Shanghai Foreign Language Education Press.

Wittgenstein, L. 1953. *Philosophical Investigations*. New York: Macmillan.

Wood, L. A. & R. O. Kroger. 2000. *Doing Discourse Analysis*. Thousand Oaks, CA: SAGE Publications Inc.

Wright, S. K. 2001. *Internally Caused and Externally Caused Change of State Verbs*. PhD dissertation, Northwestern University.

Wurff, W. van der. 1991. Gerunds and their objects in the Modern English period. In van J. Marie (ed.) *Historical Linguistics*. Amsterdam/Philadelphia: John Benjamins.

Wurff, W. van der. 1997. Gerunds in the Modern English period: Structure and change. *History of English* (Seoul) 3 (special issue for Professor KimIn-Sook): 163-196.

Xrakovskij, V. S. 2001. *Typology of Imperative Constructions*. München: Lincom Europa.

Yap, F. H., et al. 2010. Non-referential uses of nominalization constructions: Asian perspectives. *Language and Linguistics Compass*, 4 (12): 1154-1175.

Zeiger, A. 1978. *Encyclopedia of English*. New York: Arco Publishing Company Inc.

Zipf, G. 1949. *Human Behavior and the Principle of Least Effort*. Cambridge: Addison-Wesley.

Zucchi, A. 1993. *The Language of Propositions and Events*. Dordrecht/Boston/London: Kluwer Academic Publishers.

附　录

图示清单

图 1　语音结构等级体系（彭德固,1992）……………… 9
图 2　语法结构等级体系（彭德固,1992）……………… 9
图 3　词—句—篇的动态整合系统 ……………………… 14
图 4　名词化的从属向心结构 …………………………… 22
图 5　词类级差提升过程 ………………………………… 36
图 6　KNEE 概念域矩阵（Hilferty, 2011）……………… 50
图 7　KNUCKLE 域依存梯度（Evans, 2007: 101）…… 50
图 8　实体关系识解（Langacker, 2013）………………… 64
图 9　词义在线识解（张洪芹,2011）…………………… 65
图 10　half full 与 half empty 的不同识解（Tuggy, 1980）…… 70
图 11　名词化的不同突显组构（Langacker, 2013）…… 71
图 12　抽象实体的时间消解（Langacker, 2013）……… 71
图 13　SUSANNE 语料库的 Zipf 定律表征（Haspelmath, 2007）………………………………………………… 77
图 14　不同语言中的 Zipf 定律表征比较（Piantadosi, 2014）………………………………………………… 78
图 15　实体的不同组构表征（Langacker, 2013）……… 82
图 16　物质名词的组构操作（Langacker, 2013）……… 83
图 17　汉语词性与功能的对应（黄伯荣、廖序东,1991/2002；

	56)	84
图18	以动词为参照点的线性编码(Frajzyngier & Shay, 2003)	87
图19	最常见名词化后缀的文体分布(Guz, 2009)	92
图20	五个世纪以来不同文体的抽象维度演变(González-Álvarez & Perez-Guerra, 1998)	92
图21	以动词为参照点的线性编码(Frajzyngier, 2004)	95
图22	动作实体意义类型(赵静、张德禄,2009)	111
图23	典型动词与典型名词之关系(刘顺,2003b)	124
图24	名词化领属关系的建构过程(Langacker, 1999:86)	160
图25	语言形式与意义的对应关系	163
图26	领属关系表征(Langacker, 1999:180)	167
图27	the breaking of the glass 的名词化表征过程(Langacker, 1999:88)	176
图28	正式语篇与非正式语篇变异(Akinnaso, 1985)	209
图29	一致式与隐喻式的对应关系(常晨光,2004)	211
图30	句子义与话语义关系(Searle, 1979:115)	245
图31	动词与名词化的认知语义比较(Langacker, 1987a:92)	249
图32	语言表征的优选过程	258
图33	名词应用的历时演变(Biber & Gray, 2011)	270
图34	名词做名词性前置修饰语的历时演变(Biber & Gray, 2011)	271
图35	科技语篇中名词做名词性前置修饰语的历时演变(Biber & Gray, 2011)	271
图36	名词化应用的历时演变(Biber & Gray, 2011)	273
图37	语法规则演变的总态势(Cyre, 2005)	282
图38	每代人语法新规的发展态势(Cyre, 2005)	283
图39	最常见名词化后缀在不同文体中的分布(Guz, 2009)	288
图40	不同文体中的-ness 后缀分布(Guz, 2009)	289
图41	不同学科论文及其摘要中词性的使用(Holtz, 2009)	292
图42	英汉词类与功能比较(黄伯荣、廖序东,1991/2002:56)	327
图43	名词化与动词化的语法、语义整合	330
图44	名词与动词的认知比较(Langacker, 1991a)	331
图45	名词化的建构过程(Inglis, 2004)	332
图46	名词化过程的序列扫描与整体扫描(Inglis, 2004)	333

图 47	名词化图式化与扩散过程(Inglis, 2004)	334
图 48	名词的动词化过程(Langacker, 1991b)	335
图 49	英语词汇的层级结构(张维友,2007b)	350
图 50	汉语词汇的层级结构(崔永华,1997:512,523)	350
图 51	词汇后缀的层级组构(Hay & Plag, 2004)	352
图 52	两类事件名词化的结构比较(Baker & Vinokurova, 2009)	371
图 53	施事名词的可能和不可能结构(Baker & Vinokurova, 2009)	372
图 54	名词化的类型学模式(Koptjevskaja-Tamm, 1993:216)	392
图 55	领属-中心关系类型(Heine, 1997:40)	394
图 56	参照点、射体及名词化(Langacker, 2000)	394
图 57	不同类型词汇的 ERP 反应比较(Nobre & McCarthy, 1994)	398
图 58	不同类型词汇的突显峰值比较(Nobre & McCarthy, 1994)	399
图 59	名词和动词脑区激活比较(杨亦鸣等,2002)	400
图 60	名形组合和动形组合的脑区激活比较(杨亦鸣等,2002)	401
图 61	正确语境中名词和动词的 ERP 波形(刘涛等,2008)	402
图 62	名词语境和动词语境中动名兼类词的 ERP 波形(刘涛等,2008)	403
图 63	名词、动词、偏(动)和偏(名)在大脑中线电极上的 ERP 波形(夏全胜等,2014)	405
图 64	适应性信息系统流程(拉兹格,1997)	407

表格清单

表 1	英语典型名词与非典型名词化比较	35
表 2	语篇文体类型与名词化使用率(王晋军,2003)	44
表 3	经典范畴论与原型范畴论比较(王寅,2005:124,略有修正)	56
表 4	语法范畴的组构依存关系(Lehmann, 2002)	89
表 5	被试对词汇后缀项的不同反应时间(Sauciuc, 2010)	102
表 6	英语名动形转类与体裁分布(司显柱,2014)	123
表 7	现代汉语转类的类型及频次分布(司显柱,2013)	125
表 8	动转名的转指类型(王冬梅,2004)	127
表 9	名词性后缀-er 连续统(Heyvaert, 2003)	153
表 10	不可能出现的-er 名词性表征及例外(Heyvaert, 2003)	153
表 11	汉语名词性后缀"-者"的使用频率(参见 http://www.aihanyu.org/cncorpus)	154

表 12	典型领属类别对比(Heine, 1997: 39)	159
表 13	of 结构与"的"字结构比较	172
表 14	音节变化与词类范畴(亢世勇,2004: 62—65)	219
表 15	名、动、形三类词的双音节化比例(王洪君,2001)	223
表 16	"X+的+VP"结构的书面语和口语比较(水野江文,2002)	252
表 17	形式与意义的横组合同构(Aronoff & Rees-Miller, 2001)	257
表 18	形式与意义的纵聚合同构(Aronoff & Rees-Miller, 2001)	258
表 19	动词不同指称义的语法功能比较(吴怀成,2011,略有修正)	273
表 20	不同文体的词性使用频率	284
表 21	不同时段的词性使用频率	285
表 22	不同文体派生名词化的使用频率	286
表 23	不同时段派生名词化的使用频率	287
表 24	-ness 后缀的不同组构力(Guz, 2009)	289
表 25	-ity 后缀的不同组构力(Guz, 2009)	290
表 26	不同学科论文摘要中的名词化类型及使用率(Holtz, 2009,略有修正)	292
表 27	不同学科论文中的名词化类型及使用率(Holtz, 2009,略有修正)	292
表 28	摘要和论文中的名词化后缀使用率(Holtz, 2009,略有修正)	293
表 29	不同学科论文摘要中的名词化后缀使用率(Holtz, 2009,略有修正)	294
表 30	不同学科论文中的名词化后缀使用率(Holtz, 2009,略有修正)	294
表 31	汉语口语与书面语中词类应用比例(郭锐,2002: 275)	296
表 32	不同文体名词化对比(英语原文)	297
表 33	不同文体名词化对比(汉语译文)	298
表 34	不同年龄的语篇建构维度比较(Berman, 2008)	299
表 35	复旦大学学生优秀英语作文的名词化使用率	309
表 36	大学英语四级作文中名词化的使用率(刘国辉、余渭深,2007)	310
表 37	大学英语六级作文中名词化的使用率(刘国辉、余渭深,2007)	311
表 38	不同年级中国大学生的名词化使用比较(王立非、陈功,2008)	312
表 39	中国大学生与英语本族语学生的名词化使用比较(王立非、陈功,2008)	313
表 40	英语本族语学者的名词化使用率(Gao, 2012)	313
表 41	中国学者的名词化使用率(Gao, 2012)	314

表 42	英语本族语学者的词汇密度(Gao, 2012)	314
表 43	中国学者的词汇密度(Gao, 2012)	314
表 44	Janet 的名词化使用率(Baratta, 2010)	314
表 45	Gladys 的名词化使用率(Baratta, 2010)	315
表 46	Collette 的名词化使用率(Baratta, 2010)	315
表 47	Wendy 的名词化使用率(Baratta, 2010)	315
表 48	Dorothy 的名词化使用率(Baratta, 2010)	315
表 49	Sarah 的名词化使用率(Baratta, 2010)	315
表 50	Clark & Clark(1979)的英语动词化语义分类	322
表 51	Quirk et al. (1985)的英语动词化语义分类	324
表 52	Plag(1999)的英语动词化语义分类	324
表 53	汉语名词语义角色的动词化频率(高航,2008b)	338
表 54	名词化与动词化的差异比较	345
表 55	词汇后缀及其语义和语音限制(Hay & Plag, 2004)	352
表 56	词汇后缀组构的各种可能性限制(Hay & Plag, 2004)	354
表 57	结果名词和复杂事件名词比较(Alexiadou & Grimshaw, 2008)	364
表 58	科技英语语篇名词化的语义功能(Sušinskienė, 2008)	379
表 59	科技英语语篇名词化的句法功能(Sušinskienė, 2008)	379
表 60	主流语言学派的研究范式比较	388
表 61	抽象与具体名动电极位置上 200—300 ms 时窗的平均振幅值(张钦等,2003)	401
表 62	抽象与具体名动电极位置上 N400 的平均振幅值(张钦等,2003)	402